邵建　　著

倒退的時代

從梁啟超的憲政
到《新青年》的民主

自序 「卻顧所來徑」──關於《倒退的時代》

　　這是本書的「內容提要」：從觀念史的角度審視二十世紀前期的政治、思想和文化，或人、或雜誌、或運動。它關注的是二十世紀的歷史何以高開低走，一再步入歧路。從梁啟超清末憲政到《新青年》聲張民主，是二十世紀思想史和政治史的一個蛻變。其結果憲政曇花一現，民主錯局百年。歷史不但沒有推進，反而以進步的名義倒退。出於這樣一種體認，本書對清末、民初這兩個歷史段落從憲政主義角度加以解讀，試圖從正反兩面呈現清末歷史之正脈和民初新文化運動之病象，並探究其病原。另外，本書特別敘寫五四之後兩個特殊的知識人（徐志摩與周德偉），以展現歷史倒退時代中的自由主義思想風貌。

　　本書文字大抵是政治性的歷史評論或歷史性的政治評論（它是二〇〇七年以來專欄文章的結集）。從時間上，它寫於《二十世紀的兩個知識份子：胡適和魯迅》與《瞧，這人──日記、書信、年譜中的胡適》之後，大致止於二〇一二年底。其時寫作的注意力已經從胡適和魯迅轉移到誕生了胡適和魯迅的那個時代，即五四新文化運動的時代。還是在作胡魯批判時自己心裡就清楚，有關胡魯的寫作，只是一個驛站，肯定還要往前走。既然以胡適為代表的「胡文化」和以魯迅為代表的「魯文化」對二十世紀（尤其是這個世紀的年輕人）產生了如此重要的影響，那麼，這一切又是如何發生的呢。從溯源的角度，時間必須往前。苦難的世紀已經過去，但過去的苦難卻沒有隨著世紀的結束而遠去。站在二十一世紀的開端，那走過來的血與火的一百年，僅僅追溯到胡魯那裡是不夠的。我無法繞開誕生了胡魯亦成就了胡魯的那個時代，那個一直被我們尤其被大學中文系和現代文人視為一個現代經典的時代，後來者甚至給它賦予了一個帶有濃厚精英意味的名字：啟蒙。這個詞至少獲得過魯迅的認同，一九三〇年代，在談及自己為什麼做小說時，魯迅說：「我仍抱著十多年前的『啟蒙主義』，以為必須是『為人生』，而且要改良這人生。」至於胡適，則把新文化運動徑自稱為中國的「文藝復興」了。

　　新文化運動，抑或《新青年》，二十世紀以來，一直獲得正面的肯定，已經形成了強大的歷史慣性，而且後來我們的政治體制乃至學術體制，更把它視為二十世紀現代史（包括現代政治史、現代文化史、現代文學史和現代思想史）的開端。但，這樣一個開端，問題的嚴重似乎超過我們的想像。大約是兩年前的一次會議，涉及新文化運動和傳統文化等話題，會後和朋友聊天，針對會上有些人對傳統文化的抨擊和對新文化的擁戴，我說新文化運動主要做了兩件事，一件是全面否定了最不壞的傳統文化，一件是引進了最壞的布爾什維克文化。當然，這是觀其大略，它其實也做過一些其他的事，比如推廣白話文、紹介各種西式思想。但，對西方各種思想的傳播，十年以前，梁任公幾乎以一人之力在《新民叢報》上就拔了頭籌；正如白話文作為一種語言現象，清末也已經事實上存在著了。但，真正對二十世紀產生難以估量的負面影響，還是新文化和《新青年》的那兩件事。一味惟新是求，所以對舊的傳統必欲宮之；同樣是一味惟新是求，又對所謂最新式的蘇俄文化全面擁抱。結果，陰差陽錯，歷史居然兌現了新文化和《新青年》的訴求。一個世紀下來，對傳統文化的持續性的否定，以致我們今天的日常生活因其傳統的斷裂而糜爛不已；同樣，蘇俄文化卻利用當時傳統文化被否定後的真空，趁虛而入，就勢而長，最終制度化了我們整個國家與社會，以迄於今。

　　這就是《新青年》，這就是新文化。當時對傳統舊文化和蘇俄新文化，《新青年》的態度與方式都很決絕：不破不立、不塞不流、不止不行。然而，由它所立、由它所流、由它所行的那種文化，尤其是它對那個時代和青年的吸引，似乎就註定了我們源遠流長的今天。今天，就我本人而言，還是在胡魯寫作時，已經就有了對新文化和《新青年》的判斷，決定胡魯完成後往前伸，從觀念史或思想史的角度，探尋二十世紀災害之源。當然，反思五四和新文化，知識界已經有了一個很好的開始。朱學勤先生談五四的兩個病灶（民粹主義和民族主義）是為點穴，發人深省。但新文化運動標舉的「德先生」和「賽先生」，尤其前者，問題更形嚴重。民主與科學成了兩面世紀招搖的大旗，後一面旗子經常變相為科學主義姑不論，它的民主後來成為一代代青年為之拋頭顱灑熱血的政治目標。其弔詭在於它所鼓吹的民主恰恰可以導向極權。這不僅是邏輯，也是歷史。固然，邏輯未必然兌現為歷史；但，吾族有幸，一謝蘇俄、二謝日本、三

謝二戰後執政的美國民主黨，一連串的陰差陽錯，歷史居然兌現了《新青年》的民主邏輯。面對這位極權主義的「德先生」，不但《新青年》的宣導者始料未及亦無能料及；就是今天，民主作為這個古老民族的政治訴求已歷百年，但能意識到它可以導往極權且《新青年》的民主正內含著極權主義的基因，不知識者會否稍多。

　　「抗日戰爭爆發，已經是啟科學與民主之蒙的五四運動之後十八個年頭了。五四運動前後中國文化界和思想界已經產生了魯迅、胡適等一大批啟蒙運動的先驅和大師。當我還是中學生的時候，最先讀到的是魯迅、巴金、曹禺等人的文學作品，只不過是在朦朧中接受了些反帝反封建的初步啟蒙。當時，我確實是像剛剛從愚昧中初醒來一樣，啊，幾千年的歷史原來是一部人吃人的歷史！一百年來受列強欺凌的中國人都還像阿Q一樣的無知和無助！幼小的心靈被震撼了，暗暗想要做一個『初醒者』，去喚醒尚在睡夢中的人的人。」這是《炎黃春秋》二〇一二年第二期的一篇文章，題目是《我感知的啟蒙、新啟蒙、再啟蒙》，作者為原新華社總編室副總編輯穆廣仁。我無意唐突年邁的穆先生，僅從這段話來看，「幼小的心靈」只是無知，並非蒙昧。但，偏見比無知距離真理更遠。恰恰是新文化運動那種所謂的啟蒙，以其自身巨大的偏見，致人入蒙。且不說反帝，原是蘇俄操縱下的反英美；反封建，中國兩千年壓根就不是封建是皇權。我華三千，其歷史能僅僅化約為吃人嗎（這倒是新文化澈底反傳統的理由）。它即使是一種歷史洞見，但同時更是偏見，如果歷史在它眼裡僅僅是「吃人」的話。至於民主，鼓吹者更多是連自己都不知其害的一種宣傳。因此，這種利用一把名詞作宣傳的啟蒙，啟者自蒙，不蒙者被蒙。正如我幾年前對啟蒙有感而發的一段「啟蒙謠」：啟蒙啟蒙，以蒙啟蒙，蒙而未啟，歷史走錯了房間。穆先生不是個案，而是一代又一代青年在那個時代的進步表現。看看啟蒙之後的「穆先生們」都走上了什麼道路吧，歷史是人的選擇，他們每一個人其實都是二十世紀歷史成就的助力器。

　　開始讀寫《新青年》之後，偶然在學校圖書館翻閱一本中華書局出的《新史學》（第二卷），內中有一日本學者（川尻文彥）的文章，題目是《「民主」與democracy》。其中介紹了梁啟超的政體理論，由此引發我對梁氏政治學的興趣。後又接觸到他的《異哉所謂國體問題者》，迅即被其政治思想所吸引。於是便有意追索任公前期有關憲政的文字，結合相關

史料，遂瞭解清末十二年的立憲政改。那是二十世紀現代中國的第一段歷史，也是吾族政治現代化的黃金時代。任公對我的啟發是最大的，他形塑了我對二十世紀的看法。在任公那裡，國體與政體的兩分，讓我更清楚了《新青年》政治學的弊害。在《新青年》那裡，民主是用來反專制的，這樣一種認知，流貫至今，依然主流。但，只要讀過任公，便知道，民主一詞對應的是君主，這一對概念，屬國體範疇；正如憲政與專制相對應，屬政體範疇。不要用國體問題解決政體問題，政體問題政體解決。此即解決專制靠憲政而非靠民主。民主的目標是顛覆君主，其性質是革命，而且是暴力革命。但，暴力的詞典裡沒有憲政詞條。所以任公堅主政論家不談國體，只談政體。亦即無論君主體制還是民主體制，都應當堅持立憲；否則不是君主專制就是民主專制。但，政論家如果是在君主體制下，首先就應當堅執君主立憲，不必追求國體的變換。如一欲變君主國為共和（民主）國，這已經不是改革，而是革命了。這毋寧是從歷史深處得來的經驗，很古典。國體如國鼎，宜靜不宜動，否則國體的變更會開啟暴力的機關，災害整個社會。執此之念，後來袁世凱欲立帝制，這是將共和國體複變為君主國體，梁氏依然反對。他反對的是國體頻變從而滋生覬覦國鼎的野心家；一旦政局板蕩，憲政將為泡影。不識者只謂任公多變，出爾反爾；豈不知表面的變化，正是任公奉持憲政理念的大不變。責者不諳任公政治學而已。

無論清末，還是民初，兩種國體之下，任公堅持的都是憲政，這是二十世紀政體改良的路徑。因此，堅持以憲政反專制，是為任公政治學。但二十世紀的歷史自任公而下則每況愈下。以新文化和《新青年》為表徵的時代開啟了二十世紀現代中國的第二段歷史。這一段歷史前承的是和任公「立憲政治學」相對立的「共和政治學」，它以與共和同構的民主理念反專制，並與革命相因應。這是對清末共和革命的蹈襲，試圖再一次以革命改變國體，以解決他們眼中的專制政體。結果推翻北洋的國民革命在蘇俄支持下獲得災害性的成功，它給吾族歷史打開了前所未有的（國民黨）一黨專制的大門。從君主專制到北洋專制到國民黨專制……，歷史按此邏輯遞延，一直延伸到今天。如果革命一次，專制一次；而且每次革命後的專制，都比前任更專制；那麼，革命是什麼？革命就是二十世紀專制複專制的產床，儘管它以民主共和的名義。惜乎哉，任公早在清末就一再指出這一點，所以他反對當時同盟會的共和革命，泣血椎心地指出，共和非但解

決不了專制問題，反足以致亂。解決專制，唯有憲政。

「憲政」是清末十二年間最重要的關鍵字，那是二十世紀的第一個十年，是吾族華夏最具政治生機的十年。然而，革命壓倒立憲，政體改良屢屢為國體革命所摧。這革命的原動，自孫中山共和革命後，便是《新青年》的民主革命（兩者前後相尋亦同質）。自該雜誌標舉德先生的大旗之後，「民主」便取代憲政並排斥憲政成為二十世紀影響最大的政治關鍵字。「立憲政治學」和「民主政治學」不但是中國二十世紀前二十年兩種不同政治學的嬗替，更是《新青年》時代對梁任公時代的倒退。如果從解決政體專制的路徑依賴看，伴隨上述二十世紀「從君主專制到北洋專制到國民黨專制……」的歷史，正是「從共和革命到民主革命」，又言之，從舊民主主義革命到新民主主義革命的推進。革命因其對憲政的排斥，不但從來沒有取消專制，相反，專制卻因《新青年》民主內在地蘊藉著極權主義，故它最終從傳統的皇權形態激變為帶有現代性色彩的威權形態乃至極權形態。革命興，極權起，憲政亡。二十世紀的歷史在前二十年似乎就註定了它後來的走向。

本書面對的就是二十世紀前兩個十年，那是中國現代史的開端。當然，根據主流體制，中國現代史的開端是五四新文化運動，之前則為近代史。這是歷史勝利者根據自己的需要對歷史的劃分，經不起推敲。憲政偉業，放在整個世界的大背景中，都是政治現代性的開端。它開端並率先成就於英倫，自西而東，兩百多年後，又迤迆播遷於本土。如果十九世紀末的「戊戌維新」未觸動皇權根本，它更多表現為傳統性質的變法；因而它不妨是中國政治現代性開端的前奏。但，二十世紀初的清末立憲不然，它極為內在地觸動了皇權制度本身：雖不推翻皇室，但以虛化皇權為旨歸。故清末十二年的憲政運動，正是一六八八年英倫「光榮革命」的翻版，它不獨是二十世紀的開端，也是中國現代史和現代政治的開端。開端大好，但未能終局，從孫中山的共和到《新青年》的民主，憲政不是輸給了傳統的專制，而是輸給了共和與民主。在具有普世意義的憲政、共和、民主的價值譜系中，如果共和與民主不是以憲政優先或者在憲政的框架中運行，它便可能與革命連袂，與專制接踵。

邵建

目次
CONTENTS

121 ┃ 輯三　倒退的時代：《新青年》批判

輯一

梁啓超：二十世紀憲政時代的開啓

　　中國憲政首先是和梁啟超這個名字連在一起的，梁啟超堪稱二十世紀中國憲政第一人。由梁啟超開創的時代（一九〇一──一九一一）是清末立憲時代，它是二十世紀中國政治改革的黃金時代。作為這個時代的言論領袖，梁啟超給我們留下了豐富的政治遺產和思想遺產。但，共和以後，梁氏逐漸淡出思想界，他的保守主義政治學遂為《新青年》激進主義政治學所取代。當梁啟超擘畫的以「憲政反專制」經由辛亥「共和反專制」再而為《新青年》「民主反專制」之後，不但發生政治學上的錯亂，更形成世紀歷史的百年錯局。百年之後，問題依然。在反專制的路徑依賴上，梁啟超的文字依然有其燭照意義。

一九〇一年梁啟超立憲初步

　　光緒二十六年是西元一九〇〇年。年初，清廷有這樣一道上諭：「前因康有為、梁啟超罪大惡極，疊經論令海疆各督撫懸賞購緝，嚴密緝拿，迄今尚未弋獲」；因此，今再次「著即北洋、閩、浙、廣東各督撫，仍行明白曉諭，不論何項人等，如有能將康有為、梁啟超緝獲送官，驗明實系該逆犯正身，立即賞銀十萬兩。」[1]兩顆人頭十萬兩，梁啟超頭上就有五萬。然而這價值五萬兩的梁氏腦袋，此刻正在勾畫五年後清廷五大臣出洋考察事略之事。

　　一九〇五年，清廷在朝野立憲風潮的壓力下，同時也是在直隸總督袁世凱的直接奏請下，決定派載澤等五大臣出洋考察西方憲政，由此揭開清末新政中最具實質性改革的一幕。這一幕是朝野之間良性互動的結果，。朝廷不論，在野推舉憲政最力的便是身為逋犯的梁啟超。一九〇一年梁啟超的《立憲法議》標示其憲政思想成型，這一年梁氏年僅二十八。以前他追隨他的老師康有為從事維新運動，從維新到立憲，不過幾年間，任公在思想上開始逐步脫離康有為而自成機杼。很顯然，康是以前維新運動的領袖，但任公卻是幾年後立憲運動的領袖，尤其在言論表現上，他已堪執知識界立憲之牛耳。正如當時媒體指出：昔者維新二字為中國士大夫之口頭禪，今者立憲二字又為中國士大夫之口頭禪。如果說維新二字我們今天一眼看去尚不知其所指，但立憲二字的政治指向卻非常明確。這是二十世紀中國最早也是最重要的一場政治改革，可惜它十年懷胎，未能一朝分娩，反而流產於它的對立面同盟會和清廷。

　　中國立憲話語雖然早於戊戌維新時就出現，但那時未得要領、流於空泛，轉過世紀以來，立憲才成為一個獨立的時代主題，並逐步從限君走向虛君。因此，以消弱君權為目標的立憲篇章是自梁啟超始，梁的立憲思想又是自《立憲法議》始。該文不僅是後來立憲運動的理論指導，同時也

---

[1]　丁文江、趙豐田編《梁啟超年譜長編》第一九五—一九六頁，上海人民出版社，一九八三。

是它的運作大綱。從運作角度，梁氏的立憲舉措，遠觀乎英而近取諸日。英式的君主立憲是目標，日本的做法則是抵達這一目標的路徑。日本明治維新是一八六八年開始，正式公佈憲法是一八八九年，期間二十餘年屬於預備立憲。參此，任公倡議清廷下詔以二十年為限，實行憲法政治。因日本明治之後派遣五大臣出洋考察，梁啟超隔海向清廷提議「宜派重臣三人遊歷歐洲各國及美國日本，考其憲法之同異得失，何者宜於中國，何者當增，何者當棄」。另外「所派之員既歸，即當開一立法局於宮中，草定憲法」。其次，「各國憲法原文及解釋憲法之名著，當由立法局譯出，頒佈天下，使國民咸知其來由，亦得增長學識」。複次，「草稿既成，未即以為定本，先頒之於官報局，令全國士民皆得辯難討論」，」。五年十年之後，由此形成定本，「非經全國人投票，不得擅行更改憲法」。[2]

　　這是梁任公世紀初的立憲初步。可以看到，幾年後的清廷實際上是逐步照行。一九〇五年五大臣出洋，幾乎就是踩著任公的規劃往前走。更讓人拍案驚奇的是，五大臣回來後的憲政考察報告，經由隨同出洋的熊希齡暗中牽線，竟以任公為主筆來完成。這不奇怪，當時國人中最具憲政知識的，非任公莫數。五大臣等為妥善交差，亦以梁氏執筆為其最宜。後來，載澤在第二次奏請立憲的秘折中說：「憲法之行，利於國，利於民，而最不利於官」。[3]兩宮閱後，俱為之動容。不久，朝廷下詔，正式宣佈預備立憲。這時，朝廷真立憲也好，假立憲也罷，只要讓立憲上了道，它就有自己往前走的力量，並不以朝廷的真假意志為轉移。

　　上個世紀前十年，是中國憲政發展的大好時光。但，歷史最終沒有選擇梁啟超，正如梁啟超最終沒有選擇革命（梁此時一度傾向革命）。革命排斥立憲，以致造成了一個百年來的革命世紀。儘管如此，梁的立憲思想對我們今天來說依然是彌足珍貴的思想遺產。只是長期以來一頂保皇之帽，我們早已把它給否定了。其實，還是在維新時清廷中人都能看出保皇乃是「保中國不保大清」。但，滿人不信漢人信。革命派為擠兌立憲派，以保皇帽子相扣，外加民族主義的排滿號召，果然把青年吸引到自己陣營中來。一次次發起幾乎是屢敗屢戰的暴動，讓梁啟超眼見年輕鮮活的生命倏忽而逝卻徒喚奈何。倒是在他們之外的袁世凱看得清楚，他說滿清是一

---

[2]　《立憲法議》，《飲冰室合集（一）・飲冰室文集之五》第一一七頁，中華書局，一九八九。
[3]　《東方雜誌》光緒三十二年十二月，臨時增刊《憲政初綱》，奏議，第四頁。

共和何以備受專制之苦

　　一九一六年，陳獨秀在呼喚《吾人最後之覺悟》時，痛陳「三年以來，吾人於共和國體之下，備受專制政治之痛苦。」[1]這樣的表述讓今天的我們奇怪，既是共和，又何以專制。如此表述，豈不就是「共和的專制」。

　　《新青年》說話的時代，是民初袁世凱統治中國的時代。首先要肯定，這個時代既是共和的，也是民主的。清末民初以來，民主與共和，語義相同，俱與君主相對。清末同盟會以暴動為革命，就是要推翻滿清君主專制，以實現民主性質的共和，或共和性質的民主。他們達到目的了嗎，達到了，又沒有。就前者，他們成功地推翻了滿清專制。就後者，他們只是推翻了滿清，但沒有推翻專制。革命的結果，反映在陳獨秀那裡，不過是滿清的專制讓位於「共和的專制」或「民主的專制」。

　　陳獨秀的話，直指袁世凱。如果就制度框架而言，袁是專制的，也是民主的；此則可見民主本身無以解決專制問題。袁初任臨時大總統，雖非普選，但經過了臨時參議院的合法程序。就袁氏權力獲得而言，既非竊取，更非篡奪。但，正是這個共和總統，使我們疑問，辛亥革命到底是讓歷史走向共和、還是走向了共和的專制。為什麼同盟會用革命求共和，企圖解決專制問題，結果是另一種專制不旋踵而至。這個問題早在辛亥以前，梁啟超就給出了答案，他明確指出：革命無以產生政治改良，只能產生專制政治。梁啟超不但和革命黨激辯，這同時也成為他反對革命的理由。

　　一九〇五年，針對同盟會以革命求共和，梁啟超在《開明專制論》中，借波倫哈克這樣表示：「凡因習慣而得共和政體者常安，因革命而得共和政體者常危。」[2]這裡，正面的例子是美國，美國人最初抵達北美就是自治形態的，且那塊土地也沒有君主；因此獨立戰爭後，他們很自然地選擇了共和。反面的例子是法國，法國大革命追慕美國，但法國長期以來就是君主傳統，它不效法水土相近的英國虛君立憲，卻要走大西洋那邊的

1　《新青年》第一卷第六號第三三六頁，寧夏人民出版社，二〇一一。
2　《開明專制論》，《飲冰室合集（二）‧飲冰室文集之十七》第五十頁，中華書局，一九八九。

共和之路。路徑錯了，結果共和成了亂源，民主成了民主的專制。至於中國，比英法兩國有著更為長久的君主專制傳統，民眾從來也沒有養成過自治的習慣，且民智不開，民識低下。革命固然可以，一煽就行，可是革命只能改變政權的名份，比如從君主到民主；但，政權的專制性質不但無從改變，反而變本加厲。

這是梁氏在《申論種族革命與政治革命之得失》時的表述：「在歷史上久困君主專制之國，一旦以武力顛覆中央政府，於彼時也，惟仍以專制行之。且視前此之專制，更加倍蓰焉。」[3]任公特別指出：革命後的政權，「或返於共和專制，或返於君主專制」——這好像就是在預言袁世凱的稱帝前和稱帝后。有見於此，任公堅持走立憲之路，用限制君權和轉移君權的方式逐步掏空專制；而非用革命這種最專制的方式，在打破專制的同時，形成更大的專制。

歷史無幸，革命功成。於是，我們看到了袁氏獨裁的一幕，它委實比清末更專制也更難立憲。然而，當時的總統即使不是袁，專制的格局依然無改。因為按照孫中山劃定的步驟，軍政之後是訓政，訓政本身就是國民黨的一黨專政。例子便是一九二七年國民黨的國民革命之後，更無論越此之後對國民黨的革命，它公開聲稱的就是「人民民主專政」。

二十世紀的革命源頭在辛亥，它開啟了一個革命的歷史範式。辛亥革命在革去君主之命的同時，連同割去的，還有長久以來形成的秩序。革命一邊破壞舊秩序，一邊也需要建立新秩序。這就得依靠強力，這股強力如果不是出以專制，則無以成其事功。依然借助波倫哈克，梁啟超說：「夫既以革命之力，一掃古來相傳之國憲，……而承此大暴動之後，以激烈之黨爭，四分五裂之人民，而欲使之保持社會勢力之平衡，……終覺其主權微弱，不足以拯沉痼瘡痍之社會也，於是乎，民主專制政體，應運生焉。」「民主專制政體之所由起，必其始焉有一非常之豪傑。先假軍隊之力，以攬收一國實權。……彼篡奪者，既已於實際掌握國權，必盡全力以求得選，而當此全社會渴望救濟之頃，萬眾之視線，咸集於彼之一身。故常以可驚之大多數，歡迎此篡奪者，而芸芸億眾，不惜舉其所血淚易得之自由，一旦而委諸其手。……此篡奪者之名，無論為大統領、為帝王，而

---

[3] 《申論種族革命與政治革命之得失》，《飲冰室合集（二）·飲冰室文集之十九》第一三—一四頁，中華書局，一九八九。

其實必出於專制。」[4]

　　任公是一個世紀的預言家。還在辛亥之前的一九○五，他不但預言了辛亥，更預言了辛亥之後。以上表述，以後來歷史驗之，若合符契。二十世紀以來，由於革命打破君主，袁氏和袁氏以下的專制，都改成了共和的專制和民主的專制。這種專制由法國大革命首途，中經蘇俄，從辛亥前開始進入中國。其時蘇俄還未影響本土，任公一再用法國的例子警告同盟會；但同盟會和後來的《新青年》，一意效法的就是法蘭西。於是革命和專制輪替，主宰了二十世紀的中國。

　　從同盟會到《新青年》，法蘭西的民主革命吸引了一代代國人到如今；那麼，我們不妨轉換一下視角，聽聽法國人托克維爾是如何檢討法蘭西的「民主的專制」。在《舊制度與大革命》中，托氏指出：「那個龐大的社會權力，……它不是直接出自上帝；它同傳統絲毫無關；它是非個人的：它不再叫國王，而叫國家；它不是家族遺傳，而是一切人的產物和代表，必須使每個人的權利服從於全體意志。」托氏把這種非教權又非世襲君權的專制，描述為「中世紀聞所未聞的這種名為民主專制的特殊專制形式」。

　　就這個批著現代外衣的專制形式，托氏分別從人民和統治者兩方勾勒出它的特點：一是「人民由彼此幾乎相同、完全平等的個人組成；這個混雜的群體被公認為唯一合法主宰，但卻被完全剝奪了親自領導甚至監督其政府的一切權力。」第二，「在它頭上有個獨一無二的代理人，他有權以他們的名義處理一切事務，而不必徵求他們的意見。……在法律上，他是聽命於人的執行者；在事實上，他是主人。」[5]

　　這其實就是幾十年來我們爛熟了的「民主的專制」或「共和的專制」，托克維爾和梁任公，在表述上可謂珠聯璧合。

---

[4]　《政治學大家伯倫知理之學說》，《飲冰室合集（二）・飲冰室文集之十三》第八三－八四頁，中華書局，一九八九。
[5]　托克維爾《舊制度與大革命》第一九七－一九八頁，商務印書館，一九九六。

革命、製造革命和反革命

　　一九○五年以後的晚清政治格局，有三種力量在角力。一是孫中山的同盟會，一是梁啓超的立憲派，還有一個就是孫、梁所要共同對付的清政府。這三支力量，交互對立，無疑孫黨是要革命的，梁黨因堅挺立憲則屬於反革命。至於清廷，在梁啓超看來，它扮演的角色卻是「製造革命」。

　　這裡的革命是指以推翻現政權為訴求的武裝暴力。梁啓超並非不理解以暴力對付暴政的合理性，畢竟前有先賢的教義（如孟子），後有泰西的學說（如洛克）。他和他的立憲派所擔心的乃是革命以後。在梁氏等人看來，革命既然訴諸暴力，即使成功，國家也會陷入長期的內亂和爭鬥（這正是辛亥以後的情形）。所以，梁氏在反革命的同時，力推君主立憲，不是推翻滿清政府，而是以開議會的方式改造它。但，梁啓超面對的是這樣一個困境：不在於他反革命，也不在於孫黨鬧革命，而在於清政府天天製造革命。於是乎梁啓超兩面作戰，一邊與孫黨戰，闡釋自己為什麼反革命；一邊與清政府戰，斥責其不斷製造革命。前者不論，後者的代表作就是梁氏的《現政府與革命黨》（以下梁啓超引文俱出此篇）。[1]

　　梁幾乎開篇就指出：「革命黨者，以撲滅現政府為目的者也。而現政府者，製造革命黨之一大工廠也。」就清政府而言，「大小官僚以萬數計，夙暮孳孳，他無所事，而惟以製造革命黨為事。」看起來，梁啓超指的是清政府的大小官員，但他的真正目標，卻在於專制制度本身，是這一制度孳生了最後又必然朽蝕這一制度的大小官員。因此，梁進一步指出：「革命黨何以生？生於政治腐敗。政治腐敗者，實製造革命黨之主品也。」

　　把腐敗與革命逕自聯繫起來，視腐敗為革命的催發劑，這是梁啓超的洞見。梁氏面對的腐敗，遠不是一般性的官員腐敗，或者說在大面積官員腐敗的後面，根本就是制度層面的政治腐敗。因此，解決此一腐敗，當從

---

[1]　《現政府與革命黨》，《飲冰室合集（二）・飲冰室文集之十九》第四五－五二頁，中華書局，一九八九。

制度入手（而不僅是懲治官員），就成為梁啟超的立憲之要。至少在梁看來，制度問題制度醫，用憲法限制君權，並以議會分解君權，都是能夠扭轉時局的根本舉措。在該文中，梁啟超坦陳：「夫革命黨所持之主義，吾所極不表同情也，謂其主義之可以亡中國也。」但，面對不思改革反以壓制為能事的清政府，梁啟超更痛陳革命黨「所以迷信此亡國之主義，有激而逼之者也。激而逼之者誰？政府也。」

　　一九三六年，一位筆名叫素癡的讀者在《大公報》緬懷梁任公當年的政論，提及的正是這篇《現政府與革命黨》。此公認為梁啟超對流血的恐懼，「使他不得不反革命」，但他的憫世之心又「使他無法容忍現實政治的黑暗」。於是他兩邊陳詞，既勸革命黨放棄暴力，又勸清政府徹底改革，結果，兩邊都是「言者諄諄，聽著藐藐」，以致局勢日下。這位素癡先生已是三十年後讀此論，不禁「太息痛恨於蓋世雄文的浪擲」。[2]

　　為勸進清政府，梁文有這樣一個比喻，一個不潔之人，會生蟣虱，因此他天天要殺，但蟣虱是殺不盡的，反而越生越多。唯一的辦法是「沐浴更衣，不授以發生之餘地」。比喻過後，梁啟超分別以日、俄為例，指出：「未當蟣虱之方生，而沐浴更衣絕其源者，日本政府是也。當蟣虱之既盛，而終日疲精神於捫虱者，俄羅斯政府也。」上個世紀初，日俄兩國在中國東北交戰，結果日勝俄敗。本來日俄兩國都為君主國，而且俄大日小。小日本所以戰勝大俄羅斯，從立憲派看來，主要是制度在其中起作用。日本雖小，但推行君主立憲，所以它戰勝了依然是君主專制的俄羅斯。用立憲國戰勝專制國的例子，梁啟超認為中國政治改革的根本之道，是也只能是立憲。至於那個比喻性的「沐浴更衣」，即是以立憲政治的「衣」更其專制政治的「服」。

　　梁啟超的聲音，革命黨當然聽不進去，它革意已決；但清政府後來不得已卻聽了進去。一九〇六年，清政府出洋考察的五大臣分兩批回到北京，他們提交給御前討論會議的《考察各國憲政報告》，就是梁啟超暗中執筆。清政府實實在在感到了體制危機，它最終被逼上了制度改革的道路，於一九〇六年秋宣佈「預備立憲」。然而，就在各省陸續成立猶如省議會的諮議局時，並且清政府也在朝廷中成立了類似後來國會的資政院

2　轉引克柔編《張東蓀學術文化隨筆》第三〇七－三〇八頁，中國青年出版社，一九九九。

時，辛亥革命一聲槍響，打斷了立憲進程。革命終於搶先一步，走在了歷史的前頭。

時局如棋。晚清三方，革命的戰勝了製造革命的，反革命的欲挽狂瀾卻未果。後人的同情，不在清政府，卻在梁任公──所謂「雄文的浪擲」。可是，這浪擲之言，比如腐敗催生革命、政治改革要趁早等，穿過彎曲的歷史隧道，讓後來者聽了，依然發人深省。

清末的種族革命和政治革命

　　晚清末年，面對搖搖欲墜的清政府，同在日本的梁啓超與孫中山有著彼此不同的政治選擇。一九〇五年十一月下旬，剛成立不久的同盟會創辦了自己的言論機關《民報》，從它的第一期始，即與梁氏《新民叢報》展開了一場「革命與立憲」的拉鋸式論戰。此一論戰長達近兩年，還是在論戰中，就有好事者將雙方言論合刊成書，題目就是《立憲論與革命論之激戰》。激戰的雙方，同盟會輪番出陣的是汪精衛、胡漢民、朱執信、汪旭初等，《新民叢報》則幾乎是任公一人應對，所謂獨自擔綱。

　　這是一次關於中國未來命運的論戰，從後來的歷史看，勝利的一方是革命黨，而且整個二十世紀都是革命黨不斷獲勝的世紀（先是同盟會戰勝了晚清，後是國民黨戰勝了北洋，再後是共產黨戰勝了國民黨）。但，革命的一次次勝利並未帶來立憲的成功。任公一生為之心血的憲政之業，始終是二十世紀上空的一道彩虹，望之誘人，即之則杳。

　　和梁啓超並於對立地位的是孫中山的革命黨。革命一詞原是日本人對英語revolution的翻譯，也是日本人率先用它來稱謂孫中山的革命組織。據同盟會元老馮自由的《革命逸史》，一八九五年孫中山起義失敗後，逃至日本神戶，當地報紙的報導標題是《支那革命黨首領孫逸仙抵日》。這個題目讓孫中山大為興趣，前此他和他的同伴們沒有用過革命這個詞，用的是傳統上慣用的「起義」和「造反」。自此而後，孫黨以革命為旗幟，革命一詞即在日本留學生中流行開來，然後又流行到國內。

　　當然，革命一詞並未獲得嚴格定義。孫中山的革命黨，立志發起各地暴動，用以推翻清政府並獲得政權——這當然是眾人認可的革命。以梁啓超為代表的立憲派反對暴力、亦複反對從清廷那裡奪權，他（們）要求在不改變權力所有的前提下，改變權力自身的性質；所以，梁啓超及其立憲派被目為反革命，乃在情理之中。然而，面對暴政，革命話語具有天熱的道德優勢，尤其對年輕人更有本能的吸附力（《新民叢報》和《民報》的論戰，某種意義上，也是在爭奪當時的留學生）。梁氏不甘革命一詞為同

盟會獨領風騷，這一次亦以革命張目，並把立憲主張的革命與孫氏革命相區別，這就是他在論戰中的名篇《申論種族革命與政治革命之得失》（以下梁啟超語俱出此文）。[1]

「種族革命者，民間以武力而顛覆異族的中央政府之謂也」，梁氏所指，正是孫中山的「三民主義」。三民主義以「民族主義」居首，其目標就是「驅逐韃虜，恢復中華」。但，這一點不獲梁啟超的認可，他認為滿人入主中原，是「易主」而非「亡國」，因為滿人在獲得政權之前，已經在有明一代的版圖中。而況在梁氏看來，種族革命不免帶有「狹隘的復仇主義」色彩，它「非挑撥國民之感情不可。國民奔於極端之感情，則本心固有靈明，往往為所蒙蔽。」三民主義所以置民族於民權之前，乃有它的實際考量。革命需要發動民眾，當時民智未開，民族比之民權，在民間動員上顯然更有效、更得力、也更易接受（義和團可以不懂對自己來說其實是更重要的人權，但卻一煽就懂血濃於水的「種」）。可以明白指出的是，一個世紀以來，特別是延至刻下而日益高漲的民族主義情緒，如果不予價值評價，僅就事實而言，實起始於一百年前的三民主義。

「政治革命者，革專制而成立憲之謂也」。這裡梁啟超把立憲也解釋為革命，革的就是專制的命。如果革命總是和暴力聯繫，梁氏強調的政治革命恰恰是非暴力的。和以獲得政權為目標的革命不同，政治革命不奪權，但要制定憲法控權和限權。對統治者來說，兩種革命它都不願意。但在逼不得已的情況下，它會選擇立憲以自保。畢竟君主立憲，還保有君主的名頭及其相應的權力。在「要麼全有」和「要麼全無」之間，前者既不可能，後者又更可怕；統治者則不得不擇中道而行之。梁氏的立憲派就是力圖把清廷往中道上逼。他所以不贊成革命，至少是出於兩種考慮：首先，正如他的朋友徐佛蘇所說：任公「慟心於國內歷次革命犧牲愛國志士，而仍未能實行革命，乃亦偏重於政治革命之說」。另外，任公更擔心：「革命之後，暴民政治最易發生」。當時，同盟會的主張是先共和後立憲，由於共和需要以革命而完成，梁憂心忡忡，革命後的共和，恐怕不是立憲，而是專制，即「共和專制」。

這就是清末兩種革命的不同路徑：以革命反專制，還是以立憲反專

---

[1] 《申論種族革命與政治革命之得失》，《飲冰室合集（二）・飲冰室文集之十九》第一一四五頁，中華書局，一九八九。

制。在種族層面之外，孫中山的共和革命屬於「國體革命」，改變國體即讓政權易主。梁氏的政治革命屬於「政體革命」，它不改變權力主體，但要改變權力的性質（即改專制為立憲）。在梁看來，權力易主，並非一定能改變權力的性質。設若以革命反專制，結果革命後的權力比以前更專制，那麼，革命中的犧牲又是為誰買單。相反，以立憲反專制，既可以相對避免革命中的大面積流血和社會大幅度的震盪，又可以預先就避免了革命後專制依然存在的可能性。因此，梁啟超這樣闡釋他的政治革命：「無論為君主立憲，為共和立憲，皆謂之政治革命。苟不能得立憲，無論其朝廷及政府之基礎生若何變動，而或因仍君主專制，或變為共和專制，皆不得謂之政治革命。」

這場發生在日本的「立憲論與革命論之激戰」，無論從當時的民氣所向看，還是後來的歷史結局看，梁啟超都是失敗者。梁啟超既抓不住留日青年的大多數，也無以抓住國內青年的大多數。清廷恐懼革命，卻又不斷製造革命，硬是把氣血沖天的青年逼上了武裝革命的路。即使是梁啟超抨擊清廷的文字，也歪打正著為鼓舞革命的彈藥。因此，任公或許料及革命的勢不可擋，到了「申論」最後，他只好一再嗚呼：

「嗚呼！吾書至此」，吾「淚承睫而涕橫頤，吾幾不復能終吾言矣」。

「嗚呼！我中國有熱血有智識之人，其肯垂聽耶，其終不肯垂聽耶？」

嗚呼！國人終究不肯聽他的。任公有情，歷史無情，這似乎就是他在這個國家中的宿命——其預言於後來的歷史愈應驗，他愈是為這種歷史所排斥。

梁啟超為什麼反對學北美

　　面對清政府的皇權專制，梁啟超的立憲黨和孫中山的革命黨無疑都是它的反對者，不同者惟在其反對之方式。清末這兩大政治流派從其稱謂就可以看出他們的路徑差別，孫氏是以革命或共和革命的方式反專制，梁氏是以立憲或君主立憲的方式反專制。前者，以革命實現共和，共和既成，專制無由，因為主權已在人民之手。後者，以虛君的方式立憲，亦即給君權套上一個憲政的籠子以控之，權力一旦被控，則不復為專制之權。這是革命與立憲反專制的兩條道路，它們的區別，已非常明顯。但，在這種區別之下，還隱含了一個至今尚未引起我們足夠注意的不同，這就是面向西方時，它們各自在取法對象上的不同。革命黨的共和革命取法於美利堅的美式共和，而梁氏的君主立憲則取法於不列顛的英式立憲。英，還是美，不但是橫亙在孫、梁之間的區別，梁還是革命前學美風潮中的一個頗為堅定的反對者。

　　在現代政治學上，共和的概念等同民主，兩者互通款曲。民主意味著主權在民，共和則意味普通國民亦能參與國是。在革命黨看來，北美共和是獨立革命的產物；因此他們也要通過革命，建立本土的民主共和國，這就是後來的中華民國。但在中華民國建立之前，梁啟超就是它的反對者，梁氏認為，革命無以獲致共和，也無以獲致民主，它真正所能收穫的，只是專制（即共和專制或民主專制）。革命黨不是要學北美嗎，梁啟超指出，北美的獨立革命不是革命，只是一場擺脫殖民地的戰爭（我個人很認同梁氏的見解，若干年前，我亦有這方面的文字寫在一本有關胡適的書裡）。因為北美獨立並非革英國政治制度的命，相反，它雖然獨立了，但依然沿襲的是英國自一二一五以來保障自由的憲政制度，而且有所變革和發展，比如將英國的君主立憲制度創新為民主共和。在這個意義上，北美獨立就是獨立戰爭，它之不能或不便稱為革命，就像抵抗日本殖民侵略的中國抗日戰爭也不宜稱為抗日革命一樣。

　　既不贊成革命黨在中國發動北美革命，更不贊成革命之後在中國推

行美式共和，梁啟超有他自己的政治理由。在他和革命黨的論辯中，對方聲稱向西方學，就應該學它最新的而非落後的，甚至打了個比喻，如果有了新的鐵路火車，難道我們還要學它們那些舊的嗎。意即美國的民主共和在英國的君主立憲之後，我們當然應該學最新的、最好的。但，梁認為，於制度而言，沒有最新和最好，只有最合適。針對中國國情，君主立憲最合適，民主共和則容易導致水土不服。既然共和是國民參與國是，它具體包括為孫中山民權主義中的選舉權和被選舉權、創制權、複決權等，這些都是公民權利中的政治權利或積極權利。問題是，中國兩千多年來始終是君主專制，國事只是皇帝的家事，國民無以過問，他們既沒有這方面的機會，也沒有這方面的能力和興趣。一旦驟臨國是，反而無所措手足。到最後，這個共和或民主，只能為權力者以假借民意的名義所利用，適足以形成真正的專制。

　　北美不然，它的共和，有長期的自治傳統。梁啟超一九〇三年有十個月時間的北美遊，他親臨北美之後，又認真考察了北美的政治制度，才深深認識到，北美於中國可羨不可學。這是個移民國家，本身就沒有君主傳統，因此不可能走君主立憲的道路。它所以能行共和，是因為來自歐洲的移民從踏上這塊大陸的第一天起就開始自治了。假如一條船上下來的人形成了一個村，這個村是自治的。積村成鎮，鎮是自治的。積鎮成縣，縣是自治的。積縣成州，州是自治的。一路自治上來，從邦聯到聯邦，共和開始，它當然還是自治的。既無君可慮，又有著長期的自治傳統，這兩點便決定了它的制度是且只能是民主共和。

　　中國能直接學北美嗎，北美那用兩百多年時間養成的公民身與國是的共和能力，中國通過一次共和革命就能獲得嗎，梁啟超說他「安敢面諛國民」[1]。其所以如此，蓋在於任公的北美體驗。當他在美洲大陸途徑三藩市時，有過一個觀察。當地華人會館都有自己的條規，仿照的都是西人政黨之例。但觀其所行，無一不與條規相反。即以會議而論，要則操縱於一二人之手，要則受眾人左右，毫無程序可言。處在自由國度的華人尚且如此，處在專制國度的國民又將何如。這樣的國民程度能立即共和嗎。因此，和孫中山的積極民權不同，梁啟超更強調在立憲的框架下首先「保

---

[1]　《新中國建設問題》，《飲冰室合集（四）・飲冰室文集之二十七》第四十頁，中華書局，一九八九。

護」國民的消極民權，即政治權利以外的私人權利，比如土地權利等；同時也在立憲的框架下逐步「培育」國民的現代知識和各種政治權利，即孫中山的積極民權，此所謂「保育」。但保育之育，非可一蹴而就。

這樣就不難明白梁氏為何反對學北美。共和一時不可得，通過革命的共和更會走向共和的反面；何況在梁氏看來，孫氏的革命學的不是美利堅而是法蘭西。他在一九〇五年的《開明專制》中說得清楚：「中國今日固號稱專制君主國也，於此而欲易以共和立憲制，則必先以革命。然革命絕非能得共和而反以得專制。」[2]由共和革命而共和專制，梁氏首舉之例就是法蘭西。法國有君主傳統，但不學英而生搬硬套美，結果大革命發生，專制反而延宕了八十年。鑒於梁氏對法國大革命多有表達，這裡倒不妨客串法國托克維爾的《舊制度與大革命》以與梁氏呼應，此中也可以看出梁氏為何棄美學英而反法。在君主立憲的框架下，「專制君主本來可以成為危險較小的改革家」，「如果當初由專制君主來完成革命，革命可能使我們有朝一日發展成一個自由民族，而以人民主權的名義並由人民進行的革命，不可能使我們成為自由民族。」[3]

當然，歷來如此，托氏和梁氏的表述，我們都是當作階級侷限性和歷史侷限性來看的。

---

[2] 《開明專制論》，《飲冰室合集（二）‧飲冰室文集之十七》第五十頁，中華書局，一九八九。
[3] 托克維爾《舊制度與大革命》第二〇一頁，商務印書館，一九九六。

立憲派的民主路線圖

　　在清末立憲與革命的論爭中，立憲派有一個很被動的地方不獨不為時人所理解，亦不為百年後的今人所理解，這不免成為他們的悲劇原因之一。革命派的旗幟是民主，立憲派因為主張君主立憲，故政治當頭的居然是君主。正如君主屬於中世紀，民主一詞當然最現代；試想，當這兩派面對當時的青年各自申展自己的政治主張時，年輕人會吸附於誰。

　　這裡有一個誤導性的表像，立憲派好像只要憲政、不要民主。前此我寫過若干為立憲派辯護的文字，有文章以這樣的題目質問「沒有民主，何來憲政」。那麼，民主與憲政到底是什麼關係，無論當時，還是今天，看來都是一個需要加以解釋的問題。我對這個問題的看法一言以蔽之：立憲即民主。但，這個命題未必能反過來，即民主本身並不必然憲政。

　　把問題還原到歷史。早在立憲派之前的鄭觀應等人就把西方國家分為三種類型：君主之國、民主之國和君民共主之國。立憲派從不反對民主，民主同樣也是它的目標。只是和同盟會不同，它主張由立憲到民主而反對由革命到民主。一九〇二年，年方不滿三十的梁啟超雖然大力提倡立憲，但也大幅偏向革命（他的澈底立憲當在一九〇三年從美國回來之後）。對此，梁的老師康有為非常焦慮，特地從印度寫信給眾子弟，題為《答南北美州諸華商論中國只可立憲不可行革命書》（以下康有為語俱出此文）。[1]這是一個很澈底的保皇派的聲音，保皇儘管是一種汙名，但如不因人廢言，亦不難看到那種流貫其中的政治理性。

　　康有為是一個政治西化的儒生，在立憲問題上，他將現代西學和傳統儒學交互闡釋。根據傳統公羊學的「三世說」，康有為指君主專制是「據亂世」，爭取君主立憲是「升平世」，而民主共和則是「太平世」。這「三世」的第次發展既是民主的時間表，又是它的路線圖。因此，從傳統政治到現代政治，就是從專制性的君主之國到君主立憲式的君民共主

---

[1]　《答南北美州諸華商論中國只可立憲不可行革命書》，湯志鈞編《康有為政論集》上，第四七四－四九四頁，中華書局，一九八一。

之國，最後才能發展為現代共和性質的民主之國。康有為一點都不回避自己，說：「僕在中國實首創言公理，首創言民權者，然民權則志在必行，公理則今日萬不能盡行也。蓋今日……由君主而至民主，正當過渡之世，……萬無一躍超飛之理。凡君主專制、立憲、民主三法，必當一一循序行之，若紊其序則必大亂。」

康的意思很明顯，民主固為公理，但要一步步來，切不可越級。就此，康認為歐洲諸國為中國同時提供了正反之例：「統計歐洲十六國，除法國一國為革命，實與俄之一國為專制者同，皆歐洲特別之情。其餘十餘國，無非定憲法者，無有行革命者。」這些國家，包括英國、丹麥、挪威、瑞典、荷蘭、比利時等，它們走的都是君主立憲的道路，並經由這樣的道路最終成為民主國。反面的例子是法國：「然法倡革命，大亂八十年，流血數百萬，而所言革命民權之人，旋即藉以自為君主而行其壓制」。因此，康有為擔心，中國和法國一樣，都有自己的君主傳統，直接以民主反君主，等於直接問鼎權力，君主當然不會輕易交出，這樣勢必導致革命。革命即內戰，那種用暴力轉移政權的內戰不僅可能伏屍百萬，流血千里；康有為更擔心：這樣的革命「假而有成，而得一秦政、劉邦、曹操、朱元璋、拿破崙為民主，則益水深火熱矣。」這層意思如轉用梁啟超的表述更顯豁，即經由內戰式的革命獲致民主，看起來民主，其實是「民主的專制」。

從這裡不難看出，清末立憲派與革命派一樣，並不排斥民主；只是抵達民主的路徑依賴不一樣。一是取徑於立憲，一是取徑於革命。立憲派對革命以及革命是否能獲致民主的擔心（這種擔心其實更是預言），不僅見其上，更在在見諸辛亥以後的百年史，茲不言。僅就立憲言，憲政何以最終通向民主，蓋在於它本身就攜有民主的基因，抑或它本身即民主之初步。從君主到民主，什麼是君民共主的君主立憲，康有為說：「但求立憲法，定君民之權耳」。君主專制是指所有的權力都在君主之手，君主立憲則是指君主不但要按憲法辦事，而且還要根據憲法將手中的一些權力讓渡於民，比如立法權和行政權。清末海外立憲派如梁啟超不斷上書作文，就是呼籲朝廷出讓這些權力以保持自己的萬世一系。本土立憲派如張謇等組織各地諮議局赴京請願，要求立開國會，成立責任內閣，也正是要把行政權握在自己手中。這樣的訴求既是立憲的，也是民主的。如果原來完全屬

於君主的權力一旦分別轉移到議會性質的諮議局和責任內閣，這不是民主是什麼。

　　君主立憲原本就是一個虛君過程，帶有溫水煮青蛙的效應。從部分權力到全部權力，君權虛而又虛，以至於無，最後只保留一個君主名號，除此之外，便成就一個完全的民主國——這是英倫等歐洲立憲國共同走過的路，它們避免了革命、內戰和殺戮；因此這條道路為康梁所仰重和效法，也就不奇怪。其實，如果可以把立憲派和革命派相比，不難發現，康梁等人委實比革命派具有更廣闊的國際視野和政治知識；因而在民主的追求上也更策略和務實。當然，辛亥革命槍聲一響，這條道路遂被堵死。於是我們都說立憲不可能成功，事實上它也沒成功。但，歷史在每一階段，俱有多種可能性。如果我們多讀些史料，不難發現，根據立憲派當時所形成的勢，立憲之成功，並非遙不可即的懸念，只是一個時間。時間倏忽一百年，回首這槍聲不絕的百年革命史，立憲固無論，民主又如何。

「政治倫理」究為何物

　　近有輿論談政治倫理」。政治倫理，究為何物，這裡不妨以一段歷史故實補。

　　還是在一九一四年，章士釗有一篇談政治倫理的文章，叫《政本》，其開頭曰：「為政有本，本何在？曰在有容。」[1] 這裡的「政」不是指專制政治，而是現代議會框架中的政黨政治。如果說以往的專制政治是不寬容的政治（或者反過來，政治不寬容本身就表現為專制），那麼，政黨政治之所以存在，必賴兩黨之間的互相寬容。因此，章士釗把「寬容」視為政黨政治的根本，實乃肯綮之言。作為現代政治形態的政黨政治，彼此以議會為依憑，以競選為運動，又以執政為目標。如果脫離議會框架，即使從事政治運動，也不過是政治社團，而非政黨。很顯然，議會中的政黨是由於政見不同（包括利益不同）而形成的政團組織，如果它們之間不能相容，甚至必欲置對方於死地，那麼，政黨政治將不復存在。在這個意義上，寬容不僅是政黨政治的根本，同時也是各種政黨必須恪守的最基本的政治倫理（「倫」者，關係也，這裡是指政黨之間的關係；「理」乃是此一關係中的基本準則）。

　　本土的政黨政治肇始於一九一二年之後的共和制，當時國會裡有兩大政黨彼此頡頏，一是占議席最多的國民黨，一是由幾個小黨合起來並由梁啟超為其主持的進步黨。這兩黨前世今生都堪為政敵。一九一四年，國民黨已由議會性質的政黨重新退回為同盟會性質的革命黨。章士釗作《政本》其實是對國民黨提出的批評，不僅意在為其教訓，更是為政黨政治陳辭：「雖黨人失敗，是否全由新舊社會之不相容，尚待推論，而彼未能注意於利益不同之點，極力為之調融，且挾其成見，出其全力，以強人同己，使天下人才盡出己黨而後快。又其中有所謂暴力分子者，全然不負責任，肆口謾罵，用力擠排，語若村嫗，行同無賴，因之社會之情以傷，陰

1　章士釗《為政尚異論》第九十一頁，上海遠東出版社，一九九六。

謀之局以起，則事實俱陳，無可掩也。」章士釗與國民黨淵源很深，雖不入國民黨，卻往往站在國民黨一邊，因此他的批評來自於他對國民黨的深切瞭解。

　　流水今日，明月前身。民初國會兩大黨的政治表現，就其從前便可察知其後。明月有瑕，則流水有緇。或許兩黨都有問題，但顯然國民黨的問題更形嚴重。國民黨的前身是一九〇五年成立於日本的同盟會，梁氏進步黨的前身是一九〇七年亦成立於日本的政聞社。這一「會」一「社」按章士釗的看法不是政黨是前政黨。當時同盟會成立，宗旨就是推翻清政府。政聞社不然，意不在推翻滿清而是逼它立憲。這兩個政團一個是革命黨，一個是立憲黨，彼此政見自然相反，甚至水火不容。其抗鬥之勢，不但從清末帶進民國；而且它們作為政黨前的表現也直接塑造了它們後來的政治性格。

　　丁文江、趙豐田所編的《梁啟超年譜長編》中有政聞社成立的記載，其中錄有梁啟超的朋友徐佛蘇的《記梁任公先生逸事》片段，它更具體地記載了政聞社成立時同盟會與政聞社的衝突：「政聞社於清光緒丙午秋成立於日本東京，會員約一千五百人，均係留學生，在錦輝館開成立會，選推職員百餘人。梁先生演說約二時餘，暢論『世界各國政治革命不注重國內種族問題』之理由及『政黨政治』之先例。演說未畢，突遇同盟會人張繼氏率領廿餘人闖入會場，直撲演台。梁先生神容鎮靜，口不輟演。旋經在場日警勸阻，反對黨人出場。」徐氏不在現場，他的記述在年份上有誤。作為參照，這裡不妨再看看同盟會自己的敘述，它是由勝利一方書寫的，得意之狀溢於文表：

　　陽曆十月十七日，政聞社員大會於錦輝館，謀立憲也。社以蔣智由為魁，而擁護梁啟超。啟超往，徒黨幾二百人，他赴會者亦千人，又召日本名士八輩為光寵，犬養毅者，其氣類相同者也。革命黨員張繼、金剛、陶成章等亦往視之。梁啟超登，力士在後，與會者以次坐，政聞社員在前，革命黨員在政聞社員後，他留學生在革命黨員後。啟超說國會議院等事；且曰：「今朝廷下詔刻期立憲，諸君子宜歡喜踴躍。」語未卒，張繼以日本語厲聲叱之曰：「馬鹿」。起立，又呼曰：「打」。四百餘人奔而前，啟超跳，自曲樓旋轉而墜，或以草履擲之，中頰。張繼馳詣壇上，政聞社員持幾格之，金明自後搤其肩，格者僵，繼得上。眾拊掌歡呼，聲殷天

地。[2]

　　不愧是章太炎的手筆，題目是《記政聞社員大會破壞狀》，這其實更是一份政治不寬容的自供狀。革命與立憲，是政見不同，辯論無妨。但對方成立社團是對方結社自由，並不能因為對方反對自己，便以暴力手段去破壞。一聲「馬鹿」，竟不知政治寬容為何物。在《政本》中，章士釗引英儒梅依之言：「政黨之德，首在聽反對黨之意見流行」。[3]同盟會是革命黨，一貫唯我獨革，不但聽不得反面意見，甚至容不得對方的存在。此種砸場之類的行為，如以現代政黨的尺度衡量，只能判為沒有黨品，不講黨德，更無黨量。一個政治社團在政黨之前便無視甚至不知政治倫理，而是殘酷鬥爭，無情打擊；那麼，它在執政之後，走向不寬容的專制便在邏輯之中。

　　在這次全武行的鬧劇中，反觀政聞社，乃有可稱道處。據「梁譜」：「頃刻，當地警長複率警卒十餘人到場查詢敵派擾亂情形，……以便決定是否以法律解決此事。當時梁先生深恐吾國人因政見不同之細故，致煩外國官廳之傳訊，乃派會友向日警力白會中之稍稍紛擾，純係本會中人偶起爭論之故，既非他黨來襲，亦未毀物毆人，請貴廳勿介意此事。日警唯唯而退。後來日本名流及報紙頗讚美梁先生之有『政治德量』云。」

　　此處的「政治德量」即政治寬容。梁啟超及其立憲黨乃一代君子，頗具現代政黨的政治風範，而它的對手革命黨卻缺乏此種風度。這不奇怪，革命本身就是最專制的東西，否則革命也無以成功；因此，寬容註定是它的排斥物。二十世紀是革命的世紀，不是立憲的世紀。政治寬容作為最基本的政治倫理，有人一輩子從事政治，卻不知其為何物，也就不足為奇。

2　以上引文俱出自丁文江、趙豐田編《梁啟超年譜長編》第四一七－四一九頁，上海人民出版社，一九八三。

3　章士釗《為政尚異論》第九十八頁，上海遠東出版社，一九九六。

暌違任公一百年：革命壓倒立憲

　　二十世紀的中國命運，其實在一百年前的世紀初就被決定了。決定這一命運道路的，是在日本兩個城市之間（東京與橫濱）發生的一場政治論戰，這就是後人稱之為「革命與立憲的對抗運動」。在雙方的對抗中，革命話語全勢獲勝。於是，二十世紀的歷史邊走邊停，革命走了一百年，立憲停了一百年。在世紀革命的「洪波曲」面前，立憲如同「死水微瀾」。設若當年立憲話語深獲人心，以至成為時代選擇；那麼，羅馬並非一條路，歷史呈現在我們面前的，完全可能是另副模樣。

　　從歷史這頭看那頭，梁啓超就是一百年前的憲政開張者，正如與之同時的孫中山是一個世紀的革命開張者。當年，梁啓超流亡日本時，中國留學生甚少，一九〇〇年也才只有一百左右。但，待至一九〇五年，留學生已多達數千。梁任公的立憲話語沒能拽住他們，他們基本上為革命話語裹挾而去。二十世紀，誰抓住了青年，誰就抓住了歷史。革命既然吸引了無數熱血青年，立憲就只能被歷史推到它的邊緣。

　　立憲與革命，一南轅，一北轍，不相交集。立憲無須革命，正如革命無以立憲。由於革命是武力推翻清廷，而立憲又頂了個保皇的帽子（君主立憲），年輕人的選擇也就不足為奇。同樣不足為奇的是，撇開當時年輕人不論，即使我們今天，如何評價當年，梁，還是孫，依然是個問題。這裡所指的革命，專指「易主」性質的暴力訴求，它的最通白的解釋「槍桿子裡面出政權」。立憲不動槍也不易主，而是通過立法和議會來「限主」。一百年前革命與立憲就在這一「易」與一「限」之間，展開角逐。這「易／限」之別，如果可以比喻，革命就是「奪位」，立憲就是「造籠」。

　　自秦而清，中國政治制度始終是君主專制。孫的革命目標，除了排滿的民族革命外，在政治上，是要用共和的「民主」取代專制的「君主」。但，專制的君主不會自動退位，因而要用武裝革命的方式推翻；所以，孫中山的革命是民主革命（或共和革命）。只有革命，「主」的位子才能由

「君」而「民」。此即「奪位」。「造籠」不妨採自假託為前美國總統布希的一段話，他說「人類千萬年的歷史，最為珍貴的不是令人炫目的科技，不是浩瀚的大師們的經典著作，不是政客們天花亂墜的演講，而是實現了對統治者的馴服，實現了把他們關在籠子裡的夢想。因為只有馴服了他們，把他們關起來，才不會害人。我現在就是站在籠子裡向你們講話。」比喻的意義上，布希的籠子就是梁任公的立憲，即用憲政之籠限制君主的權力。

面對清廷的專制，革命首先強調的是「位子」，即必須推翻君主，讓其下臺，改朝換代。立憲不然，它無須君主退位，而是打造一個「籠子」，把它關在裡面。換言之，只要有籠子，裡面關的是誰——世襲的君、還是民選的元首——都不要緊；緊要的是，任何權力都必須加以籠套。這裡，可以看看梁啓超如何解釋專制。在《開明專制論》中，梁氏首釋專制之「制」，曰「制者何，發表其權力於形式，以束縛人之一部分之自由也。」制即國家制度，它是一種權力形式，用於束縛人的一部分自由（因其自由之間的互相妨害）。至於專制，則是「純立於制者之地位，而超然不為被制者，」即權力只是控制別人，它自己卻沒有任何制約，這樣的制度就是專制。因此，在專制與非專制之間，梁氏的區別至簡至精：「一以憲法之有無為斷」。[1]清王朝有制度無憲法，所以立憲派反復運作，逼其君主立憲。至於君位，在立憲的前提下可以保留，所謂虛君是也。這其實是一種交換，用以規避革命所造成的內戰以及由此帶來的社會震盪。

革命不然，它的頭道菜不是立憲，而是革命。先革君主的命，然後再共和立憲，這是它的路徑依賴。當年孫中山表示「革命的宗旨，不專在排滿，當與廢除專制，創造共和，並行不悖。」用意雖好，但共和能否解決專制，畢竟還是一個問題。這裡不妨先旁聽一下托克維爾的聲音「假如將來有一天類似美國這樣的民主共和制度在某一個國家建立起來，而這個國家原先有過一個獨夫統治的政權，並根據習慣法和成文法實行過行政集權，那末，我敢說在這個新建的共和國裡，其專橫之令人難忍將超過在歐洲的任何君主國家。要到亞洲，才會找到能與這種專橫倫比的某些事

[1] 《開明專制論》，《飲冰室合集（二）‧飲冰室文集之十七》第十四－十八頁，中華書局，一九八九。

實。」（該譯文另一版本是「一個國家，如果它原來是個人集權管理，並且習俗和法律也都接受這種管理，而現在它想建立類似於美國的民主共和制度，那麼我毫不猶豫地說，在這種共和專制下，會比歐洲任何一個完整的君主制更難以忍受。對此，我們可以在亞洲尋找可比照的東西。」）[2]共和專制，托克維爾說的是法國，似乎又是為日後中國建言。某種意義上，梁啟超正是中國的托克維爾。他反對孫黨學美式共和而主張效法英式立憲，正在於他認為中國民智未開，自治傳統未養成，即使革命成功，所得依然是專制，而不可能是真正的共和，更無論立憲。立憲是逼出來的，革命只要成功，就失去了逼的動力，它豈有為自己造籠之理。所以，關於共和專制，梁氏以法國學美國為例，指出：「世界無突然發生之物，故使美國人前此而無自由，斷不能以一次之革命戰爭而得此完全無上之自由。彼法蘭西，以革命求自由者也，乃一變為暴民專制，再變為帝政專制。」[3]一變再變，梁氏看似說法國，所指更是革命黨果如獲勝之中國。是否應驗，識者自識。

　　曉違任公一百年。一百年前的立憲與革命之爭，實為上個世紀的歷史開局，孰勝孰負，則可以主導一個世紀的歷史走向。歷史是有慣性的，革命勝則世紀為革命史，立憲勝則世紀為立憲史。幸抑不幸，在立憲與革命的對峙中，革命壓倒立憲。是它成就了二十世紀的歷史，以至於今。今天，世紀又逢開局時，回望任公，那是那個時代中國憲政的一根脊樑。我們今天的憲政努力，不但是在脊續任公未竟之業，也需要從他那裡汲取資源。

---

[2]　托克維爾《論美國的民主》上，第三〇二頁，商務印書館，二〇〇六。

[3]　轉引（日）佐藤慎一《近代中國的知識份子與文明》第一九四頁，江蘇人民出版社二〇〇六。

且看清末之「人大」

　　清末也有「人大」？這個怪異的題目顯然是一種比喻。清末當然沒有人大，但有資政院。它成立於辛亥前的一九一〇年，這是中國立憲運動百年未再的黃金年。其里程碑性質的標誌（之一），便是中央資政院成立暨第一屆院會開幕。根據一九〇八年光緒帝下頒的「欽奉懿旨」，資政院的制度設計是「立憲政體取決公論，上下議院實為行政之本。中國上下議院未能成立，亟宜設資政院以立議院基礎。」[1]由此可見，這個資政院在職能上相當於英美的參眾兩院，也類似於我們今天有立法之名的人大和海峽那邊的立法院。

　　資政院的成立，為數千年中國所未有，是近代以來政治體制現代化在中央層面的第一步。邁出這一步的立憲派，在中國議會立憲的零公里處便有極精彩的表現。第一屆資政院自一九一〇年十月三日開幕，長達三個月的會期，可以說充滿刀光劍影。立憲派與清政府折衝樽俎，雖不似革命黨以會黨搞江湖式的武裝暴動，但卻比後者更有效地推進了政治體制的內在轉型。按照立憲派精神領袖梁啟超的看法，立憲的一個重要任務就是厘清政治與行政的分野。在梁看來，政治之後是行政，比如，某種稅賦是否應當徵收，這是政治問題；然而，如何徵收，則是行政問題。資政院過問的是政治問題，政府用來解決的是行政問題。因此，擁有行政職能的政府，應當對負有政治責任的國會負責（這是效法「內閣對議會負責」的英倫政治格局）。可以看到，資政院甫一開席，立憲派就在這種政治沙盤上和清政府展開了有理有節的博弈。

　　資政院的建制在各省地方叫諮議局。根據以上權力分配原則，地方諮議局負責政治，督撫負責行政。可是一九一〇年，湖南省舉辦地方公債，一位楊姓巡撫未經諮議局議決，便擅自下令發行。湖南省諮議局認為該巡撫越權行政，便把官司打到了它的上層機關資政院。資政院奏楊撫行政違

---

[1]　故宮博物院明清檔案部編《清末籌備立憲檔案史料》下冊第六二七頁，中華書局，一九七九。

法，但，清廷的答覆是該撫未交諮議局通過，屬於「疏漏」，但仍可照此執行。資議員很清楚地意識到，此個案可以形成慣例。如果內閣或督撫都可以按自己意志行政，而不需要經過資政院或諮議局，那麼，後兩者就完全成了擺設，立憲也不過是個泡影。因此，資政院不服，立即要求清政府最高行政機構的軍機大臣到院答覆質詢，後者不理。這樣就激發了資政院對政府行政的嚴重抗議，以下是資政院議員們在院會上的發言，不妨過錄若干，以見辭鋒：

易宗夔：政府僅以「疏漏」兩字了之，而不懲處該撫之侵權失職，資政院與諮議局已屬多餘，可以解散矣，否則軍機大臣必須到院說明其何以如是處置。

陶鎔：軍機大臣到院之前，本院必須停會以待。

羅傑：守法為立憲預備之基礎，若國法不被重視，諮議局留之何用，不如將之解散。

于邦華：諮議局之組織章程與國家法律無異，既然軍機大臣任意侵越，則章程形同紙上廢物；本院之上奏既不受重視，兩者皆可解散矣。

（多人附和大喊「尊重諮議局局章」，全院大拍掌。）

劉春霖：軍機大臣有意破壞憲政，必須請其前來答覆質詢。

邵義：請總裁用電話請軍機大臣到院。

（總裁問請哪一位軍機，眾口一聲「領班軍機慶王」。但電話打過去，軍機無一人在）

邵義：請他明天到院。

劉春霖：巡撫違法可以疏漏為藉口，軍機可以常常疏漏了。

邵義：請送諮文軍機大臣，請其到院。[2]

一波未平，一波又起。此案尚未解決，雲南、廣西又發生兩起類似事件，都是督撫未經諮議局而擅自行政。狀告上來，資政院立即形成自己的議案。他們知道，他們為地方諮議局爭地位，就是為自己在中央爭地位，否則專制慣了的督撫和軍機處不會把局院放在眼裡。然而，軍機處再次無視資政院院章，在擬論旨時把資政院上奏的兩個問題「交鹽政大臣與民政部察核」。這分明視資政院為無物，或把資政院當做他們的行政下屬。軍

---

[2]　轉引張朋園《立憲派與辛亥革命》第七十一－七十三頁，吉林出版集團有限責任公司，二〇〇七。

機處此舉一而再、再而三,引起全體民選議員的憤怒:「以本院決議上奏之案乃交行政衙門核議,是以民政機關蹂躪立法機關,實屬侵奪資政院許可權。」(同上)這時,已經不是要求軍機大臣到院答覆質詢的問題了,而是議決彈劾軍機處。其訴求在於,立即廢棄軍機處,設立責任內閣。在內閣未成立之前,軍機處必須對資政院負責,亦即行政對政治負責。

由於資議員步步緊逼,不但熟悉法律,又極有政治章法,所言所行俱不違前所制定的遊戲規則;所以清政府最高層磋商之後,最終理性讓步。軍機班頭慶親王雖然想強行壓制,但幾位宗室王貴都不贊成,認為應該按院章辦事。於是又下一道諭旨,就雲、桂二地事件,均依院議處理,等於收回前命。但,院中議員已經剎不住車了,他們繼續推進彈劾,這就導致下一輪更激烈的政治風波發生。

從以上資政院和軍機處的博弈可以看出,立憲派在政壇上一出手就顯出一種難得的「政治成熟」,有謀略、有綱目、有步驟。既然你清政府接受立憲,就得按照立憲規則來遊戲,除非你要橫。當然,你可以一次要,也可以兩次要,甚至可以三次要;但不能次次要,那對自身也不利。只要不要,它就不是立憲派的對手,只能被立憲派牽著鼻子走。如果歷史不吝嗇時間,多來一些這樣的回合,清政府難免不走上英倫式的政憲之路。這是中國政治現代化最好的開端或路徑,比之革命黨的「三民主義」,它顯然富有更充分的現代政治資源。三民主義實為「一民主義」,那些會黨和留日學生策動的新軍只認「三民」中的頭條即民族主義,它的內涵卻是漢人復仇性質的「驅逐韃奴」,毫無政治現代性可言。然而,在立憲與革命的較量中,後者終究以槍響佔據了歷史優勢。於是,歷史就走上了另外一條不歸路。

一九一一 or 一九一三：國會期限博弈

　　一九一〇年，立憲派和清政府圍繞國會期限問題展開長達一年的博弈。在這場面對面的政治交鋒中，清政府一方的表現值得觀察。正如梁啟超在《為國會期限問題敬告國人》中「敬告政府諸公」：「不見乎數年前革命說徧天下，自預備立憲之詔既頒，乃如湯沃雪乎。」（以下梁啟超語俱出此文，不另注）[1]既然立憲目標之一就是防堵革命，那麼，清政府就必須和立憲派保持良性互動。不能說清政府在立憲上沒有誠意，它的確是按照自己的立憲清單逐年推進。但，卡殼在於，它於一九〇八年推出的立憲時間表是一九一六年，但此刻，立憲派卻要求次年即開國會（一九一一）。為此，立憲派發起了一次又一次的國會請願運動。第二次請願失敗後，梁啟超這樣警告國權在手的攝政王載灃「恐過此以往，吾國將永無開國會之時也」。此語如同讖言，次年清政府即告垮臺。原因之一，便是在國會期限問題上「處置之失當」。

　　如果清政府始終拒絕立憲，也就另當別論。但立憲在清末業已成為朝野公議，儘管雙方在立憲的名頭下意圖各自，但以英德日為樣板，雙方也能找到可以磨合的語言；更無論立憲本來就是在立憲派的主導下帶著政府往前走。可是，連清政府也沒想到，這次為了一個開會的時間，它把自己推到了最孤立的境地。

　　第一次請願運動中，請願代表分別拜訪各王公大臣。清政府最高行政機構軍機處的五位軍機大臣有兩位贊成速開國會，三位起初遲疑，後表贊同。另外拜訪的六位各部首長，三位贊同，三位反對。從總體來看，朝廷命臣大部分都是支持立憲請願的。但，諭旨下來，卻是維持九年不變。第二次請願大體是第一次的重複，都察院收到請願書，由政務處召集王公大臣會議，議決依然維持九年。這樣就有了以上梁啟超對政府諸公和攝政王的警告。梁啟超這樣「敬告監國攝政王」：時局彌亂，中等智力水準以下

[1] 《為國會期限問題敬告國人》，《飲冰室合集（三）・飲冰室文集之二十三》第十七頁，中華書局，一九八九。

都能看得出來。至於內外臣工，粉飾太平，那是他們寧可亡國滅種，也不肯捨棄自己的富貴利祿。他們原本就是以官位為根本、以國家為獲利之管道，「國亡之後，挾腰橐以走租界，或作贅子妾婦於外國，尤不失為富家翁。」

在梁啟超看來，兩次請願所以失敗，或「政府之所以敢於稽延國會期限者，以請願國會之輩，人微言輕耳。誠得數省督撫聯合上奏以為國民請願之後援，則政府固不得不懾。」因此，梁啟超從督撫自身利益角度「敬告各督撫」，力陳開國會和成立責任內閣的重要。因此，在立憲派活動下，這些封疆大吏亦紛紛動作，兩次聯名致電清政府，請准明年開國會和立即成立責任內閣。當時聯電奏請的有十七省督撫，未參加聯電的僅餘其六。這個比例太有利於立憲派，何況從地方到朝廷，第三次請願書呈遞給剛成立的中央資政院，全體議員，無論欽選還是民選，同表贊成。於是根據請願書擬成奏摺，再度獲全數通過後，由資政院總裁溥倫上呈。

由於地方督撫和中央資政院的協力，立憲派第三次請願終於有了結果。這個結果也是清政府最上層彼此磋商的產物。同為親貴，載澤和溥倫等都主張及時開會以救阽危、以慰民望。當攝政王載灃打算退讓「姑縮一年」時，「溥倫請至少縮三年」。[2]但，這裡有一個難以解開的糾結。立憲派的訴求是一九一一，並且他們獲得了大部分督撫和資政院的支持；而在最高層的御前會議上，軍機大臣們則多主張縮短到一九一三。第一天開會，議而未決，次日複開，終以一九一三為定。

一九一一，還是一九一三，看起來是個時間問題；但這一次，時間就是生命，它決定了清政府的存亡。歷史在事實形態上不容假設，但，當時歷史形成的各種可能性卻不妨可以推理。次年辛亥槍響，本無多大勝算（例如半年前的黃花崗起義），畢竟同盟會在軍事上還沒有力量戰勝清政府。但，作為清政府和革命黨之間的立憲派，它站在哪一邊，無疑給哪一邊增加了獲勝的權重。武昌事起，立憲派即倒向革命黨，各省在立憲派的主持下紛紛獨立，這才給清政府以致命打擊。這次事變，設若沒有立憲派的倒戈，抑或立憲派哪怕作第三者觀棋不語，局面也將是另一種情形。可是，立憲派俟槍聲一響，即放棄君主立憲而轉向共和立憲，蓋在於一九一

<hr>
2　轉引張玉法《清季的立憲團體》第四四一頁，中央研究院近代史研究所，民七十四（一九八五）再版。

○年的三次請願傷透了立憲派的心。

　　不過，從政府角度，它的確也作出了相當大的讓步，立憲時間整整提前三年。如果立憲派要一九一一便一九一一，政府豈不形同木偶，它當然不幹。只是政府最高層沒料到，國會期限不僅是時間問題，更是民意所在。這裡的民當然不是全民，而是紳民，是整個士紳階層。它是清政府賴以存在的最穩定的社會基礎，只要它一動搖，清的江山便不牢靠。速開國會是當時士紳、商紳乃至大部分官紳的共同訴求，提前三年的諭旨下達，京城內外普遍不滿。當時主持民政部的肅親王善耆深以為憂「若不速開國會，民心忿極，大禍必發，屢次遏抑民氣，倘有不虞，民政部實難擔此重任。」[3]然而，清最高層一連串的失當在於，不但忽視了這次請願中普遍高漲的民意，還下令解散請願團體，不准再提速開國會事，又強行命令請願代表離京歸裡。以致那些激進的立憲主義者離京前憤然相約「吾輩公決密謀革命」。

　　民意不可違，儘管它其實可以一次次違逆，但終究有一次足以讓你致命。一九一○年，是清政府把挽救自己危機的改革力量推到了敵人陣營，致使幾年來逐步走向雙贏的局面急轉直下為雙輸。激進的立憲主義並非沒有瑕疵；但，從清政府這一面看，是它自己斷送了自己。

---

[3]　轉引張玉法《清季的立憲團體》第四四六頁，中央研究院近代史研究所，民七十四（一九八五）再版。

立憲請願運動百年祭

世人皆知辛亥一九一一，但有幾人知道庚戌一九一〇。

辛亥槍響的前一年，也正是清末立憲運動逼至高潮的一年。這一年，歷史早已蒙塵；但百年前的今天，各地立憲派彙集京師，向清政府請願，要求速開國會。這是持續長達一年的抗爭運動，北京城內風起雲湧。立憲派連續三次逼宮，清政府幾無躲閃餘地，只有俯身妥協，答應提前立憲。但，次年辛亥事起，風雲頓變，立憲在虛君框架下畫上了休止符。於是，由革命主導新紀元，歷史遂慣性進入「無量頭顱無量血，可憐購得假共和」的世紀。

清末立憲運動如果以梁啟超一九〇一年《立憲法議》為標誌，前幾年為輿論鼓吹階段；自一九〇六、一九〇七年間海內外各立憲團體成立，始為組織政團階段；至一九一〇年，由各地立憲派匯聚京城，則發展為請願運動階段。可惜歷史不再給立憲派以時間，否則中華民族走上英倫那條虛君立憲的路，從當時情勢看，不過早晚。

一九一〇年，剛成立不久的各省諮議局有一個協同性舉措，即在江蘇省諮議局議長張謇倡議下，於上海組織「國會請願同志會」，準備進京請願，要求政府速開國會。一九〇八年，迫於內外壓力，清政府昭告天下，用九年時間預備立憲，至一九一六年正式頒佈憲法、選舉上下議院。但，這道上諭顯然不能滿足立憲派的願望。他們認為刻下局勢，內政失修，外交窘困，只有迅即召開國會，才能逆挽時局，消抵革命。張謇的動議，旋即獲得十六省諮議局的支持，他們彼此相約，非至國會開會，請願會不得解散。一九一〇年一月二十日，各省代表三十三人在京正式拉開請願序幕。臨行前，張謇撰「送十六省議員詣闕上書序」以相勉，當時還是康梁之徒的湖南人徐特立以八字血書「請開國會，斷指送行」壯其行色。

然而，第一次上書請願被駁回，清政府以「國民知識不齊，遽開議院反致紛擾，不如俟九年預備期滿」為由拒絕。其中「不如」之語，有如商榷。但，代表們並未氣餒，他們再接再礪，立即準備第二次請願。為廣泛

發動社會，請願代表一半留京堅持，一半回各省動員商會、教育學會等士紳團體聯名請願，以擴大社會抗議面。第二次上書是一九一〇年六月十六日，和前次不同，這次上書，是多起輪番。諮議局代表為一起，各省教育會代表為一起，商會為一起，華僑代表為一起，甚至八旗代表亦為一起，像湧浪一般，層層推進，給清政府造成很大壓力。此次請願雖然再度流產，清政府以相同理由堅持九年預備。但，各省代表並未「再而衰」，而是「三而竭」──竭力圖謀第三次衝刺。

由於前兩次請願的蓄勢，第三次終於讓清廷提前了立憲時間。按照清廷預備清單，一九一〇年在各地諮議局先後成立的基礎上進一步成立中央資政院。該院在清廷眼裡只是一個以備諮詢的機構，但在立憲派的訴求中，它卻是英美參議院的前身。雖然雙方做的是一件事，但算盤各自不同。到底誰有勝算，要看雙方力量對比。立憲派請願所以一而再、再而三，是因為它那時具備了與清廷叫板的勢，而且這個勢顯然還在此長彼消。第三次請願時間議定在資政院開院之際，是為一九一〇年十月三日。前此，請願代表向諮議局聯合會提出建議，要求各地諮議局對清政府的新租稅持不承認主義，即一日不開國會，一日不納稅。這是英美「無代表，不納稅」的中國版第一次上演，它顯示了立憲派遏制清政府的財政能力和鬥智方法，可惜一次遂成絕響。

庚戌一九一〇年，從一月而六月而十月，立憲派完成了請願運動的三個回合。最後，清廷最高層在內外壓力下，不得不下「縮改於宣統五年開設議院諭」，即將立憲時間由原來的一九一六年提前到一九一三年。這個提前是逼出來的，當時上海《時報》的「北京專電」有這樣一則細節：當立憲代表謁見軍機大臣世續時，「世中堂云：已商之憲政編查館，各大臣多謂已有資政院，國會可緩開。代表曰：資政院非牛非馬，何涉國會。世曰：朝廷深仁厚澤，乃民有二心否？代表曰：二心則無之，惟此次請願不遂，竊恐離心耳。世中堂悚然改容，當允極力贊成。」[1]立憲派於清廷雖不似同盟會那樣刀槍相見，但照樣逼得它節節後退，並牽著它的鼻子走。

當然，這裡有個問題，一九一〇年，你說立憲派勝利了，還是失敗了。立憲派要求一九一一年速開國會，清政府妥協為一九一三年。持保守

---

[1]　轉引張玉法《清季的立憲團體》第三七九頁，中央研究院近代史研究所，民七十四（一九八五）再版。

取向的立憲派認為這是勝利,並鳴放鞭炮慶祝。但,立憲派中的激進主義認為是失敗,何況清政府下令不准再提開國會事,同時也不准請願代表繼續留京。這不但觸怒了激進的立憲主義者,更使得他們在辛亥槍響後轉向革命,澈底拋棄清廷。其實,孰勝孰敗在比較。一九一三年開國會,比立憲派一九一一年的時間表只延後兩年,但比清政府原定的一九一六年卻提前了三年。如果你不能指望你要哪天開會清廷就答應哪一天(這是不可能的事);那麼,只要提前,立憲派就是贏家。政治往往是在妥協中前進,而且在這長達一年的博弈中,立憲派的氣勢咄咄逼人,明顯是往上坡走,而清政府則被動支撐,步步下行。如果沒有辛亥變故,可以逆料,這個勢頭只會往前推進(但還需要若干回合),卻不會倒轉。但,歷史常常在偶然與必然間錯亂,不以任何人的意志為轉移。立憲之外的革命,也在苦苦經營,不斷製造它自己的機會。最後,鹿死誰手,不是立憲,而是革命露出了它的笑靨,並且以鐵血般的凌厲,傲笑了一個世紀,以至於今……

今天,筆者謹以此文為一百年前立憲請願運動祭。

辛亥革命何以成為顏色革命

　　根據主流史學，辛亥革命作為資產階級舊民主主義革命，是一次不澈底的革命，最嚴重的惡果就是革命領導權為袁世凱篡奪。但，那註定是一場無以澈底的革命，這不僅因為革命力量本身就不夠，更因為它的對頭立憲派在這場革命中發揮了政治上的主導作用。

　　革命黨與立憲派在面對清廷的問題上積怨已久，互為仇讎。一個主張以革命推翻滿清，以建共和；一個反對革命，主張在君主的框架下推進立憲。清政府和革命黨是死對頭，但和立憲派在體制內還存在著一定的互動。因此，清末這三支政治力量彼此角逐，在革命黨和清政府的你死我活之外，立憲派作為協力廠商就變得舉足輕重。特別是在時局驟變的緊要關頭，它選擇誰，誰就更容易獲勝。這裡不假設當時立憲派如果選擇清政府，革命是否還能撐得下去。但，從史實上看，同樣發生在一九一一年的廣州黃花崗起義，已經慘敗在先，一九一三年的「二次革命」，亦潰不成軍於後。這三次由革命黨經營的武裝暴動，恰數武昌這一次最意外、規模最小、準備最不充分，何以它一聲槍響，四個月後清政府便渙然解體。這裡，關鍵就在於立憲派選擇了革命黨，而且從軍事迅速擴展到政治，從而最終形成倒清之勢。

　　武昌首義，群龍無首，而且各地也沒有彼此策動，革命不可能在兩、三省孤立獲得勝利。這時革命黨不得已拖出了個新軍旅長黎元洪，黎氏實在不敢看好這場暴動，因為在軍事上它沒有勝算的可能。然而，屬於立憲派的湖北省諮議局議長湯化龍因時而動，由他出面邀請黎和革命軍代表到諮議局商議湖北獨立並組織政府事。結果黎由諮議局推選為都督，湖北正式從清廷中獨立出來。獨立後的湯化龍一不做二不休，又以湖北諮議局的名義通電各省諮議局，呼籲各地回應獨立。這一極具開拓性的舉措，不是軍事，而是政治的，但適足以要清廷的命。最先響應湖北的是湖南，湖南獨立後的首任都督是屬於革命黨的焦達峰，但他左右不了湖南局面，只不過十來天就被手下的軍人槍殺。再次被推選出來的都督是名孚眾望的譚

延闓，譚是湖南省諮議局議長，也是立憲派領袖之一。他不但能穩得住湖南的秩序，而且也積極視線向外，推動他省獨立。這是他手下議員給他的建議：「同盟會勢力雖大，然不能使各省同時並舉。公既出，事無中止，當飛書知舊，乘時回應。」[1]譚深以為然，既馳電又派人，到各地運作。結果，兩湖領先，各地立憲派同聲相應，同氣相求，清政府二十二行省，不到一個半月，有十四省先後獨立。這不啻是一幅多米諾骨牌的連鎖效應，立憲派不但是其推手，而且主持各地獨立的基本就是諮議局。清政府可以不在乎一省暴動，它有北洋；但，即使北洋，也無法面對一省又一省的獨立。因此，是政治而非軍事最終拖垮了清政府，辛亥的軍功簿上，至少有一半應該屬於立憲派。這庶幾是一樁長期被遮蔽了的史實。

如果說立憲派在當時起到了政治中軸的作用，加上素往立憲派和革命黨的政治理念不同，辛亥革命的不澈底就在所難免了。革命就是砍人頭，這裡的不澈底，正如魯迅後來總結辛亥經驗一樣：「民元革命時，對於任何人都寬容（那時稱為『文明』），但待到二次革命失敗，許多舊黨對於革命黨卻不『文明』了：殺。」[2]於是，魯迅慨歎革命黨沒有殺盡在前，以致後來反受其累。確實，當時革命都督焦達峰就主張在湖南動殺，是譚延闓制止了他：「吾輩但取政權，不殺官吏。」[3]前此，立憲派就是為了避免革命引發內戰從而導致雙方大開殺戒，才反對以暴力求共和，並寧可走虛君緩進的道路。這條路如果辛亥槍聲不響，必然走得下去。但，槍響不以立憲派的意志為轉移；好在事變發生，立憲派能有效地契入時機，後發制人，順別人的水推自己的舟，以最小的軍事代價完成各地政權的轉移。可以看到，二十世紀三大革命，以辛亥為首，它固然開世紀革命之慣例，但和後來的國民革命、土地革命比，畢竟沒有導致內戰發生，沒有造成整個社會的血流漂杵（除寧漢兩地外）。以暴力革命始顏色革命終，在立憲派的作用下，以顏色革命收尾的辛亥也就成了一次革命不澈底的革命。

不幸在於，立憲派和革命黨連袂對付清廷；但，鷸蚌相爭，漁人得利，從清廷那裡斜刺叛出一個袁世凱，最後權力統統歸袁。從革命黨來講，所謂不澈底，莫過於是。但它又沒有不交出政權的本錢，「非袁不

1　轉引張朋園《立憲派與辛亥革命》第一二三頁，吉林出版集團有限責任公司，二○○七。
2　魯迅《兩地書・三五》，《魯迅全集》卷十一，第一○二頁，人民文學出版社，一九八一。
3　轉引張朋園《立憲派與辛亥革命》第一二三頁，吉林出版集團有限責任公司，二○○七。

可」，這話本身就出自革命黨之口，而且也是各派共識。對於立憲派，固然袁等於是他們推出來的，這也可見立憲派左右政局的能力。但，遺憾在於，袁世凱不是在虛君的框架下而是在共和的框架下推出，這就為他以後的獨裁埋下了伏筆。殊不知，辛亥一年，革命不澈底，立憲也半吊。虛君的框架下，袁世凱可能覬覦總統乃至皇帝嗎，那是僭越，他不敢。共和框架下，袁沒有了君臣名分的拘束，可以放膽問鼎。因此，從體制選擇的角度看，真正幫袁大忙的，不是別的，正是革命黨孜孜以求的「共和」。

　　這不是孤例，共和庶幾就是專制的溫床（此即梁啟超憂心革命之後的「共和的專制」）。放眼亞非中南美，幾乎清一色的共和制；但，此起彼伏，不知造就多少袁世凱這樣的大獨裁者。相反，這種情況在歐洲君主立憲的國家，差不多沒有。這就可以解釋近現代以來除美國等個別國家外，為什麼共和幾乎就是動亂的代名，這也正是當年立憲派所以選擇虛君道路的緣由。

「只問政體，不問國體」

在晚近中國近代史的大裂變中，梁啟超是個反暴力的改良派。他的改良主張，包括他身為一個政治活動家和政論家的一生行止，都可以標榜為他自己揭櫫的八個字：「只問政體，不問國體」。當年孫中山要推翻帝制實行共和，梁啟超反對；但，後來袁世凱要推翻共和恢復帝制，他又起而反對。看起來，梁啟超慣於以今日之我攻昨日之我，時人乃至後人亦常以「多變」詬病其人。其實，梁在政治策略上多有他的「權」與「變」，但在政治立場上亦有他的「經」與「常」，後者就是標題上的八個字。這是他不變的根據，也是他多變的緣由。

「只問政體，不問國體」，此觀點由梁在他一九一五年反袁世凱復辟時的一篇文章中提出。當時梁啟超病臥津門，不僅抱病寫作了他生平中極為重要的政論《異哉所謂國體問題者》（本文所引梁啟超語俱出此文）[1]，而且在病榻上接受英文《京報》記者的採訪。兩篇文字相互發明，很清楚地顯示了梁啟超歷來所堅持的政治改革方略。

在相對的意義上，國體顯示國家的性質，它可以用來表明一個國家姓什麼，比如君主制的國家姓「君」，民主制的國家姓「民」。政體不然，它不問國家權力握在誰手，它問的只是這個權力如何運作。因此，政體通常是指國家政治權力的運作形式，比如國家權力在憲法層面上是「限權」和「分權」的，就是立憲政體（反之則是非立憲）。長期以來，人們已經習慣把國體政體視為一體，並且認為政體直接是由國體所決定（如君主必然專制，民主無以獨裁）。其實不然，這兩體之間各自有相對的空間，它們的表現甚至可以交叉，即共和不一定立憲（比如民初至今），立憲不妨礙它是君主（比如至今英倫）。

梁啟超是一個立憲主義者，他對當時政治的第一關注，不在權力屬誰，而在權力是否受法的制約。他在此文徵引楊度的話說「蓋立憲者，國

---

[1] 《異哉所謂國體問題者》，《飲冰室合集（八）‧飲冰室專集之三十三》第八五─九八頁，中華書局，一九八九。

家有一定之法制，自元首以及國人，皆不能為法律外之行動。賢者不能逾
法律而為善，不肖者亦不能逾法律而為惡。」權力為惡，無關乎權力在君
還是在民，兩者都有可能；唯一能做的便是用法去規範它。基於此，梁啟
超很直白地說「夫立憲與非立憲，則政體之名詞也；共和與非共和，則國
體之名詞也。」所謂「只問政體，不問國體」，蓋在於「政體誠能立憲，
則無論國體為君主為共和，無一而不可也，政體而非立憲，則無論國體為
君主為共和，無一而可也。」

　　這就可以明白他當年為何被人罵為保皇黨而並不動搖，保皇是為了
立憲（君主立憲）。和西太后相比，光緒帝畢竟是可以援引為維新的一個
力量。從私人角度，戊戌之後，梁氏為滿清流竄海外十餘年，正如他自陳
「吾果何愛於其時之皇室者，彼皇室之僇辱我豈猶未極？……吾至今猶為
海外之僇民耳」。但政論家發表議論當超越個己恩怨，並以公共理性為準
的。因此，當晚清預備立憲時，身為僇民，也要和革命黨筆戰，力批對方
君主不能立憲、立憲非共和不可的觀點，並由此給自己落下保皇的罵名。
辛亥之後，梁啟超在共和的框架下依然不懈於立憲的努力。但一九一五年
時，袁世凱忽然要恢復帝制，他的顧問們造出的聲勢是，共和不能立憲，
立憲非君主不可。一時間，國體問題引起全社會的關注，梁啟超當然要發
出反對的聲音。在他看來，君主共和，只是國體，和政體無關。政象的好
壞主要在政體不在國體；並且無論哪種國體，都可以作出政體上的選擇。
梁啟超擔心，立憲作為政體的選擇，它需要連續性；一旦在國體上動刀，
這種連續性隨著權力的轉移容易被打斷，並很難修復。

　　立憲黨人梁啟超不爭國體爭政體，用意良深。在他看來，政體的變遷
是改良的，國體的變遷是革命的。問題是「革命可以求國利民富，吾未之
聞也」。因此，只要立憲，梁既不反君主制（比如英吉利），也不反共和
制（比如美利堅），他只反勢必給社會造成大不幸的暴力革命（比如後來
的蘇俄）。作為一個改良派，梁啟超的反革命其實僅在於反暴力。既然梁
氏以為，立憲礙難通過暴力而獲致，那麼，他就很現實主義地表示「於國
體則承認現在之事實，於政體則求貫徹將來之理想。」

　　梁氏八字，梁氏終身守持；而今讀來，亦宜深長思之。直捷言，當年
梁氏之看法，即筆者刻下之態度。從梁氏一脈言，前有嚴復，後有胡適，
是他們構成了近現代以來一個以立憲為訴求的改良傳統。與此形成對照的

是孫中山、陳獨秀和魯迅，這是一個看重或推行以革命來解決一切問題的傳統。不言而喻，後一個傳統是二十世紀的歷史主流，正如前一個傳統如果不是為歷史所中折，也是大幅度地邊緣化。然而，歷史並非劣汰，亦經常汰優。今天我們所照臨的現實，正是當年歷史選擇的結果。當歷史以它的前世今生，放在我們面前；不難發現，我們今天所能選擇的，依然不脫前人選擇之難局。是嚴、梁、胡，還是孫、陳、魯？出於歷史理性，筆者的態度是「反思孫、陳、魯，重光嚴、梁、胡」。落實到刻下，至少在策略上應該踵武梁啟超，把政體放在國體之前，亦即把立憲放在民主之前。期以政體帶動國體，即以立憲推進民主（而不是相反）。學者朱學勤有過一個很精彩的表達：寧可十年不將軍，不可一日不拱卒。化用到此，如果可以在政體上拱卒，則不必汲汲於國體上將軍。後者是要對方的命，難免形成暴力。政論家當不往這個方向煽動，至少暴力已超出政論可言的範圍，除非立意做革命家。

　　附：收筆之際，且錄一節掌故，以覷梁啟超之風采。梁文草成之後，袁世凱派人以二十萬大洋來收買，希望它不致公開，梁啟超婉謝。後袁氏再度派人，危詞以威脅：「君亡命以十餘年，此種況味亦既飽嘗，何必更自苦。」不料梁啟超「笑曰：余誠老於亡命之經驗家也……」[2]

2　丁文江、趙豐田編《梁啟超年譜長編》第七二五頁，上海人民出版社，一九八三。

清政府最後的時間表

　　清政府垮臺於一九一一的辛亥年，從歷史進入二十世紀始，它就進入了自己生命終結的倒計時。清末的政治腐敗和人們對政府的控訴，可見梁啟超的行文：「夫孰使我百業俱失，無所衣食者，政府也；夫孰使百物騰湧，致我終歲勤勞而不得養其父母者，政府也；夫孰使我一粟一縷之蓄積，皆使吏胥之婪索者，政府也；夫孰使盜賊充斥，致我晷刻不能即安者，政府也……」[1]這樣的政府非倒不可，更何況孫中山的革命黨大張聲勢，籌謀推翻。但，清末立憲派給它指出了一條政治改革的道路，即立憲，可以說這是清政府唯一的圖存之路。事實上，它也被逼走上了這條路，但，由於它自己的蹉跎，這條路最終也斷送在它自己手裡。

　　和孫中山的革黨不同，由梁啟超在理論上指導的國內立憲人士，並不主張推翻滿清。在同盟會排滿性質的「種族革命」外，梁啟超推重的是政治制度改革的「政治革命」（梁氏是體制外人，他的語言如果轉換為清政府的官方語言，就是「政治改革」）。此改革以立憲為指歸，用梁氏的一貫思想表述：政治革命者，革專制而成立憲之謂也。從專制到立憲，可以說是二十世紀任何一種專制政體的政改方向。在體制外和體制內的各種壓力下，晚清政府迫不得已接受了立憲者的主張，繼一九〇五年派五大臣出洋考察憲政後，於一九〇六年九月一日宣佈「預備立憲」。這，不妨可以視為清政府「政治改革」的開始。

　　那麼，從一九〇六年到一九一一年，清政府在它生命的最後五年間，都做了些什麼呢？

　　一九〇六年：是年雖然宣佈預備立憲，但立憲的預備期有多長呢，這是社會很關注的問題。九月一日的「聖諭」頒下：「……俟數年後，規模初具，查看情形，參用各國成法，妥議立憲實行期限，再行宣佈天

---

[1]　《為國會期限問題敬告國人》，飲冰室合集（三）‧飲冰室專集之二十三》第二十一頁，中華書局，一九八九。

下。」[2]顯然，這是一個沒有時間表的預備立憲，其中不乏遁詞，如同在玩時間遊戲。當然，立憲就是分權，政府本能地不願意，能拖一天是一天。只是那時的它無從料及歷史留給它的時間只有五年了，多拖一天就是往死路上多走一天。時在日本的梁啓超有過這樣一個觀察，他在寫給老師康有為的信中說：「革黨現在在東京占極大之勢力，萬餘學生從之者過半。前此預備立憲詔下，其機稍息。及改革官制有名無實，其勢益張。」[3]不妨注意這其中的「其機稍息」和「其勢益張」。當人們開始信任這個帶有政改性質的預備立憲時，即使是革命一方，其勢頭亦不免「稍息」；當人們認為這個政治改革是虛與委蛇、皮裡陽秋時（比如只是把各部制動來動去），則革命勢頭必然反彈「益張」。這說明改革可以遏制革命，改革進一步，革命退一分。但是，假改革必然招致真革命；因此，清廷唯有真正立憲而非口頭立憲才能自保。

一九〇七年：客觀地說，一味指責清政府假改革也不公正，革命派的壓力，立憲派的努力，逼使它要調整自己的動作。繼預備立憲後，一九〇七年有兩道詔書不應忽略，一是九月二〇日預備成立資政院的諭旨：「立憲政體，取決公論，上下議院一時未能成立，亟宜設資政院，以立議院基礎。」[4]這是朝廷政改的一大動向，按照它自己的解釋，資政院即英美議院之前身。一個月後的十月十九日，朝廷又下一詔：謂：「前經降旨於京師設立資政院，以樹議院基礎，但各省亦應有採取輿論之所，」[5]這個輿論之所就是省議會，但清廷將之稱為諮議局：「著各省督撫均在省會速設諮議局」，「籌計地方治安，並為資政院儲才之階。」這兩道詔書光緒都明言是「朕欽奉慈禧皇太后懿旨」。慈禧雖然頑固，但也果斷，決定在中央和地方分別開設議會，應是真正的政改之措。

一九〇八年：針對清廷兩道詔書，流亡日本的梁啓超隨即於一九〇七年成立了「政聞社」，這是帶有政黨性質的立憲組織。梁氏立社的目的即是為了協助政府調查各國立憲制度。梁氏和孫氏不同，他既不主張推翻清政府，而是要把它往政改上引，就避免不了與政府的合作與互動，儘管

2　轉引荊知仁《中國立憲史》第一〇四頁，聯經出版事業公司，民國七十三（一九八四）。
3　轉引丁文江、趙豐田編《梁啓超年譜長編》第三七三頁，上海人民出版社，一九八三。
4　轉引丁文江、趙豐田編《梁啓超年譜長編》第三八九頁，上海人民出版社，一九八三。
5　同上。

是暗中的（事實上一九〇五年清大臣出洋考察的憲政報告主要就出自梁手）。這是梁氏政聞社的四條綱領：「一、實行國會制度，建設責任政府；二、釐定法律，鞏固司法權之獨立；三、確立地方自治，正中央地方之許可權；四、慎重外交，保持對等權利。」[6]一九〇八年七月三日，政聞社有一個動作即上書朝廷，要求三年召開國會。書云：「事必實行則改良易，空言預備則成功難。凡事如斯，豈惟國會。」國會不開，「灰愛國者之心，長揭竿者之氣」，「時不我留，乞速宣佈期限，以三年召集國會，宗社幸甚，生靈幸甚。」[7]梁啟超因懼怕生靈塗炭而反對革命，認為國會既開，革命或許可以回避。因此，他提出了具體的時間表，其三年期限的最後一年正是清亡之一九一一年。不妨看看清政府的反映，一個月後的八月二十七日，在朝廷憲政編查館的奏請下，光緒終於下諭頒佈憲法大綱，「限九年籌備完成」。以一九〇八年起算，立憲的最後限期就是一九一六年。從無期到有期，不能不說是一個進步，但問題是，龜兔賽跑，革命會等你九年嗎。

　　一九〇九年：這是宣統元年，光緒和慈禧先後於去年十一月一四日和十五日死去。溥儀繼位，攝政王載灃主政。幾年下來，政治改革猶猶豫豫，進退失據，爾後則更每況愈下。不過，這一年十月，籌備兩年之久的各省諮議局正式成立，主張立憲的士紳們通過地方選舉紛紛進入各省諮議局，他們成為一支可以和皇室公開博弈的政治力量，號稱「立憲派」。在各地議會閉幕之際，張謇以江蘇諮議局議長的身分向各地諮議局倡議，成立一個「國會請願同志會」，預備進京請願，要求清政府在省諮議局的基礎上速開國會。立憲派士紳出身，出於自身的利益也懼怕革命。在他們看來，唯有切實推進政治改革，才能防堵革命的發生。前此，梁啟超對革命黨的分析頗能代表立憲派的看法。梁氏認為革命黨可分兩派，一派「專以煽亂為事者也」，一派乃「發憤於政治之腐敗，以為國家前途無可希望，鋌而走險者也」。這兩派前一派人少，後一派人多，前者必須依靠後者才能成事。但，梁氏認為，多數派只要「朝廷於政治改革事業著著進行，示以國家前途有確實之希望」，那麼，「彼少數之兇暴者更何所得行煽動乎」。[8]

6　轉引荊知仁《中國立憲史》第一二五頁，聯經出版事業公司，民國七十三（一九八四）。
7　丁文江 趙豐田編《梁啟超年譜長編》第四五四頁，上海人民出版社，一九八三。
8　同上書，第四五〇頁。

一九一〇年：這是清政府垮臺的前一年，這一年十月三日，資政院正式開院，議員二〇〇名，欽選民選各一半。上年諮議局，今年資政院，按理說，這是清廷在立憲道路上又跨進了一步。但，諮議局顯然已不滿足資政院這一建制了，他們直接要求開國會。因為在清廷那裡，資政院只是中央諮詢機構，而國會卻可以直接產生自己的責任內閣。把內閣權從清政府那裡分出來，是立憲派開國會最直接的目的。因此，一九〇九年諮議局甫開，就聯席組成了「國會請願同志會」。一九一〇年間，該會聚集京師，連續三次請願，要求清廷一年內開國會。這在當時是一個聲勢浩大的運動，綿延數月之久，一直到資政院開院那天，請願同志會來資政院呈遞請願書，獲大多數資政議員贊同後，即上奏呈請要求。這是地方諮議局和中央資政院的聯合行動，也是清末立憲派推動政治改革的最關鍵之舉。

問題如此尖銳地擺在清政府之前，清政府當然曉得其中利害。產生內閣的權力一旦易手，則意味著國家行政權的旁落，它當然不幹。第一次請願，朝廷維持九年預備不變。第二次請願，依然維持九年不變。第三次請願，朝廷壓不過去，終於改口，改宣統五年（即一九一三年）准開國會，這比九年提前了三年。但它同時下詔解散請願同志會，不准再行請願，同時嚴敕各省代表「即行回籍，不得逗留京師」。此一僵局，應該說是一九〇六年以來立憲運動的一次大挫敗，它表現為立憲派和清政府的「雙輸」。立憲派輸在三次請願，一次比一次激烈，但國會終究沒有開成。清政府輸在它以前亦真亦假的政治改革到此前功盡棄，這一次更把立憲派推入敵對陣營，直接導致次年自己的敗亡。但，立憲派輸得起，清政府卻輸不起了。前者畢竟還可以再奮再興，後者卻幾乎沒有哪怕是再輸的時間了。這是梁啟超共和之後的回憶：「猶記當舉國請願國會最烈之時，而朝廷猶日思延宕，以宣統八年、宣統五年等相搪塞。鄙人感憤既極，則在報紙大聲疾呼，謂政府現象若仍此不變，則將來世界字典上，決無複以宣統五年四字連屬成一名詞矣。」[9]果然！清即亡於次年的一九一一（宣統三年），史上有「民二」卻不復有「宣五」。

一九一一年：十月十日，武昌起義槍響。槍響是一個導火索，它可使清亡，但也未必註定此次即亡（儘管它事實上亡於此）。換言之，辛亥

9　《鄙人對於言論界之過去及將來》，《飲冰室合集（四）‧飲冰室文集之二十九》第四頁，中華書局，一九八九。

清亡，不是亡於軍事，而是亡於政治。因為在軍事上，北洋的力量遠遠大
於革命黨。馮國璋所部已經收復漢口，卻兵不乘勇反而主動停戰示和，這
是袁世凱有了取清而代的野心。更重要的是，各行省如雪崩一般紛紛脫清
獨立，這才是致清政府於死地的致命一擊。朝廷只剩朝廷，便無以撐持下
去。武昌起義後，湖北諮議局議長湯化龍在湖北獨立上起了重要作用，他
等於是和革命黨合作了。其他各省獨立，督撫和諮議局亦起極大作用（督
撫大半也同情立憲）。那麼，一向不主張推翻滿清的諮議局為何不站在清
府一邊而是選擇獨立，原因即在去年三次請願的失敗。據梁啓超朋友徐佛
蘇《梁任公先生軼事》文，在第三次請願書中，立憲派等於是最後通牒：
「政府如再不恤國民痛苦，不防革命禍亂，立開國會，則代表等惟有各歸
故鄉，述訴父老以政府失望之事，且代表等今後不便要求國會矣……」[10]
什麼叫不便要求國會，「其言外之意，係謂政府如再不允所請，則吾輩將
倡革命矣」。革命一詞，幾乎出自和革命派勢不兩立的立憲派之口，這是
何等深重的政治危機。但朝廷不諳危局，一意孤行，反而驅逐代表出京。
這就澈底得罪了立憲派，把它變成了自己的敵人：「各代表聞此亂命，即
夕約集報館中，秘議同人各返本省，向諮議局報告政治絕望，吾輩公決秘
謀革命，並即以各諮議局中之同志為革命之幹部人員，若日後遇有可以發
難之問題，則各省同志應即竭力回應援助起義獨立云云。」[11]不到一年，
後來發生的一切都在這段話中應驗。立憲派固不會起義，但它會回應起義
而獨立，因為它已經感到「政治絕望」（少數立憲派除外，如張謇）。假
如國會應時而開，人心不散，即使武昌槍響，立憲派也未必會推波助瀾於
獨立。如是，時局則顯然不同。畢竟一省數省的軍事起義很難成功（如一
九一三年的「二次革命」），除非有強大的政治後援；何況彼時革命黨在
軍事上還不佔優勢。因此，清政府如果檢討自己的敗亡，原因固多，但從
根本上說，不是軍事敗亡而是政治敗亡。進而言，它敗亡於自己已經啓動
了的政治改革。政治改革的路被堵死，革命便有機可乘。更何況大部分立
憲派對清廷「政治絕望」，關鍵時刻，它當然和革命派合縱。天下大勢，
至此定矣。

---

[10] 丁文江，趙豐田編《梁啓超年譜長編》第五一四頁，上海人民出版社，一九八三。
[11] 同上。

　　和暴力革命相比，立憲派走的是一條不革命的革命之路。它要革的不是滿清人的命，而是秦漢以來兩千年皇權專制的命。就二十世紀這兩種革命而言，一種是革人的命，結果革來革去，人頭紛紛落地，但制度依然，哪怕它有共和的名頭。還有一種是任公式的革命，它不革人頭革制度，不主張流血，至少不煽動別人去流血。這兩種革命在二十世紀之初即開始較量，誰勝誰負，將引導一個世紀的歷史。但革命派最終用民族主義說服並吸引了當時的熱血青年（一九四九年以前的中國，誰抓住了青年誰就抓住了歷史），於是有辛亥起事，於是有中華民國。國體完勝，但政體依舊，以致一九一六年陳獨秀在《新青年》上這樣表示：吾人於共和國體之下，備受專制政治之痛苦。但，這已經不是君主專制而是共和專制了。百年歷史，我們在不斷走向共和的同時從來沒有脫離專制。至於憲政，辛亥革命一聲槍響，正如此前我們離它越來越近，之後我們離它卻越來越遠。

　　比較辛亥前立憲派和共和派兩種不同的政治預案，其體制資源無不來自西方，但它們取法的國家對象卻顯然不同。如果說二十世紀十年代及以後，擺在我們面前的選擇是英美還是蘇俄；那麼，二十世紀零十年，亦即世紀之初擺在國人面前的第一次選擇，卻是英還是美（俄因其是一個老大的專制政體則成為國人反面選擇的對象）。同盟會以美利堅為樣板，正如立憲派取法的是英吉利。美國是共和體制，成立於獨立戰爭之後，它激勵了同盟會的熱情，也想以戰爭的方式驅逐滿人，成立一個漢人主宰的民主共和國。立憲派不然，它反對同盟會盲目學美，主張走英倫道路，先君主立憲，然後在憲政框架下逐步共和。這並非因為英國好而美國不好，而是美國太貴，中國一時學不起。畢竟中英兩國較之中美兩國無論在國情上還是歷史上都要更切近。中國是一個比英倫有著歷史更悠久的君主傳統的國家，在這樣的國家搞共和，不但容易導致社會失序和混亂，最後仍不免於出現新的專制或專制復辟。一六四○年英國革命，克倫威爾推翻帝制，成立共和。但這位議員出身的將領當上護國主之後，居然動手解散議會，以行使他自己的共和專制（這很像後來袁世凱當上總統也把國會取締）。克倫威爾死後，帝制復辟。議會面臨專制君主詹姆斯二世時，不是像前次一樣把查理一世送上斷頭臺，而是暗地從荷蘭請來詹姆斯二世的女婿威廉，出兵趕走老君王。趕走之後，不再選擇共和，而是選擇虛君立憲。在擁立威廉為新君的同時，條件就是他必須接受由議會向他提出的包括立法權、

徵稅權、選舉權等在內的《權利法案》。該法案極大地限制了威廉作為君主的權力，使他成為一個虛君。君而不虛的地方在於保持其王室，讓它成為一個具有穩定社會秩序意義的象徵。因此，經由一六八八年不流血的「光榮革命」，英倫三島國體不變，還是維持君主制；但在政體上卻完成了人類有史以來從專制到立憲的轉型。

　　比較之下，二十世紀零年代，梁啟超等人的政治知識以及政治眼光要比同盟會好得多。英倫的例子歷歷在目，它的共和彎路，也是一種警醒。儘管習慣上被稱為美國革命的獨立戰爭，使得美國走上與英國不同的共和之路；但梁啟超很清楚，美國很難成為中國模仿的對象。美國是一個移民國家，原來就沒有君主和君主傳統，因地制宜，美國人無以立君，也不必立君。更兼美國自移民以來，就開始自治。用杜威的話說：「當初移民的時候，每到一處，便造成一個小村，由許多小村，合成一邑，由許多邑合成一州，再由許多州合成一國。小小的一個鄉村，一切事都是自治。」[1]這是一個一百多年來形成的自下而上的自治傳統，何況更有英格蘭的移民背景，所以他們可以共和。中國不然，兩千多年的皇權專制，不但缺乏這種政俗；而且即使就清末論，民智不開，全國人口四萬萬，只有四萬人認字，平均一萬人當中只有一個識字人。國家層面上的共和與民主，亟需公共領域中的相關知識，從當時的民智情形看，中國實在不具備實現美式共和的資格。

　　就英美之別，同盟會曾經這樣指責立憲派，聲稱美國共和制度後起於英國虛君立憲，因而是新的和好的。但在梁任公看來，政治制度，無論虛君立憲，還是民主共和，沒有好不好，只有合適不合適。就此，立憲派經常援引的例子是法蘭西，當然這是一個反面之例。法國革命是繼英國革命和美國獨立之後又一次具有世界影響的大革命。由於法國和英國一樣，也是一個有著君主傳統的國家，因此在立憲派眼裡，它應該學國體與之相近的英，走虛君立憲的路。但，法國革命無視自己的傳統，效法美國，以共和為國體，結果釀成禍亂，君主專制變成了共和專制，而且共和也成了亂源。一九〇二年，康有為在寫給北美華商的一封信中指出：「法倡革命，大亂八十年，流血數百萬，而所言革命民權之人，旋即以自身為君主而行

---

[1]　轉引陳獨秀《實行民治的基礎》《新青年》第七卷第一號第十一頁，寧夏人民出版社，二〇一一。

其壓制。」[2]一九○六年在《法國大革命記》中又申言：「合數十萬革命軍之流血，以成就一羅伯卑爾之專制民主，合數千萬良人之流血，以複歸於一拿破崙之專制君主。」[3]至於在中國像法蘭西那樣搞共和革命，康有為擔心的是「吾恐革夙昔自由之命，而國人一切舉動益不自由耳。」康梁言論，多在辛亥革命之前；但這些言論的預言所指，卻不獨一個辛亥，而是整個二十世紀。

辛亥革命時期，一位美國傳教士（湯姆森）正在中國，一九一四年，他在英國出版了他對中國的觀察，書名為《革命的中國》（國內出版翻譯為《北洋之始》）。這是本書開篇的第一句話：「在最古老的專制國家建立共和政體，這是難以想像的，但它出現了。這就要求黃種人要像白種人一樣思考，而這從未有過，即使是在之前的日本也未曾有過。」[4]中國是亞洲第一個共和國，正如日本是亞洲第一個立憲國。日本不搞共和是遵從自己這個民族的皇室傳統（雖然很長時間大權掌控在幕府手裡），共和無疑會帶來持續的國家動盪。持這種看法的並非僅僅是這位傳教士，他在書中寫道：「就在孫中山被任命為臨時大總統的當天，《紐約觀察》（一九一一年十二月三十日）就尖刻指出中國目前還不能、不該也不具備條件建立共和政府，並且指出美國應該支持君主立憲才能獲得最大利益。」[5]美國人當然有自己的利益考量，但他們的觀察不能說沒有見地。還是一九○三年，梁啟超就在《新民叢報》上介紹過法國《烏合之眾》的作者勒龐關於國民心理的研究。也是這位勒龐，一九一三年出版了研究法國大革命的《革命心理學》，針對遠東中國剛剛發生兩年的共和革命，勒龐預言：「中國不久會發現，一個失去了漫長歷史給它披上的盔甲的社會，等待著它的是怎樣的命運。在幾年血腥的無政府狀態之後，它必然會建立一個政權，它的專制程度將會比它所推翻的政權有過之而無不及。」[6]在勒龐之前同樣也是研究法國大革命的托克維爾，他的論述對他身後發生的中國革命同樣具有準確的針對性：「一個國家，如果它原來是個人集權管理，並且習俗和法律也都接受這種管理，而現在它想建立類似於美國的民主共和

---

[2]　湯志鈞編《康有為政論集》上，第四七五頁，中華書局，一九八一。

[3]　同上書，第五九○頁。

[4]　（美）湯姆森《北洋之始》第一頁，山東畫報出版社，二○○八。

[5]　同上書第四十五頁。

[6]　轉引馮克利譯《烏合之眾》譯序，見該書第二十二頁注釋一，中央編譯出版社，二○○○。

制度，那麼我毫不猶豫地說，在這種共和專制下，會比歐洲任何一個完整的君主制更難以忍受。對此，我們可以在亞洲尋找可比照的東西。」（注釋見前《曉違任公一百年》文）在他看來，「專制君主本來可以成為危險較小的改革家。……如果當初由專制君主來完成革命，革命可能使我們有朝一日發展成一個自由民族，而以人民主權的名義並由人民進行的革命，不可能使我們成為自由民族。」（注釋見前《梁啟超為什麼反對學北美》文）

立憲派，尤其是立憲派當中的梁啟超，就是中國的托克維爾，儘管他沒有讀過托克維爾的一個字。在《開明專制論》中，梁任公指出：「凡因習慣而得共和政體者常安，因革命而得共和政體者常危。」前者說的是美國，後者說的是法國，真正要提醒的，當然還是中國。革命是暴動，梁任公擔心：「承此大暴動之後，以激烈之黨爭，四分五裂之人民而欲使之保持社會勢力之平衡，此又必不可得之數也。」非但如此，以革命的方式爭共和，由此匯出的，不免是強人性質的共和專制或民主專制。就後者言，任公的表述是：「民主專制政體之所由起，必其始焉有一非常之豪傑，先假軍隊之力，以攬收一國實權。」實權既得，進而「求法律上之名義，即國民普通投票之選舉是也。彼篡奪者既已於實際掌握國權，必盡全力以求得選。而當此全社會渴望救濟之頃，萬眾之視線，咸集於彼之一身。故常以可驚之大多數，歡迎此篡奪者。而芸芸億眾不惜舉其血淚易得之自由，一旦而委諸其手也。」其結果，「此篡奪者之名，無論為大統領，為帝王，而其實必出於專制。」此時，儘管在形式上，民主專制也可以有議院，當然也可以叫別的名字，比如國大、人大；但比較之下，「此等議院，其權能遠在立憲君主國議院之下」。因為「民主專制政體之議院，伴食之議院也。其議院之自由，則貓口之鼠之自由也。」[7]這是梁任公一九〇五年發出的聲音，我們可以掂量一下這種聲音的歷史穿透力。

7　《開明專制論》，《飲冰室合集（二）・飲冰室文集之十七》第五〇－五二頁，中華書局，一九八九。

辛亥歧途：走向共和還是走向立憲（二）

　　就二十世紀的歷史經驗看，革命從來沒有解決也無以解決專制問題。伴隨一起起革命的，是一起起的專制。武昌起事是百年革命的肇始，因為立憲派的贊助，它本身倒沒流多少血，（除了漢口和南京），幾乎就是一場顏色革命。但，不幸在於，它打開了二十世紀潘朵拉的魔盒，伴隨革命放飛出來的是持續的內戰、禍患、災難和無數平民的死亡以及最後形成的新的專制，唯獨憲政被留在了盒底。當然，當時的革命派並非不要憲政，但，他們的持論是「論支那立憲必先以革命」。這是一九〇五和一九〇六年間，他們和立憲派爭論的一個標題。同樣，立憲派也並非不要共和，他們的路徑是先立憲後共和，而且是在君主的框架下。於是，「走向共和」還是「走向立憲」，更具體化為立憲與共和之間的價值排序。那麼，對於當時中國來說，到底是共和優先，還是立憲優先，百年過後，歷史雖然定局。但，作為後人，回審那段故實，我不得不說，君主立憲易，共和立憲難。

　　當政權握在君主之手時，共和或民主，即意味奪權。一邊志在必奪，一邊絕不會揖讓，革命於是發生。那麼，當革命蘸著血滴成功後，是否可以立憲呢？請看，由同盟會／國民黨自己推出的時間表：軍政→訓政→憲政，原來憲政是用來壓箱底的。既然憲政之前要訓政，那麼，當年梁啟超他們的開明專制，不就是訓政嗎，君主立憲本身不也就是共和之前的訓政嗎。清末訓政的成績，在哪一方面又比後來的國民黨差。可見，別的都在其次，革命就是要奪權，共和民主云云，名義而已。然而，奪權容易限權難，這是普世規律。在政治學的範疇內，共和（民主）如果是一個權力概念，憲政則是一個限制權力的概念（正如劉軍寧先生說：憲政即限政）。革命的訴求既然是權力本身，等到它獲得權力，讓它反過來限制自己，真也戞戞乎其難哉。清末立憲從民間到朝廷，走到一九一〇，十年生聚，十年蓄勢，遂形成高潮。但，這個高潮民初以後，就再也沒有出現過。原因何在，畢竟對付袁世凱要比對付宣統，難度大得多。此中有一問題，就是

「勢」，勢即力。一九〇〇年後，清廷已經不可避免地走下坡路，皇權低落，紳權漸長，雙方逐漸往均勢靠。這是立憲的最佳時機，事實上，清末立憲那些年，基本上是士紳出身的立憲派帶著清廷往前走。民初不然，同盟會勢力不敵袁世凱，不得已把政權交了出去。但袁是一個梟雄，立憲派能對付清廷的辦法，到袁那裡就不管用，雙方勢不均衡。一個很顯然的例子，清廷已經沒有能力解散資政院，但袁世凱卻能一手取締國會。國會不在，還有什麼分權意義上的憲政可言。由此可見，一個政權，其勢力是上坡路還是下坡路，對立憲來說，命運大不一樣。當這個體制衰落時，與其革命，不如立憲。看起來是妥協，其實是智慧。等到革命後，另一個政權起來，並且正在往上走，這時立憲的難度就很大，以至無能。

一九〇五年底，為革命與立憲，梁啓超與同盟會激辯，他越來越意識到，同盟會在共和革命的口號下，推行的其實是以漢覆滿的「種族革命」，而且帶有狹隘的復仇主義色彩。事實上，這正是當時同盟會吸引大批留日學生的地方。因此梁任公結撰長文《申論種族革命與政治革命之得失》。他認為「種族革命者，民間以武力而顛覆異族的中央政府之謂也」。但，「人民以武力顛覆中央政府，其與共和立憲制，無一毫因果之關係。」立憲派要解決的，不是滿人，而是專制；因此他們推崇非種族意義上的政治革命。在梁任公看來「政治革命者，革專制而成立憲之謂也。無論為君主立憲、為共和立憲，皆謂之政治革命。苟不能得立憲，無論其朝廷及政府之基礎，生若何變動，而或因仍君主專制或變為共和專制，皆不得謂之政治革命。」雖然民初共和，立憲也在進行，但這場政治革命註定遠難成功，事實上也沒有成功。問題不在別處，恰恰就在「共和」本身。長期以來，國人一直驕傲自己是亞洲第一個共和國，這是國人好名而且是好空名的表現。什麼叫共和，與君主相反，共和就是「用四萬萬人來做皇帝」（孫中山），正如以往君主只是一個人做皇帝。當然，四萬萬人做皇帝是假的，只有宣傳鼓動的作用（不過是把民眾當成自己做皇帝的鷇狗）；真正的作用則在於，共和可以「皇帝輪流做，今年到我家」。在君主立憲的框架下，袁世凱連一個皇帝夢都不敢做，他信服滿清二六八年的天命，那是一種對他而言必須服從的「卡裡斯瑪」。但，在共和框架下，他就敢黃袍加身，稱帝登基。可以逆料，即使袁世凱登基十年，天下也不得安穩。同為清末八大總督出身的岑春煊就不會放過他，憑什麼你當皇

帝。這就像袁世凱身後的政局,皖系在朝,直系不服;直系執柄,奉系作亂一樣。然而,北洋諸系一律出自清末,可是,為什麼清末是北洋軍,民初卻搖身一變為北洋軍閥。換言之,這些北洋首領,為什麼清末不亂民初亂。亂象之源非它,即在人人都可以當皇帝的「共和」。

秦失其鹿,天下共逐之。這邊項羽說「彼可取而代之也」,那邊劉邦說「嗟乎,大丈夫當如此也。」於是,為了一個君位,中原逐鹿,天下紛爭;結果生靈塗炭,「興,百姓苦,亡,百姓苦。」這是秦末,也是清末(更是二十世紀前五十年)。正是鑒於歷史教訓,任公起來反對共和革命。他料見到了革命後的一切:不僅專制,而且動亂。專制如果和清末一樣,動亂則為清末所未有;因而力主推行真正帶有政治革命性質但又可以避免流血的君主立憲。看起來是保皇,其實是保天下秩序。一個民族如果具有長期的君主傳統,君主就成了秩序的象徵。過往皇帝換太子,看起來是私事,其實是天下事,所以臣子會拼命進諫。否則皇帝兒子多,今天你想當,明天我也想當,天下勢必不得平安。因此,嫡長子如果是一種秩序,以君位為統的皇室也是一種秩序。這裡有一個細節,陳忠實的長篇小說《白鹿原》,那位白氏族長白稼軒聽到辛亥革命的消息後不由惶惑:「沒有皇帝了,這日子咋過呢?」這樣一種心理並非虛構,就漫長的農業文明社會而言,實乃一種較為普遍的社會心理。因此,面對已經有了兩千年歷史的皇統,可以改造這個秩序,哪怕脫胎換骨,但在形式上卻不要輕易推翻它。人人心中都有一個所羅門的瓶子,革命就是把這個瓶子打開,革命後的共和就是這個瓶子已經打翻了的世界。北洋時期,群魔亂舞,比較之下,清末除了零散的會黨起事,並沒有北洋時代頻仍的割據與殺伐。不但文臣武將幾乎沒有叛清行為,民眾在整體上也沒有不服從這個秩序。如果對民眾而言,誰當皇帝並不要緊,要緊的是千萬不要因失序而生戰亂;那麼,二十世紀前五十年,唯一沒有戰亂的年頭是哪個時代呢,恰恰是清末。

共和與立憲,都屬於政治現代化的範疇。專制君主的秩序,革命黨不容,立憲派也不容。但,分際在於,革命是「逐鹿」,乃至獵鹿;立憲則是把「鹿」給關起來。在立憲派那裡,滿清君位,不是由我取代,而是為它打造一個籠子──憲政的籠子,請君入甕。這顯然是一種政治智慧:為避免革命導致社會動盪,也為了杜絕王室傾覆後各路豪強問鼎。當然,立

憲派的方略，雖在維持王室，但卻要掏空它的權力，讓它南面無為，僅僅成為秩序的象徵。此即康有為的「保存君統而不保存君權」。辛亥槍響，康氏緊急表示：君主立憲，「雖有君主，不過虛位虛名而已，實則共和矣，可名曰虛君共和。」「虛君者無可為比，只能比於冷廟之土偶而已。名之曰皇帝，不過尊土木偶為神而已。」[1]這篇文章的題目是《虛君之共和國說》，用君主立憲來暗合革命黨的民主共和，康有為也算煞費苦心。是啊，表面上看，君主立憲，權力還是在「君」手裡，民主共和則是把權力拿在「民」（自己）手裡。如果這是一筆權力生意，鼓吹哪一種做法更能迷惑當時的青年呢。所以說「迷惑」，蓋在於共和民主不過假像。不可能四萬萬人都做皇帝，做皇帝的只有一個人。但這一個人此時卻假借了四萬萬人的名義，於是他就不叫「君主」叫「民主」。問題是，這樣的「民主」，誰還能給它立憲呢，它代表的可是四萬萬。從君主到民主，不難看到，權力雖然易主，但權力的性質未易，它還是專制的。

要在於改變政權的性質，哪怕它仍然在君主手裡。如果革命是一筆生意，立憲其實也是。生意並非貶義，凡是涉及利益，不過都是生意，何況政治本身就是不同利益體之間的博弈。滿清自拳亂後的衰落，已經無可逆挽。它面臨的問題不是如何活，而是如何死（雖然清政府不作此想）。革命會讓它死得很慘，但立憲之下卻可以死的相對體面。至少它失去了權力，卻可以保留「萬世一系」的國號，而且還有很豐厚的俸祿。立憲派到最後，和滿清做的就是這筆生意：保留你的君位，讓出你的權力。當年英倫，經過克倫威爾的共和之亂，再也不敢試錯。趕走詹姆斯二世之後，和威廉做的也是一筆生意：你接受我的《權利法案》，我擁立你為新君。權利法案是剝奪君權的法案，英倫由此為立憲奠基，同時逐步走上選舉意義上的共和（民主）之路。由此可見，共和優先，還是立憲優先，兩者大有計較。立憲優先，是以憲政帶共和，其勢較易；雖有君主之名，但，共和是名未至而實歸。共和優先，是以革命帶共和，對立憲言，其勢甚艱；共和本身也只能是名至而實不歸。英倫為君主制國家從立憲到共和，提供了和平轉型的範例，清末立憲派照準的就是這條路。它的路線圖是：君主專制→君主立憲→民主共和。這是一個拾級而上的順序，不可躐等，否則必

---

[1]　湯志鈞編《康有為政論集》下，第六七七頁，中華書局，一九八一。

致其亂。事不出立憲派所料，一九一一年十月十日，武昌起事擦槍走火，槍聲把中國送上了「共和」的歧途，共和成了百年中國的禍源。

　　百十年來，中華民族是一個缺乏政治智慧的民族。我們不是沒有那些擁有政治智慧的先賢，如康梁，而是他們被我們自己「劣勝優汰」了，甚至還被汙名化。一個世紀以來，歷史作為一種選擇，我們從來不是浪淘沙，而是浪淘金。二〇一〇年，一百年前的一九一〇年，是清末立憲運動的高潮年份。它所達到的立憲高度，一百年來，再也無法企及。清末立憲派是傳統文化中的「最後一代士紳」，由他們主導的清末十二年堪稱二十世紀立憲史上的黃金年代。從黃金、白銀而黑鐵……，今天，我們是否可以再拍一部百年前歷史風雲的片子呢，名字就叫「走向立憲」。

輯二

「黃金十年」：清末立憲敘事

　　此專題和「梁啟超與憲政」屬於同一體類。所以另列，蓋此處文字並非自由撰稿，而是應約為某雜誌的清末憲政專題而作。由於該專題由不同作者擔綱，這裡的篇幅主要敘寫清末立憲過程的前半部分。

清末立憲的海外設計

這是一個世紀最初的十年，也是一個朝代最後的十年。一九〇〇－一九〇一，當歷史車輪進入二十世紀時，二六八年壽命的清王朝也進入了它的歷史的最後關頭。一百多年後的今天，回望上個世紀歷史的開頭，深感那第一個十年幾乎是百年國家政治史上的「黃金十年」。有清一朝，當然不是現代國家。直到一八九八年的戊戌維新，雖然號稱「變法」，但在國家性質上，畢竟還缺乏一個足以標誌現代國家從古典走出的制度性稱謂。變法本身是一個傳統政治學的語辭，前有封建時代的「商鞅變法」，後有郡縣時代的「王安石變法」。何況康有為的戊戌變法因其峻急，百日即告流產。直到一九〇〇－一九〇一，新世紀開始，一個語辭，一個在制度建構上可以標誌現代國家誕生的語辭方才問世，它同時也成為那個時代最重要的關鍵字，這就是「立憲」。立憲不但清晰劃出古典政治學和現代政治學的分野，而且啟動了一個十年為期的政治新時代的到來。該詞作為二十世紀前十年最重要的政治話語，經由梁啟超梁任公的闡發，最終生髮為一場波及朝野的立憲運動，以迄清終。

清末立憲運動，從一九〇一年到一九一一年，辛亥革命的槍聲，為它劃上了句號。但從現代國家建構的角度，長達十年的清末立憲，卻是我族華夏進入現代的開始。它的起點可以鎖定在一九〇一年由梁啟超在《清議報》上發表的《立憲法議》（林志鈞編輯的《飲冰室合集》標明該文時間為清光緒二十六年，即一九〇〇年）。此刻，人在海外的梁啟超以路線設計的方式，為後來的清末立憲揭開了序幕。

梁啟超是一個早已被歷史淡忘的人物。人們知道他，大都是因為他帶有啟蒙色彩的「新民說」，此說為後來以「立人」為訴求的新文化運動所承繼。至於梁氏思想的更重要的方面，即他有關現代國家建構的「立憲說」，由於帶有改良、保守甚至保皇的色彩（畢竟二十世紀是激進與革命的世紀），只是在教科書中被當作反面教材而出現。這是對一個人的不公正，也是對一段歷史的不公正。透過百年喧囂的歷史迷霧，尤其是對百年

革命史的反思，使我們憮然沉痛的是，一百年前被我們放棄了的梁啟超的思想，直到今天依然熠熠閃光。甚至，我們今天需要賡續的，正是梁啟超一百年前未能完竟的憲政之業。

清末立憲時代可以分為兩個階段。一九〇〇－一九〇五為立憲運動鼓吹階段，它以梁啟超為首倡，複以士紳為主導。一九〇六－一九一一為第二階段，它表現為士紳與朝廷的互動，結果立憲為體制所接受，從而進入制度運作階段。從整個過程看，士紳為立憲之前驅，由它促動、引領並帶進體制往憲政方向推進。在此過程中，貫穿運動首尾並能夠成為立憲知識領袖的人物，非梁啟超莫屬。他在這個時代扮演的角色，有似於他的老師康有為在戊戌維新中的角色。

以新世紀為界，從變法到立憲，都是為了推進滿清王朝向現代國家轉型。康梁等人是兩千年來文化傳統中的最後一代士紳，為其強國，他們畢生都在國家現代化的建構上用心用力。在這個意義上，他們無愧於二十世紀第一代「建國者」的稱號。他們要建造的是以英倫為樣板的現代國家類型。什麼叫現代國家，從政治體制來說，專制如果為皇權體制，立憲即為現代體制。因此，改「專制」為「立憲」，便成為梁啟超等人在清末十年最重要的政治目標。

這是立憲標誌性文本《立憲法議》的開篇：「有土地人民立於大地者，謂之國。世界之國有兩種，一曰君主之國，二曰民主之國。設制度施號令以治其土地人民謂之政。世界之政有兩種，一曰有憲法之政（亦名立憲之政），一曰無憲法之政（亦名專制之政）。採一定之政治以治國民謂之政體。世界之政體有三種，一曰君主專制政體，二曰君主立憲政體，三曰民主立憲政體。今日全地球號稱強國者十數，除俄羅斯為君主專制政體，美利堅法蘭西為民主立憲政體外，自餘各國則皆君主立憲政體也。君主立憲者，政體之最良者也。」（以下未另注梁啟超語俱出此文）[1]

在梁氏的表述中，我們已經清楚看到清末立憲運動的基本思路與目標。國家有兩類，政體有三種。不是君主國，就是民主國，由此構成今日世界上的兩種國體。前者例以英國，後者例以美國。梁啟超欲取法的是英不是美，因為美國是移民國家，歷史上就沒有君主這一說。中國和英國一

[1] 《立憲法議》，《飲冰室合集（一）‧飲冰室文集之五》第一一七頁，中華書局，一九八九。

樣，都有悠久的君主傳統，在這個傳統中立憲，英國的榜樣更接近也更切實，否則就是革命。革命，和立憲一樣，也是清末十年間的一種現代訴求，它以孫中山的同盟會為代表，由此和立憲派構成劇烈衝突，此處不表。至於政體，梁啟超一分為三，一是君主專制，二是君主立憲，三是民主立憲（此後梁啟超從德國和瑞士學者那裡認識到，政體形態還有第四種，即民主專制）。於是，我們可以看到，無論君主還是民主，在政體上既可以是專制的，也可以是立憲的。既然梁任公不欲以革命推翻君主而建民主（這是改良與革命的區別）；那麼，他和他的同仁的努力，就是在君主框架下，力圖使滿清王朝從專制走向立憲，亦即從俄羅斯式的專制君主國走向英倫式的立憲君主國。

　　立憲是中國二十世紀最早出現的現代政治學的概念，以後十年的歷史遂圍繞它而展開。但，該詞本身卻是戊戌時代的產物，梁啟超的老師康有為在他一系列的變法奏摺中，已經上呈過「請定立憲開國會折」，聲言「立行憲法，大開國會，以庶政與國民共之，行三權鼎立之制，則中國之治強，可計日待也。」只是在整個維新過程中，立憲訴求並不突出，它與其他停捐納、改官制、廢八股、興學堂、創譯局、開報館等內容互為次第，俱在「變法」名下，沒有成為維新政治的中心。從變法到立憲，是立憲由變法之目躍升為現代建國之綱。可以比較的是，變法是為了清王朝的自強，變法的法是朝廷統治天下的方法，這個概念還沒有脫離皇權政治的窠臼。立憲不然，它的價值預期就是在政治上建設一個改變皇權本身的新中國。寫於一九○二年的小說體《新中國未來記》，梁啟超把立憲視為建設新中國的基礎。該文預設立憲功成一個甲子後，借文中一位孔夫子後裔之口，訴說當年草創之際，云：「你道我們新中國的基礎，在那一件事呢。其中遠因近因、總因分因，雖有許多，但就我看來，前六十年所創的『立憲期成同盟黨』算是一樁最重大的了。」所以把立憲黨的成立視為「新中國的基礎」，蓋在於「當時志士，想望中國行立憲政體，期於必成，因相與同盟，創立此黨，合眾力以達其目的。」[2]有意味的是，當立憲從前一世紀的變法中脫穎而出，其實也就是梁任公從他的老師康有為那裡脫穎而出。

---

[2] 《新中國未來記》，《飲冰室合集（十一）·飲冰室文集之八十九》第六頁，中華書局，一九八九。

　　縱觀歷史大勢，任公在《立憲法議》中放言：「抑今日之世界，實專制立憲兩政體新陳代嬗之時也。按之公理，凡兩種反比例之事物相嬗代，必有爭，爭則舊者必敗而新者必勝。故地球各國必一切同歸於立憲而後已。此理勢所必至也。以人力而欲與理勢為敵，譬猶以卵投石、以蚍蜉撼樹，徒見其不知量也。」如此行文，其實是任公向朝廷當道隔海喊話。儘管世紀初的梁啟超尚在改良與革命之間時有依違。但，該文終究不是革命派的宣戰書，而是恪守改良立場，呼籲朝廷體制改革的勸進表。戊戌事發，梁啟超逃亡日本，李鴻章多次通過日方有關人士遞話給這位亡命之臣，勸勉他「不必因現時境遇，遽灰初心」，希望他能「研精西學，歷練才幹，以待他日效力國事。」立憲思想的定型，正是任公東渡後潛心西學的結果。梁氏既不想以革命推翻滿清，當然便思以立憲的方式變革滿清。因此，立憲運動，用我們今天的語言表述，就是非推翻體制而是重構體制的政治改革運動。

　　立憲作為政治改革，有兩點明確的訴求：定憲法、開議會。梁啟超人在日本，他的立憲思想尤其立憲運作受日本影響尤深。日本自一八六八年進入「明治維新」，二十年後的一八八九年公佈「明治憲法」，次年複召開第一屆國會。因此，在《立憲法議》中，梁任公雖然呼籲清廷立憲，但並不主張立即採行立憲政體，畢竟放眼全國，民智未開。晚清四億人中，識字者只有四萬，平均一萬人中只有一個人識字。國民文化水準低下如此，又何以能發揚民權，介入國事。效仿日本立憲期限二十年，梁啟超建議清廷下詔頒定立憲政體之日始，亦以二十年為預備立憲之期。其間，新政的重頭即大力推辦新式教育，以廣開民智。鑑於日本民治五年派五大臣遊歷歐美，學習立憲，梁氏也向清廷建議派大臣出洋，遍考各國憲法之異同。文章最後，梁氏以路線圖的方式羅列立憲啟動的「辦理次第」，從次一、次二，乃至次六。雖然，梁氏該文發佈之際，未在朝廷獲得任何反應。但可以看到的是，若干年後，清廷在各種壓力下被迫走上立憲道路時，他們的作為，無論派大臣出洋，還是詔稱預備立憲，乃至憲法成型的環節，幾乎就是踩著當年梁氏擬定的步驟往前走。就此而言，梁任公不愧為清末立憲運動的總設計師。

　　按照長期以來形成的主流史學，中國劃入現代的時間是五四運動發生的一九一九年，在這以前的歷史則習稱為近代史，原因當然是政治的。

然，西方史學向無近現代之分，古代之後即現代，無需一個無謂的近代夾雜其間。如是以觀，中國的現代史未必不可以改寫，至少在起點上需要時間提前。從兩千年來的專制政體轉型為立憲政體，這就是國家形態上古代向現代的過渡。過渡的節點即一九〇一年（或一九〇〇年），《立憲法議》就是過渡開始的第一塊里程牌，這是吾族現代起步的零公里。不料，百年過去，憲政的步履如此維艱，現代的歧途又太容易誤入。發端雖正，其後變形，以至不堪。血淋淋的一百年，由專制而立憲，梁氏十載努力，毀於一旦。撫今思往，任公可以長笑九泉乎──這仍然是一個需要由歷史和現實來回答的問題。

梁任公立憲思想的反覆

　　清末立憲，經歷了一個由體制外而體制內的過程。十來年時間，它的前一段（一九○○─一九○五）是尚未進入朝廷的民間自為階段，這一階段屬於立憲的鼓吹和醞釀。但，梁任公作為這一階段的首席驅動，他本人的立憲思想並非一條直線，而是經歷了革命還是立憲的曲折、動搖和反覆。此一過程頗富政治史和思想史的意義。中國進入二十世紀，無論政治史還是思想史，其第一章便是立憲與革命兩種政治力量的角力以及這兩種政治思想的交鋒。就思想史言，該交鋒呈現於一九○五年開始的立憲派與革命派之間的論戰。百十年過去，以歷史後視眼光，該論戰其實規劃了二十世紀中國歷史發展的兩個方向或兩條道路。饒有意味的是，這一論戰早在論戰發生前便發生在立憲領袖梁任公身上。此一時間，我們分明看到兩個梁任公，一個是推進改良與立憲的梁任公，一個是鼓吹破壞與革命的梁任公。此公一身兩任，矛盾各執，相互攻防，自我擺蕩。這種狀況一直延續到一九○三下半年，是時任公從美洲大陸歸來，遂完成思想上的蛻變，變成一個堅定的立憲主義者，並成為清末立憲運動的輿論領袖。

　　立憲，還是革命，是康梁、孫黃那一代人為解決清末專制的兩種不同選擇。革命是用暴力解決問題，它有兩個目標，一是排滿，二是革除專制。前一目標，可見鄒容《革命軍》的宣稱：「披毛戴角之滿洲人應予殺盡，可比登三十六天堂，升七十二地獄。巍巍哉革命，皇皇哉革命。」[1]後一目標，正如孫中山所說：「革命的宗旨，不專在排滿，當與廢除專制，創造共和，並行不悖。」[2]立憲不然，在民族問題上，它不排滿（主張滿漢一家）；在政治上，它反專制但不廢皇室（走虛君道路）。總其言，它反對革命黨務以暴力解決政治和民族問題。

　　還是在一八九七年，「任公於丁酉冬月將往湖南任時務學堂時」，梁啟超的朋友狄楚青在他後來的《任公先生事略》中回憶道：「與同人

---

[1]　轉引李劍農《中國近百年政治史》第二○○頁，復旦大學出版社，二○○七。
[2]　同上書第二一六頁。

等商進行之宗旨：一漸進法；二急進法；三以立憲為本位；四以澈底改革，⋯⋯以種族革命為本位。當時任公極力主張第二第四兩種宗旨。」[3] 急進與革命，當然很符合梁任公當時血氣方剛的年齡（時任公二十四歲）。更兼任公一生性情中人，感情常趨激烈，即使行文，亦如其自謂「筆鋒常帶情感」。[4]面對衰朽的滿清專制，當然急欲除之而後快。

三十歲以前的梁任公，同時著手兩個方面的工作，一是進行西方法政知識的引進與介紹，並據以成型他自己的憲政思想；一是從事「少年中國說」「新民說」之類的國民鼓動與啟蒙，開民智以為立憲之預備。以往我們較為熟悉和弘揚的是任公後一面的工作，前者因其政治保守被視為歷史的負面故長期隱而不彰。現在看來，任公思想中更有價值甚至可以成為我們今天思想資源的一面，恰在於此。至於滿帶情感色彩的革命、排滿、破壞等言論，則大體見於那類鼓動性的文字以及一些書信中。這是任公自身感性與理性交戰的兩途，但就其文字對時代產生的影響看，無疑，梁氏鼓動性（包括批判性）的文字占上風。頗為弔詭的是，梁氏後來主立憲而反革命，但就是很多青年讀著他那「別有一種魔力」的文字走上了排滿的道路。對此，梁氏自己無可如何（理性的、建設性的文字總是吸引不住人）。後來嚴復在與友人的通信中，指責任公那些「主暗殺、主破壞」的革命性文字「種禍無窮」，良有以也。[5]

一九〇二年是梁啟超的革命思想最後一輪激漲。按他自述：「當時承團匪之後，政府瘡痍既複，故態復萌，耳目所接，皆增憤慨。故報中論調，日趨激烈。壬寅秋間，同時複辦一新小說報，專欲鼓吹革命。鄙人感情之昂，以彼時為最。」[6]那麼，什麼是革命，在《釋革》一文中，任公這樣宣示：「⋯⋯非從根柢處掀而翻之，廓清而辭辟之，焉乎可哉，焉乎可哉，此所以Revolution之事業。」[7]當時，革命即意味破壞，面對頹敗之局，梁氏認為破壞斷不可免，「破壞亦破壞，不破壞亦破壞」。當然最好是「無血之破壞」，如不可，則勢必「有血之破壞」。所有這一切，目標

---

[3]　轉引丁文江，趙豐田編《梁啟超年譜長編》第八十七─八十八頁，上海人民出版社，一九八三。

[4]　《清代學術概論》《飲冰室合集（八）飲冰室專集之三十四》第六二頁，中華書局，一九八九。

[5]　《嚴復與熊純如書之三十》，王栻主編《嚴復集》第三冊第六三二頁，中華書局，一九八六。

[6]　《鄙人對於言論界之過去及將來》，《飲冰室合集（四）・飲冰室文集之二十九》第三頁，中華書局，一九八九。

[7]　《釋革》《飲冰室合集（一）・飲冰室文集之九》第四十一─四十二頁，中華書局，一九八九。

都是滿清。該年他在給師長康有為的一封信中表示：「今日民族主義最發達之時代，……而所以喚起民族精神者，勢不得不攻滿洲。」[8]

　　剖析這一時期的梁任公，其複雜在於，他並非簡單地像不倒翁，一會兒立憲，一會兒革命；而是立憲與革命同時交織於胸，成為一種艱難的選擇。固然，以後任公這樣檢討自己：「啟超既日倡革命排滿共和之論，而其師康有為深不謂然，屢責備之……啟超亦不慊於當時革命家之所為……。然其保守性與進取性常交戰於胸中，隨感情而發，所執往往前後矛盾。常自言曰：『不惜以今日之我，難昔日之我』，世多以此為詬病。」[9]當時康有為在給任公的信中以四字相責，說他「流質易變」。[10]直到今天，人們提起梁啟超，印象還是他的變來變去，好像沒有操守。但，如果細讀任公，可以發現，與其說他在立憲與革命上忽彼忽此，不如說這兩個問題在他那裡更多是亦彼亦此。此亦一是非，彼亦一是非，兩者纏雜，不勝糾結。這一點，充分體現在一九〇二年他的小說《新中國未來記》中。該小說刊登在是年創刊的《新小說》上，雜誌宗旨即如其言「專欲鼓吹革命」；但，小說的內容又恰恰不是革命排滿那麼簡單。這是一個對話體小說，實際上呈現的是梁啟超的政治思想。該對話由兩個主人公展開，一個叫黃克強，一個叫李去病。他們兩人從海外學成歸國，取道西伯利亞，途經被白俄控制的東北，晚上回到旅店，縱論國是，一夜無眠。就革命與非革命即如何建造新中國的問題，黃李互不相讓，你來我往，唇槍舌劍，辯駁直達四十四回合，直到東方之既白。黃克強主張走改良立憲虛君的道路，李去病則主張武力逐滿，以建共和。這分歧的兩人其實都是梁任公，是一體兩面的任公借筆下兩個人物自我伸張，亦自我博弈。

　　可以看到，即使此時任公革命情緒激漲，小說框架亦即任公的思想框架依然未脫立憲之軌。應該這樣說，是現實的刺激，驅使任公傾向革命，甚至不惜鋌而走險為鬼雄；但一旦訴諸理性，任公又回到立憲，認為「非到萬不得已之時，必不輕用急激劇烈手段」。[11]換言之，小說中的立

8　轉引丁文江 趙豐田編《梁啟超年譜長編》第二八六頁，上海人民出版社，一九八三。
9　《清代學術概論》《飲冰室合集（八）飲冰室專集之三十四》第六十三頁，中華書局，一九八九。
10　轉引丁文江 趙豐田編《梁啟超年譜長編》第二九九頁，上海人民出版社，一九八三。
11　《新中國未來記》，《飲冰室合集（十一）・飲冰室文集之八十九》第七頁，中華書局，一九八九。

憲黨人「以擁護全國國民應享之權利，求得全國平和完全之憲法為目的。其憲法不論為君主的，為民主的，為聯邦的，但求出於國民公意，成於國民公議。」（同前）君主，還是民主，是清末革黨和憲黨爭論的焦點（之一），以革命推翻君主以建民主，當然是革黨的目標，但小說中的黃克強在第十回合中這樣和李去病論駁：「說到專制政治，這是中國數千年來的積痼，卻不能把這些怨毒盡歸一姓一人。我想我中國今日若是能夠一步升到民主的地位便罷，若還不能，這個君位總要一個人坐鎮的。但使能夠有國會有政黨有民權，和那英國日本一個樣兒，那時這把交椅誰人坐他不是一樣呢。」[12]只要能夠推進立憲，成立議會，並用憲法限制君權，那麼，這個被虛化了的君權在誰手裡，其實都可以。這是梁啟超後來「只問政體，不問國體」思想的最早表露。如果這個國家的政權在君主手裡，謂之君主國，在民主手裡，即謂民主國，這是國體的兩種形態，梁氏認為並不重要。重要的是政體，即政權如何組織。如果立憲法、開國會，這個政權即使名義為君主，也是憲政國家，反之，則為專制。任公置政體於國體之前，還是為了回避革命。因為清廷可以接受立憲，但不會接受民主。民主是革君主的命，直接從它手裡搶權。

　　另外，梁氏以立憲反專制，表明他對革命反專制的不信任。革命就是暴動，它既有巨大的破壞性，又難能保證革命後不有新的專制。當時排滿標舉的是法國大革命，該小說第六個回合中，黃克強指出：「天下事那理想和那實事往往相反。你不信，只看從前法國革命時候，那羅拔士比（即羅伯斯庇爾）丹唐（丹東）一流人，當初豈不是都打著自由、平等、親愛三面大旗號嗎，怎麼後來弄到互相殘殺、屍橫遍野、血流成渠，把全個法國都變做恐怖時代呢。當十八世紀末葉，法國人豈不是提起君主兩個字，便像喉中刺眼中釘一般，說要誓把滿天下民賊的血染紅了這個地球嗎。怎麼過了不到十幾年，大家卻打著夥，把那皇帝的寶冠往拿破崙第一的頭上奉送呢。」[13]這是任公對革命反專制的懷疑，這一看法在以後他與革黨的論戰中不但更有闡發，而且進一步發變為這樣一種思想，即革命必然導致專制。

---

[12] 《新中國未來記》，《飲冰室合集（十一）‧飲冰室文集之八十九》第二十三頁，中華書局，一九八九。

[13] 《新中國未來記》，《飲冰室合集（十一）‧飲冰室文集之八十九》第二十─二十一頁，中華書局，一九八九。

　　一九〇三年是任公前後思想的分界線。是年，三十歲的梁任公有過一次美洲行，長達十來個月。也就是在這段時間中，梁氏立場澈底轉變，從依違於立憲與革命，到放棄革命，一意以立憲為己任。接下來，前此發生在任公身上的「黃李之爭」，便實實在在演變為立憲派和革命派的辯論。任公幾乎是以一個人的力量與對方一個團隊較量。考量任公轉變，原因固多，思想方面姑不論，就他對現實觀感而言，此點當予注意。民元之際，任公歸國，面對報界，他這樣解釋自己當年所以棄革：《新中國未來記》之後，「見留學界及內地學校，因革命思想傳播之故，頻鬧風潮。竊計學生求學，將以為國家建設之用，雅不欲破壞之學說，深入青年之腦中。又見乎無限制之自由平等說，流弊無窮，惴惴然懼。又默察人民程度增進非易，恐秩序一破之後，青黃不接，暴民踵興……，自此種思想來往於胸中，於是極端之破壞不敢主張矣。」[14]這裡，梁啟超尤不滿於學生介入革命，他在一篇《答飛生》的文中表示：「自東京學生運動之義倡，不能損滿洲政府一分毫，而惟耽擱自己功課。或鼓其高志，棄學而歸，歸而運動，運動而無效，無效而懼喪，懼喪而墮落，問所贏者幾何，曰廢學而已。」[15]還在世紀初，任公即反對後來一個世紀愈演愈烈的學生運動，堪為卓識。然而，他沒料到的是，日後幾年，他自己就輸在這些他所反對的以運動而廢學的留學青年手中，他們並不理會梁任公。當然，這已是後話了。

---

[14] 《鄙人對於言論界之過去及將來》，《飲冰室合集（四）·飲冰室文集之二十九》第三頁，中華書局，一九八九。

[15] 《答飛生》，《飲冰室合集（二）·飲冰室文集之十一》第四十四頁，中華書局，一九八九。

「二十世紀之中國，改而為立憲政體」

　　清末立憲運動的最早推手固屬梁啟超，但正如筆者前此指出，梁本人在首倡立憲時，亦依違於立憲與革命之間。促使梁啟超最後放棄革命的因素固然不少，比如來自老師康有為的迫壓，來自現實因素的各種考量。但就其思想資源而言，促動梁任公改轍易道，不得不提及這樣一個被任公自己稱為「平生風誼兼師友」的人物，他就是廣東嘉應黃遵憲（一八四八－一九〇五年，字公度）。今人提起黃遵憲，一般都是和「詩界革命」聯繫起來，所謂「我手寫我口」，《人境廬詩草》等，這是一個文學史上的黃遵憲。但，黃遵憲的面相是多元的，在詩人、教育家、外交家之外，還有一個未必是政治家但卻極具政治思想的維度。該維度所包含的政治智慧當不為今人所熟，但對立憲初倡時的梁任公，其作用有如撥亂反正的路標。黃的思想不但影響了梁，而且在清末最後一代士紳中（如嚴復、康有為等），亦有相當突出的代表性。清末立憲最後歸於失敗，黃遵憲的思想亦隱而未彰。這是一筆久已忘卻了的歷史遺產，這裡不妨一窺門徑，看看一百年前嘉應黃氏在立憲問題上的思想風采。

　　黃遵憲是梁啟超的前輩，比梁大二十五歲，但他們卻是忘年交，這之間的過從還要從清末立憲前的戊戌維新說起。一八九六年三月，梁啟超從北京到上海，「始交公度」。不久即在黃捐助並參辦的《時務報》任撰述（即今天的主筆）。這是維新派開辦的一份報紙，力主變法。梁啟超也是從這裡開始了自己漫長的筆政生涯。次年秋，梁離開《時務報》，轉赴湖南任時務學堂總教習，此時黃遵憲已調任湖南按察使，佐巡撫陳寶箴推行新政。按熊希齡說法：延聘梁卓如為教習，發端於公度觀察。時務報和時務學堂都是戊戌變法的前奏。梁啟超在時務學堂講學時，因為醉心民權革命論，日夕以此相鼓吹，惹怒湖南頑固鄉紳，向京都告發，以致成為戊戌黨禍發生的緣由之一。戊戌之後，康梁分別逃離海外，黃遵憲在上海亦面臨被捕之險。幸虧由於日本公使的干預（黃曾使日任參贊），清廷只是將黃削官革職，放歸故里。

　　黃梁前期，黃對梁只是提攜後學，獎掖才進。黃對梁的思想產生影響，主要是在他們的交往後期，即在戊戌失敗之後、立憲展布之前，直到一九〇五年黃去世為止。時黃在嘉應，梁在日本，維繫他們之間聯繫的，便是隔洋飄海的書信。幾年下來，他們的信函往來累達十多萬字，是二十世紀中國早期思想史的上好材料。一九〇二年左右，正是年輕的梁任公思想趨於激烈之時。黃在該年五月給梁的信中披露了自己對中國政治的看法：「二十世紀中國之政體，其必法英之君民共主乎？」[1]繼而又曰：「胸中蓄此十數年而未嘗一對人言」。黃氏的表白，有其當時的背景。二十世紀中國第一個十年，在取法西方上，有不同的路徑選擇。有人主張走美國共和之路，如革命黨；有人主張效法英國的君主立憲，如黃、康、梁。前者倡革命，後者主改良。在黃看來，美國共和政體殊不合中國民情。適於當時中國的，是英吉利而非美利堅。因此，英，還是美，擺在中國精英面前的這第一次政治選擇，正如十多年後，英美，還是蘇俄，成為中國精英們的第二次選擇；它（們）不僅事關當時，更事關整個二十世紀。如果一段歷史頭開錯了，就會形成一種慣性，繼續錯下去，以至一世紀。不幸中國這一百年來的歷史，正是如此。

　　黃遵憲認為清末的政治改革當師法英國，是君民共主而非單邊的君主或民主。鴉片戰爭後，睜開眼睛看西方的士紳們，將歐美國家分為三種，一為君主之國（如俄羅斯），一為民主之國（如美國），一為君民共主之國（如英國）。中國在兩周時代有類於君民共主，周天子除王畿外，對四海之內的國土並沒有直接而具體的管轄權，而是權力層層下放，形成周天子和各諸侯國之間的分治或共治。自秦漢以降，國家政權緊縮為皇權，從而形成君主專制。清末即這種專制的最後一個朝代。它的政治改革有兩個方向，要麼是美國式的民主，要麼是英國式的君民共主。清末士紳大體不看好美國而是英國，蓋在於美國搞共和，是因為它原本就沒有君主。另外，美國從移民開始即自治，一百多年下來，國民養成了民主的習慣，所以他們可以共和立國。中國不然，其國情異於美而同於英，甚至比英國有更長的君主傳統。兩千多年的君主專制，國民民智不開，無以形成面對國家公共事務的能力。因此，中國應該效法英國，在不推翻君權的前提下，

---

[1]　轉引丁文江，趙豐田編《梁啟超年譜長編》第二八九頁，上海人民出版社，一九八三。

走開明專制的道路，逐漸培養民智民德民力，從而實現立憲框架下的君民共主。這是一條改良的道路（改君主專制為君主立憲），為當時大多數士紳所接納。

就黃遵憲而言，他之贊同中國學英不學美，更有其個人的特殊經歷，那就是他擁有出使日本、美國、英倫和新加坡的外交生涯。黃一八七七年秋至一八八二年春出任大清國駐日本公使參贊，時間有四年多。一八八二調美國三藩市任總領事，至一八八五年秋卸任，時間又是三年多。一八九〇年元月至一八九一年八月隨薛福成出使英倫，後離英又轉任新加坡總領事至一八九四年。十多年的外交經歷極大地豐富了黃遵憲的政治眼界，使得他在中國走什麼路的問題獲有個人直接經驗上的發言權。一九〇二年五月的信中，針對梁任公民權革命的激情，黃以自己的精神演變為梁現身說法：「僕初抵日本，……明治十二三年時，民權之說極盛，初聞頗驚怪。既而取盧梭、孟德斯鳩之說讀之，心志為之一變，以謂太平世必在民主。然無一人可與言也。及游美洲，見其官吏之貪詐，政治之濁穢，工黨之橫肆，每舉總統，則兩黨力爭，大幾釀亂，小亦行刺，則又爽然自失。以為文明大國如此，況民智未開者乎。又歷三四年，複往英倫，乃以為政體當法英……」[2]這種由美而英亦即由民主而君民共主的思想轉向，黃遵憲拳拳苦心，一再析與任公聽。這是一九〇四年七月初的信：「……既留美三載，乃知共和政體萬不可施於今日之吾國。自是以往，守漸進主義，以立憲為歸宿，至於今未改。」[3]至於「近年以來，民權自由之說，遍海內外，其勢長驅直進，不可遏止，而或唱革命，或稱類族，或主分治，亦囂囂然盈於耳矣。而僕仍欲奉王權以開民智，分官權以保民生，及其成功則君權民權兩得其平。僕終守此說不變，未知公之意以為然否。」[4]

在民權開啟的時代，還主張保留君權，是黃遵憲不開化嗎？非也，這是一種基於現實考量的政治智慧。用民權推翻君權，是法國大革命的道路，它所導致的幾十年的社會震盪，為晚清士紳所不取。法國和英國一樣，也是君主國度，本應學英，但卻法美，結果釀成大亂。在黃、康、梁那批士紳眼裡，它是傳統國家向現代國家轉型的反面之例。因此，黃遵

2　同上第二九〇頁。
3　轉引丁文江，趙豐田編《梁啟超年譜長編》第三四〇頁，上海人民出版社，一九八三。
4　同上書第二九〇頁。

憲在一九〇二年十一月給梁啟超的信中表示：「公之所唱民權自由之說，
皆是也。公言中國政體，征之前此之歷史，考之今日之程度，必以英吉利
為師，是我輩所見略同也。……中國之進步必先以民族主義，繼以立憲政
體，可斷言也。」[5]這裡的民族主義或國族主義不能用我們今天的眼光望
文生義，它所對應的概念不是我們今天的個人主義，而是傳統專制框架中
的皇權主義或皇族主義。從皇族主義到民族主義，即建立現代形態的民族
國家，其要義在於建構立憲政體，用以限制皇權。在這個意義上，黃遵憲
頗擔憂梁啟超一度鼓吹「革」字當頭的破壞主義，認為在民智未開的情況
下，以革命取代改良，受害還是民眾。因此在該信中，他委婉地表示：
「然讀至冒險進取破壞主義，竊以為中國之民，不可無此理想，然未可見
諸行事。……以如此無權利思想、無政治思想、無國家思想之民而率之以
冒險進取，聳之以破壞主義，譬之八九歲幼童授以利刃，其不至於引刀自
戕者幾希。」[6]

　　從這個比喻可以看出，在黃遵憲那裡，民智先於民權，這是一個過
程：「僕以為由蠻野而文明，世界之進步，必積漸而至，實不能躐等而
進，一蹴而幾也。」[7]緊接著黃遵憲例舉兩三年前剛發生過的義和拳亂，
所謂「神拳之神，義民之義，火教堂，戮教民，攻使館之愚，其肇禍也
如此。」黃的疑問是「以如此之民，能用之行革命、類族、分治乎？」這
裡類族即民族，分治即自治（黃遵憲也許不知道，愚昧無以自治，但革命
就要利用愚昧）。為避革命，黃的策略是「尊王權以導民權，以為其勢
較順，其事稍易。」[8]清末時代，只要不革君主的命，傳播西方知識或學
說，都在政府不管之列。那個時代有著令後人特別是今人難以想像的自
由。如果不在這種自由的條件下重教開智，讓民眾識字，培育民間自治能
力；那麼，即使通過革命奪得政權，民眾也不會用；何況政權早就落入專
門代表民眾也利用民眾的野心力量手裡。和革命黨不同，清末最後一代
士紳殊不贊成以革命獲民權，而是主張開民智以導民權。這是一種穩健的
政治理性。因此，對當時革命黨一味在學堂鼓動風潮，黃遵憲在給任公的

---

[5]　同上書第三〇一頁。
[6]　同上書第三〇一－三〇二頁。
[7]　同上書第三〇五頁。
[8]　同上書第三〇五－三〇六頁。

信中流露出不滿：「僕所最不謂然者，於學堂中唱革命耳。此造就人才之地，非鼓舞民氣之所。」[9]民氣易鼓，但民智難開。若民智未開而民氣卻鼓蕩起來，那註定是歷史的劫難。

「二十世紀之中國，必改而為立憲政體。」這是黃遵憲對梁啟超的斷言，信心滿滿。果然，一九○五年黃遵憲逝世之後，清末從民間到朝廷，都捲入到立憲運動中來，其潮頭勢不可擋。以致我們如果可以評估二十世紀中國立憲史，清末這十來年比之其後，居然是世紀立憲僅有的「黃金十年」。但，歷史無常，這十年以君主立憲始，竟以共和革命終。於是，共和革命開啟了一個動盪不已的世紀；立憲卻成了一道不斷推遲完成的作業，直到今天。

附：黃遵憲逝去之後，梁任公為其撰「嘉應黃先生墓誌銘」，讀來動容，不妨恭錄於此：「某以稚齡，得侍先生。惟道惟義，以誨以教。獲罪而後，交親相棄，亦惟先生咻噢振厲，拳拳懇懇，有同疇昔。先生卒前之一歲，詒書某曰：國中知君者無若我，知我者無若君。」[10]

9　同上書第三四○頁。
10　轉引丁文江，趙豐田編《梁啟超年譜長編》第三五二頁，上海人民出版社，一九八三。

從新政到憲政（一）

　　新政出臺的標誌是一九〇一年一月二十九日由光緒皇帝下頒的「丁未之諭」。儘管該諭旨並非以新政命名，而且皇帝詔書也沒有任何名頭。但據其內容，該詔書著意推舉「朝章、國政、吏治、民生、學校、科舉、軍制、財政」[1]等方面的變法；因此，史家習慣上把該諭旨頒發後所形成的實際變革稱為「清末新政」。它是由朝廷主導的一次政治改革。但，新政不是憲政，兩者的訴求不一樣。從時間上說，新政主要發生在一九〇一一一九〇五年間。憲政的聲音率先由民間出現（它的頭功是海外梁啟超發表於一九〇一年的《立憲法議》），經過幾年醞釀，該主張逐步於一九〇四一一九〇五進入朝廷。以一九〇五年五大臣出洋考察政治為標誌，表明朝廷最上層開始接納清末立憲主義的憲政話語。於是從政府角度，自一九〇五一一九〇六年起，清末政改由新政蛻變為憲政（或亦可將憲政解釋為清末新政十二年的第二階段）。這個過程，一直到一九一二年二月清末結束為止。

　　這裡，我們可以率先看看清末新政。新政的舉措，從內容來看，其實是一八九八年戊戌維新的繼續。一九〇〇年拳亂禍華，招致八國聯軍攻破北京。慈禧和光緒八月十五日棄京出逃，二十日在出逃路上便以光緒之名下罪己詔。到達西安後，於一九〇一年一月二十九日又有了那個發動新政的上諭，這是一次逼出來的政改。否則連慈禧自己都感到無以謝罪天下，儘管所有的罪過都有那個光緒給她扛著。然而，新政以戊戌內容為內容（督撫上書亦不出當年戊戌之外），實在也有著慈禧自己的不得已。除了蹈襲當年的康梁，清廷上層實在拿不出圖新的思路與舉措。在這個意義上，也未必不可以見出當年慈禧未必就一意反對變法。和康梁同為維新派的四品命官王照（小航）有過一個精彩的看法：「戊戌之變，外人或誤會為慈禧反對變法。其實慈禧但知權利，絕無政見（按，此處權利當為權

---

[1]　轉引（美）任達《新政革命與日本》第二〇〇頁，江蘇人民出版社，二〇〇六。

力）。」[2]只是康有為「以那拉氏為萬不可造就之物」，「堅執扶此抑彼之策」，（同前）所以釀成大錯。如果當年維新是在慈禧的支持下開展，那麼，戊戌變法就是清末新政，也不需要挨至辛醜了，並且不會出現中間的庚子變亂。

一八九八的戊戌變法走了個歷史的「之」字形，到一九○一才撇出它的最後一捺。只是新政推進的主角不是康梁和那個兒皇帝，而是慈禧本人了。頗為喜劇的是，新政明明襲用戊戌衣缽，還偏要借上諭中的光緒之口痛罵輔佐光緒的康有為：「殊不知康逆之講新法乃亂法也，非變法也。」[3]當年變法之前，梁啟超在《論變法不知本源之害》中認為「變法之本在育人才，人才之興在開學校，學校之立在變科舉」。[4]應該說，戊戌維新說多做少，一共才那麼一百天。變法言論固然八面開花，但重心卻是變科舉：即科舉考試廢除八股而改策論，同時興辦各種新式學校。可是戊戌政變之後，朝廷倒行逆施，一切反著來，不但停止各省書院改設學校，而且明令各項科考仍用八股。另外，當時變法中要求的設立農工商總局、廢捐納（即買官）、裁冗官、開報館等，重新訓政的慈禧全部停廢。可是，歷史最會開玩笑，不過兩年多的光景，新政就開始一一落實當年的戊戌主張，包括停止捐納，裁汰各衙門胥吏差役等。一九○一年九月和十月，朝廷先後宣佈次年科考廢八股而改策論，同時將各省書院改設為大學堂，又著即各省選派學生出洋遊學。一九○一一一九○五，可謂戊戌變法滿血復活。換言之，戊戌時代提出而沒有做到的，俱由新政時代助其完成。海外康梁雖然一直遭到慈禧的嚴厲通緝（他們兩人的懸賞身價是十萬兩黃金），但慈禧做的正是當年他們提出而未能做的事。因此，一九○六年十月，康有為在他的保皇會改易為國民憲政會時，這樣告知會眾：「數年以來，吾黨政論，多見施行。戊戌舊政，亦多變舉矣。」

當清廷一步步推行本由康梁（主要是康有為）提出的變法主張時，身在海外的康梁（主要是梁啟超）已經明確了更進一步的政治主張，即立憲。儘管這一主張要到若干年後才能進入朝廷並轉化為政府行為，但這也說明，無論新政還是憲政，任何改革，就清末而言，總是由士紳率先提

2　榮孟源，章伯鋒主編《近代稗海》第一輯第四頁，四川人民出版社，一九八八。
3　轉引（美）任達《新政革命與日本》第一九九頁，江蘇人民出版社，二○○六。
4　《變法通義》，《飲冰室合集（一）・飲冰室文集之之一》第十頁，中華書局，一九八九。

出，然後引領並推動著朝廷往前走。新政是繞了個歷史的彎子，但後來的憲政，在紳權與皇權的博弈中，更是由清末「最後一代士紳」直接主導。只是就這「最後一代士紳」來說，如果維新時代的精神主角是康有為，以後即將開啟的憲政時代，它的精神領袖就是梁啟超了。梁啟超的《立憲法議》堪稱清末立憲運動開始的發刊詞，它發表於一九〇一年，也正是在這一年，清廷下詔開始推行新政。新政與憲政，從一九〇一年同時起步，開始是兩條線並行：朝廷在國內推行並落實當年戊戌的變法主張，梁啟超在海外通過辦報推進立憲主義的思想。至一九〇五年這兩條線逐漸並軌，新政融入憲政。於是，憲政大張其幟，由輿論變成運動，不但成為那個時代的政治主流，而且推動著朝廷往英倫式君主立憲的方向上走。

新政和憲政不同在哪裡？新政的模型來自戊戌變法，但康有為各項變法主張，無論變科舉、開學校、開報館、裁冗官等，均未涉及皇權制度的根本。也就是說，任何一個帝王，為其勵精圖治，都需要也可以採取那些主張。這裡的維新乃是維專制之新，所謂新政是專制政治的自我更新。憲政不然，它是一場政治革命，它要革的當然不是君主的命，而是君主專制這個皇權制度的命。君主的命可以保留，甚至同時保留的還有君主的皇位；但，君主權力不受任何限制的專制政體必須轉換為君主權力不但被限制而且被轉移的立憲政體，這就是「君主立憲」。立憲君主和專制君主不同，它必須受到憲法的限制，在逐步交出自己的權力（立法權和行政權）之後，成為一個不負責任的虛君。因此，君主立憲更為準確的說法應該是「虛君立憲」。如果借用一九〇一年那份新政上諭中的語言「蓋不易者三綱五常，……而可變者令甲令乙」，新政改變的就是令甲令乙，憲政改變的則是三綱中的「君為臣綱」，這是一場制度變革。當然，立憲主義的制度變革是一場不流血的革命，不以殺人為訴求。至於和立憲派同時興起的革命黨，他們的目標是「驅除韃虜」。比如鄒容《革命軍》就有這樣的鼓動語言「披毛戴角之滿洲人，應予殺盡，可比登三十六天堂，升七十二地獄。巍巍哉革命！皇皇哉革命！」[5]

一九〇一到一九〇五，新政的各項舉措扇形鋪開，但正如中國近代政治史專家李劍農指出「五年以內所行的新政，實際不過『廢科舉，設學

5　轉引李劍農《中國近百年政治史》第二〇〇頁，復旦大學出版社，二〇〇七。

校,派遊學」九個字。」[6]因此,新政的中心(其實也是當年戊戌變法的中心)除了裁冗官外,鎖定的就是科舉。科舉在戊戌提出時不是「廢」而是「變」,科舉本身保留,但考試的內容和方法卻要用從以往的八股程序改為時事策論。這叫廢八股而不廢科舉。新政推行之初,八股即被廢棄。可是,待至一九○五年,在直隸總督袁世凱和兩湖總督張之洞等人的奏請下,朝廷直接廢棄了科舉本身。這意味著新政的任務基本完成。也就是在這一年,以「定憲法、開議會」為其訴求的憲政,經過幾年的民間運作,正式進入朝廷視野,當慈禧著意派五大臣為考察政治而出洋時,便意味著一個新的歷史題目即將在清末這個最後的皇權時代上演。

這裡,應該指出的是,憲政話語其實也是當年維新話語之一。在戊戌前後康有為的七次上書以及他替朝廷命官的擬折中,的確也有「請定立憲開國會折」,主張「立行憲法,大開國會,以庶政與國民共之,行三權鼎力之制。」但這樣的話語並不突出,它和其他話語交織一起,共同環繞在變科舉這一維新中心的周圍而未曾有更進一步的明確。不同的時段有不同的任務,如果從戊戌到新政把廢科舉開學校這一任務給完成,那麼,定憲法開議會的憲政主題便開始浮出水面。

縱觀這一過程,憲政話語由海外而海內,由民間而朝廷,它的推進開始緩慢,到一九○四年提速,一九○五年便在輿論上形成一種普遍的聲勢。從民間來說,海外立憲派的頭號人物是梁啟超,他的功夫主要花在輿論的引領上。海內立憲派的代表是狀元出身的著名商紳張謇,他自一九○三年訪日之後,受日本啟發,迅速形成了他自己的立憲思想。張謇利用自己的地位優勢(與朝廷上層多有交接),著力把立憲一事引入朝廷,也果然引入朝廷(詳後)。當然,就朝廷本身言,體制內的一些官員,特別是那些駐外使節,得歐風美雨之便,也不難於形成自己的立憲見解。那些即使沒出過國門的督撫和廷臣,其開明者為風潮所趨,也十分注意汲取時輿以為自己上疏的條陳。比如袁世凱,此人是清廷上層推進立憲的一個重量級人物,雖然從根本來說,他其實是個立憲投機主義者。袁本人沒有任何政治思想上的資源,但他頗為留心輿論動向。也是清末北洋系統中的丁士源,他的回憶錄性質的《梅楞章京筆記》中有這樣一段寫袁世凱:「壬

---

[6] 同上書第二○五頁。

寅，維新詔下，袁……屢應招陳言，其大概均採自上海《申報》《新聞報》《時報》及在橫濱出版之《清議報》《新民叢報》之論說而已。」[7]《清議報》和《新民叢報》由梁啟超自己主辦，《時報》也是梁氏立憲派在上海掌握的一張報紙。梁啟超所有的言論均發表在這些報刊中，如果袁世凱從這裡找尋自己的可乘之機，這便意味著梁啟超可以借袁氏之口在朝廷上發言主張。另外，不可忽略的是當時的媒體，如《大公報》《東方雜誌》《申報》等，它們大體是立憲派之外的報紙，但和立憲派聲氣相通，並形成相當的共識。這些報刊在輿論造勢上為立憲聲張，使它最終成為朝野共識。可以看到，正是在士紳、官員和媒界的公同作用下（這對清廷上層來說是一種強迫性的壓力），立憲終於由輿論變成了一道朝廷作業。當然，必須補充一句，在以上諸種壓力中，革命也是其中之一，而且分量不輕。

7　榮孟源，章伯鋒主編《近代稗海》第一輯第四三五頁，四川人民出版社，一九八八。

從新政到憲政（二）

　　「方今時事艱難，百端待理，朝廷屢下明詔，力圖變法，銳意振興。數年以來，規模雖具而實效未彰。總由承辦人員向無講求，未能洞達原委。似此因循敷衍，何由起衰弱而救顛危。」[1]這是一九〇五年七月十六日朝廷簡派（五）大臣出洋考察的光緒諭旨。它一開頭就檢討了一九〇一年以來新政發動幾年間的情形，看來成績差強人意。原因蓋在於新政本身「未能洞達原委」，這是個不錯的措辭。關鍵在於這個原委究竟是什麼呢。其實，無論是當時輿論所指，還是官員上書，都朝著一個方向，那就是「立憲」。該諭旨發表後，民間很快有了回應。這是該年《東方雜誌》第十期載《南方報》的一篇文章，題目就是《論立憲為萬事之根本》。該文直陳新政之弊「數年以來，群治之不進也如故，民智之不開也如故。求之政界，則疲玩愈甚而蒙蔽日深；征諸社會，則奸蠹滋多而公德益壞。」以下筆頭一掉，劍鋒直指：「其故何在，……一言以斷之曰：政體不立之害。欲舊其弊，固非改定政體不可，則立憲之說是已。……立憲政體之於國，猶舟之有指北針也。」[2]由此可見，以立憲的方式改革政體，到一九〇五已經成為朝野共識。回顧它的發生，固然先發於體制外；但，由外入內，體制自身的因應變化也是一條線。這條線從一九〇一到一九〇五，由體制內官員與民間互動並不斷提出奏請，最終使得清廷上層接受立憲，並派五大臣出洋考察政治。

　　從體制內的角度看，當梁啟超於一九〇一年六月發佈《立憲法議》時，也是在此時，也是在日本，出使日本國的大臣李盛鐸在應詔上書中幾乎和梁發出了同樣的聲音：「變法之道，首在得其綱領。綱領不得，枝枝節節，不獨圖新政窒礙難行，且恐依違遷就，未睹變法之利，先受變法之害。」「查各國變法，無不首重憲綱，以為立國基礎。惟國體政體有所謂君主民主之分，但其變遷沿改，百折千回，必歸依於立憲而後定。」因

---

[1]　轉引荊知仁《中國立憲史》第九四頁，聯經出版事業公司，民七三（一九八四）。
[2]　《東方雜誌》一九〇五年第十期第一七〇頁。

此，他建議朝廷「近鑒日本之勃興，遠懲俄國之擾亂，毅然決然，首先頒佈立憲之意，明定國是。」[3]這個李盛鐸就是一九○五年清廷後來派出考察政治的五大臣之一，此時他和梁啟超同在日本，都是以日本明治後的皇室立憲為參照，故而從不同管道向國內發出了同樣的聲音。只可惜這個聲音進入朝廷便石沉大海，但這可以看作是朝廷內部立憲主張的先聲。

讓立憲的聲音進入朝廷並抵達上層，一個重要的人物便是張謇。張謇是一八九四年的科考狀元，這位已經四十來歲的狀元先生並沒有入朝做官，而是返回南通家鄉從事實業與教育，開拓出一片新天地。一九○三年日本開國內博覽會，一位日本友人帶給張謇一張請柬，邀請他參加。張謇沒有出過國門，這次在日本前後考察了七十餘天。虛往實歸，回來之後，人生座標發生了一次重要的轉變，即在實業與教育之外，以立憲為務，投身於國內憲政。他後來很快成為南方江浙派的立憲首領，一步一個腳印地推進立憲的各種事務，比如後來的國會請願運動。一九○四年五月，張謇代湖廣總督張之洞和兩江總督魏光燾草擬立憲奏摺，會集趙鳳昌、湯壽潛等數位朋友，反復斟酌六七次，方才定稿。稿定之後，張之洞不放心，要看直隸總督袁世凱的態度，便囑咐張謇事先商量於袁。張袁早在甲午前的朝鮮就相識，但，兩人走的是兩條道，多年不通音問。為立憲故，張寫信與袁，無奈此時的袁並不熱心，認為此事「尚須緩以竢時」。但，這邊的張謇並沒有停下腳步，這是他的自訂年譜：「六月，刻日本憲法成。以十二冊，由趙竹君鳳昌寄當小山慶寬逕達內廷。此書入覽後，孝欽太后於召見權臣時，諭曰：日本有憲法，於國家甚好。權臣相顧，不知所對，唯唯而已。」[4]當時身為軍機大臣和外務部尚書的瞿鴻禨，連忙叫他的弟弟到上海，托趙鳳昌選購有關憲法的書籍，卻不知慈禧看到的憲法，正是張謇從日本帶回並和趙鳳昌一道印刻的。袁世凱的路子沒有走通，江浙立憲派就把注意力放在瞿鴻禨身上。試圖說服他在朝中宣導立憲。瞿對立憲有興趣，態度也積極，他是清廷上層中立憲派有力的贊助者，當朝廷決定派臣出洋時，甚至打算「自請親赴歐美考察政治」。九月，張謇又刻印日本憲法義解及議會史，送給兵部侍郎鐵良。這一段時間，張謇利用自己的優越

---

[3]　轉引侯宜傑《二十世紀初中國政治改革風潮》第二十一頁，中國人民大學出版社，二○○九。

[4]　《民國叢書》第三編七十三·南通張季直先生傳記·年譜》第五十六頁，上海書店據一九三○年版影印。

身分,廣與各方大臣談立憲。根據他的日記,在他看來:立憲之動機於鐵(良)徐(徐世昌)之入政府,端(方)之入朝,(載)振貝子又助之陳於兩宮。慈聖大悟,乃有五大臣考察政治之命。這幾人中,端方本身就是朝廷中的立憲派,正如幾年前他是贊助康梁的維新派一樣。據時人魏元曠《堅冰志》中的記載:慈禧召見端方,知他以前屬於戊戌黨,便問他「新政已皆舉行,當無複有未辦者」,端方回答「尚未立憲」。又問「立憲如何?」答曰「立憲則皇上可世襲罔替」。[5]這是最能打動清廷上層的聲音,端方、載澤這樣的滿人也的確非常相信。他們對自己面臨的局面很清楚,不改革就沒有任何出路。某種意義上,他們比漢人更焦慮,推動立憲的動機比漢人也更真誠,因為這關係到他們的身家性命。

　　一九〇四年是立憲主義進入朝廷的關鍵年份。除了名士商紳張謇這一條線外,駐外各國使臣連袂上書,或連番上書,對立憲的推進,也起了無以忽略的作用。該年二月,日俄戰爭在中國東北爆發,三月,即有駐法使臣孫寶琦、駐俄使臣胡惟德、駐英使臣張德彝、駐比利時使臣楊兆鋆聯名上奏,要求變法以激勵人心。四月,孫寶琦又單獨上書政務處,直接籲請立憲。在他看來,新政以還,諭旨不為不多,但事功並不顯著,原因在於「未立綱中之綱」。如果要打破局面,「則各國之立憲政體,洵可效法」。該書首以日本為例,又環視世界,指出「歐洲各國,除俄與土耳其外,皆為立憲之國。而尤以英德之憲法為最完備。」因此孫「籲懇聖明仿英德日本之制,定為立憲政體之國。」[6]孫的上政務處書在清廷立憲史上地位重要。這是當時《東方雜誌》談「中國立憲之起原」的記述:「時孫府尹寶琦適奉使於法,首以更革政體為請。疆吏如署江督周制軍馥、鄂督張制軍之洞、署粵督岑制軍春煊又以立憲為言,而樞臣懿親亦稍稍有持其說者。乙巳六月,直督袁制軍世凱奏請簡派親貴,分赴各國,考察政治。」[7]這是體制內的連鎖反應,至於它的輿論反響甚至更大。孫的上書刊登在《東方雜誌》上,立即形成一個輿論中心。後來的憲政學者(臺灣荊知仁)這樣評價孫寶琦:「孫氏此議一出,朝野歡然景從,真是空谷足音,如響如應。前此之言民權、言議院、言變法者,均紛紛轉以立憲為

---

[5]　轉引荊知仁《中國立憲史》第九十四頁,聯經出版事業公司,民七十三(一九八四)。
[6]　轉引荊知仁《中國立憲史》第九十─九十一頁,聯經出版事業公司,民七十三(一九八四)。
[7]　《東方雜誌・臨時增刊・立憲紀聞》第一頁,一九〇六。

事。」[8]自此，立憲為新政綱中之綱，抑或，清末政改從新政到憲政，其眉目和目標都已經十分清楚了。

這裡不能忽略的是，清廷立憲與日俄戰爭（一九〇四－一九〇五）之間的關係。換言之，是立憲派及其輿論抓住戰爭這一契機把清廷逼上了立憲道路。一八九五年的甲午之戰，日本這一蕞爾小國戰勝了龐大的中國；十年後，它又戰勝了同樣是大國的俄羅斯。後者不但以小克大，而且以亞克歐。這在立憲派眼裡，日本的勝利是（立憲）制度的勝利，而中俄兩個大國的失敗是（專制）制度的失敗。因此，古老的中國要起死回生，無他，必須向東鄰日本學習，變專制為立憲。不僅以上張謇給袁世凱的信中稱「日俄之勝負，立憲專制之勝負也。」[9]更有輿論指出，今歐美之國，無一非立憲國家，處在這樣一個環境中，立憲之於中國實乃勢之所趨。自一八九五年中國敗於日本後，朝廷認為最大的邊患是日本，因俄國與日本在中國有利害衝突，遂採取聯俄制日的策略，試圖以北鄰對付東鄰。十年下來，俄國不僅是朝廷援引的對象，也是效法的對象。此次俄國兵敗日本，輿論就此大做文章。一九〇五年六期《東方雜誌》的「論日勝為憲政之兆」一文尖銳批評朝廷效俄之病：「橫覽全球，凡稱為富強之國，非立憲即共和，無專制者。……而使中國家早成憲政，然而不行者，因其中有一俄國焉。其國勢則稱為盛強，其政體則稱為專制。……於是政府遂以俄為口實，以拒絕民權……，數十年來所以絕不思改良內治而惟以聯俄為政策，致成種種之禍端者，皆此說為之也……。自有此戰而此疑釋矣。使以日俄之勝負為吾國政體之從違，則不為俄國之專制，必為日本之立憲也。」[10]本來，日本戰勝俄國應該有很多原因，不獨制度，而且未必不與制度無關。但國人卻從制度立論，這既是國人的普遍認識，更是國人的普遍心志——借他國而說己事也，亦必改專制而為立憲也。勢已至此，立憲主義話語遍於國中，深入人心，朝廷最上層已經無法罔顧這強大的聲音了。

正是在這一勢頭之下，姍姍來遲的袁世凱方才出面。一九〇五年七月二日，他連同兩湖總督張之洞和兩江總督周馥奏請朝廷於十二年之後實

---

[8] 轉引荊知仁《中國立憲史》第九十一頁，聯經出版事業公司，民七十三（一九八四）。

[9] 轉引李劍農《中國近百年政治史》第二〇八頁，復旦大學出版社，二〇〇七。

[10] 《東方雜誌》一九〇五年第六期第一一五－一一六頁。

行立憲政體。僅僅半個月，朝廷的態度出來了，這就是本文開頭光緒下頒的派臣出洋「考求一切政治」的諭旨。其中派出的大臣分別是載澤、戴鴻慈、徐世昌、端方，後來又加派了紹英。在慈禧看來，派臣出洋只是考察，如果確實沒有弊害，即決意實行。畢竟立憲是輿論所迫，雖有朝廷命臣、封疆大吏和海外公使輪番上書，但，立憲到底是個什麼玩藝，慈禧、光緒並高層幾位軍機，幾乎沒有一人清楚。九月下旬，五大臣離京時在車站挨了革命黨人吳樾的炸彈，朝廷大驚，反對派借機動搖，考查事一時受阻。但，也就在該月，駐俄公使胡惟德從俄羅斯傳來消息：自日俄之戰輸於日本之後，「俄已公佈憲法」，因此他請求朝廷「我國亟宜仿行」。[11]連老大帝國俄國也開始準備立憲了，這對朝廷震動當然不小。何況出洋考查的成命也難以收回，因此清廷不改原議，重新改派大員出洋。這是朝廷在立憲道路上邁開的第一步，這一步很被動很遲疑也很波折，但它終究很艱難地邁了出去。

---

[11] 轉引荊知仁《中國立憲史》第九六頁，聯經出版事業公司，民七十三（一九八四）。

清末五大臣出洋考察風波

一九〇五年，囿於各種壓力，清廷上層接受立憲主義的政治主張，決定試探性地往憲政方向轉型。它的第一步便是簡派官員分赴海外，實地考察各國政治。但這一步邁出得並不順利，五大臣尚未離京，便受到革命黨人（吳樾）的炸彈襲擊。

在光緒一九〇五年七月十六日的詔書中，派出大臣是四位：載澤、戴鴻慈、徐世昌和端方，滿漢各二，有王公、有廷臣、有疆吏，分佈均衡。十來天後，又下諭旨加派紹英，共五人。應該說，清廷為立憲預備，先派人考察西洋政治，是很慎重的舉措。這一舉措頗得當時輿論之贊同，但革命黨對滿清立憲持反對態度。一九〇五年剛創刊的革命派雜誌《醒獅》，其第一期刊登宋教仁《清太后之憲政談》的文章，批評清廷立憲。文章開頭引用了這樣一個資訊：「今日滿政府有立憲之議，有某大臣謁見西太后，西太后語曰：『立憲一事，可使我滿洲朝基礎永久確固，而在外革命黨，亦可因此消滅。侯調查結局後，若果無礙，則必決意實行』云云。」[1]這是清廷上層真實心態的流露，它不瞭解立憲，因而對立憲也不先在拒絕。後人往往多從革命黨的角度指清廷立憲為假立憲，如《民報》創刊第一號便有這樣的看法，假考察政治之名，以掩天下之耳目，至少從這裡看，這種說法站不住。當然，革命黨是反對由清廷來主導立憲的，它的目的是推翻清廷。因此，當五大臣出洋考察為清廷立憲邁出第一步時，便遭到了來自革命黨人的狙擊。

一九〇五年九月二十四日（農曆八月二十六），是五大臣離京出洋的日子。所謂出師不利，可看五大臣之一戴鴻慈當天的日記：「辰初拜祖，親友踵宅送行甚眾。十時，肩輿至正陽門車站，冠蓋紛紜，設席少敘。十一時，相約登車。澤公先行，餘踵至。兩花車相連，澤、徐、紹三大臣在前車，餘與午橋（即端方，筆者注）中丞在後車。午帥稍後來，坐

---

[1] 轉引張枏 王忍之編《辛亥革命前十年間時論選集》第二卷上第七十頁。

未定，方與送行者作別，忽聞轟炸之聲發於前車。人聲喧擾，不知所為。僕人倉皇請余等下車，始知有人發炸彈於澤公車上。旋面澤公，眉際破損，餘有小傷。紹大臣受傷五處，較重，幸非要害。徐大臣亦略受火灼，均幸安全。」當即，除了紹英被送往醫院外，其他幾位大臣商定「改期緩行」。次日，戴、徐、端三位早起進宮，還是戴鴻慈的日記：「八時，蒙召見。……余與徐、端兩大臣各據所見奏對。皇太后垂簾聽納，複慨然於辦事之難，淒然淚下。」[2]

　　當炸彈引爆時，滿車驚慌，卻不知炸者為誰。引爆者雖然自炸而亡，但面部尚可辨認，當時即拍成照片，行文至各省辨認，被認出為直隸高等學堂的學生吳樾。吳樾，安徽桐城人士，與陳獨秀同鄉，是當時桐城派領袖吳汝綸的堂侄，士紳家庭出身。入讀保定高等學堂時，深受反清革命書籍之影響，後又結識革命黨人，遂走上革命道路，並經蔡元培介紹加入光復會。他的革命舉措主要是對清廷大員的暗殺，並認為現今的時代就是暗殺的時代。當他決定在五大臣離京之日採取刺殺行動時，先行寫好兩封信寄往他的一位海外朋友。待其朋友收到來信，爆炸事件已經發生一個月了。該朋友便以「烈士吳樾君意見書」為題，將後一封信當作他的遺書節錄在《民報》第三期上。從這封信來看，吳樾痛恨當時梁啟超等人的立憲主義，認為「立憲主義徒墮落我皇漢民族之人格，侮辱我皇漢民族之思想。吾輩今日非極力排斥此等謬說，則吾族無良死心塌地歸附彼族者必日加多。」但，立憲業已成為那個時代的主潮，並且輿論已經有效地帶動朝廷。只是在吳樾看來：「立憲之聲囂然遍天下，以詿誤國民者，實保皇會人為之倡。宗旨曖昧，手段卑劣。進則不能為祖國洗濯仇恥，退亦不克得滿洲信任。」至於清廷被捲入立憲，吳樾認為也是滿人別有用心，不過是要「增重於漢人奴隸之義務」。這是他的憂憤：「考求政治、欽定憲法之謬說偏僂於朝野間。哀哉！我四萬萬同胞稍有知識者相與俯首仰目，懷此絲毫無利益我漢族之要求。謬說流傳，為患蓋劇。」當他決定採取行動時，這樣告白世人：「樾生平既自認為中華革命男子，決不甘為拜服異種非驢非馬之立憲國民也，故寧犧牲一己肉體，以剪除此考求憲政之五大臣。」[3]

---

[2]　鐘叔河主編《走向世界叢書・戴鴻慈：出使九國日記》第三一三－三一四頁，嶽麓書社，一九八六。

[3]　《民報》一九〇五年第三號《烈士吳樾君意見書》第一－九頁。

百十年來，吳樾被視為革命志士當無疑也；而且他的革命英跡也頗為流傳。今人余世存編輯的《非常道·英風第八》便載有吳樾的兩則革命軼事，這裡且錄「我為易，留其難以待君」：陳獨秀二十歲時，與革命黨人吳樾相爭刺殺滿清五大臣，竟至於扭作一團、滿地打滾。疲甚，吳問：「舍一生拼與艱難締造，孰為易？」陳答：「自然是前者易後者難。」吳對曰：「然則，我為易，留其難以待君。」遂作易水之別。後吳引彈於專列，就義，重傷清二臣，時年二十六歲。應該說，該事有無很難考證，而且該軼事主人公的年齡也有所不確。吳樾一八七八年生人，陳獨秀比吳小一歲，為一八七九。吳一九〇五年行刺時二十七歲，陳是年二十六歲，非二十歲。

吳樾爆炸案發，舉國譁然。南方立憲派領袖張謇在他自訂年譜中有這樣的記述：「政府遣五大臣考察歐洲各國憲法，臨行炸彈發於車站，……是時革命之說盛矣，事變亦屢見。余以為革命有聖賢、權奸、盜賊之異。聖賢曠世不可得，權奸今亦無其人，盜賊為之，則六朝五代可鑒。而今世尤有外交之關係，與昔不同，不若立憲，可以安上全下，國猶可國。然革命者仇視立憲甚，此殆種族之說為之也。」[4]觀以上吳樾遺書，充斥全篇的，正是這種志決排滿、捨身相拼的種族主義傾向，這是當時最能抓住年輕人的地方，而且也果然抓住了年輕人。

如果張謇可以代表立憲派對革命派的看法，那麼，在立憲派之外，輿論界和學堂對吳樾之舉又持什麼態度呢。一九〇五年秋剛剛創刊的《民報》第一號，有一篇題名為「怪哉！上海各報館之慰問出洋五大臣」的文章，可以反映當時的一些情形。文章開頭便呼曰：「學堂者漢族之學堂也，報館者漢族之報館也。其於滿奴之受驚，宜拍案大叫曰：惜乎其不死也；其於烈士以身狥者，宜大表哀敬之辭，率全國之學堂報館而開一大追悼會。」然而，實情相反，「今於烈士之死，則目為病狂喪心；於滿奴之悻免，則慰之幸之，何其顛倒如是其甚也。」該文把滿清喻為魔鬼，稱「蓋鬼可畏者也，鬼而變易面目使人不知其為鬼而親近之，則可畏愈甚」。五大臣出洋就是變易其面目以掩飾以前之鬼臉，可惜國人不察，「於烈士而痛惡之，於滿奴而慰問之」。該文結尾十分悲愴：「以文明之

4　《民國叢書·南通張季直先生傳記·年譜》第五十八頁，上海書店，一九三〇年版影印。

代表如學堂報館者而猶若此,中國其無望矣乎,吾漢人其永為魔鬼所食乎。」[5]圍繞吳樾事件包括吳樾事件本身,可以見出革命黨與立憲派有著明顯不同。如果革命派的革命意圖只在種族而不在政治,立憲派的立憲訴求卻只在政治而不在種族。

立憲派與革命派互為仇家,彼此怎麼反對也不為過。但,當時重要的媒體如《大公報》《申報》等,儘管與兩黨無涉,卻基本上站在立憲派這一邊。這裡,不妨看看《申報》對此一事件的看法。《論五大臣遇險之關係》是一九〇五年農曆九月八日《申報》刊出的文章,其時吳樾的身分尚未查出,《申報》便作出了自己的判斷:「揆度情形,必出於反對立憲黨者所為無疑,而反對立憲黨又非出於舊黨而必出於新黨中之激烈者無疑。夫新黨中之反對立憲黨,非所謂革命排滿黨而誰哉?彼黨之主義,在於顛覆滿洲政府,故日夜伺中國內亂之起,有間可乘則舉革命之旗以起事,其宗旨與立憲如水火之不相入。」「今見立憲之意出自朝廷,而將有實行之期也必大驚駭,……是則彼黨之宗旨將全歸失敗,其必欲出死力以阻遏之也固宜。」這樣的判斷已經見出了《申報》的傾向性;其所以如此,蓋在於它對立憲多有期許:「日俄之勝負分,而立憲專制之勝負亦自此定。二千餘年專制中國乃亦如長夢之忽醒,而朝廷外始有立憲之議,於是有五大臣出洋考察各國政治之舉。斯固我國民所禱祀以求、馨香以祝,冀我中國之前途大有所發展者也。」從這裡可以看出,《申報》的立場也是政治立場而非種族立場,它不但不贊成吳樾的刺殺行為,甚至認為「是舉之不足為新政之阻力,而反足鞏固立憲之基礎」。因為「凡物莫不有反動力,政府之欲摧鋤民權也,而民權之說愈沸騰不可遏,其反動力使然。民黨之欲摧鋤立憲也亦然,撓之愈力,而立憲之成立將愈速。」

立憲之成立是否愈速,則取決於五大臣是否還能出洋。端方是體制內堅定的立憲者,他在致電滬上報界時說:「炸藥爆發,……益征立憲之不可緩也」。[6]他利用自己的特殊身分,多次進宮面見太后,請求朝廷堅持原議,准許五大臣及早放洋考察。另外,一些地方督撫和出使大臣也紛紛致電政府,指出只有變法立憲,才能消泯革命;故考察之事,不可因其意外而受阻。應該說,吳樾的行為讓清廷上層甚為驚恐,爆炸事發,京城

5　《民報》一九〇五年第一號《怪哉!上海各報館之慰問出洋五大臣》第一〇八—一一〇。

6　轉引侯宜傑《二十世紀初中國政治改革風潮》第四十五頁,中國人民大學出版社,二〇〇九。

謠言四起，慈禧為防刺客，甚至把圓明園的圍牆加高一米。但，正如《申報》所言，革命黨的作為，反而可以促進立憲。當體制一旦形成以立憲防堵革命的共識，事情便容易出現轉機。固然體制內也有盛宣懷這樣的立憲反對者，力陳立憲之不利於國家；但這畢竟是少數，已經很難形成氣候。爆炸事發月餘，朝廷就重新下諭，載澤、端方、戴鴻慈不變，改派尚其亨和李盛鐸代替另有新任而無法脫身的徐世昌和受傷了的紹英，仍然是五大臣出洋的陣容。一九〇五年十二月七日，戴鴻慈、端方作為一路，率先出京。數日後的十二月十一日，載澤、尚其亨、李盛鐸一路也離開京城。兩支人馬先後到達上海。十二月十九日，戴、端一行啟程，由日本取道太平洋而赴美。載澤一路首站考察就是日本，因新舊年交替，日本朝內事繁，外務部囑其緩行，故直到一九〇六年元月十四日，方才掛帆去國，開始日本的考察之旅。開弓沒有回頭箭，西去的這兩支政治考察使團，以他們對歐美諸多國家的考察，從而成為清廷政治現代化轉型的前奏。

五大臣出洋考察（載澤）日記讀

　　一九〇五年五大臣出洋考察政治，是清廷政治現代化轉型的第一步。但，這一步頗不為後人看好。比如民國時著名報人陶菊隱寫北洋軍閥時涉及五大臣出洋，他筆下的文字是這樣：「五大臣帶了一批隨員到海外走馬看花，自然考察不出一個所以然來，而清政府賣的就是憲政的假藥膏，也不需要他們認真去考察。」[1]到上世紀八〇年代，嶽麓書社出五大臣考察日記編著者寫序時依然認為：五大臣出洋和預備立憲，「可以說不過是一場騙局，是一幕滑稽戲」。[2]筆者不知道這樣的判斷何以形成，但如果我們自己去讀五大臣日記，就其觀感，無論如何也形不成「走馬看花」和「騙局」那種早已成為史界主流的看法。

　　五大臣出洋日記有兩種，一種是戴鴻慈的《出使九國日記》，一種是載澤的《考察政治日記》。這兩人率領隨員道分兩途，載澤一路考察日本、英國、法國和比利時；戴鴻慈一路考察美國、德國、奧國、俄國、義大利等。兩部日記，俟其考察歸國，先後付梓。在出版例言中，戴鴻慈說：「每日往觀各處，足不停趾，無一刻之暇。夜歸輒錄所見，信筆直書，並未修飾」，[3]大體說的是實情。不過，兩部日記也可以形成比較，戴鴻慈所記較為駁雜，因其涉及面廣；載澤所記則相對集中，多在各國憲政制度上落筆，是典型的政治考察日記。如果戴鴻慈因其訪國較多，先後所曆，有十多個國家，故多少有點走馬看花（但亦非遊山玩水那種）；載澤不同，他既是去考察，更像是去問學，所到之處，輒有各國政治專業人士就其制度專門為之講解。說到底，戴鴻慈是漢人，載澤是滿人，戴鴻慈是戶部左侍郎，載澤是王公（鎮國公）。身為皇室，雖沒有戴鴻慈那樣的行政職務，但載澤對滿清前途的憂慮，更為深切，因而對立憲的期許也更為迫切。由於心態上的差異，落實到日記上，戴鴻慈固然記載周備，但不

---

[1]　陶菊隱《武夫當國》（一）第四十二頁，海南出版社，二〇〇六。
[2]　鐘叔河主編《走向世界叢書・戴鴻慈：出使九國日記》第二七五頁，嶽麓書社，一九八六。
[3]　同上書第二九九頁。

是沒有優哉遊哉的地方，哪怕就是觀劇，日記亦有落墨；而這些在載澤日記中就沒有。換言之，戴鴻慈看戲的時間，或許載澤正在上課。因此，從立憲的角度看，載澤日記比戴鴻慈日記更有觀察價值。

　　檢讀載澤日記，第一個考察國家是日本，除了對議院、學校、工廠、兵營、員警所等作例行考察外，日記記載最多且最詳的，便是他與日本政要或學界的接觸與會談。這不是一般禮儀性的應酬，而是讓對方給自己上課。顯然，載澤不是無備而來，而是帶著問題來向對方求教請益。據一九〇六年正月初三的日記，「午初，法學博士穗積八束以內閣命令來講日本憲法，並懸一君主統治簡明表於壁，指畫而言。略謂……」（以下引文俱出此日記不一一注）。[4] 這一略謂，便是兩、三小時。穗積八束是當時日本最著名的憲法學者，梁啟超流亡日本時，也深受其思想影響，由他來給中國皇室講解君主立憲制下的日本憲法，適得其人。從憲法到財政，穗積八束宛如講演。其講解內容，記載甚詳。

　　第二天，光臨使署的便是日本明治維新元老伊藤博文。「未正，伊藤侯來，以所著《皇室典範義解》《憲法義解》見贈，因談憲法」。接著，日記記載了他們之間的答問。這是載澤提出的問題：「敝國考察各國政治，銳意圖強，當以何者為綱領？」伊藤答：「貴國欲變法自強，必以立憲為先務。」「問：立憲當以法何國為宜？」「答：各國憲政有二種，有君主立憲國，有民主立憲國。貴國數千年來為君主之國，主權在君而不在民，實與日本相同，似宜參用日本政體。」「問：君主立憲與專制有何區別？」「答：君主立憲與專制不同之處，最緊要者，立憲國之法律，必經過議會協參。憲法第五、六條，凡法律之制定、改正、廢止三者，必經議會之議決，呈君主裁可，然後公佈。非如專制國之法律，以君主一人之意見而定也。法律當裁可公佈之後，全國人民相率遵守，無一人不受治於法律之下。」就此，伊藤忠告載澤：「貴國十八行省，往往各定章程，自為風氣，久之成為定例，彼此互為歧異，故立憲國之法律，必全國統一者也。」以下等於是伊藤給載澤逐條解釋日本憲法，載澤問「如侯所言，皆見諸實行否？」伊藤道：「凡余所談，皆身經艱難閱歷，實行有效，非如學問家之僅由研究理想而得也。」彼此答問，推心置腹，自憲法而內政而

---

[4]　鐘叔河主編《走向世界叢書・載澤：考察政治日記》第五六三－六八五頁，嶽麓書社，一九八六。

外交，載澤的提問均非泛問，而是有著強烈的針對意識。最後一問更見切要，「獲益良多」的客氣之後，載澤直詢：「敝國將來實行立憲，其方法次序，究竟若何？」對此，伊藤的回答十分謹慎。他認為中國幅員廣大，各地民情風俗不同，交通不便，風氣難開。不像日本國小，交通便利，民俗又大致相同，制定完全一致的法律相對容易。因此他表示對這個問題需要「他日再詳思以對。」這不是敷衍，而是一個負責任的態度。這一篇主客問答，從「未正」（下午兩點）到「申正二刻」（下午四點半）。伊藤說的不是日語而是英語，由一柏姓隨員翻譯，一錢姓隨員記錄。

　　就是抱著這種問學討論的心態，載澤從日本經美國來到了英國。一九○六年農曆三月初三，從中午忙到晚上，各處拜訪完畢，已是八點，卻請了「政法學教員埃喜來來使署講英憲法綱要」。是日為第一講，從三權分立講起，並言及君主許可權。君主固為一國之尊，法律要經他批准才能頒行，各部院的行政，也要奉其命而行，裁判所所執之法，亦為王法。看來王權至大，庶幾同日本一樣；但，此中卻另有計較。比如，「至裁判權，君主及各部大臣皆從無干與」，這就是司法獨立了。至於立法，「英議院頒定科率，近二百年，君主從未批駁，今已認為公例。至皇族，例不幹與政事。」這是虛君了。就議院而言，不但「有節制政府之全力」（這就是內閣制了）；而且上下議院，「以下議院權力為最大」。一是因為「議員為庶民公舉，凡議事，上議院員各抒己見，下議院員實代表通國人之意見。」另外，「全國財政之權，獨歸下議院主持，政府度支及國中賦稅，必先經決議乃行，上議院從不幹與」（這是憲政框架下的民主了）。待講座完畢，已是「亥初一刻」（九點一刻）。

　　初四同一時間，「埃喜來講英內部、農漁部之規制」，「講畢，亥正散」（晚十點）。初五，白天各處參觀考察，晚上老時間，「埃喜來講戶部、番部規制」。初六，白天會晤相關官員，晚八點，照例，「埃喜來講英地方自治部規制」，特別強調，「夫倫敦地方自治，為英國憲法之起點。英之憲法，先於各國。其地方自治，又為各國所推崇取法者。」講畢，「以所著《地方自治論》《憲法解義》為贈。」初七，「埃喜來講議院之制」。接下來的日子，埃喜來晚八點又先後開講「司法部規制」，「學部規制」，還有一次帶來了「教育家，演說英國辦理學務情形」。在英倫的日子，埃喜來成了載澤使團的專職政治教員，系列性的講演，記載

詳細，成了載澤英國考察日記中的最重要的內容。相比之下，那些各處參觀的記載，倒很簡略，如同陪襯。這些記載，並非都是載澤親筆，更多出自隨員；但可以看出，載澤和使團都是十分用心的，否則，白天忙完，那麼多個晚上又何必加班上課。

農曆三月廿五下午載澤一行離英去法，晚上到達巴黎。第二天開始參觀，依然是晚上八點，「邀法提審院裁判官銜金雅士講法國憲政源流」，這簡直就是一部扼要的法國現代史。「法國未立憲時，君主專制，貴族擅權，政治腐敗，人民愁苦。當法王路易十六時，……自由思想已漸發達，於是請國家立憲之議乃起。」「至西曆一七八九年八月二十六號，宣佈憲法十七條……」「一七九三年七月二十四號，改民主政體」，「九十九年，拿破崙第一專政」，「一八一四年六月，拿破崙敗，舊王之弟魯易第十七立，行君主立憲政體」，「一八四八年十一月十四日，複用民主政體」，「一八五二年，魯易拿破崙綜國是，仍留民主政體」，後「又變為立憲君主政體矣」，「七十年，拿破崙第三戰敗，複改民主政體，迄今無變」。從君主專制到民主到復辟到君主立憲最後複歸民主，國體與政體的演變歷八十年而眼花繚亂、反復無常。所以，當同盟會效法法國大革命而欲在中國舉行同樣性質的共和革命時，清末立憲派持反對態度。蓋在於一個君主傳統的國家，經不起共和革命的折騰，不若像英倫那樣走君主立憲的道路，國勢方穩。當然，這個話題不是皇室的話題，而是革命派和立憲派的爭執。是日晚，當這個法國百年變遷的講座結束時，時針已經指向「亥正」（十點）了。

比利時的考察，同於日本與英法。載澤一路隻考察四國，各國憲政變遷與特點，從日記看，或從當時發回國內的彙報奏摺看，載澤連同他的隨員，基本上是清楚了。日本的特點是「不恥效人，不輕舍己，故能合歐化漢學熔鑄而成日本之特色。」如果日本「君有獨尊之權」，英國則因其虛君，「君主垂拱於上，而有暇豫優遊之樂」。法國呢，「雖有民主之稱，統治之權實與帝國相似」。至於比利時，「大抵比國行政之體，取則法國者為多」。通觀載澤日記，以弄清各國憲政原委為務，但不多作價值判斷。這是考察的本分，至於如何評價乃至資鑒取捨，當是下一步的事。惟在考察結束那一天，載澤於考察內容之外，記錄了他自己歷經四國的感受，讀來意味深長：「是行曆聘四國，交際之儀，略可覘鑒。日廷款待尚

殷，法商歡迎殊盛，英為少簡，比為最優。然人之重我者，或非無因，在我要當亟圖自重之策。人之輕我者，何莫非忠告，我當益自警覺奮發，勿啟自侮之端。一彼一此，皆可借鏡。觀日本海軍弁卒往英駕艦者方至，而英廷詔命其臣郊勞宴禮，舉國歡迎，其致此固有道哉！」

　　回國之後，載澤（連同與戴鴻慈一路考察的端方）成了朝廷「預備立憲」的重要推手，他在奏請立憲的摺子中有一句重要的名言「憲法之行，利於國，利於民，而最不利於官」，[5]這樣的認知，顯然來自於他在考察中的感受。

5　《東方雜誌》光緒三十二年十二月，臨時增刊《憲政初綱》，奏議，第四頁。

立憲國策的形成與出臺（一）

　　一九〇六年九月一日，光緒帝奉慈禧懿旨，下諭內閣，宣示「預備立憲」。這是繼五大臣出洋考察政治後，清廷從專制國向立憲國轉型邁出的又一步，然而也是更具實質性的一步。當時派遣五大臣考察各國政治，慈禧太后的意思是這樣：立憲一事，侯調查結局後，若果無礙，則必決意實行。一九〇五年說的話到一九〇六年，五大臣先後回歸，朝廷決意如何？如果我們注意一下時間表，一九〇六年七月二十三日，是考政大臣載澤回京的日子，八月十日則是另一路考政大臣戴鴻慈和端方回京的日子。可以看到，從八月十日到九月一日，考政大臣回來不到一個月，朝廷就決意實行立憲，不，預備立憲了。

　　在這樣短的時間內，預備立憲的國策是如何形成並出臺的呢。光緒三十二年十二月（一九〇七年元月），《東方雜誌》在正常刊期外，又編了一期「臨時增刊」，題名為「憲政初綱」。裡面保留了清廷議決立憲時的一些重要史料，堪值一讀。據《考政大臣之陳奏及廷臣會議立憲情形》，諸大臣回京覆命，「兩宮召見澤公二次，端大臣三次，戴尚兩大臣各一次，垂問周祥。皆痛陳中國不立憲之害及立憲之利。兩宮動容，諭以只要辦妥，深宮初無成見。」[1]作為當時清廷實際統治者的慈禧，對憲政沒有成見也就是沒有什麼看法，這是實話。只要能維持大清天下，對外能增強國勢以禦外患，對內能平息革命，什麼方式、什麼舉措，她都能同意。至於君主立憲這條道走下去，對君主權力來說勢必名存實虛，慈禧是不知道也想不到的，她（當然不止是她）缺乏這方面的政治知識。但，正因為如此，立憲不同於一八九八年的戊戌維新，能自上而下得以推進。這其中最重要的緣由，便是當年維新派拉一個（光緒）打一個（慈禧），犯了致命的人事錯誤；當今朝廷內的立憲派則緊緊拉住慈禧，因而兩宮對立憲的看法並無歧異。

---

[1]　《東方雜誌》光緒三十二年十二月，臨時增刊《憲政初綱》，立憲紀聞，第二頁。

　　但，當年有人反維新，今天就會有人反立憲。載澤回京次日，即進宮覆命，「蒙召對二時許」。及至戴端二位回京，也是次日進宮，「召對凡兩刻」。翌日又進宮，還是召對兩刻許。出洋諸大臣無疑都堅主立憲，尤以載澤和端方這兩位滿人心志更堅。除召對外，短短時間內，載澤上折兩次，端方上折三次，都是懇切進言，剖析屢深。然而，反對立憲者也沒閒著，用《東方雜誌》的口吻：頑固諸臣，百端阻撓，設為疑似之詞，故作異同之論。或以立憲有妨君主大權為說，或以立憲利漢不利滿為言。肆其簧鼓，淆亂群聽。以至「澤端諸大臣地處孤立，幾有不能自克之勢。」[2]所以載澤第二次奏請立憲的摺子是密折，摺子最後，還請求兩宮「乞無露奴才此奏，奴才不勝憂懣迫切」。[3]載澤在此折中很清晰地指出，那些反對立憲的人，無不出於自己的私權私利。「蓋憲法既立，在外各督撫，在內諸大臣，其權必不如往日之重，其利必不如往日之優。」[4]現代國家的憲法功能無不在於限制權力，看起來是限制君權，但中國這個古老的皇權國度，就其權力本身而言，是政權在君，治權在府。君主固然可以宸衷獨斷，但通常不會日理萬機。處理國家日常具體事務的權力即治權或事權俱在中央政府或地方政府手裡。憲法一旦頒佈，可以想像，限制君權是虛，限制從中央到地方的各級行政權力是實。因此，立憲的阻力不會小，這和當年戊戌維新一樣。也因此，載澤在此折中一針見血：「憲法之行，利於國，利於民，而最不利於官。」[5]載澤是王公，有其特殊的身分。他的意見兩宮自會認真聽取。在回京不長的時間裡，預備立憲最終出臺。因此當時有輿論給予他高度評價：「吾國之得由專制而進於立憲，實以此折為之樞紐。」[6]「此次宣佈立憲，當以澤公等為首功。」[7]

　　同為首功的當然還有端方。此人雖非皇室，但是滿人，而且考察政治途中被升任為閩浙總督，回京後不久又轉任為總督地位更高的兩江總督，兼領南洋大臣。他同樣是體制內的鐵杆立憲派，滿腦子幾乎都是西方憲政思想那一套，且體味很深。考察歸來，即組織人力編纂從國外帶回的各種

2　《東方雜誌》光緒三十二年十二月，臨時增刊《憲政初綱》，立憲紀聞，第二頁。
3　《東方雜誌》光緒三十二年十二月，臨時增刊《憲政初綱》，奏議，第七頁。
4　《東方雜誌》光緒三十二年十二月，臨時增刊《憲政初綱》，奏議，第四頁。
5　《東方雜誌》光緒三十二年十二月，臨時增刊《憲政初綱》，奏議，第四頁。
6　《東方雜誌》光緒三十二年十二月，臨時增刊《憲政初綱》，奏議，第七頁。
7　《東方雜誌》光緒三十二年十二月，臨時增刊《憲政初綱》，立憲紀聞，第五頁。

資料，先後編成《歐美政治要義》和《列國政要》兩書，進獻朝廷。雖然
同署戴鴻慈之名，但有學者考證，成書之功主要還是端方。《歐美政治要
義》第十七章論述臣民的權利與義務，據南京大學歷史系張海林教授介
紹，第一節義務端方只用了一百六十字的篇幅；權利卻用了兩千七百三十
四個字來鋪陳。那麼，在這個清廷重臣那裡，臣民的權利有哪些呢，「茲
謹列舉各國在於憲法所保障之臣民權利自由如左」：人身之自由、家宅之
安全、居住轉移之自由、信書之祕密、所有權之保障、信教之自由、言論
著作印行結社之自由、請願之權利、裁判之公平、登用之均等。這簡直就
是美國憲法修正案第一條的擴大版（端方戴鴻慈政治考察的第一個國家就
是美國），也是一份標準的英美式的權利清單。可貴在於端方不是簡單例
舉，而是每一條都有一個段落性的闡釋。比如在所有權的保障之下，端方
提供的解釋是：「凡人民生活之發達，其顯於財產上者為多。蓋財產為其
過去發達之成績，又為其將來發達之資源也。故使私人不得相侵，在司法
上特保護其所有權勿論矣，即國家亦必不可濫侵臣民之所有權……」[8]以
這樣一個方向為政改的立憲國家，無疑是一個古典自由主義性質的國家。
可以和端方的政治主張形成比較的是力主共和的同盟會，「三民主義」
中的民生，核心就是四個字，通過政府手中的權力來「平均地權」，包括
「節制資本」。政府是用來「保障產權」，還是用來「平均地權」，這是
古典自由主義和後來社會主義的趨異。當君主立憲落敗於共和革命之後，
古典自由主義的道路大體封死。二十世紀的中國，由力主平均地權的所謂
舊民主主義革命最終發變為取消私有制的社會主義革命，這一段歷史，是
有它自己的內在邏輯的。

　　端方不僅有明確的立憲思想及思路，同時還有很強的介入意識。他
畢竟不是王公，比如載澤回京覆命時，蒙召對兩個小時，他兩次都是半小
時。好在端方平時與李蓮英比較契合，後來通過李的幫助居然可以做到隨
時見太后，且可與之長談。但，鐵良與端方互相反對，端方能隨時進見，
反對立憲的鐵良卻可以隨時阻攔，彼此權力均等，兩不相下。這實際上反
映朝中兩種勢力的對立。所幸在於，近幾年來立憲輿論已經遍佈朝野，深
入人心。另外，反對派固可以發佈各種反對聲音，但不像戊戌維新時可以

8　參見張海林《端方與清末新政》第五章《憲政著作與憲政主張》，南京大學出版社，二〇〇七。

找慈禧作靠山，此時慈禧反而是站在立憲勢力這一邊（按宋教仁的說法，慈禧贊成立憲乃私心，因為自己年暮，不願光緒以後獨權而欲借此對其限制也）。除考察大臣堅主立憲外，一些位高權重的樞臣雖然意見參差，但大體還是贊成立憲為多。當時軍機大臣徐世昌上書請採用地方自治以為立憲預備，另一軍機大臣榮慶主張保存舊制，參以新意。又一軍機大臣瞿鴻禨則參酌兩者之間。就整體情勢言，考政大臣和軍機大臣意見較為一致。於是兩宮審時度勢，於八月二十五日諭派醇親王載灃、軍機大臣、政務處大臣、大學士及北洋大臣袁世凱等召集立憲會議，就此作出議決。兩宮因不過問具體政略因而沒有出席，除此之外，輔佐皇帝的最高政務機構官員大部出席。因此，這是清廷最高級別的政治會議，立憲國策能否通過，在此一舉。

一九〇六年八月二十七日，上述王公廷臣召集第一次會議。會議第一項內容便是下發考政大臣載澤、戴鴻慈、端方等回京後上奏的各種折件，大家輪流傳看。因為折文既多且長，待傳閱完畢，已經天晚，於是散會。第二天繼續開會。因為軍機大臣是每天輪值，等其當天值班的退值之後，諸王公大臣先後來到外務部，關門會議。這第二次會議不再看奏摺，而是直接圍繞立憲與否，發表意見以論決。幾個月後的《東方雜誌》「臨時增刊」，以《考政大臣之陳奏及廷臣會議立憲情形》為題，在介紹載澤端方等人的奏請後，詳細記錄了這次會議的情形。其中最重要者即直錄與會每一個人的發言以及他們之間的交鋒。這樣的樞密大臣會議，應該是國家高度機密，不知會議內容如何流出，而且還公開刊發在民間媒體上。雜誌本身沒有交代，該文也沒有具名，今人讀來不免有所存疑。但也許是當時媒體的自由與寬鬆，非喪失此等自由之後的後人所能理解。

首先發言的是領班軍機大臣慶親王奕劻。由於奕劻贊同立憲，所以發言傾向很明顯：今讀澤公和戴端兩大臣奏摺，歷陳各國憲政之善，力言憲法一立，全國之人皆受治於法，無有差別。即君主權力有所限制，但其威榮則有增無減。此立憲一事，固有利而無弊也。何況近來全國新黨議論及中外各報和海外留學生所指陳所盼望者，胥在立憲。中國自古以來朝廷大政咸以民之趨向為趨向，今舉國趨向在此，足見現在應措之舉，莫要於此。若必舍此而他圖，即拂民意。是舍安而趨危，避福而就禍也。因此，奕劻的表白很明確：「以吾之意，似應決定立憲，從速宣佈，以順民心而

副聖意。」

　　在清末從新政到憲政的過程中，慶親王奕劻並不保守，他始終屬於贊同立憲這一方；但這並不表明他懂得立憲。立憲在那個時代已經蔚成風潮，這一點奕劻非常清楚，他不想逆此而行，更多是乘機而動。但，清廷中像端方那樣通明立憲之理的臣僚當然鳳毛麟角，亦不可強求。畢竟通過立憲這樣的大事，在朝廷中需要一個以立憲為共識的最大公約數，不管他是否懂得，也不管他是否抱有別樣目的（比如袁世凱，包括端方）。奕劻以其王公兼軍機的身分率先表明對立憲的態度，這是否會對其他軍機產生影響呢？那幾位軍機和政務處大臣是察言觀色、就此跟上，還是力陳自己不同的意見和立場呢？此刻，這一切還是未知，因為會議還在進行……

立憲國策的形成與出臺（二）

　　據《東方雜誌》「臨時增刊」《考政大臣之陳奏及廷臣會議立憲情形》（以下有關會議情形，俱出此文，不另注），[1]一九〇六年八月二十八日關於清廷立憲與否的第二次會議，自首席軍機大臣奕劻發言後，旋即出現了不同意見。

　　奕劻不僅贊同立憲，而且主張「從速宣佈」。但，繼他發言的是大學士孫家鼐，此公「即起而言」曰：立憲國之法與君主國全異，而異之要點則不在行跡而在宗旨。宗旨一變則一切用人行政之道，無不盡變。譬之重心一移，則全體之質點，均改其方向。此等大變動在國力強盛之時推行，尚不免有騷動之憂；今國勢衰弱，以予視之，變之太大太驟，實恐有騷然不靖之象。因此，孫家鼐的態度是：似但宜革其叢弊太甚諸事，俟政體清明以漸變更，似亦未遲。孫家鼐用詞很和緩，但態度很明確，立憲政體暫時不宜，應該緩行。這與他數年前贊同戊戌維新的態度有所相反。

　　接下來發言的徐世昌，「徐尚書世昌駁之曰」：逐漸變更之法，行之既有年矣而初無成效，蓋國民之觀念不變，則其精神亦無由變。是則惟大變之，乃所以發起全國之精神也。孫家鼐回應：如君言，是必民之程度漸已能及乃可為也。今國民能實知立憲之利益者，不過千百之一。至能知立憲之所以然而又知為之之道者，殆不過萬分之一。上雖頒佈憲法而民猶懵然不知所為，如是，則恐無益而適為厲階。仍宜慎之又慎乃可。

　　尚書張百熙顯然不太贊成孫家鼐，他說：「國民程度全在上之勸導，今上無法以高其程度，而曰俟國民程度高乃立憲法，此永不能必之事也。予以為與其俟程度高而後立憲，何如先預備立憲而徐施誘導，使國民得漸幾於立憲國國民程度之為愈乎」。和張百熙同領管學大臣的榮慶接著發言，正如他和張在教育問題上一個要革新一個要保守一樣，就立憲而言，榮慶出於他的穩妥，顯然是站在孫家鼐這一邊：吾非不深知立憲政體之

──────────

[1] 《東方雜誌》光緒三十二年十二月，臨時增刊《憲政初綱》，立憲紀聞，第二─五頁。

美，顧以吾國政體寬大，漸流弛紊，今方宜整飭紀綱，綜核名實，立居中
馭外之規，定上下相維之制，行之數年，使官吏盡知奉法，然後徐議立憲
可也。若不察中外國勢之異而徒徇立憲之美名，勢必至執政者無權，而神
奸巨蠹得以棲息其間。日引月長，為禍非小。

　　軍機大臣瞿鴻禨這時插了一句：「惟如是故，言預備立憲而不能遽
立憲也。」之後，兵部尚書鐵良提出一個問題：吾聞各國立憲皆由國民要
求，甚至暴動。日本雖不至暴動而要求則甚力。夫彼能要求，固深知立憲
之善，即知為國家分擔義務。今未經國民要求而輒授之以權，彼不知事之
為幸而反以分擔義務為苦，將若之何？回答這個問題的是袁世凱：天下事
勢，何常之有。昔歐洲之民，積受壓力，複有愛國思想，故出於暴動以求
權利。中國則不然，朝廷既崇尚寬大，又無外力之相迫，故民相處於不識
不知之天，而絕不知有當兵納稅之義務。是以各國之立憲因民之有知識而
使民有權，中國則使民以有權之故而知有當盡之義務。其事之順逆不同
則預備之法亦不同。使民知識漸開，不迷所向，為吾輩莫大之責任則吾輩
所當共勉者也。會議開到這裡，形成一個轉折，下面幾乎就是袁鐵兩人的
對話，不贊成立憲的聲音也漸漸被轉移到如何立憲上來。鐵良接過袁的話
頭：如是，則宣佈立憲後，宜設立內閣，厘定官制，明定許可權，整理種
種機關，且須以全力開國民之知識，普及普通教育，派人分至各地演說，
使各處紳士商民知識略相平等，乃可為也。

　　鐵尚書鐵良是滿人中擅長軍事的一位，但袁世凱不但擅長軍事且亦長
於行政。見鐵良轉同立憲，並條陳舉措，便乘勢推進，就立憲之前應辦之
事，亦一一申述。袁以一個精彩的比喻為自己開頭：夫以數千年未大變更
之政體，一旦欲大變其面目，則各種問題皆當相連而及。譬之老屋，當未
議修改之時，任其飄搖，亦若尚可支援。逮至議及修改，則一經拆卸，朽
腐之樑柱，摧壞之粉壁，紛紛發現，致多費工作。改政之道，亦如是矣。
今即以所知道者言之，則如京城各省之措置也，蒙古西藏之統轄也，錢幣
之畫一也，賦稅之改正也，漕運之停止也，其事皆極委屈繁重，宜於立憲
以前逐漸辦妥。誠哉，日不暇給矣。隨之，鐵良又提出新的問題：吾又有
疑焉，今地方官所嚴懲者有四，劣紳也、劣衿也、土豪也、訟棍也。凡百
州縣，幾為若輩盤踞，無複有起而與之爭者。今若預備立憲，則必講求自
治。此輩且公然握地方之命脈，則事殆矣。對此，袁世凱的對策是：此必

須多選循良之吏為地方官,專以扶植善類為事。使公直者得各伸其志,奸匿者無由施其技。如是始可為地方自治之基礎也。沉默許久的瞿鴻禨接過話來:如是,仍當以講求吏治為第一要素,舊法新法,固無二致也。這其實是一種模棱兩可、可進可退的表達。話已至此,主張立憲的意見顯然已占上風。

最後說話的是光緒的弟弟醇親王載灃,他的話帶有總結意味:立憲之事既如是繁重而程度之能及與否,又在難必之數,則不能不多留時日,為預備之地矣。於是,王公大臣的意見漸趨一致,不是不立憲,也不是馬上立憲,而是一種折中形態的預備立憲。立憲國策在這九位與會者這裡獲得表面上的一致。其中積極主張立憲的是奕劻、徐世昌、張百熙、袁世凱,認為可以立憲的是鐵良,持保守主張的是孫家鼐、榮慶,態度較為隱晦的是瞿鴻禨,載灃則持不反對的態度。由此可見,立憲派在朝廷上層中已占多數,這是清廷必然走向立憲的一個重要因素,更無論朝廷之外的公共輿論以及士人心向。這是一種「勢」,人莫違之之「勢」,此刻,兩宮(或深宮中的慈禧)即使想拒絕立憲,恐怕也是有難度的。

九人政治會議後,立憲國策已經議決,剩下的程序是呈請。「次日面奏兩宮,請行憲政」。又二日,即一九〇六年九月一日,便有了光緒的詔書,宣示大清王朝「仿行憲政」,「預備立憲」[2](本段落引文俱出此詔)。所以預備,乃是考政大臣和王公大臣的共識,立憲不可一蹴而幾,而是需要一定的基礎。正如詔書所言:「目前規制未備,民智未開,若操切從事,徒飾空文,何以對國民而昭大信。」這並非推諉,而是實情。因此,朝廷制定的預備策略是:「廓清積弊,明定責成,必從官制入手,亟應先將官制分別議定,次第更張,並將各項法律,詳慎厘訂,而又廣興教育,清理財務,整飭武備,普設巡警,使紳民明悉國政,以預備立憲基礎。」立憲當然需要基礎,這是一個必要的時間過程。這裡雖然沒有明宣何時立憲,但表出的態度是:「俟數年後規模粗具,查看情形,參用各國成法,妥議立憲實行期限,再行宣佈天下。」

當然,清廷及其諸臣一致提出預備立憲,乃是取法東鄰日本。一八六八年,日本天皇宣佈改元明治,是為明治維新元年。一八八一年(明治

---

[2]　《東方雜誌》光緒三十二年十二月,臨時增刊《憲政初綱》,詔令,第一一二頁。

十四年）政府預定開設國會日期，是為預備立憲之始。至一八八九年（明治二十二年）頒佈憲法，次年（明治二十三年）即正式施行憲法同時召開國會。可以看到，從明治開元到開始行憲，前後用了二十餘年。即使從預備立憲到正式立憲，前後也有九年時間。因此，還是在一九○一年，海外梁啟超發表《立憲法議》，文章結尾時，就建議朝廷「自下詔定政體之日始，以二十年為實行憲法之期」。然而，清廷本欲等幾年看情況再宣佈立憲期限，但，囿於各種壓力，不及兩年，即於一九○八年八月就公佈了一份明確的時間表，預備立憲以九年為期（一九○八年－一九一七年）。

　　清廷公佈預備立憲之後，即獲得南北輿論廣泛的迴響。《南方報》「敬注十三日上諭」（預備立憲發表的日子為農曆七月一三）這樣闡釋該日的意義：「自其過去者言，則十三日之上諭，所以結十三日以前數千年專制之局；自其未來者言，則十三日之上諭，所以開十三日以後數百年或數千年立憲之幕。」[3]本來清末立憲，看起來自上而下，但根本上是由民間促成。輿論在其中起了太大的作用，它成功地使自己的語言成為體制語言，使自己的思路成為體制思路。此刻體制既然表現出改弦更張的意願，它理應以它自己的方式策應。既博弈又互動，這本來就是清末士紳推動立憲的一個特點。《東方雜誌》這期「臨時增刊」即為預備立憲而編，它的最後一個版塊「君主立憲國憲法摘要」，摘取了日本、俄羅斯、英國、普魯士和義大利等五國憲法，既可以為朝廷借鑒，又可以向民眾傳播。這裡不妨看編輯者撰寫的導語，它本身就是一則很到位的文字：「按一國之強弱，不在於君主非君主而在於立憲不立憲。中國習守專制，不知改行憲政，故同一君主國而列邦皆強惟我獨弱。今則頒發明詔，預備立憲，亦何幸而得此耶。雖然，預備云者，豈可師心自用無所取則乎。因思東鄰日本，同種同文，作我師資，舍此莫屬。若夫俄則甫退專制，入於立憲，尤足為我邦所借鑒。至於英之憲法，雖不成文，然稱立憲之初祖，作列強之導師。飲水思源，烏可從闕。若普若義，其憲法尤稱完備，取而列之，庶知從善。自餘各國，則限於篇幅，不及備載，閱者鑒之。」[4]

　　自梁任公一九○一年六月七日發表《立憲法議》，到一九○六年九月一日光緒下詔「預備立憲」，歷經五年，清末立憲運動，由民間進入朝

[3]　《東方雜誌》光緒三十二年十二月，臨時增刊《憲政初綱》，輿論一斑，第六頁。

[4]　《東方雜誌》光緒三十二年十二月，臨時增刊《憲政初綱》，君主立憲國憲法摘要，第一頁。

廷，最終變作體制行為，到此可以構成一個段落。這個段落沒有太大的波折，因為還沒觸及當道者的各種利益。即以上述決定立憲國策的幾位軍機而論，張百熙和榮慶是走不攏的，袁世凱和鐵良在兵權之爭上是互不相讓的，奕劻和瞿鴻禨之間後來又有著更為激烈的黨爭。這些大都在立憲過程中表現出來。但，有一點可以肯定，立憲作為一種「勢」既已形成，如果沒有外在力量強行中止的話，已然無法剎車。這就是說，無論清廷願意與否，詔書一旦宣佈，「開弓沒有回頭箭」，它就沒有再回頭的可能（儘管有波折）。然而，它自己不能回頭，但卻可以被打斷。打斷它的，只有一種力量，那就是革命。

官制改革：清廷預備立憲的第一道作業

　　清廷「預備立憲」的第一道作業是官制改革，這在一九〇六年九月一日的光緒詔書中說得明確：「以預備立憲基礎」，「必從官制入手」。這樣的思路主要來自那些考政大臣。光緒詔書前一周（八月二十五日），戴鴻慈、端方等上奏，不但建議「以十五年或二十年為實行立憲之期」，而且參照日本立憲以前的兩次大改官制，「即求其可以為我法者」。因為「日本之仿效歐西，事事為我先導……。中國今日欲加改革，其情勢與日本當日正複相似，故於各國得一借鏡之資，實不啻於日本得一前車之鑑。」[1]這一思路主導了預備立憲中的官制改革。光緒詔書次日，又下詔欽定以載澤為首的官制改革班子，九月四日在圓明園召集第一次會議，六日於恭王府朗潤園成立了編制館，著手編訂改制方案。十一月二日方案拿出，六日由朝廷下諭裁定。前後兩個月，中央政府官制改革便告一段落。以新編的官制與舊有相較，除名目有所改變，機構有些並撤，基本上一仍舊貫。觀其大體，不能不說這是一次失敗的政改。

　　起初，在載澤的上奏中，新的官制編纂有五條基本原則，首條為「此次厘定官制，遵旨為立憲預備，應參仿君主立憲國官制厘定」；然而下面很快出現了但書。這是後面第三條：「立憲國通例，俱分立法行政司法為三權，……現在議院遽難成立，先從行政司法厘定」。[2]這一條實際上和第一條沖抵。本來在梁啟超等人的立憲思路中有兩點很明確：立憲法和開議會。議會不開無以談政改，但既然號稱預備，也有暫時不開議會的理由。因而這次改革註定不是政治改革，而是無以促動其制度基礎的行政改革。後來改革的焦點果然也集中在行政上，它幾乎成為權力者之間重新洗牌的機會，卻並無分解權力和限制權力的憲政內容可言。

　　這次行政改革是舊部換新名，現有機構增的增，並的並，裁的裁，

---

[1] 故宮博物院明清檔案部編《清末籌備立憲檔案史料》上冊第三六七－三六八頁，中華書局，一九七九。

[2] 《東方雜誌》光緒三十二年十二月，臨時增刊《憲政初綱》，奏議，第七－一八頁。

撤的撤，但俱以成立責任內閣為中心。這裡不否定政府機構換名的意義，至少在換名的背後有一種新的價值認知。比如這次官改參照的就是八月二十五日戴鴻慈和端方的提案。他們建議原有的刑部改為法部，其說辭是這樣：「司法實兼民事刑事二者，其職在保人民之權利，正國家之紀綱，不以肅殺為功，而以寬仁為用。徒命曰刑，於義尚多偏激，臣等以為宜改名曰法部。」[3]這不僅是改了個名字而已，而是認知發生了根本的轉變。中國古代法家一向認為法是帝王統治之具，所以韓非有「殺戮之謂刑」之說。至於認為法律是用來「保人民之權利」的，這是法的現代觀念，來自英美，端方等高官在那時即能如此體認並推行，實為可嘉。遺憾在於，該奏摺在論法部時雖然強調「司法之權，各國本皆獨立。中國急應取法。所有各省執法司、各級裁判所及監獄之監督，皆為本部分支，必須層層獨立，然後始為實行。」（同上）然而，這一遺憾竟然成為百年歷史的遺憾了，該普世通例不但未能行之於今；即以當時而論，官制改革雖然將刑部改為法部，但它沒有從行政中獨立出來，依然是傳統內閣中的一個部（雖然聲稱「不為所節制」）。上此奏摺的戴鴻慈恰恰被任命為第一任法部尚書，不知他轉接此任時該作何想。

沒有議會權力可言，司法最終還是隸屬行政，憲政三權，這裡要改革的就剩下行政權了，責任內閣的問題於是被突出。就清末吏治而言，行政改革也自有其意義。慶親王奕劻是這次官改的總司核定大臣（之一），官制方案出爐後，他在十一月二日上呈該方案的奏疏中，力陳朝廷「職任不明」之病：「今則一堂而設有六官，是數人共一職也，其半為冗員可知；一人而歷官各部，是一人更數職也，其必無專長可見。」這就必然要裁撤官員，眾多官員也就必然要大喊「誰動了我的乳酪」。這一幕就像當年戊戌維新時的行政改革，許多官員跑向慈禧那裡哭訴，最終慈禧以殺人方式中斷維新，並親自出來訓政。但，這次不同，慈禧是同意預備立憲的，她不會停下自己認可的方案。饒是如此，依然有人圍住慈禧，不獨群臣，包括宗室王公、將軍等，甚至太監（傳言要撤掉內務府和太監）。慈禧一度困擾不堪，相傳她對左右人訴苦：「我如此為難，真不如跳湖而死」。[4]如果我們打開中華書局出版的《清末籌備立憲檔案史料》，從長長的目錄

---

[3] 故宮博物院明清檔案部編《清末籌備立憲檔案史料》上冊第三七二頁，中華書局，一九七九。

[4] 轉引侯宜傑《二十世紀初中國政治改革風潮》第六十一頁，中國人民大學出版社，二〇〇九。

中，就不難看到那些御史或翰林們的反對意見。什麼「官制不必多所更張」「請勿輕擬裁員」新制「多有未妥」「不可輕棄舊章」「內閣流弊太多」「不可輕改官制」等。從表面上看，改革的阻力是很大的。不僅是裁員，意見更多集中在責任內閣上。

什麼是責任內閣，這是君主立憲國家的最高行政機構，這次改革，就是要撤銷滿清以來的軍機處和早已名存實亡的內閣，重新組閣，並推選出國務總理和副總理，並尤其代皇帝負責全國政務，舉凡國家一切行政，俱由此出。看來這是效法歐西，但這次政改推出的內閣，卻別有心機。這裡可以參看當時隨同端方等出洋考察的丁士源《梅楞章京筆記》，由奕劻召集「在朗潤園開憲政會議，五大臣均各有所見，而袁則惟張一麐、梁士詒等為其謀劃，故於會議席上，袁往往發自相矛盾之言。」本來主持官改方案的是載澤，但實際卻操縱在袁世凱手裡，剛才那個張一麐就是袁的心腹幕僚，也是這次欽定官制改革方案的起草人之一。當時身為練兵處法律科監督的丁士源，因事需請慶親王核定，至慶邸，「慶問此數日中會議憲政，鬧得烏煙瘴氣，汝係攻英國法律者，英國責任內閣之意義，汝不妨一述。丁曰：英國之責任內閣，其憲法之要點，國王無過，有過亦由大臣負責……慶曰：餘明瞭矣。」然後讓他去另一核定大臣瞿鴻禨那裡，「瞿之問題與慶相似，丁答亦與答慶同，惟更較詳晰而已。瞿對此事，甚為緘默，故外人未知之也。」[5]

嚴格地說，丁的回答是有問題的。為了勸喻皇帝放權，這樣泛泛而論可以。但英倫的責任內閣，其所負責的對象不是英王，而是議院。內閣由議會中的執政黨組成，它如果得不到議會的信任則必須解散。所以責任內閣是和議會相伴而生的。但清末這次官制改革，由於議會擱置不論，如果再孤立談責任內閣，就有人想在其中渾水摸魚了。這個人就是袁世凱。袁既操縱官制編訂，又讓人上書保奏奕劻為國務總理，自己為副總理。奕劻早已為袁世凱用錢買通並為其利用，這是世人皆知的祕密。此刻在沒有議院的情況下，責任內閣代皇帝負責，其實就是讓皇帝把權力交到自己手裡。對袁來說，他還有一個當時人都知道的隱衷，那就是戊戌維新時他出賣過光緒，現在慈禧已屆垂老，生死朝夕莫定。一旦光緒親政，自己性命

---

5 榮孟源、章伯鋒主編《近代稗海》（一）丁士源《梅楞章京筆記》第四四三頁，四川人民出版社，一九八五。

難保。因此,熱衷責任內閣,其實就是提前轉移權力,為自己預留地步。

　　這一點,那些御史們看得很清楚。因此,在眾多的反對意見中,有些意見固然出於冥頑不化的保守派;但,必須注意,有些意見反而是深明立憲之奧,方才反對遽開責任內閣。當時有個著名的御史趙炳麟一周內連續兩次上書,前一折云:「民智未開,下議院一時未能成立,則無以為行政之監督,一切大權皆授諸二三大臣之手,內而各部,外而諸省,皆二三大臣之黨羽佈置要區」,如此這般,設若以前是君主專制,現在反而成了「大臣專制」了。[6]第二折中,對這種大臣專制做了更具體的剖析。他舉的例子是內閣中的法制局,由該局擬定的行政法規草案既未經議會議決,也不交議會協議,「是立法行政直出一人」。即使要交付公議,按擬定的內閣官制條目,「開閣議決之,以總理大臣為議長」。這位御史看到的問題很嚴重:「夫提出法律草案交集議院公議者內閣也,經集議院公議後而操決議之權者仍內閣也,其居議長之席者則內閣總理大臣也。自行交議,又自行議決,而自作議長,是總理大臣非特上對君上代負行政之全權,並下代議院兼操立法之實際,而集議院徒作贅疣,甚或資為政府之傀儡。操立法行政兩大權,則司法之權可不言自在其中。」[7]這種政改,不是三權分立而是三權合一。更何況這種「政柄之倒持、權臣之專國」的大臣集權,不獨滿清未有,亦自周秦以來兩千年所未有。不獨中國沒有,即使維新後的日本也沒有,更無論歐美。當然,看出問題的不僅是一些御史們,以上軍機大臣瞿鴻禨在聽了丁士源解說英國責任內閣後,緘默不語,那不是他反對憲政,而是不肯附和奕、袁。他很清楚對方熱衷責任內閣的機心,並且據近人劉厚生在《張謇傳記》中的研究,他在慈禧那裡也做了中止責任內閣的工作。何況慈禧一生好權,又對權力敏感,她豈不擔心皇權旁落。結果,十一月六日光緒詔下,「明白宣喻」:「內閣軍機處一切規制,著照舊行」,亦即維持原來格局不變。擾攘兩個多月的中央官制改革,大體落下帷幕。

　　這次預備立憲,從政治改革蛻變為行政改革,結果行政改革又是改而未革。憲政的要義是分權,朝廷要的是集權(所謂「大權統於朝廷」)。

6　故宮博物院明清檔案部編《清末籌備立憲檔案史料》上冊第一二四－一二五頁,中華書局,一九七九。

7　故宮博物院明清檔案部編《清末籌備立憲檔案史料》上冊第四四二頁,中華書局,一九七九。

且不說該集權是在君主之手，還是權臣之手，俱與憲政無關。就憲政而言，分權首在議會，而議會又需兩黨，這放在當時，確實不夠條件。因此，預備立憲以改革中央官制為首要，看來沒有必要。即使盯住官制，那也是地方而非中央，不少官員的奏摺都提及這一點，建議官改從地方自治開始。然而，清廷官改效法的是日本，這本來就是一個錯誤的學習對象。當初載澤到倫敦時，給其上課的政治老師傳經授寶：「夫倫敦地方自治，為英國憲法之起點。英之憲法，先於各國。其地方自治，又為各國所推崇取法者。」[8]政治改革，意圖可以自上而下，作法卻應自下而上。尤其議院與選舉有關，只有先經地方選舉的訓練，才能往上不出亂子。措手地方自治，含義正在於此。好在群臣有奏，在中央體制改革浮皮潦草的情況下，清廷接著就準備嘗試地方了。

8 　鐘叔賀主編《走向世界叢書・載澤：考察政治日記》第六一〇頁，嶽麓書社，一九八六。

輯三

倒退的時代：《新青年》批判

　　二十世紀中國歷史是倒退著走完的。如果它的第一個十年是清末立憲的「黃金時代」，繼後而起的第二個十年則是倒退時代的開啟。不但立憲的成績民初無以比清末；而且一九一五年誕生的《新青年》以民主接續清末共和，續寫二十世紀的革命譜系；引發了辛亥革命後的另外兩場革命：北伐革命和共產革命。《新青年》從文化激進主義到政治激進主義，先是反傳統，繼而引蘇俄。其所標舉的兩面旗幟，民主與科學，如果科學不論，民主即是其最具影響力的觀念。作為《新青年》留給二十世紀最重要的政治遺產，直到今天，民主依然是我們念茲在茲的政治訴求。但《新青年》的民主是問題民主，換言之，它的致命坎陷首先就在於它的民主觀。其民主鼓吹不但充斥著連它自己都意識不到的極權主義內容；直到今天，我們在推崇《新青年》民主的同時，亦對隱含其中的極權主義未曾知覺。從觀念史的角度看，二十世紀中國極權主義自《新青年》始，這當然需要考辯。本專題以「民主」為其首，但不限於民主，作《新青年》批判（政治批判和文化批判），試圖揭櫫其病象及病原。

清末與民初的兩種政治學

　　具而言，這是指清末立憲運動時梁啟超的政治學和民初新文化運動中《新青年》的政治學。如果《新青年》的政治學成為二十世紀一百年來的政治學主流，那麼，梁啟超的政治學因其梁氏「保皇」之名，早已被歷史亦即一百年的革命史棄之如敝屣。當然，梁啟超的落敗，不在《新青年》時代，而是在清末。面對滿清專制，以梁氏為代表的立憲派和同盟會的革命派在日本的東京和橫濱兩地彼此頡頏、相互辯駁，聽眾就是當時留日近萬人的青年留學生。結果這些熱血青年以赴湯蹈火的姿態紛紛倒向同盟會，走上了民主革命之途。於是，時代從清末變成了民初，《新青年》是民初政治混亂和政治失望的產物，和當年同盟會一樣，《新青年》面對北洋專制，依然是以民主的口號鼓舞青年。於是，無數青年拋頭顱灑熱血，從而鑄就了二十世紀血與火的歷史。

　　從同盟會的舊民主主義革命到《新青年》的新民主主義革命，構成了一個百年來的政治學譜系。這個譜系如果可以用一句話化約，即張民主而反專制。直到今天，民主與專制的對立依然是我們在政治學上牢不可破的認知，以民主反專制也依然是我們一代又一代人百年未變的制度訴求。這樣一種政治學模型已經凝固化了我們的思維，以致我們很難再接受與之不同的聲音。但，這種聲音依然存在，固然它早已被凍結在歷史的深處，這就是梁氏的立憲政治學。如果我們可以耐心聽聽他的聲音，沒准可以獲得百年歷史解讀的一把新鑰。

　　先抄錄一下《新青年》關於民主與專制的表述，它來自該刊一九一九年七卷一號上的《實行民治的基礎》：「民治主義（Democracy），歐洲古代單是做『自由民』（對奴隸而言）參與政治的意思，和『專制政治』（Autocracy）相反。」不但相反，而且「凡是反對專制的，特權的，遍人間一切生活，幾乎沒有一處不豎起民治主義的旗幟。」[1]這裡的民治即

---

[1] 《新青年》第七卷第一號第九頁，寧夏人民出版社，二〇一一。

民主，《新青年》又稱德先生。

　　就二十世紀而言，《新青年》是一種後來居上的政治學。但，在它十多年以前的世紀初，知識界執牛耳地位的則是梁任公的政治學。還是在一九〇一年，二十八歲的梁啟超立憲思想逐步成型，寫於此年的《立憲法議》，可以讓我們看到和後來《新青年》遠為不同的思想風貌，而且這種思想在那個時代被廣泛接受；儘管從功利角度，它在歷史上是也僅是未結果實的智慧之花。

　　「有土地人民立於大地者，謂之國家。世界之國有二種，一曰君主之國，二曰民主之國。設制度施號令以治其土地人民謂之政。世界之政有二種，一曰憲法之政，一曰無憲法之政（亦名專制之政），採一定之政治以治國民謂之政體。」[2]這是《立憲法議》的開篇（本節引文俱出此篇），其中涉及政治學上的兩對範疇國體與政體。如果以《新青年》作比，可以看到，專制與民主無以構成對立，真正對立的倒是國體意義上的民主與君主。道理很顯然，國家權力在君主之手，則謂君主國，國家權力在民眾之手則為民主國。於是，國體問題很明瞭，就是看國家權力握於誰手。但，不問權力握於誰手，都有一個比它更重要的問題，即權力如何運用。這個問題在梁氏政治學那裡屬於政體範疇，由此區劃出兩種不同的政治制度：立憲與非立憲。前者為憲政體制，後者則專制體制。這兩種體制的區別：「立憲政體亦名為有限權之政體，專制政體，亦名為無限權之政體。」有限與無限的標準是憲法：「憲法者何物也，立萬世不易之憲典而一國之人無論為君主為官吏為人民皆共守之者也。」於是，梁啟超的思路清晰了，以憲法為其限制，無論該權力是君主還是民主，都是憲政體制。如果不受憲法限制，無論該權力是民主還是君主，都是專制政體。

　　也許，習慣了《新青年》政治學的我們，面對梁氏不免有點吃驚。民主不但和專制無以構成對立；而且民主本身就有專制的可能。然而，梁氏政治學自有其來路，其元典就是亞里斯多德的《政治學》。君主民主之分，正是從亞氏開始，而亞氏在討論當時民主政治時，卻也分明指出：「他們為政既不以『法律』為依歸，就包含著專制君主的性質。這就會漸趨於專制……」[3]相形之下，《新青年》雖然火力十足、儘管一味向西，

2　《立憲法議》，《飲冰室合集（一）‧飲冰室文集之五》第一一七頁，中華書局，一九八九。
3　亞里斯多德《政治學》第一九一頁，商務印書館，一九九七。

但卻缺乏梁氏這樣的西方古典政治學的底蘊。延至今天，受《新青年》思想定型的我們，聽到梁氏的聲音不但舌撟不下，還從心理上排斥德先生居然可以專制的可能（筆者介紹過任公這一思想，也聽到了不少批評，其知識理路蓋來自《新青年》）。

以上兩種不同的政治理論，並非僅僅屬於知識學，問題更在於它們將會導致兩種不同的歷史發展道路。當同盟會以民主革命反滿清專制時，結果迎來的卻是他們自己認為的北洋專制。同樣，當《新青年》以民主革命反北洋專制時，反出的居然是國民黨專制……。歷史一節節地循環往復，我們讀懂了它所傳遞的隱秘資訊嗎。回到世紀之初，梁啟超反專制的政治起點，就不是與君主對立的民主，而是和專制對立的憲政。梁氏看得逼真，憲政，只有憲政才是專制制度的致命之扼。同樣，只有憲政先行，才能獲得可以避免專制制度的民主。

然而，百年歷史，我們沒有選擇梁任公。

民主與專制的百年迷途

　　自《新青年》聲張民主與科學，「民主」一詞業已形成國人的世紀情結。此一情結，由於歷史和現實的原因，至今依然有增無減。但《新青年》所宣導的民主導向是有問題的，它把專制作為自己的對立面，卻忽略了民主自身亦有走向專制的可能。此一可能對於二十世紀來說，業已成為歷史。問題是，由此導致的歷史苦果，至今並未使得參與這一歷史構成的人所明白，當然也包括長期以來的我們。

　　一九九九年，比五四還年長兩歲的李銳先生為紀念五四八十周年，著文《又談德先生》。該文的立論是：「民主的對立面是專制」。是的，把民主和專制對立起來，乃是當年《新青年》的作業；以民主反專制，更是由《新青年》發軔而成的歷史走向。在這一歷史洪流中，無數的李銳走上了以反專制為訴求的民主革命的道路。結果，一個世紀下來，當五四九十周年時，我們依然沒有走出《新青年》的歷史格局，依然在這一格局中千呼萬喚「德先生」，依然希圖借五四之力，還民主之魂，驅專制之鬼。既如此，這個「德先生」就不僅是一種世紀情結了，更是一種我們到今天也未化解開的「世紀癥結」。

　　解開這一癥結，我以為，當把歷史推到《新青年》之前，回到梁啟超那個時代的公民常識和政治常識。一九一五年六月，亦即《新青年》誕生的前三個月，商務印書館為中學生推出了一本類似公民教科書的《法制概要》。在介紹「國家」問題時，教材緊扣「國體」與「政體」而展開。這樣的介紹框架、思路和內容，主要來自辛亥革命前的梁啟超亦即包括他在內的立憲派。梁氏的思想作為法制常識普及給中學生，但它顯然不如後起的《新青年》那樣喧囂奪人。在《新青年》看來，推翻專制，靠的是民主。因此它呼喚「直接行動」的國民運動乃至國民革命。但梁啟超至少在辛亥前就指出，民主本身即有走向專制的可能，尤其是它需要用暴力革命的方式來實現時。

　　根據梁氏的立憲派，國家政治權力可以從兩個角度去表述，如果國體

用以表述「權力屬於誰」，政體表述的則是「權力如何用（或：權力運用的表現形式）」。就國體而言，當時世界上的國家一般來說有兩種，一是「主權在君」的君主國，如俄國、中國；一是「主權在民」的民主國，如美國、法國。轉就政體言，也有兩種形式，即專制與立憲。專制政體在權力運用上是權力者對於政權的全部壟斷，立憲不然，它是打破壟斷，把政權分解為立法權、行政權和司法權，並且它們俱受憲法制約。如果以這樣的政治構成來看，《新青年》的「民主與專制」就不是對立的概念，它們不在一個範疇。真正和「民主」對立的是「君主」而不是「專制」；正如和「專制」對立的是「立憲」而不是君主。這就意味著作為國體概念的民主除了與君主對立外，它和政體範疇中的「專制與立憲」沒有必然的聯繫因而也沒有必然的對立，亦即它同時具有立憲和專制的兩種可能。李銳先生的「民主的對立面是專制」，是由《新青年》匯出的一個政治學誤區，它直到今天還讓我們認為：民主與專制勢不兩立，只要實現民主，專制就不復存在。

這不妨是一個邏輯矩陣，它上面兩隻角是國體中的「君主」與「民主」，下面兩隻角是政體中的「專制」與「立憲」。這四隻角可以構成國體與政體間的邏輯交叉，計有四種情形。君主國體有二：既可以是專制政體，即君主專制（如俄國）；也可以是立憲政體，即君主立憲（如英國）。同樣，民主國體亦有二：可以既是立憲政體，即民主立憲（如美國），又可以是專制政體，即民主專制（如法國革命中的雅各賓）。美、德同為民主國，如果美國的民主在制度上具有立憲性；雅各賓雖憑選票上臺，但，它的民主不是立憲民主而是專制民主。由於權力一度俱在羅伯斯庇爾之手，因此，這樣的專制可稱「民主專制」。「民主專制」這個詞，我個人以為是梁啟超的獨特貢獻，據我自己的閱讀，它也許最早出現在一九〇六年的《開明專制論》中。當近世學者大都認為國家形態大略有民主立憲、君主立憲和君主專制時，梁啟超獨闢蹊徑地指出：「專制者不獨君主國，而民主國亦有非立憲者（有立憲之名，無立憲之實，則等於非立憲）。」[1]非立憲的政體即專制政體。當一個國家獲得民主後，如果權力運作沒有做到法治意義上的「限權」與「分權」，它就是專制政體。有意

---

[1] 《開明專制論》，《飲冰室合集（二）·飲冰室文集之十七》第一八頁，中華書局，一九八九。

味的是，如果考查二十世紀方始出現的新型專制即「極權主義專制」，可以看到，無論是前蘇俄，還是希特勒，俱出自號稱為民主（共和）的國家，而無一例是君主國。

一個世紀以來，國人如此痛恨專制，卻不知道，在反專制的道路上，至少有立憲和民主兩種不同的方式。比較之下，立憲的方式是改良，它不觸動國體；民主的方式必須改變國體，因而是革命。革命的問題在於，革命者很難在成功之後做到自我立憲。當然，有這樣一種理論，認為國體決定政體，比如君主必然專制，民主必然反專制。其實不然，解決國體問題，無以保證同時解決政體問題。倒是反過來，從政體問題入手，最後則必然觸動國體的根基。以英國為例，保留君主的名分和權力，但條件是必須以議會限制君權。結果，看起來，國體未變，但，立憲之下，君就成了「虛君」，權卻掌握在議會手裡。梁啟超將此稱為無革命之名有革命之實，即形式上依然保持君的地位，但制度的性質卻發生了革命性的變化。由此可見，只要走上立憲的道路，民主其實是遲早的事。但，這個命題不能反過來，即只要是民主，就一定走向反專制或非專制。專制與否，只在立憲與否。如果立憲的根本是限權，那些經過疾風暴雨般的革命從而獲致權力的民主國家，依其慣性，權力只會更放縱，卻無以反身自噬。當年，梁啟超言及「民主的專制國家」時，舉例就是英國革命後的克倫威爾政權和法國革命中的羅伯斯庇爾政權。待至後來蘇俄出現，所謂革命不過是更換了權力者，權力的性質卻沒有變。甚至，和當年君主的權力相比，布黨的權力遠遠地超過它，直接壟斷社會的一切。這樣的民主，聲稱主權在民；但因為沒有立憲，民便成了「虛民」。

這樣就可以看出梁啟超的高明。辛亥革命前，他一人在《新民叢報》上和孫黨往復辯論，力反革命而堅挺立憲。梁啟超除了擔心國體變更而於政體無補外，按照日本學者佐藤慎一的看法，梁啟超的憂慮還在於「民主專制比君主專制更加危險」。「因為在民主專制下，由政治家煽動操縱的民意肆意地用暴力破壞既存的社會秩序而創造出無秩序狀態，而且可以以民意為名使其正當化。」[2]從後來的歷史看，梁啟超的擔心一概變成了現實。

2　佐藤慎一《近代中國的知識份子與文明》第二四六－二四七頁，二〇〇六。

　　這是晚清革命黨和立憲黨的不同，革命黨的革命首先是推翻滿清（三民主義第一條就是排滿的民族主義，梁啟超將此稱之為「種族革命」），而梁啟超的立憲黨才是和種族革命相對應的反專制的政治革命。在反專制的路徑上，梁氏堅持認為政體比國體更重要，換言之，則立憲比民主更重要。用民主反專制，卻可能走向專制，甚至是極權式的專制；但用立憲反專制，專制則無遁身之餘地（哪怕國權仍然象徵性地在君主之手）。梁啟超明察如此。然而，在精神影響上，主導二十世紀的，不是梁啟超，而是《新青年》（亦即不是政體的改革，而是國體的革命）。北洋以後的中國歷史是沿著《新青年》的方向延伸的，梁啟超早已被歷史邊緣化，儘管他對歷史的未來有著驚人的洞見。

　　「民主的對立面是專制」，業已構成一個百年迷途，我們至今尚未知返。如果《新青年》為其首途；那麼，在政治學的識見乃至運作上，《新青年》及其時代，委實是梁啟超時代的倒退。當年，梁啟超們解決了的問題，《新青年》卻又把它攪混了。《新青年》的政治誤區在於，北洋時代並不是一個簡單的專制時代，儘管有袁世凱、段祺瑞等人的獨斷專行；但畢竟還有一個與之博弈的議會。《新青年》鼓吹民主，發起國民運動，後來更發展為推翻北洋的國民革命。那些讀著《新青年》的青年紛紛南下，投入國民革命的洪流，結果，北洋給推翻了，迎來的卻是貨真價實的專制（國民黨一黨專制）。然而，歷史並不到此為止，國民黨專制只是二十世紀中國專制的一個驛站。受五四精神影響，李銳那一代人（比如李慎之、李普等）走上了歷史舞臺，他們「踵其事而增華，變其本而加厲」，為反國民黨專制，從事新民主主義革命，拋頭顱灑熱血。於是，種瓜得瓜，一九四九年，歷史終於迎來了極權主義「Totalitarian society」中的另一種政體，這就是毛澤東稱謂的「人民民主專政」，至今它依然寫在我們的憲法上。

憲政視野中的「民主的專制」

　　二十世紀初，梁任公在推進他的立憲政治學的同時，對同盟會的民主革命抱有別樣的警惕，不止一次強調革命之後，「民主的專制」之可能。這樣的聲音彌足珍貴，但已經消沉了一個世紀之久。前不久，筆者對梁任公這一思想有所闡發，即遭遇不少批評，近又有論者這樣反駁（某刊編輯轉我的"讀者來信"）：民主和專制本身就是兩個截然相反的概念，《大英百科全書辭典》：「民主：國家主權屬於全體人民，以普選和代議制直接間接管理國家。」「專制：由最高統治者（君主或獨裁者）憑個人意志一人獨自操縱政權，獨斷專行。」因此，「民主的專制」本身就是一個偽命題（被人諷為如同說「貞節的妓女」）。

　　對梁氏這一概念，在以前的篇什中，我從亞里斯多德到托克維爾，自以為闡釋得夠清楚，可是有人堅持認為這是一個偽命題（包括我的朋友）。這不禁讓我感到，哪怕是一個觀念，習慣的力量都如此強大。民主概念在二十世紀的彰顯首功於《新青年》；雖然，在它之前的同盟會也伸張類同於民主的民權，但畢竟包裹在三民主義之中而未得脫穎。只是《新青年》的民主是有問題的，它一直延續到今天。今天，我們對民主的認知依然是《新青年》的水準，但，《新青年》在政治學上的水準，遠低於梁任公。換言之，梁任公時代早已解決了的問題，到《新青年》那裡卻被混淆了；而且拜《新青年》之賜，直到今天，我們依然在混淆。

　　「民主的專制」關鍵在於民主是一種權力。按照政治學的常識，是權力就有專制的可能，不管它是在誰的手上。須知，專制的主體，不是人，是權力。權力不會因為在君主一人手裡就專制，在很多人的民主手裡就獲得了專制的免疫。以上大英百科對民主的定義當無問題，但對專制的定義至少不夠完整和全面。當然，君主因為世襲，專制性非常明顯；民主因為選舉，專制性往往隱而不彰。下面，我們不妨聽聽兩百多年前美國開國先賢的聲音。

　　美國作為立憲國家，開國之始，那些睿智的先賢們，對民主的權力

就持一種基本不信任的態度。《聯邦黨人文集》第四十八篇中引有傑佛遜的一段話：「把這些權力集中在同一些人手裡，正是專制政體的定義。這些權力將由許多人行使，而不是由一個人行使，情況也不會有所緩和。一百七十三個專制君主一定會像一個君主一樣暴虐無道。凡是對此有所懷疑的人，不妨看看威尼斯共和國的情況！即使他們是由我們選舉，也不會有什麼益處。」[1]這裡，傑佛遜給我們描述的無疑是「一個選舉的專制政體」，即「民主的專制」。基於這樣的認識，不難看到，美國先賢的開國努力，主要不是放在民主上，而是放在對民主權力的限制上，一七八七年的美國憲法和隨後的憲法解釋文獻《聯邦黨人文集》可以充分說明這一點。如果說選舉權力是民主的事，限制權力就已經無關民主，而是憲政的事了。因此，以立憲克服專制，這不但是美國先賢的用力所在，也是當年梁任公為國人指出的最為可取的努力方向。

《聯邦黨人文集》第五十三篇開篇就引用當時一句俗語：「一年一度的選舉告終之時，就是暴政開始之日」。[2]那麼，什麼是暴政，我們可以回到前面的第四十七篇，它的作者是麥迪森：「立法、行政和司法權置於同一人手中，不論是一個人、少數人或許多人，不論是世襲的、自己任命的或選舉的，均可公正地斷定是虐政。」[3]用漢密爾頓的表述是：「若把所有的權力都給少數人，他們就會壓迫多數。若把所有的權力都給多數人，他們就會壓迫少數。」[4]問題不在於是多數人、少數人，還是一個人，而是權力本身就有暴政的本性（當然也是人的本性）。為防止民主的暴政，美國先賢們鎖定的目標就是憲政，即從權力外部規約權力。不但按其職能將權力一分為三，使之不在一個對象手中，而且時時不忘用法律控制權力的運作。

和麥迪森等人一樣，梁任公是中國二十世紀的憲政先行者。在他那個時代，由於他的傑出的工作，以上「民主的專制」庶幾是那個時代的常識，不但立憲派為此闡釋，就是革命黨也如此表述。當時，屬於革命陣營的刊物《江蘇》，一位署名競盦的作者在「政體進化論」中寫道：「人

---

[1] 漢密爾頓、傑伊、麥迪森《聯邦黨人文集》第二五四頁，商務印書館，二○○四。

[2] 同上書，第二七二頁。

[3] 同上書，第二四六頁。

[4] 麥迪森《辯論──美國制憲會議記錄》上，第一四五頁，遼寧教育出版社，二○○三。

民既以治權委一人」，「一切對於民之責任，皆大統領負之。故眾望隆盛之時，大統領無事不可為，其成力往往不減專制君主。此民主專制之稱所由來也。」[5]又，同盟會的胡漢民在《「民報」之六大主義》中也聲稱：「故言專制，則無論其為君權專制、民權專制，皆無道不平之政體也。」[6]可是，梁啟超時代的政治常識，我們今天不但無以理解，而且將其斷為「偽命題」。看來，不獨一個世紀的歷史，一個世紀的政治學也是在不斷倒退中延續至今。這個倒退自《新青年》始，是它混淆了已經很清楚了的君主與民主、立憲與專制之類的問題。盱衡一下我們今天的知識人，對民主把握的整體水準，只能接上《新青年》的茬口，但卻低於一百年前的梁任公時代。

今天，我們有這樣一句口頭禪：民主是個好東西。但，我必須補充一句，權力不是個好東西，包括民主的權力。因此，就權力和對權力的限制而言，憲政比民主更重要。只有它才能牢牢盯住權力，不但可以盯住君主的權力，也可以盯住民主的權力。它既可以像梁任公那樣，在權力是專制時，可以逐步質變權力；也可以像美國先賢那樣，在權力是民主時，防止它質變為專制。

---

[5]　轉引金觀濤劉青峰《觀念史研究》第二六四頁，法律出版社，二〇〇九。

[6]　轉引張枏、王忍之編《辛亥革命前十年時論選集》第二卷上，第三七七頁，三聯書店，一九六〇。

「德先生」與惟民主義

　　九十多年前的《新青年》亮出了「民主與科學」的旗子，就這位「德先生」而言，在《新青年》前身的《青年雜誌》時代，其語言表述為「惟民主義」。陳獨秀深感青年教育之重要，因而該雜誌第二期有《今日之教育方針》一文，文中臚列教育青年的四個主義，次第為現實主義、惟民主義、職業主義和獸性主義。

　　在惟民主義的介紹中，由於價值雜糅，陳獨秀率先推重的反而是「國家主義」。在他看來，西歐民族的發展，由家族團體進而為地方團體，又進而為國家團體，這就是近代歐洲民族國家形成的國家主義。又由於國家坐大，不免侵害人權，因而有英法革命，這就是惟民主義。如果以這個歷程衡量中國，「國民猶在散沙時代，因時制宜，國家主義實為吾人目前自救之方。」[1]這是一個價值隱患。儘管《新青年》用力聲張歐美民族的個人本位，但它用以反對的乃是傳統東方的家族本位。一俟進入現代國家的問題語境，由於中國和西方相比的貧弱、落後，國家主義便超越個人主義而具有優先性，這一點雖《新青年》亦不免。

　　當然，陳獨秀是用惟民主義來解釋國家主義的，因為這樣的國家乃「主權在民，實行共和政治」。主權在民是《新青年》的「民主」內核，帶有較強的法蘭西色彩。它主張「人民應有自覺自重之精神，毋徒事責難於政府」（同上）。進一步明白這句話的意思，需要延伸到接著不久的《新青年》上的另兩篇文章。在《吾人最後之覺悟》中，陳獨秀認為「今之所謂共和，所謂立憲者，乃少數政黨之主張，多數國民不見有若何切身利害之感而有所取捨也。」[2]民初議會有兩大政黨，一為國民黨，一為進步黨。兩黨對立，在國會中互為反對，這本是政黨政治的常態，但在陳獨秀看來，這樣的政黨政治，不是國民政治，只是少數人的政治，甚至與國民無關。因此他認為「所謂立憲政體，所謂國民政治，純然以多數國民

---

[1]　《新青年》第一卷第二號第七十一頁，寧夏人民出版社，二〇一一。
[2]　《新青年》第一卷第六號第三三六頁第，寧夏人民出版社，二〇一一。

能否對於政治，自覺其居於主人的主動的地位為唯一根本之條件。」這個條件落實到具體，「則應自進而建設政府，自立法度而自服從之，自定權利而自尊重之。」（同上）這一連串的「自」，是人民直接行使主權。因此，《新青年》的惟民主義，是直接民主，而非已成為現代政治常態的間接民主。

陳獨秀的惟民主義，蓋出於對民初政治的失望：「三年以來，吾人於共和國體之下，備受專制政治之痛苦」。（同上）但，這樣的表述並不符合歷史，如果以世紀眼光看，民初以來的政治是兩黨政治，並非完全是專制政治。二十世紀專制政治的歷史，除晚清末梢那幾年外，主要發生在北洋以後。北洋以後的政治，以一九二七為界，鏡像蘇俄，首開（國民黨）一黨政治的專制先河。比較之下，儘管民初以來政象竊敗、弊端叢生；但，只要有一個議會框架掛在那兒，兩黨憑藉選票於此博弈，就不可能造成完全的政治專制，而是憲政與專制的博弈。相反，高喊民主、力倡惟民，只要反對乃至推翻政黨政治的議會形式，倒會埋下專制禍因。

現代政治是政黨政治，政黨政治是代表政治，它是民主的間接形態，亦即主權在民，治權在府。就西方國家言，不同的政黨代表不同利益的國民，它們競爭入府，並不需要國民在政治上事事親為（這一點在現代社會也做不到）。但陳獨秀反對政黨政治，主張全民參與的國民政治，他在《一九一六年》中指出「吾國年來政象，惟有黨派運動，而無國民運動也」。接著陳連舉三例，指出：當年法國革命、美國革命和日本明治維新，「是乃法美日國民之運動，非一黨一派人之所主張所成就」，所以它們成功了。相反，如果不是國民運動，政府黨與在野黨兩相抗鬥，國民卻如同隔岸觀火，無所容心；即使成功，「亦無與於國民根本之進步」。[3]陳獨秀的例子不免囫圇，如果日本不論，美國革命其實並不合適。它不具有制度性革命的政治色彩，只是一場獨立戰爭。合適的例子是法國，這場大革命確實是轟轟烈烈的國民運動。它所造成的廣場效應，正是直接民主的經典表現。

要言之，《新青年》的民主，是以「國民總意」面目出現的直接民主，它的前提是反對議會和政黨政治，其樣板是法國大革命，運作方式為

---

[3]　《新青年》第一卷第五號第二七一頁，寧夏人民出版社，二〇一一。

國民運動,其延伸形態則是國民革命。一九二〇年代發生的國民革命,不但澈底結束了北洋議會時代的政黨政治,在邏輯上也正是《新青年》國民運動的延伸。從歷史和邏輯這兩方面看,《新青年》的「德先生」是改寫北洋後二十世紀歷史的推手。這個轉捩點,不妨就是一九一九年五四那一天,群情激憤的廣場運動,可以視為《新青年》直接民主的第一次上演。歷史正是在這裡轉了一個彎⋯⋯

民主的弔詭

　　《新青年》第二卷第一號的「通信」欄有汪叔潛和陳獨秀就「政黨政治」問題的通信。國會議員出身的汪是《新青年》第一期的作者，其《新舊問題》筆者曾予批評。但他回到他的行當，就「政黨政治」寫給陳獨秀的信，卻讓人拍案稱讚。至於陳獨秀回信前後的一系列文字，則更鉤玄出該雜誌的某種思想理路，以致讓人感覺幾十年後的歷史發變，原來是這裡埋下了基因。

　　汪的信主要是針對陳獨秀的《一九一六年》，文中陳獨秀向青年發出三項號召，其中第三項即鼓舞青年投入「國民運動」，用以取代當時的「政黨政治」。他這樣宣稱：「政黨政治，將隨一九一五年為過去之長物，且不適用於今日之中國也」。[1]對此，汪議員深以為憂。他認為政黨觀念在中國還只是處於萌芽階段，時賢發表議論當有所注意，以免形成誤導。畢竟「政黨政治者，立憲政治之極軌也」。非但不能取消，而且只有在政治上「以期養成一二健全之政黨，則國事前途，庶其有豸」。豸者，解決也。這裡汪議員取法的是英倫議會政治，他認為：「吾國苟有改革政治之機會，則將來政權之所趨，其必成為英國式之政黨政治。」[2]這是清末以來立憲派的一貫思路。

　　擺在汪陳之間，其實是中國政治發展的兩條道路，一條是汪所小心呵護的「政黨政治」的道路，一條是陳在排除政黨政治之後的「國民運動」道路。在陳看來，只有後一條道路，才是《新青年》的「民主」道路，它是惟民的，而非政黨的。因為政黨不是全民，它只是全民中的部分，不能代表人民全體。

　　那麼，到底什麼是《新青年》所反對的政黨政治，筆者不妨插曲一則有關筆者自己的故實。幾年前，拙文《動物上陣》發表，其中第二節有云「陳獨秀終於離開了文化走上了政黨政治的道路」，僅此一句，便引發上

---

[1]　《新青年》第一卷第五號第二七一頁，寧夏人民出版社，二〇一一。
[2]　《新青年》第二卷第一號第五十七頁，寧夏人民出版社，二〇一一。

海程巢父先生專門來信糾偏（這是我和巢父先生的首次交集）。巢父先生的意思，政黨政治一詞「只宜專用，不宜泛用」。並非陳獨秀從事組黨就是政黨政治，這個詞有它自己的特殊內涵。信中巢父先生特地為我抄錄了民國三十六年中華書局《辭海》中「政黨政治」的詞條：「在採議會政治之國家，恒以議會中之多數黨組織內閣，在野黨從旁監督之；若內閣措施失當，在野黨則起而攻擊之，暴露其錯誤，使行政黨於下屆選舉時失去人民之信任，在野黨即可一變而為多數黨，代之執掌政權。此種政黨對立與政權交代之政治形式，謂之政黨政治。」

　　人類自有政治以來，可以是無黨政治（如古希臘的城邦政治），也可以是有黨政治（如近代以來歐美諸國的議會政治）。從無黨政治到有黨政治，是為政治歷史發展之必然，帶有鮮明的現代政治色彩。如果說現代政治必然有政黨參與並組織，但，並非有政黨參與並組織就是「政黨政治」。它有一個前提，即以議會為中心、以選舉為要件，服從並在這個前提下運作的兩黨政治，才是政黨政治。否則，像一九二七年北洋議會被消解之後，由國民黨一黨執政的三民主義政治，在政治學的含義上，是不能也不配稱為「政黨政治」的。由此可見，政黨政治實際上就是議會政治，就是英美議會體制下兩黨競爭的民主政治。

　　有趣的是，國民政府時代，年輕學生憤怒批判「國民黨專制」，殊不知，這個專制恰恰是《新青年》所主張的取消議會政治的結果。換言之，一九二七年以後的中國政治變局，亦即從北洋政治到國民黨政治，某種意義上，正是《新青年》所鼓舞的一代青年奮力投入之後的「求仁得仁」（當然，這其中還有其他因素）。這是非常清楚了的一樁事實，《新青年》鼓動青年投入國民運動，這個運動所要終結的正是源於英倫的議會政治。在陳獨秀看來，「純全政黨政治，惟一見於英倫，今且不保」，則「吾人尤所難能」。[3] 其時，議會政治移植本土不過三年，中國甚至是當時遠東第一個採用議會制的共和國。這種政治形式既未成熟，自然帶有初始階段礙難避免的病端。《新青年》痛恨於此，索性想以全民性的國民運動來取代，並將其視為政治上的進化。放在當時，《新青年》的這種主張是一種典型的政治激進主義，它引起身為議員的汪叔潛憂心忡忡，當不奇怪。

3　《新青年》第一卷第五號第二七一頁，寧夏人民出版社，二〇一一。

　　素所周知，《新青年》標舉的口號之一就是民主，然而，以政黨政治為表徵的議會政治，本身就是民主性質的。於是，歷史出現了弔詭，《新青年》一邊喊民主，一邊反民主（這是一種需要小心解釋的現象）。當然，它的民主訴求毋庸置疑，據實而看，《新青年》反的是英美國家通行的代表制民主，即間接民主。相應地，由國民運動所形成的全民民主，即直接民主或大民主，才是它的嚮往與追求。這兩種版本的民主可以形成兩種不同的歷史走向，至於《新青年》的民主最終通往何方，它會形成什麼樣的政治體制，還需要以後的歷史走向作出回答。

什麼是「真的民主政治」

通常我們說《新青年》時期的北洋是一個專制時代，但，揆其實際，北洋卻是一個專制與立憲彼此博弈的時代。當這個時代的議會框架不復存在的時候，專制占其上風。當議會得以恢復，和北洋軍人抗衡時，在政治學上，北洋便不宜簡單地目為專制。北洋十六年（一九一二－一九二八）即是在專制和非專制之間走鋼絲，議會政治艱難地在現代政治的版圖上延伸自己（它不妨就是那個時代的民主，議會民主）。可是，《新青年》自其創刊，便把攻擊的矛頭對準議會政治。

議會政治的經典形式是政黨政治，這在《新青年》看來不過是少數人的遊戲，不配稱作民主，不能代表「國民總意」。因此，它推崇的是數量意義上的國民政治，甚至用國民運動的方式來推進。五四便是一場以學生為代表後來又波及工商的國民運動，它足以體現《新青年》所追求的國民總意，因而也是真正的民主政治。一九一九年十二月出版的該雜誌上有《本志宣言》（陳獨秀），該文宣稱：「我們雖不迷信政治萬能，但承認政治是一種重要的公共生活。而且相信真的民主政治，必會把政權分配到人民全體，就是有限制，也是拿有無職業做標準，不拿有無財產做標準……。至於政黨，我們也承認他是運用政治應有的方法；但對於一切擁護少數人私利或一階級利益，眼中沒有全社會幸福的政黨，永遠不忍加入。」[1]

議會框架中的政黨政治本身就是民主政治，因其代表不同階級和階層的利益從而形成不同的政黨，這是現代政治的自然形態，無可非議。這個世界上沒有全民黨，任何政黨號稱代表全民利益在事實上也不可能（全民在利益上註定是彼此衝突的），因而具有欺騙性。就是《新青年》後來自己形成的政黨，亦非全民，而是專注代表工農。出於對政黨政治的否定，《新青年》主張全民介入，把政權分配到人民全體。如果它指的是政治權

---

[1] 《新青年》第七卷第一號第一一二頁，寧夏人民出版社，二〇一一。

利，並且體現在選舉權上，理論上沒問題，但在操作上必然有一個漸進過程。即使英美，全民普選亦非一蹴而就，而是要到二十世紀，亦即《新青年》問世的時代，方能解決；但這至少已經走了一百多年的路（如美國）。可是，《新青年》在中國民主剛起步時，即試圖以短跑速度實現民主全民化，這不過是犯了左傾幼稚病的民主激進主義。

不獨如此，激進主義民主更典型地體現在五四當年的《山東問題與國民覺悟》上，該文發表於《每週評論》第二十三號。陳獨秀文中指出：「若沒有社會制裁，那自專、利己、貪得心，誰也不免，這就是一人或少數人專制所以不能存在的根本。根本救濟的方法，只有『平民征服政府』。由多數的平民——學界、商會、農民團體、勞工團體——用強力發揮民主政治精神（各種平民團體以外，不必有什麼政黨），叫那少數的政府當局和國會議員，都低下頭來聽多數平民的命令。」[2]假如這就是「把政權分配到人民全體」的政治運作，因而也是《新青年》用力推出的真的民主政治觀。那麼需要注意的，卻是這種民主的政治品質。

如果說前清是主權在君主之手的「一人專制」，北洋是主權在政府之手的「少數人專制」；那麼，陳獨秀主張由「多數平民……用強力發揮民主政治精神」，並讓政府和議員一律聽從平民裁決，這，難道就不會形成多數專制？五四人慮不及此，反而將它視為「真的民主政治」。此處盲區在於，五四新文化反專制，不是用憲政，而是用民主，至少可以說犯了路徑上的錯誤。特別是這種多數人直接統治的民主，不僅無以革除專制，反而在它成功時，更容易使自己成為比以前更嚴厲的專制，比如極權。

平民征服政府，不如不要政府，或者平民就是政府。然而，現代民主政治是專業政治，需要專人專務，並非所有平民都可以直接參與，除了選舉。因此現代民主政治必然是訴諸政黨形態的代表政治而非全民政治。全民（其實是多數）直接介入政治，乃是民主本身的倒退，它由民主進化而獲得的間接民主，又倒退到古希臘水準的直接民主。在直接民主的干預下，「無論內政、外交，政府，國會都不能違背平民團體的多數意思」，這意思固然明白：「不能讓少數人壟斷政權……」（同上）；但，排除政府和議會的平民多數就可以壟斷政權了嗎。我們需要的民主，並不應該是

2　陳獨秀《山東問題與國民覺悟》，《陳獨秀文章選編》（上）第四一一頁，三聯書店，一九八四。

數量標準上的民主，而是在意見和利益的不同訴求中，多數人與少數人可
以「共和」的民主。否則，像這裡聲張的多數無疑獲得了支配並脅迫少數
的絕對權力，這種民主在還沒有獲得政權時就具備了極權主義的基因。非
但如此，它看起來是對多數乃至人民全體的崇拜，實際上是借這種同質化
的人民與多數，表達自己的權力欲望。

　　針對五四民主之誤，我們可以談談義大利學者薩托利的看法。他的
《民主新論》第一卷第五章題目為「被統治的民主與統治的民主」，在他
看來，現代民主號稱民主，其實是多數人「被統治的民主」而非多數人直
接「統治的民主」。[3]對此，該書譯者有一段精彩地介紹，彷彿就是針對
五四民主，這裡不妨過錄：

　　「在複雜龐大的現代社會，以公民親自參與政治決策為基礎的直接
民主，只能導致效率低下、成本高昂和權威貶值的政治後果。現代民主只
能是『被統治的民主』，即統治的少數統治被統治的多數這一既定事實下
的民主，其關鍵並不在於被統治的多數親自掌握和行使政治權力，而在於
有效制約統治的少數，這樣才能防止個人獨裁；另一方面，實現民主的目
標，最基本的前提是確保公民的個人自由，首先是政治自由，從而防止民
主走向自己的反面：多數專制。」[4]

　　從二十世紀歷史看，五四新文化的多數民主，最終不但走向專制，而
且走向極權。這種極權主義的民主，《新青年》是為起源。

---

[3]　薩托利《民主新論》，第一三〇頁，東方出版社，一九九三。
[4]　薩托利《民主新論》，第二一三頁，東方出版社，一九九三。

當民主不需要法的制約

　　一九一九年底，陳獨秀發表《法律與言論自由》，認為「言論要有逾越現行法律以外的絕對自由」，[1]這種反法律主義的傾向幾個月後又有了遞進。一九二〇年四月二十一日，陳獨秀在上海中國公學講演，題目是《五四運動的精神是什麼》。我們今天都把五四精神視為愛國精神，但陳獨秀指出愛國精神十年前就有了，不足為新，亦不足為五四所特有。在陳看來，屬於五四精神的第一點是人民的「直接行動」。具而言：「直接行動就是人民對於社會國家的黑暗，由人民直接行動，加以制裁，不訴諸法律，不利用特殊勢力，不依賴代表。」[2]

　　五四運動是廣場運動，屬於五四民主一部分，其高潮是在趙家樓的打、砸、燒。這其中的情節與細節，此處不表。但有一點要指出，這樣的行為放在當時中國這個難得的法治時代，它的非法性毋庸置疑。梁漱溟當時即發表意見，認為學生行為觸犯法律，理應自願接受制裁。梁氏看法並非個別，五四過後第三天，陳獨秀寫信給胡適說：「京中輿論，頗偏袒學生。但是說起官話來，總覺得聚眾打人放火……，難免犯法。」[3]從法律角度看是犯法，但在陳那裡卻被視為官話，這倒可見法律在陳本人心目中的位置。

　　以一個世紀的眼光看，建構現代國家的法治框架，是清末梁啟超那代人的努力。雖然清末的虛君立憲因同盟會的武裝起義不幸流產，但，北洋時代梁啟超等人在共和構造下，依然著力於把國家往憲政法治的道路上推。畢竟由英倫開頭的現代政治文明，首先就是法治文明；更何況美國立國之前先立憲，憲法中未有太多的與民主有關的內容。《新青年》推崇西方民主，當然是個好東西，但在西方政治文明的譜系上，民主乃是法治之

1　《新青年》第七卷第一號第九十頁，寧夏人民出版社，二〇一一。
2　陳獨秀《五四運動的精神是什麼》，《陳獨秀文章選編》（上）第五一八頁，三聯書店，一九八四。
3　陳獨秀《致胡適》，《陳獨秀文章選編》（上）第三九八頁，三聯書店，一九八四。

後需要逐步推進的一個過程（如英美普選均是二十世紀以後的事），並且
這個過程無論如何不能突破法治框架而為之；否則從多數民主到多數暴政
只是一個華麗轉身。

百年過後，不難看到，梁任公其實是比當時孫中山和陳獨秀更具政治
學識的人。從皇權中國到憲政中國就是梁氏一生的努力，可是孫氏以民權
革命為建國之首先，憲政被推到軍政和訓政之後，是一張遙遠的時間表。
陳氏和孫氏一脈，後來推進民主革命，便是以五四學生運動為起點。他比
孫氏更進一步的地方，就是突破法律，以直接行動實行直接民主。本來，
以憲政救濟中國，還是以民主救濟中國，是梁任公和孫中山的分歧。虛君
立憲的流產乃是清末憲政推進的一大夭折；爾後陳獨秀又鼓舞人們突破法
律制約來實現言論自由和行動自由：如此一而再，可以說，本來就根基不
穩的憲政與法治，基本上就在後來的歷史進程中畫上句號。

由上可知，由陳獨秀確定的五四精神，就是直接行動或直接民主的
精神，要害在於「不訴諸法律」。正如他在當時導致他被捕的《北京市民
宣言》中宣稱：「惟有直接行動，以圖根本之改造」。[4]這個根本改造就
是要推翻當時畢竟處在法治框架下的北洋政治。北洋政治並非沒有弊端，
但這種源自英美的議會政治，畢竟要比後來國民黨來自蘇俄的黨國政治要
好得多。這是一條歷史脈絡，國民黨是靠國民革命推翻北洋的，國民革命
是由當時的國民運動發變而來，而國民運動呢，陳獨秀《在國民雜誌成立
周年大會上的致詞》中說得清楚：「『五四』運動……實為國民運動之嚆
矢」。[5]當然，國民黨的國民革命最終又為眾多新青年投身的新民主主義
革命所取代。按主流說法，同盟會起義開了舊民主革命的頭，五四運動
開了新民主革命的頭。這裡果如換成我個人的表述，即：一九四九年的大
門，是從一九一九敲響的。

五四「直接行動」的新民主主義革命，反對英美代議制。所謂「不
依賴代表」就是不滿當時代議性質的政黨政治，認為這是無視民眾的政黨
遊戲。因此，陳獨秀在以上《新青年》的「本志宣言」中宣稱：「相信真
的民主政治，必會把政權分配到人民全體」。五四運動就是這種民主的第

4 陳獨秀《北京市民宣言》，《陳獨秀文章選編》（上）第四二五頁，三聯書店，一九八四。
5 陳獨秀《在國民雜誌成立周年大會上的致詞》，《陳獨秀文章選編》（上）第四二六頁，三
   聯書店，一九八四。

一次運演。如果說代議民主是間接民主，民主對民眾來說主要表現為選舉的權利；五四民主是直接民主，主張廢除代表，把權力分配給每一個人，因而這種民主已經不是權利（right）而是權力（power）了。然而，人人都可以直接行使權力的民主，是一種可怕的民主；尤其當它不要法的制約時，暴政便成為這種民主的經典形態。

　　法治的消長與民主的單邊推進（以運動與革命的方式），是五四新文化饋贈給我們的禮物。如果從頭追索中國百十年來法治衰退的緣由，五四反法律主義傾向的新文化運動即為主因之一。

文學為什麼要「德莫克拉西」

　　陳獨秀一九二〇年二月十二日在武昌文華大學有「我們為甚麼要做白話文」的講演，這是講演第一部分的綱要，標題為「時代精神的價值（德莫克拉西）」，以下便橫向為五個方面：「（a）政治的德莫克拉西（民治主義）（b）經濟的德莫克拉西（社會主義）（c）社會的德莫克拉西（平等主義）（d）道德的德莫克拉西（博愛主義）（e）文學的德莫克拉西（白話文）」。[1]德莫克拉西是《新青年》標舉的兩面大旗之一，以上的並列很明顯，陳獨秀意圖讓它推廣到人類社會生活的一切領域，包括文學。

　　一年以前，《新青年》在那篇著名的罪案答辯書中說「要擁護那德先生，便不得不反對孔教、禮法、貞節、舊倫理、舊政治。」[2]對此，我曾在另一場合給過批評「一句話卻把這麼多概念燴在一起，這是民主的亂燉。……除了最後的政治外，其他孔教、禮法、貞節、倫理等俱與民主無關。」當時我認為「這是民主的濫用」，現在看來，問題並非這麼簡單。

　　孔教、禮法固與民主無關，以上五個方面除第一點外，經濟、社會、道德、文學就與民主有關了嗎。實際上這是要驅逐傳統文化中包括孔教、禮法、文言等在內的一切，同時讓民主這個現代意識形態宰製社會生活的方方面面。如此擴張民主，既非民主的職分，亦非一個社會的幸事。當時胡適認為大家可以就文言還是白話進行討論，陳獨秀的回答卻如此獨斷：「鄙意容納異義，自由討論，固為學術發達之原則。獨至改良中國文學，當以白話文為文學正宗之說，其是非甚明，必不容反對者有討論之餘地。必以吾輩所主張者為絕對之是，而不容他人之匡正也。」[3]原來，這裡的要害不是文學而是民主。白話文既然是文學的德莫克拉西，反白話就是反民主。

---

[1]　陳獨秀《我們為甚麼要做白話文》，《陳獨秀文章選編》（上）第四九三頁，三聯書店，一九八四。

[2]　《新青年》第六卷第一號第八頁，寧夏人民出版社，二〇一一。

[3]　《新青年》第三卷第三號第一九六頁，寧夏人民出版社，二〇一一。

　　這個世界上，離民主最遠的東西，恐怕就是文學了。如果連它都不能獨立於民主之外，那民主肯定是個很可怕的怪物。民主首先是同時也基本是政治領域中的事，它有它自己的存在邊界，一旦越界，便形荒誕。比如我現在使用的一本全國通用的教材《文學理論教程》，它就這樣宣稱「我們的文學理論的價值取向應該是民主的……」，而且「必須是民主的，即以提倡廣大人民的審美趣味和審美理想為依歸。」[4]這是一件很笑話的事，我自己的審美趣味為什麼一定要與他人相同，何況廣大人民的審美趣味就是一致的嗎。文學和審美本來是很個人的事，與民主無關。我這樣問我的學生，難道我們可以在班上就一個文學作品搞少數服從多數嗎。

　　這是《新青年》所體現的權力意志，人類社會的一切，都要掌控在德莫克拉西之下。民主在這裡可以同時分疏為兩種表現：一種是權利，一種是權力。民主選舉中的投票如果是權利，那麼，連文言還是白話都不准討論的民主顯然就是權力了。根據《新青年》的一貫思路，它所鼓吹的民主基本是權力形態的。如果我們記得以上陳獨秀在《新青年》「本志宣言」中宣稱：「相信真的民主政治，必會把政權分配到人民全體」；那麼，陳的用意正在於反對當時北洋所效仿的英美代議制，從而把代表手中的權力直接拿到全體人民手中，並由人民在政治這樣一種重要的公共生活中「直接行動」。這樣的民主，姑不論實際上能否行得通，它的努力卻是把民主由代議制性質的選舉權利，轉化為人人可以直接行動的民主權力。

　　這裡的危險在於，只要是權力，無論君主，還是民主，都有不受限制的本能；如果不能對其限制，尤其是法律的限制，它必然表現為專制。這正是《新青年》之前梁啟超在他那個時代的政治努力，即用立憲反滿清專制。但，到了《新青年》，不幸發生了政治學上的錯位，不但以民主反專制（它忽視了民主作為權力本身就有專制的可能）；而且還不斷表現出對法治的藐視。前此陳獨秀有《五四運動的精神是什麼》，宣稱「直接行動就是人民對於社會國家的黑暗，由人民直接行動，加以制裁，不訴諸法律……」。如果直接行動的民主自外於法律並不受其制約；那麼，民主作為權力，與以前的君主權力，在專制性質上又有什麼區別。這裡不難發現《新青年》鼓吹的民主，天然就有專制的基因。

4　童慶炳主編《文學理論教程》第六頁，高等教育出版社，二〇〇八。

更嚴重的問題是，《新青年》在「民主的專制」之外，同時表露出它的極權主義傾向。政治學上，極權主義是古典專制主義的現代形態，它又可以稱為「全權主義」，所謂「全」，即指它可以把它所信奉的意識形態當作權力，推廣到社會生活的所有領域，並在所有這些領域裡實行權力管制。人類社會生活有兩個基本域分：公共領域和私人領域。這兩個領域的分際便是民主的邊界，無論如何，民主不可以從公共領域插足到私人領域，否則必然干涉個人自由。文學恰恰屬於社會生活的個人方面，更表現為人類的精神世界。假如德先生可以長驅直入文學的繆斯小姐；那麼，人類整個生活世界包括精神世界，都已經處在由它所顯示的權力宰製之下。這種權力所以是極權的，就在於它是既沒有法律限制又沒有邊界限制的「總體性權力」。

請注意《新青年》這條若隱若現的脈絡：從「把政權分配到人民全體」的民主權力化，到它可以「不訴諸法律」，然後以「時代精神的價值」向一切領域擴張，我們不難看到《新青年》由民主而專制而極權的話語演進（因此《新青年》的民主是一種極權主義的民主），如果在一九一〇－一九二〇年代它還是一種紙上的邏輯，以後它就逐漸變成了歷史。最後，民主成了空頭，剩下的只有極權主義。

個人權利不需要民治主義

　　自一九一九年始，胡適的老師杜威來華，作過一系列講演。《新青年》七卷一號上開始連載杜威的講演「社會哲學與政治哲學」，同時刊發了一篇根據杜威講演而演發開去的文章《實行民治的基礎》（陳獨秀）。這是《新青年》談民主的重頭文章，重就重在它不但要把民主擴張於人類生活的一切領域，而且還找到了啟動這種擴張和管制的路徑。

　　民主在《新青年》那裡，有時音譯為「德先生」，有時也意譯為「民治」。此篇「實行民治」即為實行民主。「原來『民治主義』（Democracy），歐洲古代單是用做『自由民』（對奴隸而言）參與政治的意思，和專制政治（Autocracy）相反。後來人智日漸進步，民治主義的意思也就日漸擴張」不僅「拿他來反對專制帝王」，「無論政治、社會、道德、經濟、文學、思想，凡是反對專制的、特權的，遍及人間一切生活，幾乎沒有一處不豎起民治主義的旗幟。」[1]這是民治擴張的廣度，從筆者前一篇談及的「文學的德莫克拉西」來看，如果連文學都不讓過，這種民主已然沒有邊界，是為民主無疆。該文如此介紹杜威的四種民治主義；「（一）政治的民治主義就是用憲法保障許可權，用代議制表現民意之類。（二）民權的民治主義就是注重人民權利：如言論自由，出版自由，信仰自由，居住自由之類。（三）社會的民治主義就是平等主義：如打破不平等的階級，去了不平等的思想，求人格上的平等。（四）生計的民治主義就是打破不平等的生計，鏟平貧富的階級之類。」（同上）這種分類，無論來自杜威，還是出於該文作者，不免混淆，甚至有的還說不通，比如什麼叫「民權的民治主義」。

　　《新青年》是北洋時代積極介紹西方政治思想和社會文化思想的一份雜誌，它在這方面的功績自不待言，但，這方面的錯舛也因此被遮掩起來。像高一涵、陶孟和、張慰慈、胡適之等對歐美思想的介紹固無大礙，

---

[1] 新青年》第七卷第一號第九頁，寧夏人民出版社，二○一一。

然而像陳獨秀這樣的留日革命家，出身文人，對歐美自由主義的學理並不熟悉，又看不出下過多大功夫；因此這樣的介紹，除了流於宣傳和鼓動因而缺乏必要的知識內涵，同時更易留下價值上的隱患。像這個說不通的「民權的民治主義」，即使來自杜威，亦當辨識出其中的問題。以上民權所指，其實就是杜威在「社會哲學與政治哲學」第十三講中的「個人的權利，或曰『天賦的權利』」，將這種權利稱之為人權顯然比民權更合適也更慣例。按照古典自由主義的理念，天賦人權是不需要民主染指的；換言之，言論、信仰、居住等個人自由，委實應當成為民主的禁區。如果民治主義可以在個人權利的領地裡豎起它的旗幟，這種民治主義的內囊已經轉換為極權主義了。當年蘇格拉底被雅典法庭指控為不信神並以這種思想毒害雅典青年，這正是那個時代作為群體專斷意志的民治對個人信仰的侵犯。當這種侵犯以審判的名義出現，雅典人其實已經喪失了信仰以及不信仰的自由，同時也喪失了對信仰作各種表達的言論自由。

《新青年》似乎不明白，「注重人民權利」，靠的不是民治或民主，而是法律。「民權的民治主義」不但不通，而且危險，其危險性就在於它的無度擴張。當民主「遍及人間一切生活，幾乎沒有一處不豎起民治主義的旗幟」，（同上）這絕非個人自由的幸事，也並非民主本身的職能。《新青年》這裡所觸及的，已然是自由和民主之間的關係。潛沉於這關係之中的內在緊張，《新青年》當然無以察覺；但在它所推出的政治概念的譜系中，民主無疑是最耀眼的明星。這就連它自己都意識不到，可以作為旗幟揮舞的民主，如果沒有法律規約（不幸《新青年》對法律向取蔑視之態度），完全可以成為自由的敵人。

個人權利不需要民治主義。以上民治的四個類型，除了政治上的民治主義，其他三個無不屬於民主的擴張。民權的民治主義不論，社會的民治主義和生計的民治主義亦有問題。比如社會的民治主義是要打破不平等的階級，追求人格上的平等。可是，任何社會都有階級存在，階級之間的不平等也必然存在，否則無以稱階級。這裡人格上的平等只能是法律人格的平等：不同階級的人平等地享受法律對各自權利的保障，也平等地接受法律的各種懲罰，如果他觸犯了法律的話。除此之外，一個社會設若能用民治的方式讓不同的階級和階層的人（比如律師與保姆、醫生與門衛、電腦設計師與清潔工），在經濟上平等起來（這正是下面生計民治主義鏟平貧

富的訴求）；你可以想想，這該是一種多麼巨大的強制力量啊。只是在這樣一種強制力量的面前，儘管它以民治的名義，你的個人自由還有多少安全係數。

民治主義如何走向極權

　　法國學者貢斯當在談作為人民主權的民主時有過一種警告：「沒有精確的定義，理論的勝利在它的運用中可能會成為災難。」[1]《新青年》鼓吹民主，似乎正應驗於貢斯當所言。由於民治的定義缺乏明確的邊際，導致它不當越野。殊不知，當民治主義君臨社會成為一個全能型的權威時，個人自由極有可能發生災變。這裡有一個問題，《新青年》對民治擴張抱有雄心，但如何讓它「遍及人間一切生活」，卻還是一個問題。《新青年》七卷一號《實行民治的基礎》把這個問題解決了，它在全面推舉民治的同時，也找到了全面掌控人類社會生活的門徑。

　　如前述，《實行民治的基礎》將四個方面的民治主義歸納為「政治方面的民治主義」和「社會經濟方面的民治主義」。由於「社會經濟簡直是政治的基礎」，因此，社會經濟方面的民治主義便成為《新青年》民治追求的一種側重，它的落點便是最後那個「生計的民治主義」。這裡的生計即經濟，陳獨秀後來在一份講演提綱中，將其稱為「經濟的德莫克拉西」。這兩者語義一致，化約一下，便是「經濟民主」。

　　政治可以民主，經濟又何以民主？《實行民治的基礎》對此點並未多加發揮，但，我們不難從其他地方觀察到《新青年》的經濟民主是什麼。一九二〇年春，長沙報界代一家紗廠的女工向廠主要求改善勞工待遇，這在任何意義上都是一件好事。但《新青年》並不滿足於此，該雜誌七卷六號上的《上海厚生紗廠湖南女工問題》之後有陳獨秀的「我的意見」，聲稱：「二十世紀的勞工運動，已經是要求管理權的時代，不是要求待遇權的時代。」[2]按常情，如果該工廠是廠主私人所有，女工只是契約意義上的雇傭，她們在待遇權之外，是否可以擁有經營上的管理權。如果答案是否定的，該文則提供了解決這一問題的思路，這就是「由個人的工業主義

---

[1]　貢斯當《古代人的自由與現代人的自由》第五十六，商務印書館，一九九九。
[2]　《新青年》第七卷第六號第二六〇頁，寧夏人民出版社，二〇一一。

進步到社會的工業主義」。[3]這裡「個人的工業主義」即指工業產權的個人私有，後者則指工業產權的社會公有。既然在產權上人人有份，工人當然可以參與工廠的經營管理，此即經濟民主。《新青年》這一思路終於在一九四九年開始兌現，產權私有不復存在，一九六〇年代在國有企業大力推行的《鞍鋼憲法》「兩參一改三結合」，其中一參就是工人參加管理。

　　經濟民主的肯綮在產權。產權私有，我的財產我做主，輪不到誰來民主。但這種產權制度一旦打破，亦即產權全部轉移到國家，名義上人人都是主人，可以實行經濟民主，但它往往也停留在名義上。由此可見，「生計的民治主義」或「經濟的德莫克拉西」，其要害就是廢除私有制。《新青年》七卷四號上《瑪律塞斯人口論與中國人口問題》從四個方面闡述了「私有財產廢止的好處」。七卷一號中的《調和論與舊道德》，又指控社會種種弊端「那一樣不是私有制度之下的舊道德造成的」。[4]於是，剷除私有制便成為《新青年》社會革命的主要標的，它所試圖模仿的對象就是蘇聯。

　　《新青年》自己並不知道，它所追求的以取消私有制為目標的「生計的民治主義」將會把社會引向何方。讓我們還是聽一聽蘇聯前紅軍領袖托洛茨基自己是怎麼說的吧（哈耶克至少兩次引用過他的話）：「在一個政府是唯一的雇主的國家裡，反抗就等於慢慢地餓死。『不勞動者不得食』這個舊的原則，已由『不服從者不得食』這個新的原則所代替。」[5]例如，當生產資料的產權分佈在各個不同的資本擁有者手裡，我即使貧窮，但我有選擇的自由。但如果全社會的產權都集中在一個對象手裡，任何一個人原本存在的自由選擇的權利必然不復存在。然而，事情的糟糕並不到此為止，哈耶克進而指出：「如果所有的生產資料都落到一個人手裡，不管它在名義上是屬於整個『社會』的，還是屬於獨裁者的，誰行使這個管理權，誰就有全權控制我們。」[6]注意，這裡的「全權」即極權（極權主義不過是全權主義的一種意譯）。

---

[3]　《新青年》第七卷第六號第二六四頁，寧夏人民出版社，二〇一一。
[4]　《新青年》第七卷第一號第九十三頁，寧夏人民出版社，二〇一一。
[5]　轉引哈耶克《通往奴役之路》第一一六頁，中國社會科學出版社，一九九七。
[6]　哈耶克《通往奴役之路》第一〇一頁，中國社會科學出版社，一九九七。

　　當民主欲「遍及人間一切生活」，其實現管道便是取消私有制；然而，當它從這裡走向「生計的民治主義」時，這種民治已經開始走向極權。這裡，產權是關鍵，誰控制了人類的飯碗，誰就控制了人類生活中的一切。回顧二十世紀的極權主義，沒有一個發生在君主制國家，因為那些國家即使專制，卻還沒有敢於觸碰私人產權。倒是那些號稱民主尤其是全面民主的國家，如蘇聯，極權主義卻成為一種必然。當然，蘇俄民主是假民主；問題是，真民主也有可能產生真極權。如果從政治學的角度考量《新青年》，它所推出的民主無疑是極權主義的民主。

「國民總意」析

　　一九一六年初，陳獨秀形成的政治主張是，以國民政治取代政黨政治、以國民運動取代政黨運動。這一主張發佈後，國會議員汪叔潛來信批評，陳獨秀覆信回答，這一通書信刊登在《新青年》二卷一號的「通信」欄目中。

　　陳獨秀對汪氏的回答是：「近世國家，無不建築於多數國民總意之上。各黨政策，非其比也。蓋國家組織，著其文於憲法，乃國民總意之表徵。」[1]這裡一連用了兩個「國民總意」，如果翻閱早期《新青年》，不難發現，在談及國家政治問題時，「國民總意」是一個高頻出現的詞。這個詞最早使用的是後來成為北大教授的高一涵，《青年雜誌》創刊號上有高氏的《共和國家與青年之自覺》，文曰：「故生此時代之人民，其第一天職則在本自由意志Free will造成國民總意General will，為引導國政之先馳。」[2]「國民總意」是高一涵首用，但非首創；這一概念創自盧梭，也來自盧梭。盧梭思想對高、陳諸人的影響，再次表明《新青年》思想資源的法蘭西化。

　　對於西方思想，早期《新青年》來者不拒，也良莠無分，但卻有自己鮮明的價值偏好。就在本期「通信」欄中，陳獨秀回答一位名叫程師葛的讀者來信，說：「竊以代表近世文明者，推英德法三國，而英俗尚自由尊習慣，其弊也失進步之精神。德俗重人為的規律，其弊也戕賊人間個性之自由活動力。法蘭西人調和於二者之間，為可矜式。」[3]矜式者，尊敬而效法也。高一涵在《青年雜誌》首卷三號上有《民約與邦本》，著重介紹霍布斯、洛克和盧梭的國家學說。這三位的排序，不僅是時間上的遞進，更是價值上的遞升。近代國家理論，由這三位「造成掀天震地之偉績」，

1　《新青年》第二卷第一號第五十八頁，寧夏人民出版社，二〇一一。
2　《新青年》第一卷第一號第九頁，寧夏人民出版社，二〇一一。
3　《新青年》第二卷第一號第六十二─六十三頁，寧夏人民出版社，二〇一一。

它自霍布斯始，洛克是「登堂」，盧梭為「入室」。[4]如此高推盧梭，蓋在於盧梭國家學說的核心之一便是「國民總意」。

既然在洛克和盧梭之間，《新青年》最終選擇了盧梭，那麼，盧梭的問題自然也就成了《新青年》的問題。問題在於，國家建構，洛克的《政府論》（下）說得十分清楚：「人們聯合成為國家和置身於政府之下的重大的和主要的目的，是保護他們的財產。」[5]如此清晰的表達，《新青年》視而不見，哪怕是在專門介紹洛克的篇幅中。相反，一個含混不清而又帶有致命隱患的「國民總意」，卻被《新青年》置為上賓、頻頻出鏡。很顯然，在觀念形態上，與天生帶有灰顏色的「個人財產」相比，「國民總意」的道德色彩更鮮明，也更容易贏得大多數，尤其是青年。

是的，《新青年》鼓勵青年不會在財產權上作文章，卻會鼓勵青年為爭取自由意志而奮鬥。《新青年》的眾多篇幅，並不少見「自由」，卻很難讓人感到它是自由主義（儘管它對自由主義也有所介紹）。產權和產權自由是自由主義的古典根基，但《新青年》更多聲張的是帶有高蹈姿態的自由意志和自由個性。這並非不可，但，在國家建構上，認為國家不是出於保護個人產權的需要，而是構成於所謂的由「自由意志」形成的「國民總意」，問題就不可避免地出現。事實上，個人意志如果是自由的，就很難形成什麼國民總意。「各師成心，其異如面」，天底下沒有相同的兩片樹葉，「總意」云云，其何云哉。當然，「總意」並非不可以鍛鍊，但它一旦練就，肯定不是自由意志的產物，倒毋寧是個人意志不自由或有所不自由的表徵。

「國民總意」一詞來自盧梭的《社會契約論》，盧梭這本書的最大特點是，貌似思辨，其實在繞。繞來繞去，一直從自由繞到奴役，繞到極權主義。個人自由，不但被國民總意請君入甕，居然還讓你感到，你是在服從自己。盧梭說：「任何人拒不服從公意的，全體就要迫使他服從公意」，[6]因為「每個結合者及其自身的一切權利全部都轉讓給整個集體」，[7]服從這個集體就是服從自己。這服從「恰好就是說，人們要迫使

4 《新青年》第一卷第三號第一三九──一四○頁，寧夏人民出版社，二○一一。
5 洛克《政府論》下，第七十七頁，商務印書館，二○○三。
6 盧梭《社會契約論》第二十四頁，商務印書館，二○○三。
7 盧梭《社會契約論》第十九頁，商務印書館，二○○三。

他自由」。[8]自由居然可以迫使，這是盧梭的一大發明。並且，在財產權上，盧梭說得也夠清楚：「集體的每個成員，在形成集體的那一瞬間，便把當時實際情況下所存在的自己──他本身和他的全部力量，而他所享有的財富也構成其中的一部分──獻給了集體。」[9]

對比而言，國民總意是集體意志，財產權利是個人權利。一個國家，是建築於所謂的國民總意，還是建築於財產權利及其保護，這是盧梭和洛克的分野。《新青年》以盧梭為首途，推崇國民總意，這表明由《新青年》所主張的政治道路是法蘭西式的而非英倫式的（後一道路自晚清預備立憲失敗後即被封死）。可是，《新青年》同仁並未深究，在可以為輿論操縱的「國民總意」面前──《新青年》恰恰是輿論導向的傑出的操盤手──個人自由又在哪裡。

陳獨秀答覆汪叔潛時強調「多數國民總意」，高一涵在《民約與邦本》中聲稱「此總意之發表，由人民直接集會票決之」。一個多數，一個票決，這就是他們所追慕的民主。這就可以理解，陳獨秀為什麼反感議會框架中的政黨政治，而試圖代以普及整個社會的國民政治。前者的民主是代表的、間接的，同時也可以說是少數人的；後者不然，它是多數的、直接的、大的、甚至是運動式的。這樣一個原始形態的民主讓我們對蘇格拉底之死就不感到奇怪。既然蘇格拉底的信仰違反了國民總意（多數的），這些多數又集會票決他非死不可，那麼，他還能不死嗎。

8　盧梭《社會契約論》第二十五頁，商務印書館，二○○三。
9　盧梭《社會契約論》第二十七頁，商務印書館，二○○三。

政黨政治還是「國民政治」

　　陳獨秀主辦的《新青年》認為北洋政治是「專制」和「政黨政治」，故主張以全民性的「國民政治」取代之，因為後者能夠體現國民意志而前者不可以。陳獨秀文人出身，從知識結構上看，長於文史而不擅法政。他不知道，就現代政制而言，只要是議會框架中兩黨互為反對的政黨政治，就不可能形成專制。相反，倒是陳偏好的那種廣場式的國民政治，看似民主，倒有可能通向專制，甚至極權。

　　《新青年》創辦時期正逢第一次世界大戰爆發。一九一七年，為中國是否參與歐戰，國務總理段祺瑞和總統黎元洪意見相左。段本人是主戰派，但他的主張必須通過黎，也必須在議會中通過。就段的個性言，他並非不專制或不想專制，但是，那個分權的制度框架限制了他。當時段的陸軍次長這樣慫恿：沒什麼大不了的，總統不蓋印就驅逐總統，國會不通過就解散國會。武夫當國，習慣用槍桿子說話。但，段氏權衡利弊，還是不敢在制度上冒天下之大不韙，因而採納文人的主張：「按軌道辦事」。段本是北洋軍頭中最專制的一個，但，只要制度不專制，就能對專制的個人形成遏制。

　　民初議會由兩黨構成，國民黨和進步黨。段氏參戰，本來就是進步黨（時改稱研究系）的主張；但問題是國民黨反對，它同時又是議會中的第一大黨，擁有最多議席。段祺瑞既繞不開國會，又志在必得，於是就玩起了所謂國民意志的把戲，企圖以「民意」來逼議員主要是國民黨的議員。國會表決前一兩天，北京突然出現了什麼「五族公民」「北京學界」「北京市民」之類的請願隊伍，拿著小旗在國會附近聚集。到五月十號正式表決那天下午，這些公民團體大約有數千人將國會團團包圍。看見議員進場，他們就強行塞上他們的請願書和警告信。如果有議員不接受，拉下車就打。他們不但向議長要求列席旁聽，遭拒絕後，還直接威脅國會，必須當場通過對德宣戰案，否則就不准議員離院。

　　這些「公民團」到底都是些什麼人呢，除了一些穿便衣的軍人和員警

外，大都是從各處召聚而來的乞丐、杠夫和遊民。他們在國會門前形成了一個聲勢浩大的廣場，一會兒大聲叫罵，一會兒拍手狂歡，場面亂成一片。顯然，這是一種被權力操縱的民意，不過民意本身就往往容易被操縱、煽動和代表。像對德宣戰這類問題，因其專業性，本當由職業性的議員辯論定奪。訴諸民意，直接搞國民政治，即使沒有操縱，此案設若擺在一個杠夫面前，他又會有什麼負責任的成見。但，這次議員顯然被段祺瑞激怒了，他們一致決定不解決這個突發事件，就不討論宣戰問題。他們同時要求國務總理段祺瑞到場，接受議員問責：北京秩序是否還能維持。

僵持到晚上七點多鐘，段祺瑞才不得已姍姍而來。面對議員，他的解釋是：人民到國會來進行和平請願，不應當以武力強迫解散，這樣會引發軍民衝突和流血。問題是這根本就不是什麼和平請願，而是暴力脅迫。且不說進門前已有議員被打，此刻已是晚上九點多，議員堅持不投票，因此外面的公民團不斷向院內投擲磚瓦，用以形成威懾。員警雖然在場，卻逍遙袖手作壁上觀。雙方就這樣僵持著，最後，由於一塊飛石砸中了到會採訪的日本記者，段怕引發外交事端，才下令用騎兵將公民團驅散。此刻，被解圍了的議員已經身心俱疲，再也不肯討論宣戰問題。結果，當天會議會而不議，宣告結束。段祺瑞終於沒有在議會裡達到他的目的。

非常喜劇的一幕是，不日，北京《醒華報》登出一封「公民」來信，披露那天幕後的一些情形。這位署名來信者，自稱從安徽到北京，一直謀差未成。閒無事，便由同鄉的陸軍部秘書介紹加入公民團。說好那天中午十二點去包圍國會，按鐘點給錢。每小時大洋五毛，散時即付。該人那天準時到場，直到晚上八點半離開。他算了一下，一共八個半小時，計價應為四塊兩毛五。但，那天散夥時他沒拿到錢，第二天上門去要，那位陸軍部同鄉不但「吝而不予」、「避而不見」，還派人出來對他「大言恐嚇」（主要是怕事情洩露）。此人越想越氣，索性登報揭發。於是，天下人都知道那天的公民團原來是被收買了的「赤膊黨」。

「赤膊黨」之被揭露，蓋在於由《新青年》視為專制的北洋，其實是一個新聞自由的時代。一九二一年，日本作家芥川龍之介在北京很羨慕地對胡適說：中國作家享受的言論自由要比日本人大得多。胡適回答：「他

們……沒有膽子與能力可干涉我們」。[1]其實，這不在於作為統治者的「他們」，關鍵在於當時那一套政黨政治、司法獨立和言論自由的制度。不過，一心想終結北洋專制的《新青年》，從鼓動民意的角度，呼喚國民運動乃至國民革命。於是，伴隨北洋的終結，「政黨政治」亦隨之終結，代之而起的，才真正是制度性專制的國民黨「黨治」。

---

[1] 曹伯言整理《胡適日記全編》（三）第三三六頁，安徽教育出版社，二〇〇一。

新文化中的「個權」旁落

　　五四是二十世紀中華民族的歷史發源，無論五四後的中國是什麼樣的歷史走向或格局，都可以在它那裡找到自己的精神坯胎。如果說二十世紀的中國是倒著走完的話，反思歷史，是不能回避五四的。

　　後人慣把五四運動（主要是指它之前的「新文化運動」）稱為啟蒙運動。什麼是啟蒙，通常說來，它是理性者對蒙昧者的精神開啟。當時的啟蒙者無疑是那些習得西方某些價值理念的知識份子，而蒙昧者則是那些連字都識不得的廣大民眾。但，思想是只向思想說話的，因此，五四啟蒙其實並不是知識者直接向廣大民眾啟蒙，啟蒙的對象是那些精神正在成長中的青年學生，真正的大眾則被排除在外。

　　那麼，五四知識份子給那些青年學生提供的精神功能表是什麼呢？自由、平等、民主、科學、權利、社會主義、無政府主義、新村主義……，這一連串概念，構成了一張眼花繚亂的思想地圖。然而，就在五四之中和五四之後，這一串概念只有兩個詞被鎖住：民主與科學。其他概念則被逐步過濾，而「權利」——個人的權利，就是五四運動後期被過濾掉的一個。

　　這裡把「權利」稱作「個權」，是強調「權利」的個體性。權利原本就是個體的，比如和個人相對的國家或在個人與國家關係中，後者沒有權利可言。也正因為與生俱來的個體性，所以，權利或人權儘管在《新青年》中最早出現，但在新文化運動的思想博弈中，不敵那些天然帶有群體性的概念，比如民主、科學、社會主義等。它逐步旁落，並連帶著「自由」和它一道；因為，自由也是個體的，它指涉的是個人權利不受障礙的狀態。

　　五四追逐「現代」，問題是什麼是「現代」，儘管解釋可以很多，但，根本上，現代是一個「權利的時代」。十七世紀英國革命保障了個人的「私權」，十八世紀法國革命擴展到個人的「公權」，這樣一個「個權」的擴展，便逐漸形成西方現代意義上的民族國家。可見，現代國家是建構在個人和個人權利基礎上的。

　　五四的現代，反了過來，它追求「國」的現代，儘管也談及個人，比如「立人」。但，這裡有兩個問題：一，為什麼立人，二，如何立人。就前者，立人之所為，並非為了人（個人），而是為了國。魯迅說：「是故將生存兩間，角逐列國事務，其首在立人，人立而後凡事舉」[1]。原來立人乃是救國之道，它是「船堅炮利」和「政治維新」失敗後，拯救國運的第三種策略。至於如何立人，還是接引上面的話：「若其道術，乃必尊個性而張精神」（同上）。五四時立人的聲浪不可謂不高，甚至很高蹈，什麼精神、個性、意志、人格等，到處飄飛，但就是沒有形而下意義上的個人的生存和利益。加上啟蒙者說話的對象是青年學生，是喚起他們的個性；而作為民眾的個人，非但無個性可言，他們的生存以及與生存有關的利益亦即他們的各種「私權」，則更不在知識份子的視野之內。

　　更進一步，民眾作為個人，別說權利，就是人本身，在知識份子那裡，也不過是道具，實現現代國家理念的道具。五四啟蒙一個重要的命題就是「改革國民性」。可是，為什麼是「國民性」而不是其他？「國民性」這個概念的內在含義是「民」從屬於「國」，它是個義務性的概念，和作為個體權利的「公民」一詞有著本質的不同。是知識份子認為「國將不國」，才需要從本性上改革國民。如從個人角度，就不會發生這個問題。無論什麼性，只要是個人的，哪怕問題再大，如若沒有妨害別人，為什麼要改。可是為了國，不僅要改，而且是被改，被知識份子用某種他們認同的價值理念去改。

　　個體與國家，它們的關係在五四知識份子中顛倒如此，著實令人歎息。五四前的嚴復，翻譯過密爾的《論自由》，並將題目意譯為《群己權界論》，全書談的正是「個權」問題。當他在譯孟德斯鳩的《法意》即《論法的精神》時，對法的精神當有深切的領會──保護個權；但，他卻說出這番話：「吾每行都會街巷中，見數十百小兒，蹣跚蹀躞於車輪馬足間，輒為芒背」，是出於人之常情的惻隱之心嗎，不。嚴復接著說：「非慮其傾跌也，念三十年後，國民為如何眾耳」。嚴復的眼裡，看到的不是個人的生命，更無論個人的權利，他慨歎的只是「支那真不易為之國也」。[2]（注，此處對嚴復意思有誤讀，為保持當初真實，仍照前不改）

---

[1]　《魯迅全集》第一卷第五十七頁，人民文學出版社，一九八二。
[2]　轉引《魯迅全集》第一卷第二九七頁，注釋（二），人民文學出版社，一九八二。

嚴復的意識同樣流貫在魯迅那裡。「凡是愚弱的國民，即使體格如何健全，如何茁壯，也只能做毫無意義的示眾的材料和看客，病死多少是不必以為不幸的」。[3]把人視為「材料」，而且「毫無意義」，分明是從國的需要來衡人。尤其「病死多少是不必以為不幸的」，已經跌破了人道主義的底線。在論者眼裡，一個人只要愚弱，就連生存權都可以沒有。嗚呼！對人的生命和生存，嚴復漠視而魯迅蔑視，這已經不止是缺陷了，至少在今天看來，它是夠觸目驚心。

「天地不仁，以萬物為芻狗，聖人不仁，以百姓為芻狗」（老子）。所謂啟蒙，用魯迅的話：「我們的第一要著，是在改變他們的精神」，[4]如此居高臨下的口吻。「我們」和「他們」構成了啟蒙兩造極不平等的格局，一個「改」字充滿了話語暴力。只是誰有權力按照自己的意志改變他人的精神呢。啟蒙者改造民眾，無非是把自己的價值派給民眾，以民眾來實現自己心儀的觀念。問題是，啟蒙者關注過個體意義上的民眾的生命、存在和利益嗎。那一系列宏大敘事的觀念，包括科學與民主，儘管輪番登場，於民眾個人又有什麼用。當然，這裡並非否定那些觀念的積極意義，尤其民主。只是當這些觀念和個人利益脫鉤並要透支個人權益甚至生命來實現自己時，它就異化了，或者說，它實際上被它的鼓吹者操縱了。民主也不例外。民主當屬公權，是公民個體在公共領域中所享有的政治權利，價值鏈上，它位於私權之後。由於五四時的民主並不顧及個人私權，而脫離私權的公權又是無根的；因此，它最終變成了一個可以被利用也事實上被利用了的抽象口號。

五四新文化張個性而失「個權」，這很弔詭。可見這個宏大敘事之外的概念，在中國新舊文化土壤中，生命力多麼脆弱。本來，權利就是一個弱概念，尤其是在它面對「權力」時。可是啟蒙先驅不察，只重觀念不重個人，使得二十世紀成了一個觀念和觀念實現的世紀。可是，在業已實現了的觀念那裡，「個權」還有它的存在空間嗎？個權的旁落，是五四的事，也是整個二十世紀的事，它是由五四帶出的一個世紀性的斷裂。

3　《魯迅全集》第一卷第四一七頁，人民文學出版社，一九八二。
4　《魯迅全集》第一卷第四一七頁，人民文學出版社，一九八二。

道德豈分新舊

　　《新青年》自創刊伊始，即糾結於文化、思想和道德上的新與舊，並一面倒地棄舊揚新。一九一九年《新青年》七卷一號上的《調和論與舊道德》（陳獨秀）就是把題目上的舊道德當做批判對象。還是在一九一六年，《新青年》即有《吾人最後之覺悟》，這便是「倫理的覺悟」。三年過去，陳獨秀覺悟的是什麼呢：「現在人類社會種種不幸的現象，大半因為道德不進步」，[1]社會種種罪惡「那一樣不是私有制度之下的舊道德造成的」。[2]因而「拋棄私有制度之下的……舊道德，開發那公有、互助、富於同情心、利他心的新道德」，（同上）便定格為《新青年》最後的覺悟。這其中蘇俄的影響彌漫可見，但《新青年》把它看成了文明與道德的新大陸，抱住不放，以至沉淪。

　　幾乎就任一對象而言，新舊大體同時，它是一個自然順序。但陳認為新的既出，舊的即當淘汰。一個社會之所以會新舊並存，「乃是因為人類社會中惰性較深的劣等分子，不能和優級分子同時革新進化的緣故。」因此，「惰性也是人類本能上一種惡德，……新舊雜糅調和緩進的現象，正是這種惡德這種障礙造成的。」[3]《新青年》自恃其新，對那種鼓吹「道德是舊的好」的論調展開批判，免得它誤導青年。雖然，該文沒有具指鼓吹舊道德和調和論的是誰，但，瞭解上個世紀前二十年歷史的人知道，還是在《新青年》以前的梁任公時代，梁氏本人就是一個不拒新學亦不斥舊學的文化調和論者。當然，《新青年》是看不起梁任公的，還是在那篇最後覺悟的文章中，陳有這樣的評價：「甲午以還，新舊之所爭論，康梁之所提倡，皆不越行政制度良否問題之範圍，而於政治根本問題去之尚遠。當世所說為新奇者，其實至為膚淺。」[4]這裡，政治且不論，我們就不妨

---

[1]　《新青年》第七卷第一號第九十二頁，寧夏人民出版社，二〇一一。
[2]　《新青年》第七卷第一號第九十三頁，寧夏人民出版社，二〇一一。
[3]　《新青年》第七卷第一號第九十一頁，寧夏人民出版社，二〇一一。
[4]　《新青年》第一卷第六號第三三六頁，寧夏人民出版社，二〇一一。

看看被陳視為膚淺的梁任公，是如何談論舊道德和調和論的吧。

還是在一九○二年，梁任公作《新民說》。《新民說》和《新青年》都標舉其新，但質地不一。後者對舊全盤否棄，但任公不然，他在解釋新民時說：「新民云者，非欲吾民盡棄其舊以從人也。新之義有二：一曰淬厲其所本有而新之。二曰採補其所本無而新之。」[5]這裡的「本有」就包含《新青年》務欲盡除的舊道德。《新民說》談道德有兩篇，先出爐的是「論公德」，而後又有「論私德」。如果公德篇含有一定的危險（這世界沒有公德，只有私德，私德外推於公共對象即公德），任公不久即意識到自己的問題，其私德所論，不僅糾偏，其所褒揚，恰恰就是傳統文化中的舊道德。任公聲稱：「欲鑄國民，必以培養個人之私德為第一義」。他不但指出「私德之墮落」首先便是「由於專制制度之陶鑄也」；[6]更弘揚儒家私德者三：一正本，二慎獨，三謹小。認為：「今日所恃以維持吾社會於一線者何在乎，亦曰吾祖宗遺傳固有之舊道德而已」。[7]

梁任公的新民道路除了汲取西洋新學之外，另外一條途徑非但不棄舊，反而要推陳出新。如此新舊結合，才能形成一種健康完整的人格。這正是後來《新青年》反對的調和論。但梁任公很公允地指出「世界上萬事之現象，不外兩大主義，一曰保守，二曰進取。」人們在運用時往往會偏取，於是衝突。任公的態度是「兩者並存而相調和」。並認為「善調和者，斯為偉大國民，盎格魯撒克遜人種是也。」他甚至這樣比喻進取與保守間的關係：「譬之踱步，以一足立，以一足行；譬之拾物，以一手握，以一手取。」[8]由此可見，任公的新民之道不搞新舊排斥，不搞二元對立；而是新舊調和，並相互配合。

然而，梁任公的時代是二十世紀前十年，後十年即為《新青年》時代。後一時代是對前一時代的否定，無論在政治哲學、倫理哲學還是文化哲學上，都有一個新舊問題。《新青年》不但顛覆梁任公，而且全盤否定舊文化，乃至舊道德。儒家倫理就是《新青年》一再批判的對象，它把三綱五常一股腦安在孔子身上。然而，在知識學上，三綱本自法家，孔儒才

5　《新民說》，《飲冰室合集（六）‧飲冰室專集之四》第五頁，中華書局，一九八九。

6　《新民說》，《飲冰室合集（六）‧飲冰室專集之四》第一一九─一二○頁，中華書局，一九八九。

7　《新民說》，《飲冰室合集（六）‧飲冰室專集之四》第一三二頁，中華書局，一九八九。

8　《新民說》，《飲冰室合集（六）‧飲冰室專集之四》第七頁，中華書局，一九八九。

是五常。三綱固可批，五常豈能棄。常者，恒也。在人倫關係上，父子兄弟朋友等五倫如果「曆千萬祀，與天壤而同久」；那麼，作為五常的仁義禮智信便「共三光而永光」。倫理無分新舊，即使強分，道德還是舊的好。至於《新青年》提倡的「互助、富於同情心」等，原本就是古老的舊道德。但新文化連同三綱帶五常，囫圇猛批，結果倒下去的不是三綱是五常。如果我們今天人與人之間的關係還有五常可言，也不會是連基本誠信都沒有的一派亂象。《新青年》打倒了它所認為私有制產生的舊道德（其語言是「澈底消滅」），提倡蘇俄以公有制為名頭的新道德（語言為「澈底發達」）。兩個澈底，便澈底把由它啟動的歷史帶入萬劫不復。

道德豈分新舊，正如學人新舊兩途。梁任公等人是傳統文化的「最後一代士紳」，《新青年》等人則是中國「第一代知識份子」。觀其大體，兩者庶幾不能比。如果我們一邊讀「飲冰室」，一邊讀《新青年》，便可以知道什麼叫「黃鐘瓦釜」。

法無可恕，情有可原

　　一九一九年五四那天，是《新青年》「廣場民主」的第一次上演。那天的高潮不在天安門，不在使館區的東交民巷，而是在曹汝霖的住宅趙家樓。棍打章宗祥和火燒趙家樓，是這一天整個運動的亮點。據當時人在現場、後來屬於國民黨的羅家倫回憶（他是北京大學的學生領袖，「五四運動」一詞即出於他），章宗祥和一個日本人躲在一個小房間裡，學生一擁而入，其中北大一個校工說自己認得章宗祥，學生動手就打。忽然有人說打錯了，大家一哄而散。那個日本人和曹家的傭人，連忙把章抬出去，藏在一間雜貨店裡。忽然人群中又有人喊「剛才並沒有打錯」，於是大家又把他拖回來，有人還「拆散了一張鐵床，拿鐵床的棍子來打」。打得他遍體鱗傷，「大家以為他已經死過去了」。[1]

　　至於放火，羅家倫「看見有兩個學生，自身上掏出許多自來火來，如果他們事前沒有這個意思，為什麼要在身上帶來這許多自來火呢？結果，曹宅燒起來了。」這是一個細節，當軍警趕到時，「傅孟真把他一本日記簿，上面寫著許多代表名字的，往火裡一丟，馬上燒掉了」。（同上）不知這個傅斯年是不是意識到了學生行為的不妥。

　　根據以上，五四這天，學生行為雖出於愛國熱情，但事情本身卻違法。畢竟是法學專業，第二天早上上課時，北大刑法學教授張孝栘一進課堂，就被學生包圍，他們關心的是昨天行為的法律問題以及被捕同學的責任。張的回答是：「我是現任法官，對於現實的案件，不應標記法律見解。我只說八個字：法無可恕，情有可原。」[2]後來這八字傳到了當時的司法總長那裡，「他大不以為然，且加申斥」。這是國民黨老報人陶希聖回憶錄的片段，他是當時北大法律門的學生，火燒趙家樓時也在現場。

　　法無可恕，情有可原，張教授的回答同時兼顧了情與法，司法總長為

1　羅家倫《蔡元培時代的北京大學與「五四運動」》，羅久芳著《羅家倫與張維楨》第五十五頁，百花文藝出版社，二〇〇六。

2　陶希聖《潮流與點滴》第四十七頁，中國大百科全書出版社，二〇〇九。

什麼不高興。九十年後，我在讀書時碰上這則片斷，似乎能夠理解那位總長的隱曲。至少由我看來，張的回答如果可以是職業的，但還不夠專業。這八個字本是一則紹興師爺玩弄刀筆的小故事，看起來「法」字當頭，但因為「情」以為核，最終演變為只有情，無有法。

相傳清代，某女子與人私通，兒子以為恥，最後他把母親給殺了。殺人抵命，自然該處以極刑。可是縣令動了惻隱，很想救這個在他看來是大義滅親的青年一命，他把難題交給了自己的幕僚。這位紹興師爺把卷宗接過來看了一遍，眼睛就停留在最後一句話上：「情有可原，法無可恕」。師爺沉吟有頃，提起朱筆把這八個字給顛倒一下，便成了「法無可恕，情有可原」。縣令當場就放人。

這八個字原是一轉折句，重心在後。兩者順序不同，便可以形成兩種不同的處理。情有可原，法無可恕，則法不容情，按法辦事；法無可恕，情有可原，則可以略跡原情，讓法靠邊。那位司法總長對張孝籙的不滿，不知是否出於法律本身的考量。火燒趙家樓畢竟是一個無法繞過去的司法案件，而張又是京城總檢察廳的首席檢察官。按其職業，對於縱火者，他必要提起刑事公訴。但他說出這八個字，如果知道它的來歷，也就等於知道了他的態度。

從法學專業角度，聚眾群毆、抄毀私物、公開縱火，不管何人或何因，事件本身便構成刑事要素。檢察官提起公訴，這是職責。至於案情怎麼判包括情與法之間如何權衡，乃是法官的事，不是檢官的事。這位張檢察官以情有可原為由，放棄了理應追究的法。從一個世紀的眼光來看，這是一種損失。百年以來，我族最重要的價值缺失之一，就是法的缺失。曾記五四前的民初，宋教仁被刺案發，當地法院即傳喚時任國務總理的趙秉鈞，可見當時帶有司法獨立性質的法治框架不但存在，而且還試圖積極有為。但，可悲的是，傳票可以發給國務總理，卻無以傳訊作為學生的縱火者。政府怕事，和學生做交易，以放人為籌碼換取學生複課。對此我先不說學生，這是北洋政府的失職，是用政治壓倒法律。

從學生這一面看，不能以愛國為由做任何違法的事，否則即應承擔法律責任。趙家樓的那把火可以說燒了一個世紀，它燒掉的不是一座樓，同時還有那個時代正在逐步形成的法律意識和習慣。以五四為先例，在以後愈演愈烈的青年運動中，年輕學生養成的是另外一種習慣，只要目的正

義，手段上可以不計一切（如果可以誇張，人世間的一切災難俱可以從此而出）。中國原本就不是法治國，西方法治東來之際，無論權力還是權利，俱視法律為無物，這就註定了至今為止法治文明在百年中國的水土不服。

　　情與法的衝突率為常有，以情代法，還是法不容情，這是法治與否的一種選擇。倒是五四時的人文學者梁漱溟從法的角度提出了很好的折衷，即對學生縱火者提起公訴，然後當庭特赦。他的理由是，不起訴不足以維持法治尊嚴，特赦則體恤學生愛國熱情。由於趙家樓現場人眾，檢察廳無從一一指認，梁甚至建議縱火學生不妨自首，因為不如此，社會的損失將更大（這裡指的就是法律和法律尊嚴的損失）。梁漱溟的聲音實在稀罕，穿越九十年的時光，今天依然是五四時期最值得傾聽的聲音。是的，起訴是必須的，在我看來，除了體現法治外，同時也是對後來愈演愈烈的「縱火式愛國」的一種警示。至於是否特赦，那是法官的事，應由執庭法官自由裁量。但，對於後來一直被視為英雄的縱火者以及把人往死裡打的帶頭人，其實很難做到情有可原。

《新青年》精神初始

　　包括新文化在內的五四運動向被稱為啟蒙運動，這個稱謂可以形成這樣一種假設，社會蒙昧，只有那幾個啟蒙者才清醒。設若如此，不妨看看他們是如何啟蒙社會、尤其是啟蒙青年的。《新青年》是新文化由此而發生的一份雜誌，我現在找出它的第一卷第一號，是為了考查這份雜誌誕生時的精神初始，看它是以什麼樣的觀念和思維引發了後來的文化運動。

　　《新青年》姓「新」，新文化也姓「新」，惟新是進，乃是這份雜誌乃至這場運動的最重要的意識形態。《青年雜誌》創刊號即刊有《新舊問題》一文，新文化運動對新舊問題的態度由此肇始，並貫穿始終。

　　署名汪叔潛的這篇文章首先把新舊問題視為國運的樞紐：「國中現象，變幻離奇，蓋無在不由新舊之說淘演而成。」政有新政舊政，學有新學舊學，道德有新道德舊道德，甚至交際應酬亦有新儀式舊儀式。因此，從國家到社會，「無事無物不呈新舊之二象」。[1]宇宙大千，本為多元，該文將無限豐富的多元歸納為新舊之二元，這是一種簡單的化約。針對該文自己劃分的新舊之爭中的三種態度：偽降派、盲從派和折衷派，作者不僅「惡乎」前二者，「尤惡乎折衷」，因為它的主張是新舊調和，「二者可以並行不悖」。（同上）如果這是二元並立的觀點，但，該文的價值觀卻是二元對立，作者的態度很直截：「新舊二者，絕對不能相容」。[2]

　　當多元並為二元，這二元又絕對不能相容，你死我活之後，結果剩下的便只能是一元了。從多元、二元到一元，後者越發成為《新青年》的文化走向。《新青年》以新自居，在理念上，它容不得舊，因而呈現為強烈的排他性。這種排他，在態度和語氣上都很決絕，帶有絕對主義色彩。作者認為西洋文化「為吾中國前此所未有，故字之曰新」，「反乎此者，則字之曰舊」。新舊本為天地之自然，哪怕就是植物一株，新枝舊葉，亦為同時。可是，在《新青年》那裡，新舊之間，「二者根本相違，絕無調和

---

[1]　《新青年》第一卷第一號第十四頁，寧夏人民出版社，二〇一一。
[2]　《新青年》第一卷第一號第十五頁，寧夏人民出版社，二〇一一。

折衷之餘地」。該文暗含嚴復進化論的思想，適者生存的「適」，被突出為生死存亡間的鬥爭。勢至於此，新與舊便成了一種只能是排中的選擇：「如以為新者適也，舊者在所排除」，「舊者不根本打破則新者絕對不能發生」。最後，作者用極端的語氣再度重複了自己：「新舊之不能相容，更甚於水火冰炭之不能相入也。」（同前文）

　　從立論到表述，此文很典型地楬櫫了《新青年》和新文化一以貫之的文化表現，它的症候形態不妨為一元、絕對、排他和獨斷。這就是《新青年》的精神初始，也是它的思想底色，同時亦是它從一開始就搭建而成的文化框架。從它新店初開到它大張其勢，非但未見其轉折，反而借助五四從文化走出，以運動方式廣之於社會與政治，且愈演愈烈，以至形成一個百年不絕的傳統。這就是我們走過的一個世紀，而且是至今為止尚未終結的世紀。當然，終結云云，不是時間維度，而是價值維度。在價值之維上，可以注意到，和上述表現相反的一些價值，比如多元、寬容、調和、相對等，《新青年》非但沒有，而且反對。當然，《新青年》裡有個胡適之。胡適不是沒有發出這樣的聲音，但這種聲音從來不是主流；而且胡適自己在這一點上，亦不免知行分離，比如他當時對文言及舊文學的態度。進而言，形成世紀影響的是新文化中的陳、胡、魯，但，最終是陳獨秀和後來居上的魯迅形塑了新文化的傳統而非胡適。如果日益邊緣化的胡適還可以作為多元與寬容的精神表徵；那麼，陳獨秀和魯迅則活生生地人格化了什麼叫一元、什麼叫絕對、什麼叫獨斷和排他。

　　《新青年》問世，即以傳播西方文化為己任，此文聲稱：「所謂新者無他，即外來之西洋文化也；所謂舊者無他，即中國固有之文化也。」（同前文）但，近現代以來，系統傳播西方文化，非自新文化始，而是自嚴復始。嚴復以一人之力，系統譯介各種西學，並以自由主義為中心。在嚴復那裡，中西文化非但沒有根本衝突；相反，越至晚年，他越是努力調適這兩種不同性質的文化。中西文化勢不兩立，非自嚴復始，而是自新文化始，由此開始一個世紀的反傳統思潮。頗為喜劇的是，新文化標舉西洋，西方自由主義的多元與寬容，它卻沒有學來；它視傳統為仇讎，傳統中「天下義理只容有一個是」的絕對主義邏輯，它卻發揮得窮形盡相。

《新青年》第一期的法蘭西情懷

　　在現代與傳統的對峙中，《新青年》以傳播現代文明為己任。在它的創刊號上，「新」被定義為「西洋文化」。但，作為現代文明的西洋文化並非鐵板一塊，《新青年》初創伊始，便對西洋文化中的法蘭西情有獨鍾。研究陳獨秀的臺灣學者鄭學稼把《新青年》分為前後兩個時期，如果「後期的任務是宣傳馬克思主義和俄式共產主義」；那麼，前期「它是啟蒙運動的刊物，反孔，宣傳法蘭西式民主和科學，提倡『文學革命』。」[1]

　　主編的精神就是雜誌的面貌，陳獨秀本人對法蘭西的偏愛，明顯地在《新青年》創刊號（《青年雜誌》第一期）上體現出來。不僅封面最上方雜誌名稱的外語翻譯是法語（一直沿用到一九一九年），內中文章亦多與法蘭西有關。陳獨秀自己撰寫了《法蘭西人與近世文明》，又翻譯了一位法蘭西作家的《婦人觀》，同時還登載法蘭西學者所撰著的《現代文明史》（節選）。當然，猶足以顯示《新青年》法蘭西情結的，還是陳獨秀那篇《法蘭西人與近世文明》。

　　這是一篇謳歌式的文章，讚頌近代以還的歐羅巴文明移植亞美利加，又風靡亞細亞。但，這個文明就其「先發生主動者，率為法蘭西人」。[2]（以下出自此文語，不另注）具而言，是法蘭西人率先向世界貢獻了三大文明：「一曰人權說，一曰生物進化論，一曰社會主義」。

　　近代人權從法國始？陳認為法國大革命以前，歐洲國家無不建築在君主和貴族的特權之上，人民無自由權利可言。「自千七百八十九年」，「人權宣言刊佈中外，歐羅巴之人心，若夢之覺，若醉之醒，曉然於人權之可貴，……列國憲章，賴以成立」。這是把人權抗爭的時間表向後推了幾百年。保護人權的憲章最早是一二一五年的英國「大憲章」，而且人權宣言的藍本即美國的「獨立宣言」也於一七七六年問世。有英美在前，人

---

[1]　鄭學稼《陳獨秀傳》上，第一四四頁，時報文化出版企業有限公司，民七十八（一九八九）。

[2]　《新青年》第一卷第一號第六-八頁，寧夏人民出版社，二〇一一。

權何至於要等到一七八九，才被法蘭西提上歷史日程。這不是知識上的偏差，而是陳獨秀本人價值上的偏好。他偏好的是一七八九那個年份，偏好的是「若法蘭西人，其執戈而為平等、博愛、自由戰者」的那種執戈而戰的方式。英國人求權利從貴族始，用的是改良，法國人求權利從第三等級始，用的是革命，這既是一個歷史過程，同時也有它們各自的歷史原因。但，以陳獨秀這種革命黨人的性格，他當然不喜英國人的保守和漸進，他欣賞的是由大革命誕生「人權宣言」那血染的風采。至於法國大革命中和革命後的幾十年，人的權利是否能得到保障，陳獨秀則無遑過問。可以對照的是，創刊號另位作者（汪叔潛）談《新舊問題》的文章，亦同聲相應地弘揚法蘭西：「乃自法蘭西革命以還，人權之說大唱」。[3]

　　世人皆知進化論創自於英國達爾文，但，陳獨秀在此標舉的卻是法國拉馬克，因為拉馬克在達爾文之前就提出過進化的觀點。在同期頭條的《敬告青年》中，陳獨秀亦以「法蘭西當代大哲柏格森之創造進化論」勖勉青年。陳獨秀談進化念念不忘法蘭西，正如談人權偏偏忘了英吉利。忘與不忘，都是一種有意識的選擇。

　　社會主義是法蘭西人貢獻給這個世界的第三大文明，它亦是法國大革命的產物。其時「有巴布夫者，主張廢棄所有權，行財產共有制」。而後此說逐漸興盛於法蘭西，產生了聖西門和傅裡葉；再後，此說由法蘭西而德意志，出現了拉薩爾和馬克思。陳獨秀的線條梳理十分清晰，社會主義的精義亦把握得十分準確。所謂社會主義，即「繼政治革命而謀社會革命者」，意在「排斥違背人道之私有權，而建設一新社會也」。

　　天不生仲尼，萬古如長夜，它的陳獨秀版便是「世界而無法蘭西，今日之黑暗不識仍居何等」。根據以上三點，陳獨秀謂法蘭西人為「創造此文明之恩人」，其法蘭西情懷流露無遺。如果可以進一步鎖定，陳獨秀所稱頌的三大文明有兩個來自法國大革命，這才是他意圖解決中國問題的潛意識所在。《新青年》前期，它所宣傳的民主，如果是法蘭西式的民主；它所宣傳的人權，也是法蘭西式的人權。至少，這樣的民主和人權是以法蘭西的方式而獲得。法蘭西就這樣在陳獨秀那裡成了包括英吉利、美利堅、德意志在內的近代文明的範式。

3　《新青年》第一卷第一號第十五頁，寧夏人民出版社，二〇一一。

　　替代法蘭西的是俄羅斯。《新青年》的價值取向從前期的法蘭西演變為後期的俄羅斯，其原因蓋在於兩者都是革命（而且俄國革命者自認為他們是在進行法國大革命沒有完成的革命）。一九一九年陳獨秀說「十八世紀法蘭西的政治革命，二十世紀俄羅斯的社會革命，當時的人都對著他們極口痛罵，但是後來的歷史家，都要把他們當做人類社會變動和進化的大關鍵。」[4]

　　接下來的大關鍵，不言而喻，就是中國了。因此，從法國革命到俄國革命複至中國革命，就構成了世界現代史上的一個革命譜系。

---

[4]　陳獨秀《二十世紀俄羅斯的革命》，《陳獨秀文章選編》（上）第三八一頁，三聯書店，一九八四。

《新青年》啟蒙中的科學之蒙

　　還是《新青年》第一期。其開卷《敬告青年》：「國人而欲脫蒙昧時代，羞為淺化之民也，則急起直追，當以科學與人權並重。」[1]從一九一五年標舉「科學與人權」，到一九一九年再倡「民主與科學」，這位「賽先生」始終是《新青年》的要角和啟蒙目標，並由此激發一個世紀的反響。

　　《敬告青年》是陳獨秀為《新青年》撰寫的發刊詞，針對陳獨秀眼中的青年狀況，即「青年其身體」、「老年其腦神經」，《新青年》「謹陳六義」，以為青年「明其是非」。它們分別是：自主的而非奴隸的，進步的而非保守的，進取的而非退隱的，世界的而非鎖國的，實利的而非虛文的，科學的而非想像的。統觀這六條教義，無一不是非此即彼的選擇，它們原出於二元對立的思維。在這樣的思維背景下推出科學，科學本身就潛伏了問題。

　　生活世界，森羅萬象。其中固然不乏對立的二元，比如開放與閉鎖；但並非所有的二元都構成價值上的對立，而是各有其價值，比如進步與保守，同為一個正常社會所需要。不正常的是，有的二元對立是人為製造出來的，這是出於排他的需要。《新青年》提倡科學，但它一出場就把不是反科學而是非科學的想像，作為自己的排斥。這個態度非但不科學，而且是科學的反面。它把科學以外廣袤的非科學領域一律變成科學支配的對象，這個世界變成了科學一元的世界。在這個意義上，科學已經導向為「科學主義」。

　　本來，想像的範疇與科學並列而非對立（如想像思維和科學思維），它不但無以反科學，甚至在思維上和科學相輔相成。愛因斯坦就是一個充滿想像力的科學家，在他看來：想像力比知識更重要，知識是有限的，想像是無限的，它是知識進化的源泉，也是科學研究中的實在因素。對照愛因斯坦，《新青年》以科學斥想像，認為「在昔蒙昧之世，當今淺化之

---

[1]　《新青年》第一卷第一號第四頁，寧夏人民出版社，二〇一一。

民，有想像而無科學」。（同上）然而，沒有科學並非想像之過，排斥想像亦未必發達科學。這裡《新青年》是在製造想像與科學的衝突，將想像視為科學的假想敵。

陳獨秀以科學反想像，乃是在反想像貫穿其中的宗教與文學：「宗教美文，皆想像時代之產物」（同上）。本來，科學、宗教、文學，俱是人類生活的不同領域，它們有各自的遊戲規則，誰都沒有理由凌駕其他之上。何況科學屬認知，宗教屬信仰，兩者不但涇渭；而且身為科學家，並不妨害他同時可以是一個虔誠的信仰者，比如愛因斯坦。也正如愛因斯坦所說：和原始宗教的恐懼性質相比，現代宗教的性質是道德的，它具有道德功能。道德與科學無關，正如文學、藝術、人生俱與科學無關；但，《新青年》的科學是科學通吃，連人生觀都不放過。這可見後來《新青年》派所發生的「科玄論戰」，所謂「科學人生觀」即由此提出。問題在於，人生觀乃是一種生活態度，並不屬於科學認知。科學解決不了人生問題，而且，並非世界上的所有問題，都可以為科學所化約和解決。科學有它自身的邊界和域限，視科學為可以解決人類一切問題的萬能，本身就背離了科學。

從一九一五到一九一九，幾年過去，《新青年》在科學認知上的偏差非但無改，反而變本加厲。這就是一九一九年它那著名的《本志罪案之答辯書》。當年「科學與人權」的旗子改易為「民主與科學」，後者已經成為《新青年》的百年標誌。標誌的力量遠遠大於它的實際內涵，它可以鼓舞一代代青年為之奮爭，但奮爭者卻完全可以不明白那兩面旗子到底包裹的是什麼。直到今天，反思《新青年》依然有人視為「攻擊」。攻擊者何，當然是由它所標舉的民主與科學。當年《新青年》自己就把這兩面旗子當作護身符。陳獨秀說：「本志除了擁護德、賽兩先生外，還有別項罪案沒有呢？」沒有，好吧，那就請你們不要非難本志，「有力氣、有膽量來反對德、賽兩先生，才算是好漢。」[2]這樣的句子，讓人忍俊不禁。

筆者從不反對民主與科學，但不得不反思《新青年》的科學與民主。它的民主帶有一七八九年法國大革命「廣場民主」的色彩，這且不論；它的科學，已經成了科學一律的意識形態，而且《新青年》還把它變成一根

2　《新青年》第六卷第一號第八頁，寧夏人民出版社，二〇一一。

棍子，一根打向傳統文化的棍子。聽聽這樣的聲音：「要擁護那賽先生，便不得不反對舊藝術、舊宗教」。（同上）不知道這是一種什麼思維，按此邏輯，百年中國的科學落後，是不是要到藝術宗教那裡去問責。陳獨秀在為《新青年》同仁的極端主義辯護時說：「自古以來的漢文的書籍，幾乎每本每葉每行，都帶有反對德、賽兩先生的臭味」，因而「是德、賽兩先生天造地設的對頭」。以否定一切的態度反傳統，卻自冠科學；這是一種文化病態，其中並無什麼科學和科學精神可言。

　　正如有的制度竭力聲稱民主，並非不可以是反民主；當年《新青年》大力鼓吹科學，其實際表現未必不可以是反科學。《敬告青年》聲稱「一遵理性，而迷信斬焉」，但，以科學反傳統，本身就有違科學理性。饒有意味的是，《新青年》自己並未搞清科學是什麼，就率爾啟蒙，結果可想而知。看看它自己後來引進的那一套社會「科學」理論吧，那才是我們百年科學落後的一大障礙。該雜誌用科學反迷信，但卻把科學變成了迷信（是謂「科學迷信」）。迷信即蒙昧，如果該雜誌一邊以科學啟蒙，一邊卻又陷入科學的迷信，這是不是「以蒙啟蒙」呢。

《新青年》的言論自由是什麼

　　頭上的題目可見該刊七卷二期上的《法律與言論自由》（陳獨秀）。如題，該文談的是言論自由與法律的關係，推出的觀點是「言論要有逾越現行法律以外的絕對自由」；因為「言論自由若要受法律限制，那便不自由了。」[1]

　　當新文化運動被後人稱為啟蒙運動時，我們至少可以考量，他們自己蒙不蒙，以及他們到底給當時的激進青年啟了什麼蒙。兩三年前，筆者根據自己對新文化運動的判斷，隨手寫過這樣的「啟蒙謠」：啟蒙啟蒙，以蒙啟蒙。蒙而未啟，歷史走錯了房間。何謂以蒙啟蒙，這裡《新青年》談論的法律與言論自由的關係，就是一例。

　　《新青年》是進入公共領域的一份雜誌，談論的也多是當時公共領域中的問題。談論這些問題，需要一定的公共知識。這個知識，當以法政為主。畢竟法律與政治，從來都是公共領域中最重要的問題。《新青年》不是沒人能談這個問題，比如高一涵，就比較專注於這方面，而且談的比較好。但，《新青年》的主帥是陳獨秀，他是個傳統意義上的文人。就他自身而言，長於文藝而拙於法政。這也無妨，問題在於，他本人在價值取向上就輕視法政。這裡有一個細節，當年留學日本時，陳獨秀、蘇曼殊和章士釗曾住過一個房間，陳這樣評價他的同屋人：「章士釗和我們倆不同，不愛文藝而致力於法政，是一個十足的官迷。」[2]熱衷法政就是官迷，這是陳的偏見不說，要說的是，一個文人要向青年進行法政啟蒙，那就要問他自己蒙不蒙。然而，二十世紀，恰恰是這些蒙而不知的文人型知識人而非法政型知識人主導了青年，並引領了潮流。畢竟文藝是訴諸人的感性而法政只能訴諸理性，年輕人因其年輕又恰恰是一個感性的存在。他們容易動容、容易投入、容易獻身，而且無怨無悔。因此，新文化運動型的知識人看似啟蒙，其實是一種導往政治蒙昧的宣傳，乃至鼓動。由他們和他們

---

[1]　《新青年》第七卷第一號第九十頁，寧夏人民出版社，二〇一一。

[2]　白吉庵《章士釗傳》第五十頁，作家出版社，二〇〇四。

宣傳鼓動起來的年輕人，委實給二十世紀的後五十年作出了他們自己都意想不到的貢獻。

現代政治文明中的自由，從來都是法律框架內的自由。如果沒有法律，也就沒有自由。這是現代法政知識的常識。但，《新青年》要自由，張口就是法律外的自由，而且是絕對的。儘管它所要求的絕對，乃是言論；但，言論本身難道可以豁免法律的限制嗎。殊不知，法律限制自由，正是為了保障自由。如果自由不是單方面的，自由與自由便是互相抵觸的。在自然狀態中，這種抵觸足以使得自由不復存在。因此，人類文明造就了法律，用它來保障各方面的自由。當然，這種保障是有代價的，那就是自由對任何人來說都不可以絕對，它必須受到法律的限制，亦即你的自由不得冒犯他人的權利：無論行為，還是言論。

《新青年》敢於聲稱：言論要獲得「違背法律的自由」，是因為它為這種違背提供了一種可疑的正當性。在作者看來：「法律是為保守現在的文明，言論自由是為創造將來的文明」。（同上）為了不斷創造新的文明，言論自由當然可以突破法律的限制。這樣的表述其實是對法律的無知。就現代法律的發生而言，它不是為了保守現在的文明（它本身倒是人類文明的產物），而是為了保守人的各種權利。在《法的形而上學原理》中，康德談及權利時，曾經指出：「與『自然狀態』相對的是『文明狀態』而不是『社會狀態』。在自然狀態中，很可能有某種社會狀態，但是，在那裡沒有一個用公共法律來維護『我的和你的』『文明』的社會結構。」[3]這個社會結構靠法律維繫；法律所以被需要，就在於它的使命是維護「我的和你的」權利。從康德這本談「權利的科學」的書裡，可以看到，權利乃是法律存在的出發點，法律的一切俱圍繞權利而展開。能夠保障自然狀態中無以保障的權利，這正是法律作為現代文明的一種體現。因此，任何一種抵觸或違反法律的言論，哪怕它頂戴著創造新文明的名頭，結果也將導致對文明本身的摧毀。

事實正是如此。北洋時代可謂二十世紀法治最不壞的時代。這個世紀沒有最好，只有最不壞和最壞（歷史的弧線恰恰是從前往後一路下行）。由清末梁啟超時代引進的歐美法治體系，儘管阻力重重，但卻是在蜿蜒中

---

[3]　康得《法的形而上學原理》第五十一頁，商務印書館，一九九七。

前行。然而好景不長，本來就先天不足的法治，固經不起北洋利用，更經不起那種立志要創造新文明的力量的摧毀。這些新文明的啟蒙者，事實上開啟了一個世紀的法治蒙昧。他們以新文化的熱情，點燃了一代青年的熱情。這種熱情很典型地表現在當年的五四運動中，那點燃在趙家樓裡的一把火，從法律角度看，就是刑事。可是就是今天，又有幾多人習慣從法的角度審視那把火，進而審視那一代青年呢。這本身即說明五四新文化對這個世紀的負影響是如何持久。

　　附：就二十世紀言，新文化運動形成了至少長達前半個世紀的精神譜系，它影響了一代又一代的年輕人。然而，不難看到的是，《新青年》薰陶下的新青年，看起來追求自由民主；但，除了感性上的認同，在知性上，可以說，他們恰恰是不懂乃至最不懂自由民主的一群。這種不懂，有代際遺傳。一九四〇年代，那些讀了些進步文藝從而參加革命的青年，在重慶口口聲聲要自由要民主。當時重慶方面主持文宣的葉青（大革命時期的共產黨，後成為國民黨），曾這樣回答：你們不是要自由嗎，這裡就有。《新華日報》不是辦到了重慶了嗎。請問，我們能否把《中央日報》辦到延安？葉青善問（這個片段筆者聽自於葉青的一個侄輩）！重慶與延安，一個是自由的多與少，一個是自由的有與無。可是，這群愛自由卻無知於自由的年輕人聽不進去。在他們的參與下，歷史從多與少終於走向有與無。嗚呼，如果這不是啟蒙的悲劇，其實倒正是它的偉大功績。

北大兩教授作文造假《新青年》

　　習現代文學史的人都不難於知道當年北大兩教授的一次作文造假，那是一九一八年三月《新青年》上署名「王敬軒」的《文學革命之反響》（以下引文不另注）[1]。但，世上本無王敬軒，他是北大教授錢玄同化身的假名。在這個名頭下，文章對新文化運動肆行攻擊。然後由北大另一教授劉半農撰文批駁。錢劉之間的這一表演被稱為「雙簧」。作為曲藝一種，雙簧是一人表演動作，一人藏在身後或說或唱。這樣的說唱叫「假唱」，蒙蔽天下的假唱今天已屢見不鮮；不曾想，當年引領文化風向的人，也曾作過另一種形式的假唱。

　　由勝利者書寫的歷史往往不能輕信。在文化保守主義面前，新文化運動最終大獲全勝。文學史家鄭振鐸在敘述那個時代的文學論爭時說「在那樣的黑暗的環境裡，由寂寞的呼號，到猛烈的迫害的到來，幾乎無時無刻不在興奮與苦鬥之中生活著。」[2]黑暗、迫害、苦鬥，這樣的敘述符合歷史真相嗎？如果沒有政治權力的打壓，鄭的敘述至少不誠實。一個世紀以來，恰恰北洋時代才是政治基本不干涉文化的時代。一九一九年陳獨秀自己就表示：新文化「政府並沒有干涉」。非但沒有干涉，相反，它還贊助了新文化。一九二〇年元月，是北洋政府下令全國中小學逐步取消文言文，白話文從此走進中小學課本。

　　沒有迫害，但有寂寞。新文化人實在太寂寞了，一九一七年頭，胡適陳獨秀輪番聲張文學改良與革命，一年下來，幾乎沒人陪他們玩，連個像樣的敵人都沒有。就連真正反對他們的林琴南，也是不反白話，只反白話取代文言。寂寞生非，此刻《新青年》需要製造敵人，以張聲勢，否則，這場運動就沒有個運動的樣子。於是，錢劉兩教授合演雙簧，製造了王敬軒這樣一個假敵，讓他漏洞百出地攻擊新文化，再讓劉半農來一層層笑罵剝皮。造假的痕跡如此明顯，排版時，王敬軒的信是囫圇一篇，並未分

---

[1]　《新青年》第四卷第三號第一八五－一九七頁，寧夏人民出版社，二〇一一。
[2]　鄭振鐸編《中國新文學大系・文學論爭集》導言第一頁，上海文藝出版社，二〇〇三。

段。但在劉的覆信中，對方分明是八個自然段，劉乃逐段以駁。這樣的推測未必不成立，王敬軒的信其實是分段的，但發排時為了顯示文言的泥古迂執，故意眉毛鬍子一把抓，通篇還仿用舊式圈點，密密麻麻，讓人看的透不過氣。

這是劉半農覆信時的不打自招：「自從提倡新文學以來，頗以不能聽見反抗的言論為憾，現在居然有你老先生『出馬』，這也是極應歡迎，極應感謝的。」《新青年》不但推廣新文化，而且喜歡鬥爭哲學。本來，你聲張你的主張即可，但是，它需要敵人來為它擴大影響。沒有敵人就假造一個，結果假敵人引來了真敵人，這就是可憐的林琴南。且不說林琴南比新文化更早地推廣白話，陳胡文章發表時，他也不過表白了自己的觀點「論古文之不宜廢」。不廢古文並非反對白話。但出於學術私怨，是新文化的一些教授把桐城古文視為死敵，開篇即罵「桐城謬種」。及至炮製假敵時，林琴南又是鎖定的目標。王敬軒故意抬出林琴南，讓劉半農將其醜惡化。今天我們只知林琴南醜化新文化的《荊生》與《妖夢》，卻不知他首先是新文化的受害，然後才反噬。製造敵人的結果是新文化和舊文化彼此劣化。但從人格、道德上看，卻新不如舊，至少林還為他的小說公開承認罵人有錯。他是被兩位失德的教授用陰謀拉下水的，但治現代文學的已故教授吳奔星在正面意義上，稱錢劉之舉為「引蛇出洞」。是的，引蛇出洞，多麼豐富的歷史聯想，然而，喝五四奶長大的生輩，運用之妙，顯然比乃師更勝一籌。

一個世紀以來我們有很多文化不良：謾罵、造假、一元、獨斷、不講道理卻嬉笑怒罵，為了目的不擇手段，果如推究，新文化即青蘋之末。姑以目的／手段論，兩教授不甘寂寞想進一步光大新文化，那是你的權利；但你不能用造假的手段來蒙蔽天下。胡適當時便不以為然於「憑空閉戶造出一個王敬軒」，他的方式是請文化保守方面的學生上《新青年》發佈反對意見。當時有留美學人也反感這種「偽造」方式，認為會毀了新文化的「信用」。但某些新文化中人若非沒有信用觀念，便是認為目的就是一切，手段微不足道。這是一種十分可怕的「意圖倫理」。該倫理目的至上，它為了某個它認為正當的目的，便可採取不正當的手段（這樣的事例太容易見到，二〇〇八奧運會，為了「國家形象」，就可以製造假唱。假唱蒙哄世人，但製造者冠冕堂皇，這是為了國家形象。一個糊裡糊塗的怪

圈，居然還有不少糊塗的人認同。意圖倫理讓我們意識不到，造假本身就是最壞的形象）。

　　而今處處「王敬軒」。當年新文化造假的示範作用相當惡劣，對此，我們至今都缺乏足夠的認識。如果可以盤點，新文化到底給我們一個世紀以來的文化帶來什麼樣的風習，顯然，它的正面性遠不如其負面。

「討論學理之自由權」

　　以上《兩教授作文造假〈新青年〉》，說的是錢玄同冒名」王敬軒「攻擊自己所贊成的新文化，然後由劉半農出面批判這個子虛烏有的「王敬軒」。行文之間，頗有詈罵。本來這是錢劉等人策劃出的文化苦肉計。罵來罵去，為的是讓《新青年》搞出些動靜、造成些影響。文章發出後，果然有了反應。一讀者看不過劉半農行文罵人，寫了封信給陳獨秀，批評「貴志記者對於王君議論，肆口侮罵」，並質問「自由討論學理，固應又是乎？」[1]一九一八年六月號的《新青年》以「討論學理之自由權」為題，發表了這封署名「崇拜王敬軒先生者」的信，並由陳獨秀作一回復。

　　儘管這位讀者被《新青年》蒙蔽，不知道他崇拜的「王敬軒」是假造；但他提出的問題卻是認真的，且事關論辯雙方的寫作倫理。人類社會，對問題的看法固難一致，雙方發生論辯時，彼此採取什麼樣的態度、方式和語詞，都牽涉到一個倫理問題。該問題長期為人忽視，以至文章本為天下公器，但這百十年來，卻經常成了一些人嬉笑怒罵的攻訐武器。這是文化的悲哀。此種風習，當不自新文化始，新文化卻也不能辭其咎，以它對當時和後來的影響。

　　讀者批評是否恰當，可以先看錢劉行文。這是錢氏冒名頂替的擬文：「鄙人非反對新文學者……，能篤於舊學者，始能兼採新知。若得新忘舊，是乃蕩婦所為。」[2]（見《文學革命之反響》，以下引文不另注）無疑，「王」的觀點自有其合理，尤其當時以林紓為代表的一部分文化保守主義，真的不反新學，他們只是主張新舊並存，不主張棄舊圖新。至於「蕩婦」，如果不是錢氏的行文習性，便是故意為之，以罵激將。劉半農對此回應：「處於現在的時代，非富於新知，具有遠大眼光者，斷斷沒有研究舊學的資格。」此觀點在表述上不免絕對，至少「斷斷」太獨斷。新學不必成為舊學的研究資格，即以錢玄同的老師章太炎論，新學未必通

---

[1]　《新青年》第四卷第六號第四五九頁，寧夏人民出版社，二〇一一。
[2]　《新青年》第四卷第三號第一八五──一九七頁，寧夏人民出版社，二〇一一。

達，照樣把舊學做到一流。但，問題不在這，什麼樣的觀點不可以？這是下邊的句子：如果非新知而究舊學，「弄得好些：也不過造就出幾個『抱殘守缺』的學究來，猶如鄉下老媽子死抱一件紅大布的嫁時棉襖，說它是世間最美的衣服……，請問這等陋物，有何用處？（然而已比先生高明百倍！）弄得不好：便造就出許多『胡說亂道』『七支八搭』的『混蛋』……（先生即此等人之標本也！）」又是「陋物」，又是「混蛋」（再加上前面的「蕩婦」），這全是觀點外的詈罵。這類詈罵，《新青年》上並非少見。由它表現出的新文化邏輯是罵人有理，或，有理就可以罵人。

　　讀者來信寫給陳獨秀，因此出面回應的也是他。但陳獨秀不涉該事真相，而是將錯就錯，假戲真做。對讀者不負責任不說，回信本身，不僅為劉氏罵人強為之辨，還冠以「討論學理之自由權」。陳獨秀的回應大略是：本志發刊以來，反對意見很多。本志態度有敬有慢，情形可分三種：一、「立論精到，足以正社會之失者，記者理應虛心受教。」二、「是非未定者，苟反對者能言之成理，記者雖未敢苟同，亦必尊重討論學理之自由，虛心請益。」三「其不屑與辨者，則為世界學者業已公同辨明之常識，妄人尚複閉眼胡說，則唯有痛罵之一法。」痛罵的理由很堂皇：「討論學理之自由，乃神聖自由也；倘對於毫無學理毫無常識之妄言，而濫用此神聖自由，致是非不明，真理隱諱，是曰『學願』，『學願』者，真理之賊也。」[3]

　　陳獨秀果然雄辯，但近乎於狡。「王敬軒」的文章本是攪局，可以不論，只是該文為抑而揚地抬出了林紓。林紓及其弟子（張厚載）幾乎是《新青年》罵的最厲害的人，他們不過與《新青年》秉持不同的文化觀，屬文化保守而已。文化激進和保守，是非本難論定，陳獨秀逕自把後者視同妄人，還找出了個「世界學者業已公同辨明」的理由，但這理由未能成立。文化保守在當時也是世界性的，後來出面反對《新青年》的吳宓、梅光迪等，不但持保守立場，而且俱門出美國哈佛大學的文化保守主義白璧德。再說，第三種人果如在常識以下，《新青年》連辨都不屑，幹嗎還要罵人去髒自己的嘴。因此，陳獨秀的三種情形其實兩種，他是把自己觀念上不能接受的對象抹黑，從而為罵張目。

<hr />

[3]　《新青年》第四卷第六號第四五九頁，寧夏人民出版社，二〇一一。

　　文化一元主義的陳獨秀並不知道，真理往往不是楚河漢界、涇渭分明，它需要往還討論、反復辯難。就像法院開庭前，對象只是嫌疑，身分並未確認，真理亦如此。討論的雙方，誰也不能先在地認為真理就是自己，而且還是唯一。更重要的是，在一個多元世界，真理並非一元。你的認知如果是對的，和你不同乃至相反的認知，同樣有它的存在的合理性。要之，文化問題，誰都不能以一己之是來劃線。但，陳獨秀和他的《新青年》自以為站在進步論立場，就以為真理為我獨享。於是，反對我者即妄人，不同我者即妄言。不但可以剝奪其「討論學理之自由權」，還要喝罵一聲「學願」。學願者，偽學也。《新青年》就是這樣唯我獨革、唯我獨真、唯我獨學。

　　自嚴復出，自由主義出矣；自《新青年》出，自由主義變色矣。《新青年》固張自由，但缺乏自由主義。它談的是學理討論的自由權，卻不懂討論學理離不開多元與寬容。因此，除胡適二三子，自由主義在《新青年》那裡庶幾形存神不在。

一次不對等的師生交手

　　陳獨秀眼中，北大學生張厚載是一個「和《新青年》反對的人物」。這個還沒畢業即被北大開除的法科學生雅好國故，一九一八年間，他以一人之力又以學生之身和他的師長就傳統戲劇，於《新青年》上辯論。九十年後，筆者好事，把當年卷宗巡閱一過，批：師遜於生而青勝於藍。儘管這是一次不對等的師生交手。

　　一九一八年的《新青年》有過兩次關於傳統戲劇的討論，引動討論的就是「以評戲見稱於時」的張厚載。參與討論的除了也是學生的傅斯年，余皆堂皇一時的北大教授，如胡適、陳獨秀、錢玄同、劉半農、周作人等。張本是《新青年》的讀者，對師長文章，不但自覺「思想上獲益甚多」，而且認為師長們的「文學改良說，翻陳出新，尤有研究之趣」。但，分歧也正在這裡，裂縫就是張所說的那個「翻陳出新」（見該期《通信》）。[1]

　　「翻陳出新」本作推陳出新。在語文的解釋上，它可以有兩種，一是「推出」，即從舊的當中推出新的，但並不排斥舊。一是「推翻」，即把舊的澈底推倒，讓位於新。前一種是連續性的改良，後一種類似中斷式的革命。張厚載對舊戲持改良態度，而北大教授的文學改良其實是文學革命。語言上他們主張白話取代文言，因為文言已經死了。戲劇上則是「廢唱而歸於說白」，戲曲向話劇靠攏，最終走向革除。雙方對舊戲的態度，也就是他們對傳統文化的態度。如果可以對比，師長們屬於文化激進主義，學生偏於文化保守主義。

　　兩種文化傾向發生碰撞時，比較有意思的是，他們雙方的文化態度和表現。這其中表現特出的是錢玄同。還在張文刊發之前，他致信胡適：「至於張厚載，則吾期期以為他的文章實在不足以誣我《新青年》」。當然，他退讓一步，「如其通信，卻是可以」。胡適的回信也意味深長：「我可以把他的文字或作我的文字的『附錄』，或作《讀者論壇》」。[2]

1　《新青年》第四卷第六號第四五二頁，寧夏人民出版社，二〇一一。
2　中國社會科學院近代史研究所《胡適來往書信選》上，第十二一十四頁，中華書局香港分

結果，張文放在胡文之後作了附錄。學生文字做附錄，本來沒什麼。但不公平的是，同是學生，傅斯年兩篇文章立論與師長同，就都被放在正版。並且傅文第二篇是反駁張厚載，張在前，為附錄，傅在後，卻是正文：此可見《新青年》第五卷第四號之目錄。從版面上看，《新青年》是不願給與自己意見相反的張厚載以同等地位的。

激進主義的文化表現是唯我獨對，排他性極強。錢不但反對張上《新青年》，而且寫信給劉半農：「我們做《新青年》的文章，是給純潔的青年看的，決不求此輩『贊成』。」如果贊成就是純潔，那麼不贊成的呢？錢玄同拎出一些張厚載為舊戲辯護的話，聲稱：「此實與一班非做奴才不可的遺老要保存辮發，不拿女人當人的賤丈夫要保存小腳同是一種心理。」但，保存京劇與保存髮辮小腳能等同嗎？這是一種整體主義思維，要麼全是，要麼全非；正如同要麼是純潔青年，要麼是奴才遺少，而且是以「我」劃線。整體論思維是排中的，它只趨兩極，只有二元。錢所以醜詆張厚載，蓋在於這些國故論者「必須保存野蠻人之品物，斷不肯進化為文明人而已」。野蠻與文明，乃由自己定義。舊戲為舊，故是野蠻。新劇為新，當然文明。廢舊趨新，是為進步。至此，二元對立變成了一元獨對。既然自己獨對，又有進步論撐腰，錢玄同不免強橫，竟至罵張厚載等尊舊戲如同「尊屁」。[3]

和錢玄同「嬉笑怒罵皆成文章」相比，身為學生的張厚載是另一番風度。在群師面前，不卑不亢。或，態度足夠謙恭，道理分寸未讓。陳獨秀批評他在戲劇上囿於方隅而未能曠觀域外，他亦批評師長「僅能曠觀域外，而方隅之內瞢然無睹，所謂『明足矣察秋毫之末，而不能自見其睫』」。在張眼中，先生們的問題在於「論中國戲劇，每表見一種極端之理想論」。[4]蓋「極端」一詞，頗中新文化運動之要害。姑不說陳獨秀的文學革命論把胡適的文學改良推到極端，最後參與戲劇討論的周作人，一邊表白「我於中國舊戲也全是門外漢」，一邊卻「敢說：中國舊戲沒有存在的價值。」

局，一九八三。
[3] 《今之所謂「劇評家」》，《新青年》第五卷第二號第一四五頁，寧夏人民出版社，二〇一一。
[4] 《新青年》第五卷第四號第三三五頁，寧夏人民出版社，二〇一一。

　　周作人的標題是「論中國舊戲之應廢」。文章最後，他表示：舊戲廢除後，「也只有興行歐洲式的新戲」，[5]即話劇。周作人的文字為《新青年》的師生討論劃上了句號。從「廢唱而歸於說白」到廢除舊戲本身，張厚載和北大教授，確實體現了兩種不同的「推陳出新」。張保存舊戲但並不反對新劇，它們可以並存；新文化的教授們為了推出新劇卻必欲剷除舊戲而後快。北大教授們沒有想到的是，他們的文化邏輯其實是文化一元論；正如張厚載，無論他是否自覺，他的表述指向卻是文化多元論。這場爭論明顯師不如生。更致命的是，由《新青年》開其風氣的一個世紀，無論文化內外，都是一元論戰勝多元論，直至今天。

5　《新青年》第五卷第五號第四〇一頁，寧夏人民出版社，二〇一一。

新舊衝突中的犧牲品

　　一九一九年三月三一日《北京大學日刊》有一則開除文告：「學生張厚載屢次通信於京滬各報，傳播無根據之謠言，損壞本校名譽。依大學規程第六章第四十六條第一項，令其退學。此布」。[1]如果知道此事原委，損壞學校名譽的就不是學生張厚載，而是開除本身以及開除他的北大校長蔡元培。

　　今天我們談起大學精神，總離不開蔡元培。執掌北大的他在給林琴南的信中這樣表白：「對於學說，仿世界各大學通例，循『思想自由』原則，取相容並包主義。」[2]後來繼任的北大校長蔣夢麟也說：「本校自蔡先生長校以來，七八年間這個『容』字，已在本校的肥土之中，根深蒂固。」[3]但這個「容」好像是在教師之間，一旦對學生，比如對這個和北大並不怎麼合拍的張厚載，就缺乏容的雅量了。儘管張有過失，但北大卻在他讀了七、八年之後，即將畢業兩、三個月之前，「令其退學」。

　　導致張厚載開除的主要是這兩件事。一是他把林琴南醜詆蔡元培等人的小說轉寄滬上，另一是文告所說「傳播無根據之謠言」。

　　這是晚年周作人的回憶：「北大法科有一個學生叫做張豂子（張厚載），是徐樹錚所辦的立達中學出身，林琴南在那裡教書時的學生，平常替他做些情報，報告北大的事情，又給林琴南寄稿至《新申報》，……當時蔡孑民的回信雖嚴厲而仍溫和的加以警告，但是事情演變下去，似乎也不能那麼默爾而歇，所以隨後北大評議會終於議決開除他的學籍。」[4]張厚載是文化保守主義者，和北大《新青年》的格調頗不合。他曾在北大師長面前申辯舊戲，不為眾師所喜。當然，這不足以成為開除他的理由；但

---

[1]　《北京大學日刊》中華民國八年三月三十一日第一版，《北京大學日刊》第三分冊，人民出版社，一九八一。

[2]　《北京大學日刊》中華民國八年三月二十一日第三版，《北京大學日刊》第三分冊，人民出版社，一九八一。

[3]　轉引劉軍寧主編《北大傳統與近代中國》第五八四頁，中國人事出版社，一九九八。

[4]　周作人《知堂回想錄》，第三五三──三五四頁，香港三育圖書有限公司，一九八○。

北大評議會的教授們議決此事時，是否有這方面的心理因素，已不可考。

　　所謂寄小說，是指他把林琴南醜化新文化運動的兩篇小說寄給上海的《新申報》發表。在《新青年》率先對桐城派妖魔化兩年之後，站在桐城一邊的林琴南始又妖魔化對方，他先後發表了兩篇影射小說《荊生》和《妖夢》。作品糟糕不說，《妖夢》中那個白話學堂的校長儼然即蔡元培。小說是經張的手發出去的。第一篇發表時，還沒有涉及蔡，蔡在北大日刊上公開批評：你既是本校學生，應當愛護母校，怎麼能幫助發佈「意在毀壞本校名譽」[5]的小說呢。此時離張被開除還有十天。可以注意到，十天後的開除文告，內中又恰有「損壞本校名譽」的句樣，固然它指的不是小說而是謠言。但，這樁事即使沒抬上桌面，卻未始不是開除的內在緣由。而且開除文告和蔡的公開信辭吻頗一，差可見張之開除，蔡有可能為其主使。

　　當然，開除的公開理由是「傳播無根據之謠言」。這個謠言是指張於三月四日以通訊記者身分在《神州日報》上發佈的文字：「北京大學文科學長陳獨秀近有辭職之說，記者往訪蔡校長，詢以此事，蔡校長對於陳學長辭職一說，並無否認之表示」。[6]儘管三月十九日蔡元培在日刊上公開闢謠，但，饒有意味的是，三月二十六日夜，免去陳獨秀文科學長的決定就作出了。陳進北大乃蔡所援引，是蔡的重要勢力。因此在處理陳的問題上，蔡不免被動、無奈，甚至被迫。接下來就是三月三十一日開除張厚載。根據這一時間表，張是「傳播無根據之謠言」嗎。謠言經常有根據，而且謠言變成現實就不是謠言。況即使謠言，張不過是一傳播者而非作俑者。他固然有錯，但竟至於非開除不可嗎。關於張的開除，周作人有他的說辭：「雖然北大是向來不主張開除學生，特別是在畢業的直前，但這兩件事似乎都是例外。」[7]例外云云，不免令人遐思。

　　張厚載是林琴南的弟子，林琴南是桐城派的同道，桐城派是嚴復主持校政時北大文科的主角。待辛亥後章太炎弟子夥入北大，桐城派席捲而去。在學術上，桐城派偏「宋學」，力倡文道合一，太炎弟子以「漢學」

---

[5]　《北京大學日刊》中華民國八年三月二十一日第六版，《北京大學日刊》第三分冊，人民出版社，一九八一。

[6]　轉引《北京大學日刊》中華民國八年三月十九日第四版，《北京大學日刊》第三分冊，人民出版社，一九八一。

[7]　周作人《知堂回想錄》，第三五四頁，香港三育圖書有限公司，一九八○。

見長，俱有小學功夫。清代以來，漢宋不兩立。北大固寬容，元培時已無有宋學一席。而且錢玄同痛打落水狗，更把桐城一派詈為「謬種」。張是個不反新文化但反新文化獨霸天下的舊派學生，在北大的新舊衝突中，他以學生之身，站在新文化的對面。這個立場，包括他的上述行為，最終使他成為北大新舊衝突的一個犧牲品。

其實，無論小說還是謠言，都不會使北大名譽有損，真正有損北大的倒是免陳的事由。那是相傳陳和北大學生共狎一妓，因而怒傷其下體。當然，這既是免陳的理由，也只是原因之一；正如傳播謠言是開除張的原因之一，更只是桌面上的理由。都說蔡寬容，卻未能寬容一個犯了無關大錯的學生。這裡或許有他的私念和難言之隱，但開除本身實在過分。

沒有寬容就沒有自由主義。據說自由主義是北大傳統，其實不像。北大即使有自由主義，也無此傳統。北大貢獻的傳統，倒是由五四引發的學生運動，當然這是另一話題，此處不表。

《新青年》五卷四號「戲劇改良」批判（一）

　　本文以《新青年》一九一八年第五卷第四號的「戲劇改良號」（胡適語）為個案，試圖借此對那場運動的文化症候作一些討論性的梳理和剖析。

　　如果把一九一八年視為新文學運動真正誕生的年份，那麼戲劇在這一年的表現，和新文學的其他幾種體類相比，是有所遜色的。一九二〇年胡適出版的白話詩《嘗試集》大都是一九一八年的創作。魯迅的第一個白話短篇《狂人日記》也發表於該年五月份的《新青年》上。從一九一八年四月開始，《新青年》開闢了一個專欄「隨感錄」，專門用於發表新文化同人帶有諷刺性的隨筆，這是白話性質的新散文，它尤其可以視為後來本世紀獨步一時的雜文的濫觴。至於戲劇，和前面的詩、小說、散文相比，它的滯後是顯然的，至少這一年它並沒有創作上的實績。但，一九一八的《新青年》在戲劇上也很努力，一年中推出兩個專號，一是六月份的「易卜生號」，一是十月份的「戲劇改良號」。前者以發表作品為主，後者以戲劇討論為主。就後者言，它的主打文章有兩篇，一是胡適的《文學進化觀念與戲劇改良》，另一是傅斯年的《戲劇改良面面觀》。兩篇之外，另有歐陽予倩的《予之戲劇改良觀》、宋春舫的資料彙編《近世名戲百種目》以及傅斯年的另一篇《再論戲劇改良》。作為反對派的聲音，該期同時刊登了時為北大學生張厚載的《我的中國舊劇觀》和通信《「臉譜——「打把子」》。

　　本文以該期胡適和傅斯年的文章為討論對象，兼及其他。

「進化觀」批判

　　在文學進化的觀念下談戲劇改良，是胡適這篇文章的立足，也是該期整個戲劇號的基本立場。可以看到，面對張厚載的文化保守主義，胡傅兩人的文章同聲相應、同氣相求。他們的觀點在那個時代，屬於文化強勢；

可是如果細加分析，胡適和《新青年》所奉持的「進化觀」其實有不少隱在的問題。

自一八九八年嚴復翻譯英人赫胥黎的《進化論和倫理學》以來（嚴復將此書意譯為「天演論」），「進化」不僅成為直到五四新文化那個時代的社會意識形態，而且像「淘汰」、「競存」、「物競天擇」、「適者生存」、「自然選擇」等語彙也成了那個時代不脛而走的詞。這些語彙的意思很明顯，不進步，即淘汰。這是一種二元對立的選擇，甚至是假借於「天」（自然）的選擇。當然，這裡的「進化」即進步。胡適晚年在一次講演中說「所謂進步，所謂演化，並不是整個籠統忽然而來的；是由一點、一滴、一尺、一寸、一分的很微細的變遷來的」。[1] 這句話包括兩層意思：一，進化即進步和演化；二，進化本身就是改良。

在《文學進化觀念與戲劇改良》中，胡適指出文學的進化有四層意思，分述如下：

第一層總論文學的進化：文學乃是人類生活狀態的一種記載，人類生活隨時代變遷，故文學也隨時代變遷，故一代有一代的文學。

文學進化觀念的第二層意義是：每一類文學不是三年兩載就可以發達完備的，須是從極低微的起原，慢慢的，漸漸的，進化到完全發達的地位。

文學進化的第三層意義是：一種文學的進化，每經過一個時代，往往帶著前一個時代留下的許多無用的紀念品；這種紀念品在早先的幼稚時代本來是很有用的，後來漸漸的可以用不著他們了，但是因為人類守舊的惰性，故仍舊保存這些過去時代的紀念品。在社會學上，這種紀念品叫做「遺形物」。

文學進化的第四層意義是：一種文學有時進化到一個地位，便停住不進步了；直到他與別種文學相接觸，有了比較，無形中受了影響，或是有意的吸收人的長處，方才再繼續有進步。[2]

以下著重剖析胡適前兩層中的文學進化論。

一代有一代之文學，這是近人王國維的持論。胡適用在這裡，意在

---

[1]　胡適《杜威哲學》，《胡適文集》卷十二，第三六八頁，北京大學出版社，一九九八。
[2]　胡適《文學進化觀念與戲劇改良》，《新青年》第五卷第四號第二四七─二五四頁（以下未注胡適語俱出此文），寧夏人民出版社，二〇一一。

為文學進化張目。可是，一代有一代之文學與進步無關。我們很難說代有文學，後代文學就必然是前代文學的進步。固然「周秦有周秦的文學，漢魏有漢魏的文學，唐有唐的文學，宋有宋的文學，元有元的文學」。這些時代是不同的，反映這些時代的文學也當然不同，但不同不等於進步。我們不能說漢魏文學是周秦文學的進步，也不能說唐宋文學是漢魏文學的進步。在某種意義上，像周秦時代的詩經楚辭已經成了一種文學典範（如同希臘神話），它是不可複製的，難以超越的，甚至是難以彷彿的。唐詩宋詞亦如此，唐律是唐代文學的絕唱，宋調是宋代文學的獨步。元曲只是與唐詩宋詞不同而已，但它絕不是唐宋文學的進步。文學固可以演化，這種演化是不同向度上的變化，並非以進步的形式出現。各代文學之間，文體有變，路徑不一，它們在優劣上甚至無從比較。胡適認為一代有一代之文學是文學進化的第一層含義，「最容易明白」，「不用詳細引證」。但胡適自己似乎就沒明白，他的文學進化論僅僅是建築在線性時間的維度上的，然而，進步並非時間上的進步，更重要的，對進步的考量應該是一種價值維度。就像新的（時間上的）未必就是好的（價值上的），時間上的進步也不等於價值上的進步。六朝齊梁間的詩歌，浮詞綺靡，相較於遠在它之前的漢樂府和古詩十九首，毋寧是一種退步。唐宋元明作為時代的自然順序雖有時間上的遞進，但它們文體各異，價值不同，彼此之間，何進步之有。因此，胡適以代有文學而論其進步，這樣的文學史觀如果不能成立，這樣的進步觀卻更為有害。

　　在文學進化觀念的第二點中，胡適主要梳理了中國戲劇的發展與流變。根據王國維的《宋元戲曲史》，中國戲劇從古代的「歌舞」一變而為戲優，後來加入各種把戲，再變為演故事兼滑稽的雜戲，進而過渡到元雜劇。元之後，雜劇變成南戲傳奇，然後再由傳奇變為京調。在雜劇－傳奇－京調的演變中，胡適再度表述了他的文學進化觀。傳奇是雜劇的進化，因為它在體裁上固不如元雜劇謹嚴，但因為體裁更自由，故於寫生表情上要比雜劇有著很大的進步。不過，傳奇也有毛病，屬於文人學士的創作，太偏重樂曲，只可供上流人士賞玩，不能成為通俗文學。故此一劇種不能通行，各地土戲紛紛登場，比如徽有徽調，漢有漢調，粵有粵戲，蜀有高腔，京有京調，秦有秦腔等。由於一些有勢力的人比如清宮慈禧太后等人的提倡，俗劇中的京調脫穎而出，獨佔鰲頭。從昆曲演變為近百年來

的俗戲到當時流行的京劇,胡適是以進步的觀點審視的,俗戲所以進步於昆曲,因為它是白話創作。而白話較之文言,在胡適眼中就是文學的進步。當然,俗劇舞臺上的種種惡習慣,胡適也有所批評,認為需要進一步改革。他在總結中國戲劇小史的教訓時說:「中國戲劇一千年來力求脫離樂曲一方面的種種束縛,但因守舊性太大,未能完全達到自由與自然的地位。」並表示「中國戲劇的將來,全靠有人能知道文學進化的趨勢,能用人力鼓吹,幫助中國戲劇早日脫離一切阻礙進化的惡習慣,使他漸漸自然,漸漸達到完全發達的地位。」

就胡適所描述的戲劇進化而言,我們看到的只是中國戲曲本身的成熟,卻未見「它受種種束縛,不能自由發展,」更未見「這一類文學的進化史,全是擺脫這種束縛力爭自由的歷史。」胡適憑空設論,說:「有時候,這種文學革命止能有局部的成功,不能完全掃除一切枷鎖鐐銬,後來習慣成了自然,便如纏足的女子,不但不想反抗,竟以為非如此不美了。」這裡胡適指的是中國戲劇的各種程式。這些程式,在胡適看來是「束縛力」和「枷鎖鐐銬」(以之為美是病態,正如同欣賞女子纏足);可是在熱愛戲劇的人看來,它們卻是中國戲曲的「習慣法」和「中國文學美術的結晶」(張厚載)。客觀地說,中國戲劇正是在這些程序中形成並走向完善,談不上中國戲劇的發展就是一個擺脫程式束縛的過程。這個過程是否有,正如同一個對象美與否,原本就在於各人看法不同。但問題是,胡適因為頂戴了進化論的桂冠,並預設了以西洋為標準的某種「純粹的」(即無任何程式的)戲劇狀態,且以此來審視以往的中國戲劇。於是,和這預設不同的對象(那些所謂的程序)便都成了「鐐銬」,非但不美而且應該劣汰。在這裡,「進步」儼然成了一種話語霸權。

胡適聲稱「中國戲劇一千年來力求脫離樂曲一方面的種種束縛,但因守舊性太大,未能完全達到自由與自然的地位。」這樣的表述並不符合中國戲劇的發展實際,它更多是一種為文需要的自我虛擬。中國古典戲劇嚴格地說就是戲曲(元雜劇和昆劇皆如是),曲是中國戲劇的點睛所在,無它則不成戲(比如前人往往把看戲說成是聽戲)。這不僅在於戲曲本身就起源於歌舞,而且在長期的戲劇實踐中,曲更是表達人物內心的一種獨特有效的手段(較之於來自西洋話劇的獨白而言)。沒有曲,依然可以是戲,但它肯定不是中國戲劇了。然而,廢曲或曰廢唱,卻成了新文化同仁

戲劇改良的一個主攻目標。在胡適之前，錢玄同指責舊戲說：「中國舊戲，專重唱工，所唱之文句，聽者本不求甚解，而戲子打臉之離奇，舞臺設備之幼稚，無一足以動人情感。」[3]另一位新青年的文化闖將劉半農也表達過類似的攻訐。在這樣的情形下，廢唱遂成為當時戲劇改良的一個焦點。胡適在前此的一篇文章中說得明白：「今後戲劇或將全廢唱本而歸於說白，亦未可知。」[4]

不在於胡適等人討厭舊戲中的唱本，這本是個人喜好不同；問題在於，他們憑什麼把他們不喜歡的唱視之為「舊」，又把廢唱稱之為「進步」。就胡適而言，可以析出這樣兩個原因。一是舊戲的唱詞都是文言，說白則是白話，白話對文言來說就是進步。另外還有一個更重要的緣由，即以西洋戲劇為參照，因為西洋戲劇是廢唱的。在胡適看來「西洋的戲劇便是自由發展的進化；中國的戲劇便是只有局部自由的結果。」因為「西洋的戲劇在古代也曾經過許多幼稚的階級，如『和歌』（Chorus），面具，『過門』，『背躬』（Aside），武場……等等。但這種『遺形物』，在西洋久已成了歷史上的古跡，漸漸的都淘汰完了。這些東西都淘汰乾淨，方才有純粹戲劇出世。」言下之意，中國戲劇因其尚未淘汰唱本等因素，還處在一個較低的階級上。

以上梳理暗含一種歸謬。謬就謬在中國戲劇的改良必須廢唱。其所以廢唱，因為唱是落後的。為什麼唱是落後，因為西洋戲劇是不唱的。戲劇改良在新文化運動那裡已經有了一個預設：西洋戲劇＝進步，中國戲劇＝落後。此一預設顯然來自新文化運動的一個大前提：西洋文化代表進步，傳統文化代表落後。有關文化的一切討論，包括這裡的戲劇，都必須在這個大前提下推演。可是推演的最後結果，與其說是戲劇改良，毋寧說是包括唱腔在內的中國戲劇的取消。

這一點從胡適談文學進化的第三層和第四層更可以看出。中國戲劇被視為落後之後，京劇中的保留性的程式便在胡適眼中成了應該淘汰的「遺形物」。遺形物是胡適從社會學中轉過來的一個借詞，意為該對象形式雖在，但作用已經廢去，比如胡適例舉的男子乳房。唱腔即是胡適眼中的遺

3　錢玄同《寄陳獨秀》，《新青年》第三卷第一號第五十四頁，寧夏人民出版社，二〇一一。

4　胡適《歷史的文學觀念論》，《新青年》第三卷第三號第一五九頁，寧夏人民出版社，二〇
一一。

形物之一。另外，胡適還指責「居然竟有人把這些『遺形物』──臉譜，嗓子，臺步，武把子，鑼鼓，馬鞭子，跑龍套等等──當作中國戲劇的精華！這真是缺乏文學進化觀念的大害了。」然而，臉譜等如果不是京劇的精華，卻也是京劇本身無以忽略的形式存在。一旦把上述這些被視為遺形物的形式特色統統去掉，京戲還是京戲嗎？第四層的意思更直接，「掃除舊日的種種『遺形物』，採用西洋最近百年來繼續發達的新觀念，新方法，新形式，如此方才可使中國戲劇有改良進步的希望。」胡適設計的改良方案，其實是一種取消方案。把京劇自身的特色給去掉，然後再採用西洋戲劇的新形式，那麼，這只能是西洋戲劇（比如話劇）而不是中國戲劇了。

《新青年》五卷四號「戲劇改良」批判（二）

「絕對論」批判

　　該期《新青年》，胡適文章之外，另一重頭就是傅斯年的《戲劇改良各面觀》和《再論戲劇改良》。傅斯年和張厚載同為北大學生，但他們兩人在《新青年》上的文化表現卻大相徑庭。如果張的文字是平實的、謙恭的、商榷的，傅斯年的語言表述卻那麼肯定、獨斷和絕對。比如該文第一部分，傅就先聲奪人：「第一，我對於社會上所謂舊戲，新戲，都是門外漢；第二，我對於中國固有的音樂，和歌曲，都是門外漢。」分明是要討論舊戲和舊戲唱腔的問題，如果是門外漢，就應該閉嘴。可是，在傅看來，那些懂得舊戲的人「陷溺」太深，而「我這『門外漢』，卻是不曾陷溺的人」；因此，「以耳目所及為材料，以直覺為判斷」，傅斯年不憚做出如下判斷：「就技術而言，中國舊戲，實在毫無美學的價值。」關於京戲唱工，「『京調』中所唱的詞句，也是絕對要不得」；至於樂曲，則「音樂輕躁」，而且「胡琴一種東西，在音樂上，竟毫無價值可言」。另外，「中國的戲文，不僅到了現在，毫無價值……」甚至中國傳統戲本身，「自從宋朝到了現在，經七八百年的變化，還沒有真正戲劇，還把那『百衲體』的把戲，當做戲劇正宗！」[1]整個文本充斥著「毫無價值」、「絕對要不得」之類的表述，這就是我們這裡所要剖析的「絕對論」（或曰「獨斷論」）。

　　絕對論和獨斷論乃一語之兩用。如果絕對論更多是一種思維內傾的話，它的語言表現就是獨斷論。以上傅斯年的表述用英國學者伯林的看法是「獨斷式的確定感」。伯林是在談歷史上的「目的論」時涉及這個話題的。在伯林看來，一個目的論者「所以會泰然堅信他們一切所作所為，因為目的是合理的，所以行動也都是有道理的，其原因就在於這種『獨

---

[1]　傅斯年《戲劇改良各面觀》，《新青年》第五卷第四號第二五五－二六七（下引此文不另注），寧夏人民出版社，二〇一一。

斷式的確定感』」。[2]這裡的目的論不妨是進步論的另一表述，進步本身就是目的。如果落後是要挨打的，那麼為了進步，還有什麼不可以呢。在這裡，進步是一種話語制高點，站在進步的立場講話，特別是它面對它所認為的不進步反進步甚或落後時，它的文化優勢使它的話語在充滿優越之外，必然帶有二元對立、一元獨斷的絕對論傾向。

　　無論胡適還是傅斯年，他們的文學進化論其實主要不是在談文學自身的進步，而是在比較兩種文學的高低。這兩種文學（具體而言是戲劇）一中一西，西方代表進步，中國代表落後，因此，進步的含義在這裡就是以西方為參照並向西方看齊。正如以上指出，中國戲劇的落後與其是一種實然，毋寧是一種推演。然而推演即演繹推理在康得那裡是推不出任何新知的，因為它的結論已經預先蘊含在大前提裡了。如果大前提有問題，則結論更靠不住。落實到這裡的戲劇，情形正是如此。不錯，中國文化的確落後於西方文化。但，問題在於，文化這個概念太大，文化本身也不是鐵板一塊。談文化的進步與落後，需要在文化類別上作分殊。比如，近代以來，中國的物質文化、制度文化遠遠落後於西方，這毋庸諱言。但，如果就文化中的藝術和藝術表現而言，比如中國的音樂、舞蹈、繪畫、戲劇等，就很難說它是進步還是落後。以戲劇論，中國戲劇和西洋戲劇本是兩個不同的表演體系，它們生長於不同的文化土壤，有著各自不同的藝術差異，這樣的差異很難讓人進行優劣比較（它幾類於茶葉與咖啡的比，不同民族有不同的欣賞口味）。退一步，這種比較即使可能，也是個人化的，它和不同的愛好有關，而與進步／落後無關。

　　然而，在進步的大纛下，傅斯年純然以西方戲劇為標的，指責中國戲劇在他看來的種種不足（其實是不同）。「真正的戲劇純是人生動作和精神的表像」，這當然是指西方，而中國戲劇則是「各種把戲的集合品。」儘管舊戲中「好文章是有的」，但「好意思是沒有的」。什麼意思呢，原來是「文章裡頭的哲學是沒有的，所以僅可當得玩弄之具。」這樣的表述在今天看來盡可以貽笑，但在當時的傅斯年那裡，卻非常認真。接著他比較了《桃花扇》和《威尼斯商人》的不同，「就以《桃花扇》而論，題目那麼大，材料那麼多，時勢那麼重要，大可以加入哲學的見解了；然而不

---

[2]　伯林《兩種自由概念》，劉軍寧等編《市場社會與公共秩序》第二一一頁，三聯書店，一九九六。

過寫了些芳草斜陽的情景，淒涼慘澹的感慨……，也沒有什麼人生的覺悟。非特結構太鬆，思想裡也正少高尚的觀念。」《威尼斯商人》不然，「說人生而平等，何等透徹」。傅文慨歎「盧梭以前的《民約論》在我們的元曲選上，和現在的『崑弋』『京調』裡，總找不出。」中國舊戲因為沒有盧梭的民約論，沒有類似的社會哲理，就顯得「毫無價值」。本來，表情還是哲理，乃是劇本創作的自由選擇，即使西洋戲劇亦不可能一律哲理，劇評家又豈能以此憑評定是非優劣。然而，我們看到，一旦進入進步論的語境，東西之間的差異就不再是差異，就表現為進步與落後的關係。

在新文化運動那裡，西方文化在整體上是進步的，中國文化在整體上落後的。因此，正如後來馮友蘭等人的表述：東西文化不是空間關係，而是時間關係；相應地，兩種文化之爭，不是東西之爭，而是古今之爭。以上曾經指出，新文化運動的進化觀是建築在線性時間的維度上，西方戲劇是新（故進步），傳統戲劇是舊（故落後）。因此，當新文化把兩種不同的文化（或戲劇）納入到時間框架中按照線性邏輯編碼時，本來是空間形態上的「差異」就變成了時間形態上的「落後」。問題嚴重在於，空間是三維的，時間是一維的，亦即，依空間而存在的差異本來是一種多元狀態，但，一旦進入時間之流，多元就被線性為一元，並且是二元對立中的一元。這裡的意思是，時間框架是二元結構，這二元中的兩端，一端是進步，一端是落後，它們兩者不復是空間中的並置關係，而是對立關係。按照達爾文的進化論，這種對立遵循的是「自然選擇」的原則，即你死我活，優勝劣汰，適者生存。二元對立最終變成新的一端淘汰舊的一端的一元獨斷。由此可見，進步論的要害就是「一元論」，這個一元則是以「新」為其表徵的一元。在這個「新」的一元面前，所有的差異都變成了「舊」和「落後」，並因此失去存在的理由。

可以看到的是，在以上進化論的邏輯中，新文化運動因為新字當頭，這個「新」便成為一種觀念強權和話語強權。比如傅斯年和張厚載都是學生，但傅文的表述卻那麼獨斷和絕對，原因就在於後面有「進步」撐腰。不獨傅斯年，應該說，除胡適之外（胡適的文化觀念固有問題，但他的文化表現卻不趨激烈和極端），《新青年》同仁基本上都是「傅大炮」的文化類型，甚至有過之而無不及。當西方戲劇被進化觀坐實為新和進步時，我們看到陳獨秀這樣的表述：「劇之為物，所以見重於歐洲者，以

其為文學美術科學之結晶耳。吾國之劇，在文學上美術上科學上果有絲毫價值邪？……至於『打臉』『打把子』二法，尤為完全暴露中國人野蠻暴戾之真相，而與美感的技術立於絕對相反之地位，」[3]這真是典型的二元對立的比較，藝術還上升到科學的高度。比較中的中國戲劇不僅「毫無價值」，不僅落後，而且臉譜等程序還蛻化為「野蠻」。野蠻是新文化對中國戲劇的共識，周作人也有相應的表述：「我們從世界戲曲發達上看來，不能不說中國戲是野蠻。但先要說明，這野蠻兩個字，並非罵人的話；不過是文化程序上的一個區別詞，毫不含著惡意。」周的文化程序其實就是東西文化在時間上的線性排列。然而，中國戲劇落後而不自知，「反以自己的『醜』驕人：這都是自然所不容許的。若世上果有如此現象，那便是違反自然的事，是病的現象，──退化衰亡的豫兆。」[4]周作人的表述正是進化論在中國戲劇中的活用。按照進化論的遊戲規則，這種退化衰亡的對象是要去將淘汰的，果然他的文章的題目就是《論中國舊戲之應廢》。錢玄同在與劉半農的信中說：張厚載等人「既欲保存『臉譜』，保存『對唱』『亂打』等等『百獸率舞』的怪相，……此實與一班非做奴才不可的遺老要保存辮髮，不拿女人當人的賤丈夫要保存小腳同是一種心理。簡單說明之，即必須保存野蠻人之品物，斷不肯進化為文明人而已。」[5]愛好京戲就成了野蠻人，這分明是一種話語暴力。錢所謂的野蠻只有女人裹小腳一樁，因為這是對女性的傷害。髮辮云云屬個人選擇（比如辜鴻銘），戲劇更是個人愛好，何野蠻之有。

插：其實，正是新青年人以進步為名對傳統戲劇的指責，才讓人看到什麼是野蠻。錢玄同接著上文說「……他們既要保存野蠻，既要『尊屁』，讓他們去保存，去尊便了。」尊重傳統戲劇便是「尊屁」，在學術論辯中張口罵人才是野蠻。面對京戲臉譜，錢又稱：「我所謂『離奇』者，即指此『一定之臉譜』而言，……這真和張家豬肆記卍形於豬鬣，李家馬坊烙圓印於馬蹄一樣的辦法。」[6]看起來是比喻，但喻涉侮辱，此亦

---

[3] 陳獨秀《通信》，《新青年》第四卷第六號第四五六頁，寧夏人民出版社，二〇一一。

[4] 周作人《論中國舊戲之應廢》，《新青年》第五卷第五號第四〇〇－四〇一頁，寧夏人民出版社，二〇一一。

[5] 錢玄同《今之所謂「評劇家」》，《新青年》第五卷第二號第一四五頁，寧夏人民出版社，二〇一一。

[6] 錢玄同《通信》，《新青年》第四卷第六號第四五五頁，寧夏人民出版社，二〇一一。

野蠻之一格。

　　二元對立的結果勢必是一元獨斷。在文明與野蠻或新與舊之間，文明與新是適者生存，舊與野蠻則理所當然要被淘汰。生物達爾文變成了文化達爾文，文化達爾文則助長了文化激進主義。從多元到二元，從二元到一元，澈底剷除中國戲劇，這就是新文化戲劇改良的路線圖。它不是張厚載所理解的「中國戲曲……，固欲改良，亦必以近事實而遠理想為是」，[7]而是戲劇改良必須以廢棄中國戲劇為前提。在新文化中人看來，中國戲劇根本就不是戲，而是「百獸率舞」。如果說取消舊戲在胡適那裡還是一種潛在的邏輯，胡適本人並未點破；錢玄同說得就很清楚：「如其要中國有真戲，這真戲自然是西洋派的戲，決不是那『臉譜』派的戲。要不把那扮不像人的人，說不像話的話全數掃除，盡情推翻，真戲怎樣能推行呢？」[8]其實，引進西洋派的話劇，從文化保守主義一方來說並不反對，它們本來就可以並存。不能容忍對方的是文化激進主義。《再論戲劇改良》是傅斯年在該期《新青年》上的另一篇，傅再度聲稱「舊戲本沒一駁的價值；新劇主義，原是『天經地義』，根本上決不待別人匡正的」。[9]傅進而表示「舊戲不能不推翻，新戲不能不創造。」（傅斯年）其所以如此，是「舊戲的信仰不打破，新戲沒法發生。」這就是進化論旗幟下的文化激進主義，非得把新與舊人為地變成勢不兩立的二元對立不可。事實上，舊的不去，未必新的不來。考以二十世紀中國戲劇史，西洋新劇的進來，並不必然導致傳統舊戲的廢棄；同樣，傳統舊戲的存在，亦不妨礙話劇的引進。話劇、歌劇、京劇、昆劇，一個世紀以來同存共生。即使今天，戲劇整體在走下坡路，但至少看不出京昆二戲的生命力就必然不如當時謂之為新的話劇。在文化領域內，新舊同存，十分正常，並由此構成所謂多元。因此，當年新文化運動為革除舊文學舊戲劇所推銷的「文學進化論」是一種知識上的偽論，它不是客觀性的知識認知，而是屬於權力運作的知識社會學。

---

[7]　張厚載《新文學及中國舊戲》，《新青年》第四卷第六號第四五四頁，寧夏人民出版社，二〇一一。

[8]　錢玄同《隨感錄》第十八，《新青年》第五卷第一號第五十九頁，寧夏人民出版社，二〇一一。

[9]　傅斯年《再論戲劇改良》，《新青年》第五卷第四號第二七二－二七八頁（下引此文不另注）寧夏人民出版社，二〇一一。

　　從《新青年》以上的戲劇討論，我們看到，什麼叫文化絕對論，什麼叫文化獨斷主義，什麼叫文化一元，新文化運動現身說法，把自己展示得清清楚楚。這一切都是在進化或進步的名義下展開。儘管《新青年》標舉新的文化觀念，但這些觀念並非因為新就沒有問題；更何況由它所表現出來的文化態度和文化方式問題更嚴重。所有這些今天都需要認真反思。

五四是一個「劃」時代

　　《漫說百年孔子》是袁偉時先生就電影《孔子》發表的一篇對話（載《南方都市報》二〇一〇年二月七日）。孔子在二十世紀的百年命運，應該說是從新文化運動開始的，這是上個世紀批孔的源頭，深刻影響了後來人們對孔子的態度。由於半個世紀後的文革也出現過批孔，所以有人把這前後幾十年的現象串聯起來考察，甚至將其因果化。鑒於五四新文化在知識界業已形成其根深蒂固的「情結」，；因而不斷有人為五四批孔辯誣，並盛讚那個令人神往的時代。袁先生的文章庶幾是最近的一個例子，請看這樣的段落：

> 辯論是不可避免的，而當時也有足夠的言論自由空間。新文化運動應運而生。需要注意的是，儘管當時有人說過一些過火的話，也千萬不要把它與後來以暴力為後盾的「破四舊」相提並論。運作方式根本不同。這是無權無勇的一群書生發動的自由辯論，是以理服人、聽不聽由你的。後果更是迴異。新文化運動時期，子學，佛學，史上的白話小說、戲曲乃至儒學本身等等傳統文化的許多瑰寶被發揚光大，拋棄的僅是應該進入博物館的東西，如三綱之類的宗法制桎梏。中國文化進入罕見的黃金時代。學術繁榮，大師輩出，寬容自由，出現了一個多元文化的正常局面。此外不應忘記，新文化運動是民間文化，沒有強制別人服從的權力。

面對這樣的表述，我想起一篇認肯五四文章的題目「五四時代是什麼樣的時代」，以上段落不妨視為對這個題目的回答。當然，如果可以化約，五四就是二十世紀中國文化的「黃金時代」。設若我同意這樣的表述，但卻無以揮去這樣一個疑問：如此段落或題目，可以用來肯定五四和五四新文化嗎。如果答案是肯定的，那麼，我的疑問則要推進一步，為什麼五四後便不再有這樣的文化時代出現呢。

　　我的疑問對我來說是無疑而問。我其實並不完全贊成「五四時代」這種說法，或者，這種說法即使成立，也要放在一個更大的框架內去考量。這個更大的框架就是能夠容納五四的那個時代，五四只有放在它的背景下才能獲得有效的解釋。中國歷史的劃分，自古而今，向以政治為經緯。即使討論文化，即使這個文化可以構成一個時代，依然要放在政治的框架內表述才更清晰。比如，百家爭鳴在中國古代也構成了一個燦爛的文化時代，但我們往往說那個時代是春秋戰國時代。後者作為一個政治時代，是它方才誕生了文化上的百家爭鳴。馮友蘭書寫中國哲學史，把從先秦到清末兩千多年的哲學發展很宏觀地一分為二，並分別命為「子學時代」和「經學時代」。這兩個時代背後依託的是兩個根本不同的政治時代，一個是以春秋戰國為主的封建諸侯時代，一個是秦漢後並以它為代表的皇權專制時代。不理解這兩個政治時代的不同，則無以解釋為什麼先秦可以是子學繁盛，而秦漢後則走向子學泯滅的經學大一統。這分明不是文化自身的作用，而是文化背後的政治在起作用。政治決定文化，文化乃政治之表徵，是中國古代到現代乃至當代一以貫之的鐵律，至少是我沒有發現例外的情況。

　　如果五四可以作為一個時代，那麼，五四之後作為政治框架的那個時代又是什麼呢。大陸中國，過去的二十世紀前五十年在政治上可以劃分三個時代，一是清末（一九〇〇－一九一二），二是北洋（一九一二－一九二七），三是國民政府（一九二八－一九四九）。可以看到，五四所在的那個時代是北洋時代。北洋時代和五四新文化的關係，可以這樣扼要，即北洋是五四新文化的必要條件。有北洋不一定有五四，但如果不是北洋時代，則不可能產生五四新文化。就二十世紀歷史言，五四新文化無可爭辯地發生在北洋，國民政府時代和後國民政府時代都沒有發生過，也無以發生。這是一個事實形態，因而也是今天知識份子所以追慕五四的隱因（但，追慕五四不若分析可以產生五四事實上也產生了五四的那個時代）。五四和北洋的關係，不妨就是中國古代百家爭鳴和春秋戰國的關係。五四和諸子，看起來是兩個文化現象，但，它們本身並不自足，構成這兩個時代文化繁榮的，在於它們所身處的那個時代是一個文化自由乃至政治自由的時代。至少我們不可能想像封建後的秦始皇和類似秦始皇統治下的政治體制可以產生諸子百家和五四新文化。

　　這時如果回頭再讀袁文上面那個段落，我知道根據原文本意和它的上下文，它是謳歌五四新文化運動本身的。比如「新文化運動應運而生」，「當時也有足夠的言論自由空間」，「中國文化進入罕見的黃金時代」。但在我看來，這樣的段落，這樣的句子，客觀上肯定的與其是五四新文化，毋寧說是產生五四新文化的北洋。因此，如果要問「五四時代是什麼樣的時代」，答案應該鎖定在北洋上，而不是五四。只有北洋時代，新文化運動才能應運而生。後北洋時代，新文化便不會再有這個「運」。二○○九年五月在臺北，和朋友聊天時旁及北洋，一位做史料研究的學者插話：阮毅成（曾任國民黨《中央日報》社社長）說過一句話：北洋時代有兩樣做得最好，一是教育，一是法律，政府不管。在此，我並不願為北洋說多少好話，尤其當我把它和更有生氣的清末相比時，它其實是個退步。所謂清末不亂民初亂，呈現這個亂局的，正是北洋。但面對後北洋時代對北洋的妖魔化，我不得不說，妖魔化別人的，往往自己更妖魔。至少戰勝北洋的國民黨和國民政府，在政治和文化上，未必比那些舊軍人做得更好。

　　如果說以上引用的那個段落，歪打正著為北洋時代的一幅寫生；那麼，不妨由北洋時代進入五四新文化，看看它的文化表現，是否能承擔起剛才那份禮讚。無疑，要談五四新文化，就離不開一九一五年創辦的《新青年》（先是叫《青年雜誌》），這是一份文化激進主義的雜誌。說它激進，不僅在於它一味以趨新為務，更在於它對舊文化的澈底否決和排除。何謂新舊，請看《新青年》創刊號上談《新舊問題》（汪叔潛）的文章：「所謂新者無他，即外來之西洋文化也；所謂舊者無他，即中國固有之文化也。」這兩者間的關係是：「新舊之不能相容，更甚於水火冰炭之不能相入也。」任何一個時代都是新舊並存，文化也一樣。那麼，北洋時代，是舊不容新呢，還是新不容舊。和新文化對陣的自然是文化保守主義，可是，我們不難發現，無論本土派的文化保守主義者，如林紓或者他的弟子張厚載，還是海歸派的文化保守主義者，如梅光迪、胡先驌、吳宓等，他們從來不排斥新，正如他們亦不排斥舊，甚至鍾情於舊。但，新文化不然，面對新舊，就像王子哈姆萊特面對生死一樣，必須作出二元對立的選擇：要則「新者在所廢棄」，要則「舊者在所排除」。這是一種非此即彼、你死我活的文化思維和態度，由它構成了新文化運動的主旋。

　　問題是，在這樣一種思維和態度的支配下，這種文化還可能是寬容和多元的嗎？「中國文化進入罕見的黃金時代。學術繁榮，大師輩出，寬容自由，出現了一個多元文化的正常局面。」然而，這裡的黃金時代應該是指同時能夠容納文化激進主義和文化保守主義的時代，而不是像文化激進主義那樣「新不容舊」的時代——前者說的是北洋，後者說的是新文化。如果以北大為例，在蔡元培的主持下，的確體現了文化北洋的寬容，比如北大既有《新青年》這樣的文化激進主義，也有劉師培、黃侃、辜鴻銘那樣的文化保守主義。但，北大中的《新青年》顯然就是相反的風貌了。因此，「寬容自由」說的是北洋，新文化則有自由無寬容，在它自身內部，不可能出現文化多元。當然，這裡需要分殊，新文化對西學的介紹和引進也是多元的，但這是一種次級形態的多元。原因蓋在於新文化除了二元對立的毛病外，還有一個致命的坎陷，即「整體主義」。西方文化作為「新」就是一個整體，在這個整體內部，新文化幾乎良莠不分，全盤接納。與此同時，傳統文化像殘羹剩菜一樣被打包成一個「舊」。面對這個舊，它依然不分良莠，全盤棄否。因此，不是在西學內部，而是在中與西、古與今、新與舊之類的文化初級劃分上，它只有二元，沒有多元。

　　多元是並列的，二元是對立的。對立的結果，便是唯我獨對的一元。什麼叫唯我獨對，關於文言與白話爭論中的新文化口吻我們已經爛熟：「當以白話為正宗之說，其是非甚明，必不容反對者有討論之餘地」，又：「必以吾輩所主張者為絕對之是，而不容他人之匡正也。」（陳獨秀）爾後，在西洋新戲與傳統舊戲的爭論中，陳獨秀又白：「劇之為物，所以見重於歐洲者，以其為文學美術科學之結晶耳。吾國之劇，在文學上美術上科學上果有絲毫價值邪？」周作人亦曰：「我們從世界戲曲發達上看來，不能不說中國戲是野蠻……」如果說這是師輩的語氣，耳濡目染，學生的口吻就更囂張：「就技術而言，中國舊戲，實在毫無美學的價值。」「『京調』中所唱的詞句，也是絕對要不得」，「胡琴一種東西，在音樂上，竟毫無價值可言」。（傅斯年）結果，傳統文化，無論文學、藝術、語言，還是「固有之倫理、法律、學術、禮俗，無一非封建制度之遺」（陳獨秀）。在進化論的旗幟下，它們無不需要被踢倒打翻，逐往歷史的垃圾堆。因此，如果要說「新文化運動時期，子學，佛學，史上的白話小說、戲曲乃至儒學本身等等傳統文化的許多瑰寶被發揚光大」；那

麼，這句話中的「新文化運動時期」應當辨正為北洋。因為後面舉例的這些，大體是在北洋時代新文化之外才得以保留和發展。它們，尤其是它們當中的儒學，由於被視為民主的對立面，從來就是新文化力主拋棄的對象。從上面的文化口吻中，當然也是從它的文化性質中，我們領教的應該不僅是「過火的話」，在這些話語之後包裹著的更是文化絕對主義的一元獨斷：不是東風壓倒西風，就是西風壓倒東風。西風東漸，「草上之風必偃」。在新文化眼裡，傳統文化和儒文化就是那迎風而仰的偃草。由此我們可以歸納五四新文化的內在邏輯，那就是以「新」字為表徵的文化一元主義。

多元的北洋和一元的新文化。北洋可以容納它，它卻無以容忍北洋；因為在它眼裡，北洋本身就是一個舊（這裡顯然不是文化上的舊），它要用一種它所追求的新來取代它，而且事實上北洋亦為那個新所取代。因此，就北洋和五四新文化而言，北洋是一個時代，五四不是一個時代，但，它卻是一個「劃」時代。在二十世紀的時間座標上，五四和五四新文化成功地劃分了北洋和北洋後。新文化對青年的作用和影響是巨大的，在那個時代，誰抓住了青年，誰就抓住了歷史。歷史上終結北洋的，是國民黨發動的「國民革命」即北伐。當時的北大學生、後來投身國民革命並加入了國民黨的羅家倫這樣說過：「受到『五四』的激發後，青年們紛紛南下，到廣東去參加國民革命的工作，有如風起雲湧。」[1]我們知道，風起雲湧的國民革命背後，晃動著的是蘇俄的身影；而那個時代對蘇俄的引進與接納，又正是新文化最成功的作業。

如上言，對於西方文化，新文化幾乎良莠不分，全盤接納。它儘管以諸多篇幅介紹過英、美、德、意、日；但，這裡有一條潛伏著的主線需要挑明，這就是前期的新文化格外推重法蘭西，後期則轉而推重蘇俄。連接這兩者的，不是別的，就是革命——從前者的政治革命到後者的社會革命，這不但是新文化一味求「新」的價值進路（俄國革命本來就是法蘭西革命的進化），也是新文化本身從文化到文化以外的價值訴求。這個訴求，在它當下所要解決的對象，就是北洋。不錯，最初發動新文化的，的確是「無權無勇的一群書生」，「沒有強制別人服從的權力」。可是，新

---

[1] 羅家倫《蔡元培先生與北京大學》，羅久芳著《羅家倫與張維楨》第四十二－四十三頁，百花文藝出版社，二〇〇六。

文化的那條主線越往後越往文化之外偏斜，同時斜出的當然還有那種一元化性質的文化思維。不錯，沒有權力時，一元化的思維可以叫文化一元；有了權力後，它就叫文化專制了。當然，最終結束北洋的，固然是軍事力量和政治力量。但，在這起主導作用的軍事和政治力量中，有沒有文化力量的奧援和內滲。不妨看看那些受新文化教誨的北大青年們的價值選擇和去向，他們實際上成了反對北洋和終結北洋的有生力量。國民革命後，取代北洋的便是國民政府，在這種黨治性質的威權體制乃至更後來的極權體制下，五四新文化很難再度發生。所以，五四新文化作為一個「劃」時代，由它促成並劃分了可以產生自己和無以產生自己的兩個時代。前一個時代的退出，新文化從文化的維度盡其所力；後一個時代即即黨治性質的後北洋時代和後國民政府時代的到來，五四新文化不但同樣起到推手的作用；而且這兩個時代顯然是《新青年》及其後來者的求仁得仁。

歷史俱往亦未往。今天，時間雖然已經轉過一個世紀，近百年前的五四早已風流雲散。但，結束了北洋從而也結束了它自己的五四新文化，卻沒有結束它那極為內在的文化邏輯乃至政治邏輯。今天，我依然感到它的強勢。最近，筆者就孔子和儒學的正面性寫過幾篇小文貼在網上，遂獲致一些批評。讀那些文字時，我覺得當年五四的文化態度和方式似乎「前度劉郎今又來」；不，應該說是未曾去。以進步（今天叫與時俱進）為主導的新文化思維依然主導著今天不少的年輕人，他們罵起孔子來依然那麼決絕。好像二十世紀的專制，要由孔儒為其負責。這樣的笑話不禁讓我低徊：一個時代，如果我們不知道它從哪裡來，也就走不出它。

注：該文有關新文化的引文，在以前篇幅中都出現過，故未再注。

輯四

倒退時代中的自由主義背影（一）：
徐志摩思想肖像

　　徐志摩是詩人，也是大眾眼中的情人。「情聖詩哲」大致鎖定了徐志摩的形象，但這並非是詩人的全部。詩人前身是學人，而且更兼思人之品質。只是徐志摩的這一面長期隱而不彰；一旦呈現，似乎更形精彩。詩人長期追隨梁啟超，一九二〇年代中期，在主持梁系言論重鎮《晨報》副刊時，有過精彩的編輯表現乃至言論表現。一九二〇年代乃是《新青年》大面積收穫知識青年的時代，也是一個自由主義倒退的時代。徐志摩的編輯努力和言論努力雖然沒有扭轉歷史，但在歷史上畢竟留下了痕跡。雖然徐志摩似乎無緣走進二十世紀中國思想史；但其言論無疑是現代思想史上散落的遺珠，至今熠熠閃光。這裡筆者試圖狀寫一九二〇年代的徐志摩，在詩人和情人之外，勾勒徐志摩的思想肖像，以紀念這位倒退時代中的自由主義者。

詩與情之外的徐志摩

約五年前吧，在紹興的咸亨酒店，有一干人圍桌而坐，一邊喝著黃酒一邊閒聊。都是參與編《大學人文讀本》的，剛拜謁過魯迅紀念館出來，來這裡午飯。文人的嘴有時說的比吃的多，記不得都說了些什麼，反正話題在各位的嘴上不斷遊走。但這樣一個情節我記得清楚，因為和我有關。記得在聊到二十世紀的中國自由主義時，我表達了這樣一個意思：徐志摩在自由主義上要比胡適更地道更純粹。話剛說完，其中一位用眼神和鼻子很不屑地表示了否定，那意思是他他他怎麼能和胡適比。我不知道這不屑是對我呢，還是對徐志摩。對我的話，大家都是朋友，也都很性情，無妨。但如果是對徐志摩，那可有點不公。

不過，說到徐志摩，在一般人的眼裡，也就是個詩人和情人。長期以來，徐志摩的這一形象在人們眼裡幾乎定格為他的全部。但，事實並非如此。他把他自己給遮蔽了，用他自己的詩、情輝光，當然也加上後人的渲染。其實，在詩人和情人之外，徐志摩還有少為人知的一面，這一面是指他的思想和政治識見。如果書寫二十世紀中國思想史的大事記，二十年代那一段，是不應該略掉徐志摩的。我甚至偏頗地認為，徐志摩的詩才其實一般。第一次讀《再別康橋》就沒覺得怎樣。什麼我輕輕地來了，又輕輕地走。又不是貓，那麼輕幹啥。何況此詩在遣詞造句上也有點讓人發「膩」。至於做情人，也不咋的。事情弄得雞飛狗跳不說，還把自己的命給搭了進去。

徐志摩一生主詩、情，沒給我留下什麼印象；可是詩、情之外，比如比詩才更好的思才，比情商更佳的智商，徐本人似乎並未經意，卻我給印象很深。二〇年代的徐志摩有兩件事讓人刮目。一是他去英國途經莫斯科後寫下的《歐遊漫錄》，一是回國後負責《晨報·副鐫》時所主持的關於蘇俄問題的討論。這兩件事都有關蘇俄，而蘇俄在當時的中國直接影響國共兩黨，也同時影響中國知識界。一九二一年陳獨秀成立的政治組織乃是第三國際的一個支部，一九二四年孫中山召開國民黨一大，會上所確立的

新三民，第一條就是「聯俄」。當時，包括後來的知識界，對蘇俄大都抱有一廂情願的熱情，那可是代表了人類發展的方向。魯迅被譽為迄今為止思想最深刻的人，你可以去看看他在三〇年代對蘇俄令人咋舌的一邊倒。胡適，這個被視為二十世紀中國自由主義的代表，對蘇俄的態度，二〇年代也是那麼依違不定。可是，作為詩人甚至有點濫情的詩人，徐志摩對蘇俄的看法，激濁揚清，眼界遠在胡魯之上，更無論那些組織。可是，耽於我們自己的視野，長期以來，只知胡魯，不知有徐。

一九二五年，徐志摩所以要在《晨報》發動蘇俄討論，是出於他自己的一種預感：中蘇之間「說狹一點，是中俄邦交問題；說大一點，是中國將來國運問題，包括國民生活全部可能的變態。」[1]詩人的感覺沒錯，眼光更高明。他固然「反對俄國人幫助中國人進天堂」（同前），但，蘇俄對中國的影響，「始終是不曾開刀或破口的一個大疽，裡面的膿水已經釀聚到一個無可再淤的地步，同時各地顯著和隱伏著的亂象已經不容我們須臾的忽視。」[2]這是那個時代的警世通言，可是這時的胡適庶幾還在誇讚蘇聯人為了理想「幹幹幹」呢，徐志摩頗反感這個「幹」，認為「不雅」。然而國人的幹勁也不弱，這場討論不到兩個月，一場大火沖天而起，燒掉了晨報倌，也燒掉了這次討論。縱火者是由國共兩黨發起遊行的學生與民眾，他們不滿《晨報》所秉持的反蘇立場（儘管它也編發擁蘇的文章）。於是，這場討論成了中國思想史上的一個「斷章」。

前此，徐志摩去過蘇俄，就像胡適後來也去過一樣。但這兩個自由主義者對蘇俄印象大相徑庭。胡適對這個國度有所好感，亦正如徐志摩對它滿是質疑。這質疑來自他詩人般的感覺。我很奇怪，這感覺在詩上表現一般，為何在思想、社會及政治諸問題上卻如此出色。莫非詩人本色是思人。讀讀他的《歐遊漫錄》吧，那是我讀過的最好的遊記之一，有文字、有性情、有思想、有識見。在莫斯科參觀過列寧遺體之後，徐志摩這樣評論蘇俄人散佈到中國來的那個主義：「他們相信天堂是有的，可以實現的，但在現世界與那天堂的中間隔著一座海，一座血污海。人類洇得過這

---

[1] 徐志摩《記者的聲明》，韓石山編《徐志摩散文全編》下冊第七一〇－七一一頁，天津人民出版社，二〇〇五。

[2] 徐志摩《又從蘇俄回講到副刊》，韓石山編《徐志摩散文全編》下冊第六七〇頁，天津人民出版社，二〇〇五。

血海,才能登彼岸,他們決定先實現那血海。」[3]以血海的方式完成一種主義,是人類的福音還是災難。換用後來哈耶克借自荷爾德林的表述:通往天堂的路往往是用地獄鋪就的。因此,西行途中的徐志摩發出這樣的籲請「旅行人!快些擦淨你風塵眯倦了一隻眼,仔細的來看看,竟許那看來平靜的舊城子底下,全是炸裂性的火種,留神!回頭地殼都爛成齏粉,慢說地面上的文明。」[4]徐志摩以詩人的眼睛洞穿了蘇俄的主義,也憂心於它對國運的影響,後來歷史亦未出於他的意料。這個人不僅是詩人,是情人,也是優秀的思人。如果按其優秀排序,把詩、情、思給倒過來我看更合適。

---

[3] 徐志摩《歐遊漫錄》,韓石山編《徐志摩散文全編》下冊第六〇五頁,天津人民出版社,二〇〇五。

[4] 徐志摩《歐遊漫錄》,韓石山編《徐志摩散文全編》下冊第五八四頁,天津人民出版社,二〇〇五。

三一八那「十三齡童的熱血」

托洛茨基曾經聲稱：俄國革命開創了一個新紀元，這是鐵與血的新紀元。當俄國人把他們的革命輸出到中國時，一九二六年一月，有兩個人就此發生過一次筆爭：一個是詩人徐志摩，一個是職業革命家陳毅。徐志摩當時正在主持《晨報》副刊，陳毅則已經離開讀了兩年書的北京中法大學，專務職業革命。其實，即使在中法大學，用該大學校長李書華以後的話說：陳毅作為學生，哪兒是讀書！讀書是掩護，其實是在搞革命。

這是列寧去世兩周年的忌日，陳毅把自己《紀念列寧》的油印稿投給「晨副」，意在刊登。稿子照例到了徐志摩手上，結果陳毅的稿子沒發，他就此而寫的《列寧忌日——談革命》，卻近水樓臺地發在了自己編輯的版面上。

文章開頭先引一段陳毅原文，比如：「中國共產黨是什麼？那就是他的領袖列寧生前所訓練所指導的第三國際黨的中國支部。這支部以列寧主義為武器」，當然就要執行第三國際佈置的任務。這任務是什麼呢，放在當時，就是反帝反封建的國民革命。因此陳毅接著說：「在這一年中的中國，國內的國民革命運動一天一天的高漲擴大。五卅運動的爆發，反奉戰爭的勝利，全國驅段要求國民政府的普遍。廣東革命政府對內肅清反革命派對外使香港成為荒島，這些重要事件都是列寧主義在俄國得了勝利後的影響且為所促成。」[1]

徐志摩對革命的態度歷來消極，溫和如胡適有時忍不住喊上幾嗓子「幹幹幹」，都要被他譏為「最不斯文」。到過蘇俄的他，拜謁過列寧遺體，更失色於一進門所見到的那個通體染血的地球儀，那含義分明是要把鐵血革命廣之於世界。因此，當陳毅說中國支部是以列寧主義為武器時，徐忍不住直白：「我卻不希望他的主義傳佈」，因為「我怕他」。「他生前成功是一個祕密，是他特強的意志力，他是一個Fanatic（意為「狂熱分

---

[1] 轉引徐志摩《列寧忌日》，韓石山編《徐志摩散文全編》下冊第八四八頁，天津人民出版社，二〇〇五。

子」,筆者注)。他不承認他的思想有錯誤的機會;鐵不僅是他的手,他的心也是的。他是一個理想的黨魁,有思想,有手段,有決斷。他是一個制警句編口號的聖手;他的話裡有魔力。這就是他的危險性。」[2]這是一個「卡裡斯瑪」式的人物、魅力型的黨領袖形象,徐志摩看得很準,刻畫地也很準,比如「鐵不僅是他的手,他的心也是的」,入木三分。

徐志摩不僅消極革命,更懼怕國人在自己的土地上搞俄國人的革命。除了「俄國革命是人類史上最慘刻苦痛的一件事實」,(同上第八五五頁)更在於,這個革命是出於一種階級戰爭的學說(徐志摩以較大的篇幅加以批駁),而它的目的又是要抵達一種烏托邦式的人類大同。徐志摩並不流暢地指出:「盲從一種根據不完全靠得住的學理,在幻想中假設了一個革命的背景,在幻想中想設了一個革命的姿態,在幻想中想望一個永遠不可能的境界。這是迂執,這是書呆。」(同上第八五三頁)話錯沒錯?但,錯的仍然是他,不僅歷史不以詩人的意志為轉移,而且這裡的「迂執」「書呆」他指的是別人,其實在別人看來,正是他自己。

僅僅一個月以後,徐志摩耽心的革命就發生了。這就是我個人最早從魯迅《紀念劉和珍君》中知道的「三一八事件」。它發生在徐、陳筆爭的一個多月以後。事實表明,歷史選擇了陳毅而沒有選擇徐志摩,陳毅和陳毅們選擇的俄國革命終於成了二十世紀中國歷史的發展方向。就「三一八」而言,它是國共兩黨以運動學生而發起的一次學生運動,它的性質用發起者李大釗的話就是「首都革命」。今天通過當年蘇俄解密檔案,可以知道,它背後有蘇俄導演。導致這場革命發生的天津大沽口「炮擊事件」,是由蘇俄槍炮支持和指使的二流軍閥馮玉祥一手挑起。而蘇俄支持馮玉祥、搞掉段政府,不過是想把他扶植成自己在中國的代理人。由大沽口的炮聲到段執政府門口的槍聲,「三一八事件」被魯迅稱之為「民國以來最黑暗的一天」,但這一天的內幕魯迅當時多有不知。比如他不知道他的朋友李大釗是這次革命的實際領袖,陳毅在這場運動中雖然是李大釗的輔佐,但也是領袖人物之一。

這是一九九四年老畫家董壽平在中日友好醫院回憶「三一八事件」的口述,董老時年已是九十高齡,而當時他正是這場學運的參加者。那是三

2　徐志摩《列寧忌日》,韓石山編《徐志摩散文全編》下冊第八五四頁,天津人民出版社,二〇〇五。

月十七號的晚上：「李大釗說的我記得很清楚，他說應該拿上棍子棒子，咱們是首都革命。他這是對學生領袖講的。現在美術館前面有個胡同叫翠花胡同。翠花胡同八號，那是國民黨的總部。院裡擠得滿滿的。李大釗在中間，陳毅、於樹德在他左右。陳毅當時是中法大學的。……那是對多少學生訓話，……聽人家訓，站著聽。」[3]後來董畫家急流勇退，沒參加第二天「三一八」的請願，而是回鄉學畫去了，以至後來成為一著名畫家。但三一八那天，除了劉和珍等年輕人喋血外，更有一位校長令從一個十三歲的小學生「前往執旗，遂遭擊斃」。這是慘案中年齡最小的遇難，而且不止一個。事後，沉痛的徐志摩有紀念三一八的梅花詩，詩中有句：「白的還是那冷翻翻的飛雪」，鮮豔的紅梅，卻是「十三齡童的熱血」。[4]

　　從「三一八」首都革命，庶幾可以感知什麼是托洛茨基所聲稱的「鐵與血」。用學生的身體去撞軍閥的槍桿，讓學生的生命在軍閥的槍下倒下。前者是鐵，後者是血。革命就是用血肉築長城。這樣的革命讓徐志摩動容，而陳毅卻從這血路中殺出，一路成為共和國元帥。

---

[3]　任復興《口述史：董壽平談三一八慘案》，見「真名網・歷史科學」（http:www.zmw.cn）。

[4]　徐志摩《梅雪爭春》，載一九二六年四月一日《晨報副鐫》。

穿刺蘇俄「新教育」

一九二六年九月十八日，徐志摩收到署名張象鼎寫於當天的一份信稿，稿子的內容應該引起了徐志摩的嚴重注意，以至使他漏夜不眠捉筆回應。次日，張徐兩稿發排上版，二十日的《晨報》副刊上，便有了一次通欄為「關於黨化教育的討論」。這個讓徐志摩與之討論的張象鼎，是後來貴為中共著名法學家的張友漁。

討論因胡適而起。胡適在莫斯科僅三天，便寫信認同蘇聯政府的新教育：「蘇俄雖是狄克推多（即「專政」的音譯），但他們卻真是用力辦新教育，努力想造成一個社會主義的新時代。依此趨勢認真做去，將來可以由狄克推多過渡到社會主義的民治制度。」[1]在胡適之前也去過蘇俄的徐志摩深諳蘇俄教育底蘊，為清讀者耳目，他在發表胡信的同時，特地作了篇「按語」。指出：胡適眼中的蘇俄新教育「幾乎完全是所謂『主義教育』，或是『黨化教育』」。「拿馬克思與列寧來替代耶穌，拿資本論一類書來替代聖經」。並譏諷：「這也許是適之先生所謂世界最新教育學說的一部吧。」[2]黨化教育或主義教育流被整個二十世紀，也許我陋寡，在我接觸的資料中，最早言及這個概念或談論這個問題的，就是徐志摩。

徐胡的文字都刊載在《晨報》上，張象鼎讀了後，為胡適打抱不平，於是便有了上面他給徐志摩的信。張其時政治身分是國民黨，一九二七年始入中共，一九二八年改名張友漁。這是他日後的自述：我的思想是由孔孟而康梁，由康梁、胡適而社會主義。此刻，張為胡適辯護時的胡適，剛離開莫斯科一個多月，其思想也正受染於蘇俄社會主義，當然是在一定程度上。不過，胡適是不會認同黨化教育的，只是容易花眼的他沒如徐志摩眼尖，一語便能刺穿蘇俄教育的真相。張與其是為胡辯，不如是在表達自

---

[1] 胡適《歐遊道中寄書》，歐陽哲生編《胡適文集》卷四第四十二頁，北京大學出版社，一九九八。

[2] 徐志摩《〈一個態度〉的按語》，韓石山編《徐志摩散文全編》下冊第一○五六頁，天津人民出版社，二○○五。

己。他的觀點是：「『黨化教育』便是最新的教育，」，「便是新時代的新教育」，「蘇俄能實行『黨化教育』，蘇俄的教育，便是新教育。」「如果你贊成『政黨制度』，贊成凡一政黨，都應該確信本黨的政策為好政策，而努力其實現，那你便不能不贊成『黨化教育』！」[3]

徐志摩一生短暫，以詩人名世。他遇難後，有那麼多朋友在《新月》上紀念他，誇他的詩歌、戲劇、小說、散文，包括他的人。正如溢美之詞難免，遺漏卻也驚人。怎麼沒人誇他在《晨報》副刊上的作為呢，怎麼沒人誇他在思想的觀察上手眼俱高呢。他的這一面被誇他風流的那些朋友「不著一字」了。這些繆托知己的浮朋，以至讓我等到了今天。一九二五年接手「晨副」時，徐志摩痛感自己「不能制止我看了這時候國內思想界萎癃現象的憤懣與羞惡，我要一把抓住這時代的腦袋，問他要一點真思想的精神給我看看。」[4]他其實是把他的真思想通過「晨副」給那個時代看了。蘇俄教育所以觸動他，不僅在於他深感當時流行的思想都是從蘇俄那裡「借來的稅來的冒來的描來的」，（同前）更在於他認為蘇俄黨化教育的結果便是思想自由的消失。所以徐志摩也並非是要回應張象鼎，而是借此重申前此按語中未能盡申之意。

徐志摩眼裡，歷史上的黨化教育有兩例，一例是中世紀，一例就是蘇俄（如果再往前，徐志摩還提到了古希臘的斯巴達）。因此，胡適眼中的蘇俄教育到徐志摩眼裡談不上新，包括它的政治，不過是「中世紀的一個返（反）響」。下面，徐志摩開始現代蘇俄和古典中世紀的比較。「有觀察力的人到過俄國的，都覺得俄國的新政治是一種新宗教；不論他們在事實上怎樣的排斥宗教，他們的政治，包括目的與手段，不但是宗教性，而且是中世紀的教會性的。」至於和這種政治配套的教育，亦即黨化教育或主義教育，徐志摩認為只是「『劃一人生觀』的訓練，說什麼教育。」「它有幾個前提是不容你辯難，不容你疑問的：天主教的上帝與聖母，共產主義的階級說；你沒有選擇的權利，你只能依，不能異。」「當然」，徐志摩筆鋒一轉，在蘇俄的統治下，「你可以得到不少的自由。正如在中

3　轉引徐志摩《關於黨化教育的討論》，韓石山編《徐志摩散文全編》下冊第一〇七五頁，天津人民出版社，二〇〇五。

4　徐志摩《迎上前去》，韓石山編《徐志摩散文全編》下冊第六三八頁，天津人民出版社，二〇〇五。

世紀教皇治下，你也得到不少的自由；但你的唯一的自由——思想的自由——不再是你的了。」[5]徐志摩這個人不出文章出句子，這最後一句委實精彩。

徐志摩之外，當時新從美國留學回來的瞿菊農也不贊成胡適，他的分析是：「我總以為狄克推多與民治主義是根本不相容的。狄克推多是以一人的意志，壓迫大多數人的意志，侵犯大多數人的自由。凡個人都應當看本身有無限價值，不應當看做工具。狄克推多是以他人做工具的。假如他們『努力辦新教育』，辦得不得當，最可怕的是為少數人造就新工具。民治主義的一個根本原則，用倫理的話說，是確認個人的價值，用法律哲學的話，是確認各個人都有不可侵犯的『權分』。」（注：該段落引自當時《晨報》副刊，注釋丟失，特說明）

歷史不幸。胡適所迷惑的蘇俄新教育，很快就在中國兌了現。北伐成功後的國民黨逐步開始推行蘇俄性質的黨化教育。尤其是一九二九年胡適發起「人權論戰」，鋒芒直指國民黨一黨專政。國民黨除了打壓胡適，它的中央委員會第四十四次常委會還特地通過「因警誡胡適而引起之《各級學校教職員研究黨義暫行條例》」。該條例要求全國各級學校都必須研究孫中山的三民主義，並規定「平均每日至少須有半小時之自修研究，每週至少須有一次之集合研究」。[6]後者便是中國「政治學習」制度的開始，它「暫行」了一個世紀。

案：到底什麼是「黨化教育」？一九三二年，胡適的好友任鴻雋在《獨立評論》上面對國民黨推行的黨化教育，概括出這樣兩點：「一、把黨的主義或主張，融合在教課中間，使它漸漸的浸灌到學生腦筋裡去。二、教育的事業，由黨的機關或人才去主持，使它完全受黨指揮」……[7]

[5] 參見《關於黨化教育的討論》，韓石山編《徐志摩散文全編》下冊第一〇六一–一〇七四頁，天津人民出版社，二〇〇五。
[6] 轉引歐陽哲生編《胡適文集》卷五第五七六頁，北京大學出版社，一九九八。
[7] 叔永《黨化教育是可能的嗎》，《獨立評論》第三號第十三頁，一九三二。

面對「狄克推多」

　　「狄克推多」（dictator）是二十世紀二、三十年代對「專政」、「獨裁」一詞的音譯。這裡會審的是那個年代三位知識人對它尤其是對蘇俄專政的看法。這三人，兩個是文化重鎮，一個是詩人。前者是胡適和魯迅，後者是徐志摩。在「狄克推多」的歷史三岔口，他們的表述呈現出不同的思想形狀並淺深。如果可以把會審結果提前，那麼，徐志摩是反專制的，正如魯迅是支持。胡適一度在這兩者間徘徊，最後走向反專制。

　　這裡不妨以他們自己的話語為呈堂。

　　一九三〇年代，一位記者採訪魯迅時說：蘇聯是無產階級專政的，智識階級就要餓死。魯迅回答：「無產階級專政，不是為了將來的無階級社會麼？只要你不去謀害它，自然成功就早，階級的消滅也就早，那時就誰也不會『餓死』了。」[1]魯迅當然難以逆料幾十年後無產階級專政大面積餓死人的情形，但，被號稱思想家的他對專政的信任和表述如此簡陋，也只好讓人笑歎。《解放了的堂·吉訶德》是象徵蘇俄革命的一出話劇，劇中的革命者有一段道白，不啻是專政的宣言：「是的，我們是專制魔王，我們是專政的。你看這把劍——看見罷？——它和貴族的劍一樣，殺起人來是很準的；不過他們的劍是為著奴隸制度去殺人，我們的劍是為著自由去殺人。……現在，我們在這個短期間是壓迫者，……因為我們的壓迫，是為著要叫這個世界上很快就沒有人能夠壓迫。」為自由可以去殺人，用壓迫可以取消壓迫，如此弔詭，魯迅讚譽為「這是解剖得十分明白的」。[2]

　　魯迅支持專政卻從不談民主；與此不同，胡適一生力推民主——當然是英美制度框架中的民主，但在專政問題上，卻首鼠兩端，有過一個認知上的誤區。誤區發生在莫斯科，一九二六年胡適去過那裡三天。在那兒，

---

[1]　魯迅《我們不再受騙了》，《魯迅全集》第四卷第四三〇－四三一頁，人民文學出版社，一九八二。

[2]　《魯迅全集》第七卷第三九九－四〇〇頁，人民文學出版社，一九八二。

他輕易接受了一位美國左派和一位蘇俄外交官員的誘導。那位「美左」這樣忽悠他:「向來作dictator(獨裁者)的,總想愚民以自固權力。此間一切設施,尤其是教育的設施,都注意在實地造成一輩新國民,……此一輩新國民造成之日,即是Dictatorship可以終止之時。」[3]這樣的表述和上面一樣,壓迫是為了取消壓迫,專政是為了終止專政。看來一個美好的「為了」不啻一貼蒙汗藥,它讓人只迷惑目標,卻罔顧它的實現方式及後果。以至為了明天的美好,今天可以行使罪惡。可是,人們從來都活在今天而非明天,沒有為明天就要拿今天作犧牲的道理。但吃虧再多,人類因其固有的弱點,怕都難以擺脫「目的倫理」的道德魅力。

那位蘇俄官員倒「坦誠」,他對胡適說:「你不必對於我們的Dictatorship(專政)懷疑,英美等國名為尊崇自由,實是戴假面具,到了微嗅得一點危險時即將假面具撕去了。……他們也是一種Dictatorship,只是不肯老實承認。蘇俄卻是言行一致,自認為無產階級專政。」這一席似是而非的話居然讓胡適點頭稱是,認為「此言甚是有理」。[4]可見,學理層面上的自由主義,是胡適的薄弱環節,這個問題直到他晚年才解決。其實,即使在事實上,留美七年的胡適既然知道美國有反對黨的存在,並且是兩黨輪值,這就不存在某一政黨「專政」的可能。

於是,人在國外的胡適幾乎向國內複製了那位「美左」的觀點:「狄克推多向來是不肯放棄已得之權力的,故其下的政體總是趨向愚民政策。蘇俄雖是狄克推多,但他們卻真是用力辦教育,努力想造成一個社會主義的新時代。依此趨勢認真做去,將來可以由狄克推多過渡到社會主義的民治制度。」[5]胡適的看法立即遭到徐志摩等人的批評。雖然胡適後來反戈,說:「『狄克推多』制之下,只有順逆,沒有是非」。[6]又說:「獨裁政治之下的阿斗,天天自以為專政,然而他們只能畫『諾』而不能畫『No』。」[7]但,對專政的看法,胡適留下了他認知上的「前科」。

---

[3] 曹伯言整理《胡適日記全編》第四卷第二三五頁,安徽教育出版社,二〇〇一。

[4] 同上第二三八頁。

[5] 胡適《歐遊道中寄書》,歐陽哲生編《胡適文集》卷四第四十二頁,北京大學出版社,一九九八。

[6] 同上第四十九頁。

[7] 胡適《答丁在君先生論民主與獨裁》,歐陽哲生編《胡適文集》卷十一,第五三〇頁,北京大學出版社,一九九八。

　　寫二十世紀思想史繞不過胡魯，但卻不會有人想到徐志摩。這不奇怪，但這位詩公子在二〇年代《晨報》時期，其表現於當時思想界可謂「驚豔一槍」。更瀟灑的是，《晨報》過後，詩人華麗轉身，「不帶走一片雲彩」，過他的詩、情生活去了。思想史當然可以不眷顧他，但，今天卻必要提及他在那兩三年中的思想言動。針對胡適，徐志摩認為：「由『愚民政策』過渡到『社會主義的民治制度』這不是等於說由俄國式共產主義過渡到英國的工黨，或是由列寧過渡到麥克唐諾爾德嗎？」[8]這兩者間的不可能性徐志摩遠比胡適看得清楚。這是功夫。在自由主義學理上，胡適功夫不深；或許天份，徐志摩不下工夫卻不淺。

　　徐志摩分明看出「一黨完全專制治下」，是「你沒有選擇的權利」，「只能依，不能異」。因此，他的推論是：「即使一黨的狄克推多，尤其是一階級的狄克推多，的確是改造社會最有捷效的一個路子，但單只開闢這條路，我怕再沒有更血腥的工作了。」這是他比胡魯高明的地方，不是為了明天，今天就可以流血。他更看重如何避免今天的血腥──這是「責任倫理」的表述。專制的血腥在於：「除了你『宗教化』你的黨的目標（絕對的信服，不懷疑教主或教義），武力化你的黨的手段，你就不能期望蘇俄革命的效果。」[9]思想上的「宗教化」和手段上的「武力化」，是徐志摩概括出的蘇俄專政的兩個特點，這純然是一副思想家的手筆。詩人僭越，它決難出於思想家的魯迅。

　　不妨注意一下這個繞有意味的時間表，徐志摩批蘇俄專政在前（一九二〇年代），魯迅擁戴蘇俄專政在後（一九三〇年代）。就中國知識人對蘇俄式的「無產階級專政」的認知譜系而言，魯迅是徐志摩的倒退和反動。

---

[8]　徐志摩《〈一個態度〉的按語》，韓石山編《徐志摩散文全編》下冊第一〇五五－一〇五六頁，天津人民出版社，二〇〇五。

[9]　同上第一〇七三頁。

詩人為何不受蘇俄的騙

　　上個世紀二、三十年代，中國知識社會對當時蘇聯的看法，其實是一種考量，它考量著每一個關注中國命運的知識人的觀念與眼光。那個年代，彌布著一種激越的「向左轉」的氛圍，因而知識人包括青年對蘇俄的認肯在當時不僅是多數，也是主流。某種意義上，它決定了未來中國的走向。但，例外也是有的，比如被人僅僅視為詩人的徐志摩，就是一個較為清醒的例外。

　　那時，有過這樣一幅英國漫畫，是諷刺蘇聯的。畫幅上「畫著用紙版剪成的工廠，學校，育兒院等等，豎在道路兩邊，使參觀者坐著摩托車，從中間駛過。」此畫的諷刺意味很明顯，這一切都是表面的、假的、做給外人看的。但看過此畫的魯迅不這樣看，相反他在文章中認為該畫是「無恥的欺騙」。[1]過後，魯迅專門作文《我們不再受騙了》，批評英語世界對蘇聯的攻擊和造謠，不但為史達林時代的蘇聯辯護，同時也表明了自己的價值立場和眼光。

　　於今看來，魯迅的受騙是無疑的了；但如果把這幅畫放在徐志摩面前，他的態度會如何？事實已無可能，魯迅作文的一九三二年，徐志摩已經魂歸天府。然而，這個問題如果依然提出，答案也不難索解。可以肯定，徐志摩不會認為這幅畫是欺騙；如果欺騙，也是畫之所畫的那個內容。這並非徐志摩多麼高明，而是他見識過蘇俄這套把戲。

　　一九二〇年秋徐志摩從美國來到英國，認識了當時留英的陳西瀅並章士釗，並由他們結識了英國著名作家、社會活動家威爾斯。此後，雙方交往密切。一九二〇年威爾斯往蘇俄遊歷十餘天，並見到了列寧。歸來他把他的見聞寫成遊記，刊登在倫敦的《星期日快報》上。徐志摩讀後，特意寫作評論，寄回國內發在梁啟超主辦的《改造》雜誌。

　　這是徐志摩介紹的威爾斯親身經歷的小故事。當他去參觀一所小學校

---

[1]　魯迅《林克多〈蘇聯聞見錄〉序》，《魯迅全集》第四卷第四二四頁，人民文學出版社，一九八二。

時，問學生平時學不學英文，學生一齊回答：學。又問，你們最喜歡的英國文學家是誰，大家一起回答：威爾斯。進而問，你們喜歡他的什麼書，於是學生立即背誦韋氏著作，達十多種。威爾斯很不高興，他相信這些學生是「受治」。後來，他特意不知會蘇俄接待方，獨自來到一所條件比前面更好的學校，又把那些問題一一提出，結果該校學生一概曰否。接著，威爾斯又來到該校的藏書室，書架上沒有一本自己的書。威爾斯什麼都明白了。於是，徐志摩也什麼都明白了，他寫道：「蘇俄之招待外國名人，往往事前預備，暴長掩短，類如此也。」[2]

　　為什麼徐志摩對迷倒眾多中國知識人的蘇俄有一種特別的洞穿力，這還要看他的留學背景和所汲取的思想。留學美英時的徐志摩不是沒有接觸過馬克思主義，一九二六年，他也曾用肖伯納的前半句話描述過自己：一個三十歲以下的人不信社會主義是良知有問題（後半句為三十歲以上的人還信的話是理智有問題）。[3]但，在徐志摩短暫的一生中，他最想追隨、同時對他思想影響最大的人，是英國哲學家羅素。一九二〇年，徐志摩寧可不讀美國哥倫比亞大學的博士，也要橫渡大西洋，到英國跟羅素去念書。徐志摩把羅素比為二十世紀的伏爾泰，可見其「高山景行，私所仰慕」。

　　羅素在英國時是個基爾特（即行業協會）社會主義者，出於對蘇俄價值理念的認同，一九二〇年，他隨同英國工黨代表團去蘇聯考察。這一去不打緊，所謂乘興去，失望回，不但沒有接受其洗禮，反而把對蘇俄的看法寫成了批評性的《布爾什維克主義的理論和實踐》。徐志摩不但讀過此書，同樣，也為它寫過評論。其中，羅素的看法在徐志摩筆下得到了呈現，徐介紹羅素所以拒絕蘇俄，一是以布爾什維克的方法達到共產主義，人類要付出的代價過於巨大，另一是即使付出如此代價，它所要達到的結果是否一蹴而幾，也無法讓人相信。就後者言，布爾什維克的理想乃是一個烏托邦。但，為了實現它，需要採用慘烈的暴力，這為羅素所懼怕。羅素是個改良主義者，他無法不反對蘇俄那種流血的激進。在他看來，人類

2　徐志摩《評韋爾思之遊俄記》，韓石山編《徐志摩散文全編》上冊第六十八頁注一，天津人民出版社，二〇〇五。
3　參徐志摩《南行雜誌‧勞資問題》，韓石山編《徐志摩散文全編》下冊第一〇三二頁，天津人民出版社，二〇〇五。

救渡的辦法只能是漸進的「以和平致和平」。一旦革命,「暴烈只能產生暴烈」。[4]

　　儘管徐志摩評論羅素和威爾斯時對蘇俄尚未那麼反感,其議論甚至有所持平;但這兩位有人道主義底色的英國佬潛在地影響了他,說到底,他自己也是一個人道主義者。一九二五年徐志摩有幸過蘇俄,莫斯科三天,他更堅定了自己對蘇俄的感覺和評價。因此,魯迅可以受蘇俄「暴長掩短」之類的騙,徐志摩卻不會,他有了這方面的免疫力。有趣的是,一九二一年徐志摩發表這兩篇事涉蘇俄的評論時,年輕得才二十四歲。魯迅是遠在三十歲後轉信社會主義的,一九三二年他在受騙中寫《我們不再受騙了》時,已年邁五十,是晚景了。這樣一個年齡差和年齡比,讓筆者不免為之唏。

---

[4] 參徐志摩《羅素遊俄記書後》,韓石山編《徐志摩散文全編》上冊第五十九─六十四頁,天津人民出版社,二○○五。

歷史何以空前

　　歷史上的徐志摩和魯迅是有過節的，如果把他們兩人作一比較，還沒開始，兩個詞便已跳出：魯迅肯定「深刻」，徐志摩當然「淺薄」。我相信，這麼說大部分人都認為名至實歸。不過，這裡還要後續四個字：其實未必。是的，我只能這麼迂回，假如直說，怕要惱怒很多人。

　　二十世紀以來，蘇聯對中國的影響既深且巨。這個政治恐龍自己不存在了，它的舊時身形還能罩著它的邊鄰。回望二、三十年代，中國知識份子對蘇俄的態度，的確是對自己眼界的一種考驗。數昔日風流，經得起考驗的能有幾人。寥寥之中，徐志摩算是一個。至於魯迅，顯然交了張錯卷。本來，「老了什麼都見分明」（徐志摩語），人的思想也是越晚越熟。可是魯迅晚年為蘇俄迷倒，遂形成思想上的「短板」。我們知道，一隻桶吃水多深，就取決於那塊板。

　　迷信蘇俄導致上當受騙。魯迅是在聲稱《我們不再受騙了》的時候受了騙。同一時期還有他的《林克多〈蘇聯聞見錄〉序》，這兩個文本對魯迅的深刻構成了反諷。當然，我的不少朋友為尊者諱，說那是時代的大趨勢，魯迅未能倖免，他們抬出了俄國的高爾基、法國的羅曼羅蘭。但，且慢，這裡不妨就抬出徐志摩吧。這個情場穿梭的詩人，蘇俄為何騙不著他？

　　魯迅說「我們被帝國主義及其侍從們真是騙的長久了。十月革命之後，它們總是說蘇聯……怎麼破壞文化。但現在的事實怎樣？……列寧格勒，墨斯科的圖書館和博物館，不是都沒有被炸掉麼？文學家如綏拉菲摩維支，法捷耶夫……等，不是西歐東亞，無不讚美他們的作品麼？」[1]魯迅對蘇聯信任如此、辯護如此，夫複何言。可是，這類流言（比如把托爾斯泰的書變成紙漿再改印列寧的書），傳到徐志摩耳裡，他卻本能地感到「不安」，不安於「這樣看來蘇聯政府，什麼事情都做得出」。那麼，到

---

[1]　魯迅《我們不再受騙了》，《魯迅全集》第四卷第四二九頁，人民文學出版社，一九八二。

底是帝國主義在欺騙，還是蘇聯政府果然什麼都能做得出。徐志摩一到莫斯科，就到處打聽托爾斯泰的消息。後來終於見著了托氏的大小姐。當他端出疑問，托爾斯泰的女兒沒有直接回答，而是說：「現代書鋪子裡他的書差不多買不著了，不但托爾斯泰，就是屠格涅夫，道施妥奄夫斯基等一班作者的書都快滅跡了。」[2]

徐志摩揭露蘇俄的文字是在二〇年代，魯迅對蘇俄的迷信卻要晚至三〇年代。可是，魯迅不會相信徐志摩，他相信的文字是林克多。「畫圖臨出秦川景，親到長安有幾人」。魯迅未能親身蘇俄，他怎麼就那麼相信別人筆下的「秦川景」，何況徐志摩的《歐遊漫錄》不也是一幅絕好的蘇俄「畫圖」。這裡，決定的因素是觀念，是觀念決定眼睛而不是相反。因為觀念，徐志摩很難認同蘇俄革命，認為那是毀壞文明。因為觀念，魯迅對蘇俄的認同根本就是一面倒，以至誰反蘇俄，就不免帝國主義的侍從。

當年拿破崙攻下莫斯科時，特意下榻克里姆林宮。豈料蘇俄人夜半縱火，不惜毀宮驅逐。生性殘忍的拿破崙跳起來不敢相信：什麼？他們連他們祖宗的家院都不要了！以這樣的例子，徐志摩要提醒國人的是「俄國人的辣手」，「忍心破壞的天才原是他們的種性」。他雙腳踩在莫斯科的地上，感到「平靜的舊城子底下，全是炸裂性的火種，留神！回頭地殼都爛成齏粉，慢說地面上的文明。」（同上）這，其實就是徐志摩對蘇俄革命的態度。然而，這種破壞在魯迅筆下卻如同壯舉：「那就是將『宗教，家庭，財產，祖國，禮教……一切神聖不可侵犯』的東西，都像糞一般拋掉，而一個簇新，真正空前的社會制度從地獄底裡湧現而出。」[3]

幾十年後，蘇俄的作為是毀害文明還是簇新制度，答案已由歷史具結。面對上述徐魯的表述，比較他倆對蘇俄的態度，誰深誰淺，各人不妨仁者見仁。其實，深刻與否，並非這裡的主要。筆者惕惕於心的，還是以上魯迅的話，它讓我脊背發寒。沒有什麼比這更觸目了：不惜毀壞一切來簇新一種制度。如果一切都可以毀壞，制度簇新又有何用。本來制度就是保護這一切的。何況，當宗教、家庭、財產都可以不屑，可以想像，

[2] 徐志摩《歐遊漫錄》，韓石山編《徐志摩散文全編》上冊第五八七頁，天津人民出版社，二〇〇五。

[3] 魯迅《林克多〈蘇聯聞見錄〉序》，《魯迅全集》第四卷第四二六頁，人民文學出版社，一九八二。

個人包括個人的生命，在革命的宏大敘事中，更是草芥不如。問題並不到此，當一個制度真正是「空前」的，即它把它以前的一切文明都當糞便拋棄時，它自己的根基在哪裡？歷史可以剪斷而延伸，制度可以憑空而獨立——我的魯迅先生？

可以把魯迅認為的壯舉化作徐志摩的描述，當徐去參觀列寧遺體，一進門看到的是一具地球模型，徐驚悚：「從北極到南極，從東極到西極（姑且這麼說），一體是血色，旁邊一把血染的鐮刀，一個血染的錘子。那樣大膽的空前的預言，摩西見了都許會失色」。

「空前的預言」、「空前的社會制度」，為了空前，歷史遍體血污。

詩人在二十四歲以前

　　詩人徐志摩生年不滿三十五，但真正作為詩人存在也就十來年時間。且聽詩人夫子自道「在二十四歲以前我對於詩的興味遠不如對於相對論或民約論的興味。我父親送我出洋留學是要我將來進『金融界』的，我自己最高的野心是想做一個中國的Hamilton！（漢密爾頓，）」。[1]這是一九三一年八月，詩人去世前幾個月，為自己的新詩《猛虎集》作序時說的話。查詩人年譜，一九二○年十月，詩人虛年二十四，在倫敦結識了林長民、林徽因父女，於是開始迷上了小蘿莉林徽因，同時也迷上了卿卿我我的詩（一九二一年開始寫詩）。從此，詩與女人便形塑了徐志摩，這個形象一直流傳到今天。

　　然而，誠如詩人言，在他二十四歲以前，他對政治（民約論）的興趣遠甚於對詩的興趣。在詩與女人之外，如果我們要為徐志摩描繪一幅思想肖像（沒有這幅肖像，詩人的形象豈能完整），則無法忽略他從一九二○年開始的言論表現，這些言論大抵圍繞對蘇俄的態度而展開。尤其是一九二○年，它是詩人結交小蘿莉的開始，也是詩人對蘇俄批判的初始（它跳躍性地持續了六七年，是二十世紀中國思想史的一段華章）。回首百年，蘇俄問題乃是有關吾族國運最重要的一個問題，當徐志摩海外問難蘇俄的同時，一九二○年也正是國內《新青年》大力傾銷蘇俄制度和布爾什維克主義的時期。這一年徐志摩接連寫了兩篇文章，一篇是《羅素遊俄記書後》，另一篇是《評威爾斯之遊俄記》。兩文一九二一年同時發在梁啟超研究系主辦的《改造》雜誌上。如果和《新青年》的文字對讀，可以發現，當蘇俄勢力開始滲透並影響中國時，中國知識界的態度是不一致的。

　　一九二○年，剛從美國輾轉倫敦的徐志摩並沒有去過蘇俄，他對蘇俄的看法基本上是受到羅素包括威爾斯的影響。對於羅素的崇拜，詩人在《我所知道的康橋》中說得夠清楚：「我到英國是為要從羅素。羅素來中

---

[1]　徐志摩《〈猛虎集〉序》，韓石山編《徐志摩散文全編》下冊第一三○四頁，天津人民出版社，二○○五。

國時，我已經在美國。他那不確的死耗傳到的時候，我真的眼淚出不夠，還做悼詩來了。他沒有死，我自然很高興。我擺脫了哥倫比亞大博士銜的引誘，買船飄過大西洋，想跟這位二十世紀的福祿泰爾（伏爾泰）認真念一點書去。」[2]只是徐志摩到倫敦時並沒有遇上羅素，羅素應國內梁啟超「講學社」的邀請到古老的中國來講學了。從美國到英國，徐志摩未見其人讀其文，於是就有了這篇有關羅素與蘇俄的文字。奇怪的是，如此仰慕羅素的徐志摩，並非唯羅素馬首是瞻，一味恭維，而是對他的遊俄記亦贊亦彈。

　　羅素對蘇俄的觀感，在遊俄之前和之後，有一個很明顯的價值翻轉。從對蘇俄的認同到對它的批評，徐志摩的行文正是從其變化入手。它涉及羅素兩篇文章，除歸來之後的遊俄記，還有去蘇聯之前幾近謳歌蘇俄的《民主與革命》。好在與志摩文字同時，國內的《新青年》因羅素來華，也在大張旗鼓地宣傳羅素。《新青年》一九二〇年十月一日第二號開篇就是為羅素編的一個專輯，其中正有沈雁冰（茅盾）翻譯羅素的《遊俄之感想》，也有張崧年（張申府）翻譯游俄之前的《民主與革命》（分兩期連載在《新青年》的羅素專輯中）。如果我們一邊讀《新青年》上的羅素原文，一邊讀《改造》中的徐志摩對羅素的評論，不但可以看清一度歧路的羅素歧在哪裡，更可以看清這個時年二十三卻方向感和立場都很明確的徐志摩。

　　一九二〇年代的羅素是一個「基爾特社會主義」者（即行會社會主義），主張各個行業的工人組織起來，自我管理生產，實行行業自治。這是出於對資本主義不滿而主張改良的一種社會主義形態。赴俄之前，羅素在《民主與革命》中聲稱「我便是以戰爭之結果已從自由主義過渡到社會主義的一個人」。不掩飾自己對蘇俄布爾什維克的好感，特別是他失望於資本主義制度下自由、民主、和平希望的落空，便轉而把它們寄託在新興的俄羅斯身上。他是這樣評價俄國人「我但能以為布爾什維克派人現在正在做的，對於世界的將來，簡直比雅谷班派人（雅各賓）在法國成就過的重要更大，因為他們的行動規模更大，他們的學說更基本的新。我相信通

2　徐志摩《我所知道的康橋》，韓石山編《徐志摩散文全編》下冊第八三〇頁，天津人民出版社，二〇〇五。

全世界的社會主義者都應該扶持他，並和他協同動作。」[3]

羅素是一九二〇年五月十一日入境俄羅斯的，六月十六日離開。一個多月的時間使他能夠在俄羅斯的土地上腳踏實地考察布爾什維克主義的理論與實踐，不似入境前對俄羅斯的評論只是從觀念到觀念。比如他在《民主與革命》中還這樣表態「無產階級專政原是自認的一個過渡的情形，一個戰時的方略，但當舊有產階級仍在奮力鼓動反革命時，是有正當的理由。」（同上）可是入俄之後，羅素很驚奇地發現了一個弔詭，無產階級專政固然是專政，但無產階級有時跟字面的意思卻沒有關係。只有具有「階級覺悟」的那部分人（即共產黨）才是真正的無產階級，比如列寧本不是無產階級，但他具有明確的無產階級「意見」。至於那些真正的無產階級，亦即靠工資生活但「意見卻不對」的人，不但被摒在無產階級之外，而且還是有產階級的跟隨。

在俄羅斯，羅素是見過列寧的。兩人用英語講談，列寧不但英語好，而且愛笑。「他笑得很多，起初我尚覺得他的笑是出於好客和娛客的意思。但是漸漸兒我覺得他是獰笑。他是專斷的，鎮靜的……，我知道他蔑視許多人，他是個知識上的貴族。」談到專政問題時，列寧直率得驚人：「他說明農人中間富者和貧者的分界，政府鼓吹貧者去反抗富者，指導暴烈行動，他說來很似津津有味的。他竟至說，加於農人方面的『迪克推多』（即專政）或者要繼續很久，因為農人們都求自由交易（按自由交易是指不由官買官賣）。」這樣的專政已經不是針對資產階級而是針對廣大的農民了。就專政的集權性，羅素有了這樣的批評：「我對於共產主義是信仰的，但不能信仰那種集中大權於少數人手內的共產主義」。他懼怕戰爭的繼續，因為戰爭是繼續「迪克推多」的最好的理由，於是「那些統治者便遲早終必要用他們的特殊的政治地位獲得特殊的經濟地位」，[4]而且當時徵兆已經出來了。

「一臨事實而幻想破，一即塵緣而香火墜」，這是徐志摩對羅素遊俄的譏彈，還帶著一些調侃。徐志摩無疑認同羅素的價值翻轉，與此同時也

---

[3] 轉引《新青年》第八卷第二號第一四六—一五一頁（羅素《民主與革命》），寧夏人民出版社，二〇一一。

[4] 本節參見羅素《遊俄之感想》，《新青年》第八卷第二號第一五二—一六七頁，寧夏人民出版社，二〇一一。

表明了他自己對蘇俄的否定的態度。從篇幅中可以看到，徐志摩對自己敬愛的大哲學家抱持的態度是「吾愛之慕之不如吾異之疑之」。有人說羅素愛蘇俄不過一時意興，並非真誠的信仰，徐志摩反詰：羅氏如果在其他方面舉世無出其右，「如何發言經世，一任情感，與庸眾齊轍哉」。當羅素揚俄抑資，批評資本主義控制教育新聞和文藝，以支配普通人民之意識。徐志摩如同發難：「吾亦願問羅氏彼資本家何以能控制教育與言論乃至影戲事業」。觀念人常為觀念所誤，面臨現實，羅素終於嗅到了俄羅斯的血腥。資本主義如果是資本壟斷，俄羅斯的專政則是權力壟斷。一個多月的行旅終於讓羅素不再相信革命與戰爭以及由此帶來的專政可以導致社會進化，羅素適時地轉身了，徐志摩對此評論：「及著《民治與革命》而羅素遍體腥紅。然後入紅邦觀紅光，大失望，脫盡紅氣，複歸於白，大白而特白。一度輪回，功德圓滿。」是之為贊。[5]

　　《新青年》雖然為羅素編過專輯，但對羅素的轉身卻未必以為然。比如發過遊俄記之後，又發過兩次從蘇俄翻譯過來的對羅素的批評，這是否可以委婉地看作刊物對羅素的態度。說到底，對羅素的態度其實就是對蘇俄的態度，在言論上乳鶯初啼的徐志摩和《新青年》自始就是兩樣。《新青年》對蘇俄的引進與徐志摩對蘇俄的批評庶幾同步。其時，《新青年》已經大紅大紫，對當時年輕人也產生了越來越大的影響。徐志摩和《新青年》無緣，也沒有任何人事關係（其時還不認識胡適）。正是在批評羅素遊記的結尾，身在倫敦的徐志摩對國內隔空喊話：「今國內新青年醒矣，吾願其愛紅竟紅，愛白竟白，毋因人紅而我姑紅，毋為人白而我勉為白。」（同上）這是批評國內新青年對蘇俄的盲目追隨。然而，「我本將心托明月，誰知明月照溝渠」。詩人的聲音被辜負了，它是微弱的，也是徒勞的。它不曾發生過任何現實意義，正如今天我們審視它，卻無法否認它於二十世紀思想史的意義。悲催的是，思想設若不能影響正在發生著的現實，我們只能說「嗚呼」。

5　本節出自徐志摩《羅素遊俄記書後》，韓石山編《徐志摩散文全編》上冊第五十九－六十四頁，天津人民出版社，二○○五。

「抱殘守闕」爭自由

　　徐志摩遇難之後，胡適有《追悼志摩》一文：「他的人生觀真是一種『單純的信仰』，這裡面只有三個大字：一個是愛，一個是自由，一個是美。」[1]愛與美，詩人通過他自己的詩，尤其是那具有傳奇性的情感生活，於世人之前有充分的展現，胡適的悼文也大部分涉筆於此。但，詩人同時是思人，他對自由的熱愛與恪守，主要不是以詩歌，而是通過他在一九二〇年代的報刊言論，得以彰顯；但這一點，卻常為他的朋友所忽略。

　　一九二〇年代的徐志摩，一手寫詩，一手作論。雖然這是兩種不同性質的文字，但詩人盡力去做，倒也兩不衝突。從後世角度，徐志摩詩人的名望遠大於他作為思人的角色，但如果把他的詩作和那些穿刺時代癥疣的思想性文字相比，前不如後並非是對詩人的貶損，倒是出於對長期被浪漫化了的徐志摩的另一面的認肯。以詩人論，志摩的詩，咿咿呀呀，好作品固未多見；但詩人身上最可貴的，乃是詩人所以成為詩人的敏感氣質。這氣質似乎是更好地表現在志摩對那個時代的感應上。只是他不是發而為詩，而是發而為文。這些文字比較集中在一九二五和一九二六兩年間。這兩年詩人因編《晨報·副刊》側身公共領域；然而，他和他所身處的那個時代是那樣不合，和彌散於那個時代的所謂時代精神豈止隔膜，庶幾格格不入。也正因此，詩人執筆發言，寫下了一系列和那個時代相齟齬的文字。

　　二十世紀對中國來說是一個革命的世紀，一九二〇年代則是百年歷史上的第二個革命時代。第一次革命如果是同盟會主導的辛亥革命，第二次革命便是由國民黨主導的「國民革命」。國民革命的任務一是反帝二是反封建。反帝即反英美，反封建即反軍閥。二者的統一在於軍閥既具有封建性，同時又是帝國主義在中國的代理。給這一次革命提供理論武裝和軍事武裝的是由蘇俄及其掌控的共產國際，參與其間的又有同樣是以共產國際為組織背景的年輕的中國共產黨。對古老的中國來說，這完全是一種新興

---

[1]　《新月》第四卷第一號第三頁，一九三二。

的政治勢力，前所未有，它集中在以廣州為中心的南方。一九二五年七月
一日，孫中山身後的國民黨甚至在廣州成立了中華民國國民政府，以與北
方由軍人控制的民國政府（一般又稱北洋政府）相對抗。

　　這就是一九二〇年代中後期的時代格局，北方的軍人政權和南方的黨
人政權相互對峙。夾在這兩者之間的是一群自由主義知識份子，徐志摩就
是其中對時局格外敏感的一個。如果從所謂「政治正確」的角度，北方軍
人政權是腐朽的，它代表著歷史上殘存的封建勢力，又與英美日等帝國主
義相勾結。何況軍閥之間戰禍不斷，它招致了當時知識份子的集體反感。
相反，南方的黨人政權，由於有一個蘇聯人提供的嶄新的意識形態，又由
於國共兩黨的聯合推進，因而它被視為一種進步力量。這種力量正在開始
主導中國，並逐步形成它的時代。徐志摩當然不是這個時代的弄潮兒，他
對北洋政權談不上好感，但對正在起勢的這股新政治力量顯然更存恐懼。
畢竟詩人出於對自由的熱愛，已經本能地感受到它對個人自由的威脅。

　　一九二六年一月，徐志摩收到後來成為國家元帥的陳毅和另一位作
者的投稿《紀念列寧》，這是一篇讚頌當時正在進行的國民革命的文字，
由於這場革命之後的蘇俄背景，徐志摩有針對地寫了篇「談革命」的文
章，正題為《列寧忌日》。詩人這樣分析俄國革命的發生：「俄國的另一
特徵是它沒有中等階級（波淇窪），這實在是它革命得勢的消息。俄國革
命成功的原因固然很多，但這沒有中產階級的事實，當然是重要原因的一
個。」[2]徐志摩的意思很明顯，中國也沒有中產階級，它的任務應該是發
展實業，讓國家走上工業化的道路，以此培育中產階級（這是社會穩定的
力量），而非進行類似蘇俄式的社會革命。他告誡比他年輕的陳毅：「青
年人，不要輕易謳歌俄國革命，要知道俄國革命是人類史上最慘刻苦痛的
一件事實。」詩人反對革命，除了社會本身要付出極大的代價外，從自由
的角度看，革命對古老的個人自由也是極端排斥的，它只要求服從。所以
文中的徐志摩這樣表白自己：「我是一個不可教訓的個人主義者。這並不
高深，這只是說我只知道個人，只信得過個人。我信德謨克拉西的意義只
是普遍的個人主義……」。這不妨是徐志摩的自由主義宣言，儘管借助的
語彙是德謨克拉西。

---

[2]　徐志摩《列寧忌日》，本節引文俱出此文，韓石山編《徐志摩散文全編》下冊第八四八-八
　　五五頁，天津人民出版社，二〇〇五。

　　但，在那個革命聲勢高漲的時代，個人自由已為國家自由、民族自由
和社會平等之類的新意識形態所取代。就後者言，胡適在也是寫於一九二
六年的《我們對於西洋近代文明的態度》中說：「十八世紀的新宗教信條
是自由，平等，博愛。十九世紀中葉以後的新宗教信條是社會主義。」[3]
在那個惟進步是求的時代，十八世紀的個人自由已經老舊不堪，遠遠落
伍於二〇年代的精神氛圍了。像陳毅這樣的年輕人，為時代潮流所挾，
無法聽進個人自由之類的陳詞，他當時就是一個受蘇俄影響極深又擅長
學生運動的進步學生。即使是自己的朋友胡適之，到蘇俄轉了三天，即對
其表示出一定的同情之理解。因此，在一個廣義的自由主義知識份子的圈
子中，徐志摩是孤立的一個。他利用自己手上的《晨報》副刊，試圖頂住
那個正在成形的潮向，為個人自由作最後的逆挽。但，「我不知道風，是
在哪一個方向吹」，詩人的努力註定徒勞，它帶有知其不可而為的悲愴意
味。這裡我們可以看一年以前詩人在造訪莫斯科後所發出的感慨，面對列
寧遺體，他想到了當年的羅素。羅素沒來蘇俄前，精神上先同情了布爾什
維克，但一旦親臨赤土，又迅疾發生價值回轉。和羅素一樣，「我怕我自
己的脾胃多少也不免帶些舊氣息，老家裡還有幾件東西總覺得有些捨不得
——例如個人的自由，也許等到我有信仰的日子就捨得也難說（《歐遊漫
錄・血》）」。[4]其實正如以上胡適所說，自由就是徐志摩的信仰，除此
之外，詩人並沒有其他信仰。正是抱持這個單純的個人自由的信仰，詩人
才不為進步時代所惑，並在時代的颶風面前，能夠做到「你有你的，我有
我的，方向」。

　　一九二〇年代，不是一個追求個人自由的時代，甚至在那個逐步主義
化了的時代，個人自由正在被「out」。徐志摩和那個時代的不合，根源
即在於此。他反感那個時代充斥著在他看來是來自蘇俄的「政治福音」。
胡適一踏上蘇俄的土地，便認可了蘇俄的「新教育」，但志摩對這個
「新」很不以為然，因為「他們的教育幾乎完全是所謂『主義教育』，或
是『黨化教育』」，和思想自由直接對立。這是徐志摩《〈一個態度〉的
按語》：「我們一般人頭腦也許是陳腐，在這年頭還來抱殘守闕似的爭什

3　歐陽哲生編《胡適文集》卷四第十頁，北京大學出版社，一九九八。
4　韓石山編《徐志摩散文全編》下冊第六〇四-六〇五頁，天津人民出版社，二〇〇五。

麼自由，尤其是知識的自由，思想的自由！」[5]如果說連身屬自由主義的胡適都發生了價值上的轉向，徐志摩的失望當然可以想見。但，志摩對胡適的批評，卻招致了另外一個進步青年（張友漁）的不平，他後來成為一個著名的法學家，同樣是為「黨化教育」辯護。為此，詩人以「關於黨化教育的討論」為題，在晨報副刊上發文討論。這是詩人自陳：自己之所以懷疑蘇俄那一套，「也就為顧戀一點點的私人自由。也許不時髦，但我就是這樣頭腦；將來許可以變樣，難說，但現在還不。」[6]

詩人壽數有限，沒有多少將來。尤其一九二○年代後期，是詩人最後的也是最閃光的時代，直到離開這個世界，詩人始終是一個單純的自由主義者，沒有發生過任何變向。只是詩人的擔心，生前就成為事實。國民革命最後以北伐取勝而告終，南方的黨人政權戰勝了北方的軍人政權。軍治變成了黨治，同時開啟了中國歷史上的第一個黨治時代。就在這個時代的開端，由徐志摩參與的《新月》雜誌以胡適為主導，即和當政伊始的國民黨發生了一次「人權論戰」。徐志摩本人並未介入其中，但詩人立場和傾向很清楚。一九二九年《新月》二卷二號的「編輯後言（二）」中，詩人告訴讀者：「……此後的新月月刊，在平論未出時，想在思想及批評方面多發表一些文字，多少可見我們少數抱殘守缺的人的見解。」[7]抱殘守缺，這樣的詞彙不止一次在詩人的文字中出現，其語調又是如此低惋，似乎力不從心。的確，它其實就是一次無望的努力，個人自由終究成了二十世紀這一百年來最遺憾的殘缺。

5　韓石山編《徐志摩散文全編》下冊第一○五六－一○五七頁，天津人民出版社，二○○五。

6　韓石山編《徐志摩散文全編》下冊第一○七三頁，天津人民出版社，二○○五。

7　韓石山編《徐志摩散文全編》下冊第一二一六頁，天津人民出版社，二○○五。

「我現在戴我的手套去」

　　一九二五年十月一日，詩人徐志摩接手主持北京的《晨報·副刊》。自此，該刊和以往發生了一個很大的變化，即它的思想化傾向，而且集中在對蘇俄的批評上。自《新青年》數年前接引蘇俄思潮後，一個幽靈便在華夏大地徘徊。尤其當時南方國民黨和蘇俄連袂辦政黨、建軍校，蘇俄勢力直接切入中國社會。進步青年紛紛為其裹挾，如同患上熱症。正是在這樣一種狂熱的背景下，《晨報·副刊》擎天而出、逆流而動，成為北中國批判蘇俄勢力的思想重鎮。這是徐志摩一生短暫中最輝光的一件事。

　　上任第一天，詩人就以編者的態度發佈文字《我為什麼來辦我想怎麼辦》。本來，報紙是工商社會的產物，閱讀對象是大眾，不適合標舉思想。特別是辦副刊，最適合的倒是娛樂化和消費化。所以詩人承認「思想的事業是少數人的特權與天職；報紙是為一般人設的，這就根本不能與思想做緊鄰。」[1]但詩人躍躍欲試，「你們不見晨報的廣告上說什麼『思想的前驅』，這大約是指副刊的。因為我們不能在正張新聞裡找思想。」（同上）詩人辦副刊欲走思想路線，其實是為了狙擊來自蘇俄所謂的新思想。隔過幾天，詩人再度表態：「我認識我自己的力量的止境，但我卻不能制止我看了這時候國內思想界萎癟現象的憤懑與羞惡。」[2]這篇文章的題目是《迎上前去》，其所迎者，即流布國內且日漸主流的蘇俄思想。詩人以詩人的敏感，意識到蘇俄及其思想對未來中國的危險，他要以一己之力和時代的主流思想一決，因此，該文的最後一句話也很絕：「我現在戴我的手套去」。[3]

　　戴上白手套後的徐志摩（連同他的同事劉勉己）在晨報副刊和社會週刊上有一連串的出手：一九二五年十月六日發表陳啟修的文章《帝國主義有白色和赤色之別嗎？》，十月八日發（張）奚若的《蘇俄究竟是不是

---

[1]　韓石山編《徐志摩散文全編》上冊第六三二頁，天津人民出版社，二〇〇五。
[2]　韓石山編《徐志摩散文全編》上冊第六三八頁，天津人民出版社，二〇〇五。
[3]　韓石山編《徐志摩散文全編》上冊第六四二頁，天津人民出版社，二〇〇五。

我們的朋友？》，十日緊接是兩位編者自己的文字，一是劉勉己的《應怎樣對蘇俄？》，二是詩人的《又從蘇俄回講到副刊》，十三日是陳啟修對張奚若的回應《張奚若是我們「智識寡淺的學者」的朋友嗎？》，到十五日，徐志摩在副刊上就蘇俄問題組織討論，並發表《關於蘇俄仇友問題的討論前言》。僅僅半個月，《晨報副刊》一改以往文學化、藝術化的編輯傾向，在未偏廢文藝的同時，大幅度地往思想方向傾斜。並且以如此集中的火力，把思想之矛直接對準蘇俄。因此，蘇俄仇友的討論激怒了當時在社會上活躍的左翼力量，一九二五年十一月二十九日下午五時左右，《晨報》館被當天遊行的民眾與學生搗毀一空並焚燒，副刊連同遭殃。

遭殃後的晨副，並未消沉。討論固然被火災劃上了句號，但徐志摩自己就胡適來信、陳毅來稿、張友漁（張象鼎）來稿等，作出過相關的文字回應，繼續保持對蘇俄的批評。這些篇什無疑是詩人也是那個時代的言論佳品。在此過程中，詩人除發表言論外，還有刊登本來應該屬於報紙正張的通訊，以事實揭露蘇俄對華友好的真面目。這是一九二六年二月八日刊出的通訊《神經病院中的喻森》，徐志摩很看重這篇報導，他南下之前和另一位暫時接替他的編輯江紹原分別為該通訊寫下按語，同時附於文後。晨報副刊自轉向後登載不少批俄的思想性文字，但，事實總是比思想更直接。思想乃是在觀點上影響人，事實則更能讓真相呈現。

喻森是一位來自四川的青年學生，報導說他曾參加過五四運動，反對過日本帝國主義。他一直有個願望，要到蘇俄這個「反帝國主義的祖國」去學習。第一次去蘇沒有成功，還差點丟掉性命。第二次是一九二三年，終於到了蘇俄的他，開始研究列寧主義。國內五卅運動爆發後，喻森等人發起旅俄華僑反帝國主義同盟，準備歸國參加反帝運動。但此時正好日本公使訪問莫斯科，報導說：「赤俄政府為表示俄日親善，竟拘捕許多留俄學生，李家鏊曾赴俄外交部交涉，但自稱反帝國主義的翟趣林答道：『俄國不能為二三華人，失卻日俄親善。』」後來喻森等人在回國的路上又被蘇俄國防部監禁，並槍斃了一個學生。受此刺激，兩個月後，被「無條件逐出」的喻森患上了精神病，一到哈爾濱，就送進了精神病院。一九二五年三月，徐志摩在莫斯科還遇見過喻森，並談過好幾次，志摩在按語中說：「他那志趣的純潔，精神的勇敢，理想的單純，是全歐美留學生中絕無僅有的。」可是，就是這樣一個青年，不過數月，竟然瘋了。人已經

在中國，卻以為還在俄羅斯，記者告訴他這裡是哈爾濱，他卻大罵記者撒謊。記者忍不住的感慨：「我希望反帝國主義的青年朋友們，能使喻森的靈魂不在赤俄徘徊，特別希望一般熱心的青年們，不要為紅色帝國主義迷著，也與喻森犯同樣的精神病！」[4]

這雖然是一個青年個例，也是那個時代的縮影，有那樣一個亢奮的病象時代，當然會有犯著同樣病象的青年（反過來說也一樣）。正如江紹原在他的按語中說：「一個對於蘇俄沒好感的中國人，如其因為看不慣那裡的情形以至於發瘋，也許不算什麼奇聞。但是如其發瘋的是一個特為到俄國去研究列寧主義的中國學生，而且他的發瘋是因為受不過蘇俄的壓迫，這就是奇聞兼慘聞了。」（同上）但這不僅僅是個人的奇聞慘聞，而是一個民族的悲劇。讀該通訊，可以注意到不時出現的一個詞「帝國主義」，比如喻森要往蘇俄，因為它是「反帝國主義的祖國」。應該說，這個表述沒有問題，對中國來說，蘇俄的確是反帝國主義的祖國，因為一九二〇年代中國大地上發生的反帝運動，即來自蘇俄出於自己利益需要的策動。

還是在一九二一年下半年，蘇俄舉行遠東被壓迫民族國際大會。國共兩黨都派代表參加。正是在這次會議上，蘇俄佈置了中國革命中的反帝任務。與會的張國燾在其回憶錄中自陳：「單就中國革命運動來說，它的影響確是相當重大的。最主要之點是：這次會議在正式的和非正式的商討中，確定了中國革命的反帝國主義的性質，換句話說，反帝國主義被視為中國革命的主要任務。」[5]同樣，在國民黨那一邊，一九二四年的第一次全國代表大會確定包括聯俄在內的三大政策，由此對三民主義作出新的解釋。第一條民族主義，由過往的反滿轉化為今日的反帝。該大會在其最後發佈的宣言中公開表白：「對於多數之民眾，其目標皆不外反帝國主義而已。」[6]對此，時為蘇俄駐華大使的加拉罕很清楚，他在一九二四年二月九日寫給負責外交的蘇俄政要契切林的信中一語破的：「那裡民族主義是按照共產國際的聲明的精神解釋的。」[7]這一點，梁任公也看得很明白，

---

4 參《〈神經病院中的喻森〉按語》，韓石山編《徐志摩散文全編》下冊第八九三－八九七頁，天津人民出版社，二〇〇五。
5 張國燾《我的回憶》第一九三頁，東方出版社，二〇〇四。
6 《第一次全國代表大會宣言》，《孫中山文選》第三四一頁，九州出版社，二〇一二。
7 《聯共（布）、共產國際與中國國民革命運動》一，第四一二頁，北京圖書館出版社，一九九七。

這是他一九二七年五月五日的一封家書，內中說：國民黨「黨中口號皆由第三國際指定，什麼『打倒帝國主義』，『打倒資本階級』等等，那一句不是由莫斯科的喊筒吹出來。」[8]結果，由反帝而促成國民革命的發生，一九二六年七月國民革命軍北伐，擊敗了所謂帝國主義的代理北洋軍閥。革命大功告成，蘇俄乃是背後的推手。

　　蘇俄策動反帝，目標很清楚，就是反英美，包括日。這是出於它要挽救自己在國際上孤立地位的需要。這一點已經解密的俄蘇檔案披露出很多這方面的資料。當時一位在中國從事地下工作的蘇共官員（斯特拉霍夫）在給國內的彙報中聲稱：「廣州政府可能被我們用作進行東方民族革命的工具，這場革命最終會把中國拋向協約國敵人的陣營。」[9]應該說，俄國人得計了。一九二〇年代果然是國人反英美的高潮年代。同樣，國人反日也使中國成為俄日之間對俄來說的一個緩衝地帶。對於後人憑藉解密資料不難看清的歷史真相，難得徐志摩包括晨副同仁，當時就對進步青年提出過警告。詩人對蘇俄有本能的抵觸，更反感俄人到中國傳播它那帶血的「政治福音」。還是一九二五年詩人旅歐時，就在《歐遊漫記·血》中指出：「莫斯科是似乎做定了運命的代理人。只要世界上，不論那一處，多翻一陣血浪，他們便自以為離他們的理想進一步。」[10]當中國也要為此翻起這血浪時，志摩說：「為什麼我們就這樣的貧，理想是得問人家借，方法又得問人家借的？」（同上）這樣的革命，「只貪圖現成，聽人家的話，我說你們就不配，你們辜負你們骨裡的髓，辜負你們管裡的血。」（同上）這裡的「你們」，就是那個時代的進步青年，志摩辦刊作文，都是面對這個青年群體。在此他警告年輕人：「假如革中國命的是孫中山，你們要小心了，不要讓外國來的野鬼鑽進了中山先生的棺材裡去。」（同上）

　　視蘇俄勢力為外來野鬼，是詩人的洞見。詩人未必有多深的思想，但當他進入公共領域，卻有很好的感覺和眼光。一九二〇年代如何對待蘇俄在中國的滲透，是當時中國社會最重要的問題，中國知識界為此分裂。陳獨秀魯迅等知識左翼被集體蒙蔽且不論，只要比較一下同屬自由主義

8　張品興主編《梁啟超全集》第十冊第六二—六五頁，北京出版社，一九九九。

9　《聯共（布）、共產國際與中國國民革命運動》一，第六三頁，北京圖書館出版社，一九九七。

10　韓石山編《徐志摩散文全編》上冊第六〇六頁，天津人民出版社，二〇〇五。

的胡適和徐志摩，便可以看出詩人的見解遠高於那個時代，這是真正的「思想的前驅」（但在那個時代恰恰被激進青年看成是落後）。詩人在「晨副」時期總是對年輕人呼喚銳利的理智和獨立的思考，以應對蘇俄蠱惑。就是在這篇關於喻森報導按語中，也是「對血性的青年們喊一聲『醒起』！」[11]但，詩人的努力完全白費了，那個時代「為紅色帝國主義迷著，也與喻森犯同樣的精神病」。

---

[11] 韓石山編《徐志摩散文全編》下冊第八九三頁，天津人民出版社，二〇〇五。

「我是恭維英國政治的一個」

　　徐志摩反對蘇俄政治；但另一面，卻對英倫政治甚感興趣。頭上的題目就很好地表現了他的政治價值取向。

　　還是在清末最後十二年，對立著的立憲派（梁啟超）和革命派（孫中山），一主張學英，一主張學美。結果主張學習美式共和的革命派獲勝，主張走英倫君憲道路的梁啟超未能遂其所願。歷史這一頁翻過去後，以《新青年》為精神主導的那個時代，學美學英都成了歷史上發黃的一頁，從學習法蘭西到效法蘇俄則成為中國新政治勢力的取法對象。詩人徐志摩自始至終對蘇俄抱持一種警惕的態度，不但多次撰文批評，還在自己主持的報紙上就蘇俄是友是敵的問題組織討論。志摩批俄，有一個參照對象，那就是英國。這一點，他和他的老師任公一樣，對英倫政治充滿好感，儘管在那個時代學俄已是風潮，學英乃至英國本身都已成了一種落後的表徵；但志摩不諱言「我是恭維英國政治的一個」。他在保持對蘇俄批評的同時，立意向國人介紹英倫的政黨政治。

　　徐志摩是一九一八年八月放洋留美的，一九二〇年九月又從美國輾轉到英國，一九二二年九月回歸。去國四年，正好兩年美利堅，兩年英吉利。應該說，他對英國的好感遠超美國，正如他筆下寫過康橋，卻沒有寫過哥倫比亞。這裡不能忽視的是徐志摩有關英國文字中對英國政治的紹介，洋洋灑灑而不失精準，很能體現詩人敏銳的觀察力。

　　一九二四年十二月出版的《現代評論》有一篇志摩批評英國的文章，叫作《這回連面子都不顧了！》，它批評的是新近取代了英國工黨的保守黨。徐志摩認同的是工黨，保守黨執政，換了兩個英國庚款退回委員會的委員，其中一個是羅素。詩人擔心此事對中國將有所不利，同時又出於自己對英國保守黨一貫不滿的立場，所以就有了上面這個尖刻的題目。題目尖刻，內容也尖刻，但對英倫政治的好感亦未曾掩飾：「我是恭維英國政治的一個。他們那天生的多元主義的宇宙觀與人生觀真配於政治。就是他們的笑臉，雖則明知是假的，有時也不討厭。」但，更屬害的文字還在這

裡:「所以對英國人講主義,論理性,談道德,說良心,演邏輯,求一致
等,那你就是自願做傻瓜,他們根本就不懂得主義、良心、道德那一套,
他們也用不著。你得給他們講實際,論事實,談方略,說對付,計較利
害,尤其是張羅面子——那才對勁。」[1]這真是為英國人尤其是英國政客
繪製了一幅很好的描畫,只要我們知道十九世紀一個英國首相說過:英國
沒有永恆的朋友,也沒有永恆的敵人,只有永恆的利益,就不難體會詩人
對盎格魯撒克遜人那種入微的體會。

徐志摩為國人介紹英國政黨政治的文章是一九二五年元月連載在《京
報副刊》上的《政治生活與王家三阿嫂》,寫作時間則是一九二三年。在
介紹之前,詩人首先談到的是英國人的自由與保守:「英國人是『自由』
的,但不是激烈的;是保守的,但不是頑固的。自由與保守並不是衝突
的,這是造成他們政治生活的兩個原則;唯其是自由而不是激烈的,所以
歷史上並沒有大流血的痕跡(如大陸諸國),而卻有革命的實在,唯其是
保守而不是頑固,所以雖則『不為天下先』,而卻沒有化石性的僵。」[2]
(下引徐志摩語俱出此文,不另注)談論英國政治抓住自由與保守,在解
釋這兩者的關係時,不是對立而是對舉,可謂是對光榮革命以來英國政
治傳統的點穴,也是詩人對英倫自由主義獲其真傳的一份心得。放在那個
時代的中國,談自由易,談保守難,後者被視為自由的對立,如《新青
年》。在進步論的主導下,從文化激進到政治激進乃這份雜誌甚至是那個
時代年輕人的精神主旋。在這樣一種大氛圍下,徐志摩談自由而不忘談保
守,很不合時宜,也很不著調,無怪詩人不止一次稱自己是抱殘守缺。

但,自由主義的自由並不排他,它可以容納激進,就可以容納保守,
這樣才能維持一種自由的多元,或多元的自由。然而,對詩人來說,英倫
自由主義首先並不是一種理論,而是實實在在的生活。如文所述,志摩留
英期間,見多了禮拜日上午英國各公園中常見的政治場景:廣場上東一堆
西一堆的人,不是中國常見的變戲法和賣膏藥,而是各種各樣的宣傳與演
說。有天主教和清教徒的,有保守黨和自由黨的,還有工黨的,有鮑爾雪
微克和救世軍的,有自由戀愛和支援禁酒令的,各種各樣的聲音都可以在
同一廣場上發聲。互相反對,卻沒人禁止,哪怕你很激烈。這其中當然也

[1] 韓石山編《徐志摩散文全編》上冊第四九一-四九二頁,天津人民出版社,二〇〇五。
[2] 韓石山編《徐志摩散文全編》上冊第三七五-三八八頁,天津人民出版社,二〇〇五。

有員警，但不是來干涉你的言論的，而是保護你的人身的。這樣一種場景乃是對東方青年最好的自由主義教育，它不是抽象的理念，但比理念入人更深。詩人耳濡目染，慣已成習，英倫的自由風尚，就是這樣化入他自己的精神血脈之中。

就英倫政治而言，自由先於民主，保障個人自由亦即個人權利的憲政從英倫光榮革命開始，形成一個悠久的傳統。但選舉性的民主從一八三二年議會選舉制度的改革方才真正提上歷史日程。到徐志摩留英期間，一步步推進，女子也才剛剛獲得選舉權。志摩留英時在政治上是親工黨的，這篇文章也記述了他自己介入英倫選舉政治的一次經驗。那是他跟著英國工黨領袖拉斯基的夫人去倫敦的一個選區張羅選票。一家一家地拜票，敲了有兩百多家的門，一是探訪選民的口氣，同時也看看有沒有為工黨競選人麥克唐納遊說的餘地。這個選區的居民教育程度偏低，那年又是女性第一次行使選舉權，開門應聲的又不少是女性，她們的態度和應答，使詩人感到，英國人的政治經驗乃是其他地方的人難以企及的。這樣一個細節饒有喜感，一個反對工黨的婦女看見徐志摩以為他是日本人，對街坊說：「你看，怪不得人家說麥克唐諾爾是賣國賊，這不是他利用『劇潑』（jap即日本鬼意）來替他張羅。」

志摩對英倫選舉政治的介紹，要還原到當時的歷史中才能見出意義。當時羅素因為對資本主義制度下民主制度的不滿，才特意要去蘇俄，希望從那裡看到真的民主政治。但，布爾什維克一旦獲得政權，便宣告「民主不過是有產階級的一個詭計」，羅素開始也真信了，認為「這話真是對的」。這是他在《民主與革命》中的態度。《新青年》不但翻譯登載了羅素的文章，而且直接承襲蘇俄的觀點，拋棄了自己一年前剛剛高舉過的旗幟「德先生」。一九二〇年十二月出版的《新青年》有一篇《民主黨與共產黨》的文章（作者陳獨秀），開首即說：「民主主義是什麼？乃是資本階級在從前拿他來打到封建制度的武器，在現在拿他來欺騙世人把持政權的詭計。」[3]那個時代的左翼潮流是用無產階級專政替代資產階級民主，正是在這樣的背景下，志摩談論英式民主的文字，其實是在為那個時代以正視聽。如果民主只屬於資產階級，詩人留英時認同的恰恰是勞動階級的

---

[3]　《新青年》第八卷第四號第四五七頁，寧夏人民出版社，二〇一一。

工黨。如果你說它那是欺騙，也就無需一大早工黨領袖的夫人帶著一干人一戶戶去辛苦拜票。尤其緊接著徐志摩翻譯英國人諷刺保守黨的文字，即王家三阿嫂和李家四大媽的對話，雖然場景虛擬，但很真實地寫出了王家三阿嫂是如何力勸李家四大媽投上支持保守黨的那一票的。三阿嫂辛苦如此，蓋因四大媽手上有屬於她自己的一張票，雖然她只是一個量米燒飯的婦人；而選票是要一張一張爭取的。這就是被《新青年》指為「欺騙世人把持政權」的英式民主。

在那個視英式民主如敝屣的時代，在蘇俄率先從精神上侵蝕我們民族機體的時代，在當時眾多知識人一味轉蓬般倒向所謂進步潮流的時代，以詩人名世的徐志摩倒成了那個時代的例外。這裡不妨讓我們再一次聽聽本文中他在政治上對英國人的偏愛：「不但東方人的政治，就是歐美的政治，真可以上評壇的能有多少。德國人太蠢，太機械性；法國人太淫，什麼事都任性去幹，不過度不肯休；南歐人太亂，只要每年萊茵河兩岸的葡萄豐收，拉丁民族的頭腦永沒有清明的日子；美國人太陋，多數的飾制與多數的愚闇，至多只能造成一個『感情作用的民主政治』。此外更不必說了。比較像樣的，只有英國。英國人可稱是現代的政治民族，這是大家都知道的。英國人的政治，好比白蟻蛀柱石一樣，一直蠹入他們生活的根裡，在他們（這一點與當初的雅典多少相似），政治不但與日常生活有極切極顯的關係，我們可以說，政治便是他們的生活。」

只是這種排他性的偏愛，偏見乎，洞見乎。

自由主義的「眾妙之門」

　　一九二〇年代的徐志摩在政治上是反蘇的，但如果把「鮑爾雪微克」（布爾什維克）和徐詩人聯繫起來，人們一定很驚訝，這之間的距離不啻南極和北極。但，沒錯，一九一九年徐志摩入紐約哥倫比亞大學修經濟學碩士時，雖有志於成為中國的漢密爾頓，但當時他的同學就視他為鮑爾雪微克。這不止因為徐志摩的書架上插著一些蘇俄的書；更因為他自己當時很明確的社會主義傾向：「我最初看到的社會主義是馬克斯（思）前期的，勞勃脫歐溫（即歐文，筆者注）一派，人道主義，慈善主義，以及烏托邦主義混成一起的，正合我的脾胃。我最容易感情衝動，這題目夠我的發洩了：我立定主意研究社會主義。」

　　這段自述來自徐志摩一九二六年八月二十三日發在《晨報副刊》上的文章《勞資問題》（下引此文不另注）[1]。他後來從北美到英倫，出於對社會主義的好感，專門接觸的也是工黨那一派人物。不過他承認這是當時的一種時髦：「勞工，多響亮，多神聖的名詞！」相反，「貴族，資本家：這類字樣一提著就夠挖苦。」可是，一九二二年回國之後，徐志摩並沒有修成社會主義的正果，倒是原來的熱情不斷降溫。畢竟一九二〇年代的中國，大體還處在農業文明階段，並沒有一個成規模的勞資雙方存在。「尤其是在北京一類地方，除了洋車夫與糞夫，見不到什麼勞工社會，資本更說不上。」

　　徐志摩一九一八年出國前曾拜梁啟超為師，回來後追隨任公左右，思想頗受任公影響。一九二五年五一勞動節，梁啟超發表《無產階級與無業階級》，認為中國並沒有有產階級和無產階級的對立，真正可以構成對待關係的倒是有業階級和無業階級。前者有一定的職業，哪怕他是洋車夫和糞夫。對這個社會構成危害的是那些流民性質的無業階級，在梁看來，他們大致有「受外國宣傳部津貼的學生、強盜（穿軍營制服的包在內）、乞

---

[1]　徐志摩《勞資問題》，韓石山編《徐志摩散文全編》下冊第一〇三一－一〇三六頁，天津人民出版社，二〇〇五。

丐（穿長衫馬褂的包在內）與及其他之貪吃懶做的各種人等」。其中第一
類人最可怕，因為他們會煽動，明明沒有勞資衝突，但他們卻可以煽動階
級鬥爭。當時宣傳蘇俄制度的有《新青年》雜誌，受它影響的年輕學生，
就是梁任公擔心的對象。他認為有些無業階級的人臉皮真厚，手段也真麻
俐，他們隨時可以自行充當某部分人民代表。正如路易十四世說「聯即國
家」，他們卻說「我即國民」。所以，梁啟超警告說「有業階級戰勝無業
階級便天下太平，無業階級征服有業階級便亡國滅種。」[2]

　　但，徐志摩有一次南下省親，再度喚起他的社會主義的糾結。徐志摩
的父親就是一個資本家，因為他在家鄉開了一間絲廠，從紹興那邊雇了一
百多個女工，有些女工還帶著孩子做幫手，這就是童工了。那是六月中
旬的一天，溫度已經夠高，徐志摩的父親領著他到廠裡車間參觀，目睹了
女工的辛勤勞作，於是就有了徐志摩記在《勞資問題》中他與帳房先生的
對話：

　　「那末這大熱天何妨讓工人們少做一點時間呢？」我代工人求懇似的
問。「工人們哪裡肯？她們只是多做，不要少做；多做多賺錢，少做少賺
錢。」我沒得話說了。「那末為什麼不按星期放工呢？」「她們連那兩天
都不願意空閒哪！」我又沒得話說了……。「這大熱天工人不發病嗎？」
我又替她們擔憂似的問。「她們才叫牢靠哪，狠少病的；廠裡也備了各種
痧藥，以後還請鎮上一個西醫每天來一個半鐘頭；廠裡也夠衛生了的。」
「那末有這麼許多孩子，何妨附近設一個學校，讓她們有空認幾個字也好
不是？」「這——我們不贊成；工人識了字有了知識，就會什麼罷工造
反，那有什麼好處！」我又沒得話說了。

　　一再無話可說的徐志摩很誠實，他的社會主義取向主要體現在工人
每天幹活十一個半小時的問題上。當那位帳房給他算帳，從買進生繭到賣
出熟絲，扣去開銷，每包絲能賺多少錢時，徐志摩立即「嘸」了一聲，這
不是「馬克斯的剩餘價值論！這不是剝削工人的勞力？我們是聽慣八小時
工作八小時睡眠八小時自由論的，這十一二小時的工作如何聽得順耳。」
這「三八論」顯然是指英美成熟的工業社會形態，當時中國離工業文明還
很遠。但，剩餘價值論儘管表明徐志摩的馬克思式的社會主義傾向，只是

---

[2]　《無產階級與無業階級》，《飲冰室合集（五）‧飲冰室文集之四十二》第一一三頁，中華
　　書局，一九八九。

這同時也表明他在哥倫比亞並沒有學好經濟學，他也被他並不明白的一個偽概念所迷惑。如果我們可以用徐家的絲廠為例，徐志摩的父親用一百大洋投資，其中六十大洋用於購買各種生產資料，四十大洋用於支付工人工資。當第一次生產完成後，賣出的熟絲是一百五十元。它的數學公式是：一五〇－一〇〇（六〇＋四〇）＝五〇。那麼，這盈餘的五十元應該歸誰？其實，不需問帳房，就是問廠子裡的女工，都不會認為這筆錢應當進入自己的口袋，這是利潤，也是常識。但，剩餘價值論認為前六十大洋是死錢，它不創造任何價值，這五十元純然是工人創造的，而且是工人四十元工資之外的剩餘勞動創造的，它不叫利潤叫剩餘價值，應該悉數歸勞動者，否則就是剝削。

利潤，還是剩餘價值，後者的荒謬在於褫奪了投資者的正當權益，使其沒有任何利益可言，同時又讓社會生產難以為繼。所謂知識扭曲常識，只是這樣的偽知識又豈止迷惑了一個徐志摩，而是迷惑了一個時代。徐志摩的矛盾在於，儘管「換一面看，這多的工人，原來也許在鄉間挨餓的，這來有了生計，多少可以賺一點錢回去養家，又不能說是沒有好處；……你要是去問工人們自己滿意不滿意，我敢說她們是不會（因為知識不到）出怨言的。」「知識不到」的說法很有趣，可是自以為知識到了的徐志摩，還不如那些女工明智。「一個女工到外府來做工每年年底可以捧一百多現洋錢回家，確是狠可自傲的了」。畢竟工業資源緊缺，很多人還沒有這樣上工的機會。但，也正是「看到一般人受生計逼迫無可奈何的實在，這才看到資本主義（在現在中國）是怎樣一個必要的作孽。」這時徐志摩提出了他自己的社會主義方案：「就治本說，發展實業是否只能聽其自然的委給資產階級，抑或國家和地方有集中經營的餘地。就治標說，保護勞工法的種種條例有切實施行的必要，否則勞資間的衝突逃不了一天亂似一天的。」

治標或治本，前者是改良，後者是革命。單就後者，徐志摩是反對蘇俄暴力革命的，在這一點上，他並不鮑爾雪微克。但在產權問題上，他又有一定的鮑爾雪微克性。並非通過蘇俄式的暴力劫奪，照樣可以走國家和地方經營的道路。這種經營實際上是政府經營，產權已經不在私人之手，而在政府之手，它一改以往的權利經濟（私有經濟）為權力經濟（國有經濟）。學經濟的徐志摩雖然酷愛自由，但他沒想通的是，當財產及產權表

現為個人的權利，亦即它分散在民間時，社會才有自由選擇可言。當產權一旦集中為國家的權力，國家便成為社會唯一的雇主，自由則不復存在。取消這種自由的乃是掌握了全部本來屬於民間生產資源的極權主義。何況即使如此，徐志摩要解決的剩餘價值問題依然存在，因為那盈餘的五十元照樣不會到工人手裡，獲得它的乃是另一個資本者即國家。蘇俄式的社會主義實質上是以社會名義出現的國家資本主義，它沒有也不可能取消資本主義中的資本。只是歷史在徐志摩身後經過近一個世紀的血淚斑斑，我們方才從苦難中覺悟，社會主義式的國家資本主義（或權力資本主義），乃是自由的死敵。

志摩以詩人名世，雖然有一段學人經歷，但終究一生是文人。文人有文人的短處，在知識上往往未求甚解，卻熱衷高蹈議論。他在上個世紀二〇年代反蘇俄，的確比那一代人高出一籌（這是受了羅素和梁任公的影響），應當記入思想史。但這不妨礙我們需要進一步探究詩人的思想底色。這時可以看到，在最容易被那個時代知識人忽略因而也是最能考量一個人思想成色的財產權上，正如徐志摩的朋友胡適之摔過一跤，徐志摩自己的身子也晃了兩晃。這裡勾陳徐志摩不為人知的思想片段，就是要看看錯謬的知識和觀念是如何包裝起來害人的。觀念影響行為，行為構成歷史。有過英美留學經歷且愛自由一如愛女人的徐志摩，卻不知自由女神那玄之又玄的眾妙之門。想想那些號稱熱愛自由（其實只是熱愛自由主義上半身而無知於自由主義下半身）的知識人、文人，比如《新青年》中的那一撥吧，是如何以其昏昏，使人昭昭。這就不難理解，二十世紀的歷史錯局，如果從觀念史的角度看，胡適所謂那些「穿長衫的人」，該有多少歷史責任。

志摩註定不主流

　　我在近期的《財經》專欄中有一篇談徐志摩批蘇俄「黨化教育」的文章，網路版上的跟帖頗引我注意。拙文未涉魯迅，但，就有網友拉出魯迅來貶徐。這是跟帖：「把徐志摩說得好像是個能預見未來有慧眼的大家。你怎麼不說魯迅也看走眼了呢？這個徐志摩在國家危急存亡之秋只會寫些我愛女人女人不愛我之類的香豔情詩。」另位同樣：「徐志摩還會點政治評論麼？印象中好像就會寫點哄MM的情詩的，在當時那個時代為魯迅所鄙視。」

　　魯迅的確鄙視徐志摩：「我更不喜歡徐志摩那樣的詩，而他偏愛到各處投稿，《語絲》一出版，他也就來了，有人贊成他，登了出來，我就做了一篇雜感，和他開了一通玩笑，使他不能來，他也果然不來了。」[1]魯迅當然厲害，徐志摩只有轂觫。且看他給周作人的信：「令兄魯迅先生脾氣不易捉摸……他似乎嘲弄我幾回我並不曾還口，但他對我還像是有什麼過不去似的，我真不懂，惶惑極了。」[2]兩人的性情及為人，不妨就此一斑。

　　和魯迅一樣，筆者也不喜歡徐志摩的詩，喜歡的卻是魯迅的小說。但，如果不談文學談思想，尤其這思想表現在那個年代的時論上，以我私見，魯迅真的不如徐志摩。不是手筆不如，而是眼光。魯迅不妨深刻，但這深刻更多是文學的深刻，它深刻在對歷史黑暗那種化解不開的感覺上，也深刻在對人性幽暗體驗的描寫上。可是離開文學，回到社會，尤其是進入政治，看看魯迅對他所身處的那個時代的把握和判斷，不能不用以上那位網友的話，魯迅真的看走了眼。

　　上個世紀一百年，蘇俄對中國的影響至深且遠，它決定了一個民族的走向。從孫中山的「以俄為師」，到年輕的第一代共產黨人「走俄國人的路」，一個世紀的歷史主流流貫至今。從二〇年代後期開始，魯迅便是

---

[1]　魯迅《〈集外集〉序言》，《魯迅全集》第七卷第四頁，人民文學出版社，一九八二。

[2]　韓石山《徐志摩傳》第四三一頁，北京十月文藝出版社，二〇〇一。

這一潮流的思想推手。他以他的思想和文筆吸附了眾多年輕人，在歷史合力的作用下，終於造就了後來我們都見到了的那個時代。魯迅以思想家名世，但他對蘇俄及其制度的態度人所共曉，既紹介、又辯護、複揄揚、更宣導，可謂傾情；但，這不是一個思想家的態度。思想家應有的質疑與批判，一旦喪失，也就容易被歷史的風沙迷住眼。

我並沒有把徐志摩說的好像能預見未來，但在那個時代的危急存亡之際，他確實感到了內在的危機。詩人接辦《晨報》副刊不久，即發動一場有關蘇俄問題的討論：「說狹一點，是中俄邦交問題；說大一點，是中國將來國運問題，包括國民生活全部可能的變態。」[3]這是詩人一九二〇年代對國運的預感，昔范仲淹云「憂於未形，恐於未熾」，其詩人之謂乎。那段時間，詩人不詩，出手了一系列政治評論，於今讀來，如同證驗歷史，詩人的擔心一概成了現實。我不禁低徊感慨：詩人多情複薄情，終為情感的風塵蔽住了眼；但，面對時代，他卻能超越思想家，作出更能經得起後人反芻的發言。何耶？

歷史多脈，正如同長江九派。但在當時的歷史走向中，魯迅為其裹挾的那個潮流屬於時代主脈，它已經成了「勢」。所謂勢，說到底，是「群」的選擇，是「造」的結果。結果，歷史逶迤到如今，徐志摩卻被撇在歷史之外。志摩註定不主流，他的聲音當時無人理會，及今依然為時人所不屑。以上跟帖對徐的評價，庶幾以魯迅是非為是非。看來，我們今天打量歷史和歷史人物，眼光依舊來自走過來的那段病史，且一成未變。

這，本身就是一種歷史沉屙。

---

[3] 徐志摩《記者的聲明》，韓石山編《徐志摩散文全編》下冊第七一〇－七一一頁，天津人民出版社，二〇〇五。

輯五

倒退時代中的自由主義背影（二）：
沉浮周德偉

　　在《新青年》開啟的一個倒退的時代中，一位年輕的北大學生反潮流，當時就不讀風行一時的《新青年》。他的名字叫周德偉，這是二十世紀思想史上名不見經傳的一個名字。周德偉（一九〇二－一九八六）湖南長沙人。自發蒙即接受傳統儒家教育，一九二〇年考入北大（預科），一九三三年留學英國倫敦大學政治經濟學院，師從哈耶克。一九三七年回國任教，一九四〇年代轉入政府，四〇年代末隨政府遷入臺灣，官至國民政府關務署長。一九七〇年代僑居美國，後逝世於洛杉磯。其晚年翻譯哈耶克代表著《自由的憲章》，長期關注國家經濟、政治和傳統文化等方面的問題，尤致力於中西文化之間的交互闡釋。一生著述與行跡，合儒家道統與自由主義於一身。尤其就自由主義而言，周德偉的意義在於他彰顯了中國二十世紀前半葉稀缺一時的古典自由主義，正如古典自由主義的意義在於它（似乎也唯有它）可以狙擊二十世紀的極權主義。但這樣一個具有歷史座標性的人物，卻長期為歷史所沉沒，以致無聞。直至近年，方逐步為台海兩岸知識界所關注。相信隨著周德偉的沉浮，二十世紀中國自由主義的歷史應當重新檢討與梳理。

不讀《新青年》的周德偉

提及中國自由主義，我們當然會知道它的代表人物胡適，但不會有很多人知道周德偉。這不奇怪，一個是新文化運動的領袖，一個是當時對新文化至少是對《新青年》不感興趣的北大學生。這是一對師生，但如果看自由主義的家族譜系，或看自由主義在學理上的修為，弟子比師，卻要純正和勝出。

周德偉，湘人，一九〇二年出生於長沙，一九八六年去世於美國洛杉磯。在有關周德偉不多的資料中，我最感興趣的是，作為北大學生，他當時在新文化運動中的另類表現。據他寫於一九六二年胡適去世後的《我與胡適之先生》：「《新青年》給時代影響甚大，但我不大喜愛，我嫌《新青年》的文筆太潑辣，分析及陳述不如《甲寅》及嚴氏譯述之精密而有系統」。另外「《新青年》上李守常先生經常談唯物史觀，但終不能冰釋我心中的疑慮，」而且他尤不習慣《新青年》上的文章幾乎「都朝著唯物史觀一邊倒」。[1]

時至今天，誰都可以反思問題叢生的新文化，包括它對後世的影響是正面大於負面，還是相反，這都可以討論。我本人就在做這方面的工作，並且屬於「相反」派。但我驚訝的是，周德偉當時就拒絕了《新青年》，不但不為風潮所挾，而且那時他還是個學生。更難能的是，周之反感《新青年》，不是出於簡單的情緒，而是有他自己的知識來路。也就是說，在《新青年》之前，他在思想上已經有所接受，這才使他進北大後不能接受在他看來是過於喧囂的《新青年》。

照周自己的表述，進北大以前而接觸的思想資源，首先是章世釗的《甲寅》，其次是嚴復及其譯述，第三是胡適。且看《甲寅》給一個十幾歲少年的豁蒙：「自讀了《甲寅》之後，我得了人民保障自身權利的觀念及白芝浩、戴雪著的制度及憲法上的主張，又得了人民授權政府的觀

---

[1] 周德偉《自由哲學與中國聖學》第二六九頁，中國社會科學出版社，二〇〇四。

念及保障人民的出庭狀的辦法。」[2]這段話如果用概念抽象，《甲寅》傳播的是人權、憲政、民治、法治之類的基本理念，路子純正而不偏斜。再加上後來一位清華畢業又留美歸來的中學老師，指導他系統條貫地閱讀嚴復譯著。有了這樣一個根底，自然百毒不侵。對於那份激進而又整體反傳統的《新青年》，周德偉恐怕想提神也難——有意思的是，《甲寅》與嚴譯都是文言，而且都屬於文化保守主義。試比較他在文中提到的那些北大同學，如張國燾、鄧中夏、羅章龍、劉仁靜等，這些都是圍著《新青年》轉的人，思想上是吃新文化的奶長大，可以說是五四的兒子。不知他們在《新青年》以前，精神上是否另有繈褓。然而，至少對周德偉來說，正因為他有了《新青年》以前的知識授受，使他最終和那些北大同學走上了不同的路。

　　分歧是這樣開始的。周出身窮苦，進北大後，被拉入馬克思學說研究會。一次鄧中夏和羅章龍等動員周德偉去長辛店工作，並說有優厚的報酬。周問什麼工作，答是「做工人運動並教工人的書」。周表示自己還要讀書，沒時間。於是便爭執起來。周借孔子的話說：君子務本，本立而道生。我就是本，沒有我自己，一切都沒有了。對方批評他沒有無產階級的意識，只有小資產階級的意識。周說，我不懂什麼階級意識，我只有我自己的意識。對方認為這種態度根本不能再做研究會的會員了。周的回答是「不敢奉陪」。[3]於是分道揚鑣。

　　北大畢業後，周遲於一九三三年夏以公費留學英倫，進的是倫敦大學經濟政治學院，參與的是由哈耶克主持的有關貨幣理論與經濟循環的研究班，由此開始和哈耶克幾十年的交遊，亦由此走上了極為純正的古典主義自由主義的道路。關於哈耶克，至少我們現在知道，他在中國有三個弟子，一個是林毓生，一個是蔣碩傑，還有一個也是第一個就是周德偉。如果論輩分，林要比周晚得多。林是殷海光的學生，殷則是周德偉的後學。雖然殷周兩人沒有直接的師生關係，但周比殷要大十七歲；而且一九五〇年，在周的臺北寓所，有個每兩週一次的思想沙龍，參與者就有殷海光。也正是在周家，周德偉從書架上取出哈耶克的《到奴役之路》交與殷海光，建議他翻譯。於是就有了後來《自由中國》上殷譯哈耶克的連載，於

2　同上書第二六七頁。
3　同上書第二九一－二九二頁。

是也就有了胡適讀了哈耶克之後,在《自由中國》雅集上的著名講演《從
〈到奴役之路〉說起》。

如果從到自由之路說起,可以發現,胡適和周德偉這一對師生實有
區別。胡適是從十九世紀的密爾入手,又受二十世紀杜威的影響,但這兩
者已是自由主義的發變,不是原典,因而缺了不可或缺的古典一節。周德
偉不然,在哈耶克的親炙下,入門即古典(何況哈本人即現代自由主義中
的古典大師),因而得其自由主義原始,路徑十分純正。入門須正,立身
方穩。可以驗得的是,胡適在一九二〇年代以後為蘇俄迷惑時所發生的偏
差,放在周德偉身上就根本不會,哈耶克為他預先免疫了。

不讀《新青年》的周德偉至少沒有沾染上新文化以傳統為敵的文化
惡習;非但如此,日後反而自覺從本土傳統挖掘自由哲學的文化遠因。如
後者受哈氏影響,前者則得益於嚴復。嚴復是中國最早系統把握西方自由
主義的人,可又是一個傳統的文化保守主義者。學西方和守傳統,在嚴復
那裡沒有整體性的衝突,所謂兩者並育而不相害,一如道並行而不相悖。
可是,到了新文化那裡,自由主義沒人超過嚴復,傳統卻成了它的對頭,
必欲除之而後快。二元對立的思維既主導了新文化,接下來自然是它自己
的一元獨斷。在新文化陣營中,胡適雖不是極端反傳統(他們主要是陳獨
秀、魯迅等);但因他自己的表現,似也應承擔其所應領之責任。

一個真正的自由主義者,對自己的文化傳統,肯定不會決絕反對。在
最淺陋的意義上,你有現代的自由,別人也有傳統的自由。更重要的是,
文明的發展離不開傳統,社會秩序的擴展恰恰是傳統演變的產物,這是
哈耶克再再闡述過的義理。因此,就自由主義的文化表現而言,新文化
不是推進了自由主義,而是從嚴復那裡倒退了,至少它從文化多元倒退
到了文化一元;而且這一元又從文化領域漫出開去,延及社會與政治,
由此構成了百十年來的血與火。且看魯迅如此絕對的表述:「將『宗教,
家庭,財產,祖國,禮教……一切神聖不可侵犯』的東西,都像糞一般拋
掉,而一個簇新,真正空前的社會制度從地獄底裡湧現而出。」[4]話是這
樣說的,事也這樣做了,但結果呢,血與火的歷史造就了一個空前的極權
制度。

---

[4] 魯迅《林克多〈蘇聯聞見錄〉序》,《魯迅全集》第四卷第四二六頁,人民文學出版社,一
九八二。

　　周德偉不讀《新青年》，很好。這裡的不讀，並非不讀，而是不喜歡。《新青年》的思維，唯我獨對，周德偉不與同步，幸何如哉。只是當年北大學子中，周德偉們何其少（而另一類學生何其多）。然而，就是這個周德偉，至今又有幾多人知曉呢。

　　歷史非僅浪淘沙，更浪淘金。

新生南路三段十六巷一號（一）

　　新生南路的一部分在台大之旁，路長分為三段，三段中的十六巷一號便是「紫藤廬」。這是臺北的一座茶舍，也是臺北第一處市定古跡。離台的前一天下午，再度來此。友朋廬內聊天，我獨自在紫藤架下流連。那古老的藤幹，形容枯槁，狀若朽骨；但，舉目而視，藤葉何田田，滿架連翩。那翠嫩的綠葉，綠得那樣年輕，如同初碧。葉、幹間的顏色反差，讓我體味著生命的奇異。

　　我來紫藤，是來追緬一九五〇年代居住於此的周德偉，這位少為人知的先賢，一生可圈點處多，但最令我心儀的卻是他當年身為北大學生，又處新文化運動之中，卻不喜歡那份風雲一時亦擾攘一時的《新青年》。我曾為此文字，題目就是《不讀〈新青年〉的周德偉》。稿子發上臺北的《傳記文學》時，編者「手記」說：接到來文，「的確楞了一下：居然當時還有不讀《新青年》的『五四人』！」可見近百年來，海峽兩岸，處於主流地位的歷史敘述（它掌握在官方和學院手裡），遮蔽了多少不該遮蔽的內容。

　　周德偉就是這樣一個被時代遮蔽了的歷史人物。他一九〇二年出生於湖南，一九八六年去世於北美洛杉磯。觀其一生，在政治上，他是一個古典主義自由主義者，在文化上，他是一個保守主義者。當年新文化和《新青年》，有被學界視為自由主義之始。然而，這樣的識見未明所以。中國自由主義始自嚴復，而非《新青年》。後者如果不說反，至少也是非自由主義的。難道你能相信，一個以決絕的態度反對自己文化傳統的對象，可以是自由主義的嗎；且不說正是它啟動了逐步終結自由主義的歷史樞機。然而，年輕的周德偉當時即與時髦不合，難怪他後來負笈英倫，成了古典自由主義大師哈耶克的親炙。他同時也是哈氏在遠東中國的首席弟子，後來成為哈氏弟子的還有兩位，蔣碩傑和林毓生。五四那天，因身與中研院近史所舉辦的「五四」九十周年紀念會，午間，我曾以周氏其人詢問林毓生先生，說及周的遮蔽，林先生的回答讓我低迴：「是周先生不配合時代，不，是時代不配合周先生。」

　　周先生善用文言寫作，在白話時代，這可能是他不配合時代的地方。但，文言不過表像，周先生用力所在，其實是傳統與西方兩種文化的調適。七十歲那年，周先生撰文談自由主義，文章寫得古色古香。其中有問：「『為政何先』，曰：『道莫高於誠，德莫大於仁，治莫廣於自由。』」此本儒門經籍之要，但在周先生這裡，卻內攝著西政哲學的原典：「先生所謂自由其何指乎？」曰：「自由者乃超乎立法及政府之人權，亦即由法律保障每人之私領域也。」張口「之乎者也」，但其語義卻典自洛克與密爾，又流經伯林、哈耶克。尤有趣的是，該文的題目為「周子若的微言與大義」，[1]這是個不掩自負的標題。其中「周子若」乃周德偉的字，是自字，意即如孔子。一個以孔子為人生楷模的人（想想當年《新青年》「只手打孔家店」的陣勢吧），並不妨害他同時又是一個哈耶克式的自由主義者。古典文明與現代文明的融匯，形塑了周德偉先生的自由主義身段。羨煞人也。

　　在周德偉的身上，我看到了嚴復的影子。如果可以走向歷史的縱深，周氏的作派其實是嚴復的賡續。自由主義甫入中國，嚴復的努力就是把它放在中西文化之間，讓它們「交互闡釋」。這份工作自嚴復始，由《甲寅》繼，卻中斷於《新青年》。該雜誌以「進步」和「新」的名義，恨不能一腳把傳統踢進時代的垃圾堆。二十世紀以來，由《新青年》所主導的新文化也形成了它的百年傳統，和數千年的傳統文化相比，海外學人傾向於把它稱之為「小傳統」。這個小傳統顯然不是自由主義的傳統，這樣我們就看到了周德偉的意義。當這個小傳統既已成為時代的主流時，周氏是在它之外，孤峭地從事著古典自由主義與本土傳統的對接。如果嚴復是中國自由主義的正脈，一脈而下的是梁啟超、（某種意義上的）章士釗、（非《新青年》時代的）胡適，而後就是周德偉。周德偉顯然比嚴復之後的幾位，更自由主義。但，整個這一脈系，在自新文化而下的歷史主流面前，借用一位臺灣學人語，是「一個被放棄的選擇」。周德偉先生資望未若嚴、梁、胡，當然只能是放棄中的放棄了。

　　……薄暮的紫藤架下，我其實並沒有想那麼多，當時的我，盤桓有頃，始終好奇於葉幹間的生命色調。直到此時臨筆，方若有所悟：傳統正

1　臺灣《藝文志》第九十八期第七十五－七十六頁，民六十二（一九七三年）十一月一日。

新生南路三段十六巷一號（二）

那天，臺北，天甚晴、海甚藍、人甚愜。紫藤廬主周渝先生知我喜海，租了一輛商務，一共六人，八點多出臺北，往東北海岸，一路逶迤。中午，在基隆附近的一個海灣停車吃飯時，周渝接到一隻電話。合上手機，他說，龍應台等下要帶朋友去紫藤廬午餐。其實茶館本非午餐之地，它只有簡餐，而紫藤廬的簡餐卻是簡而又簡；但，像龍應台等人，就是會去。

新生南路三段十六巷一號的紫藤廬，現在已是臺北顯名一時的藝文茶舍，可是它的前身，卻是日據時期臺灣總督府的高等官舍。一九五〇年以後，它成為國民黨財政部關務署署長周德偉的住所。進得一樓房廳，右面的牆壁上有周德偉的一幀照片，那是他六十歲生日那一天拍的。一襲傳統長袍，身後是一副對聯。工穩的隸體出自原湖南省省長趙恒惕，聯句則是周德偉的自擬：「豈有文章覺天下，忍將功業苦蒼生」。幾天後，在那天也一道出行的臺北政大一位老教授家裡，說及這幅名對，他快人快語手一揮：上聯是罵知識份子的，下聯是罵蔣介石。

對子倒未必是罵蔣介石，但周德偉卻沒少罵蔣氏其人。周渝是周德偉的幼子，幼年時，他父親常會邀一些朋友或學生到家聊天，但那場面常常不是那麼令人如意。周德偉有時會陷入一種惡劣的情緒中，當他用湖南話大罵蔣介石時，那鄉音在周渝耳中分明就是「蔣該死」。周雖為國民黨官員，卻厭蔣。一九五〇年代初，他在自己的家中辦過一個自由主義沙龍，每兩週一次，來者有殷海光、張佛泉、徐道鄰等。但，維持半年多就難以為繼了。因為他家巷口對過有一個小糖果店，那個三十來歲的長臉店主是特務，任務就是監視他們家。他家的電話提起來，話筒裡經常會有滋滋聲，周渝的大哥告訴他，這是電話裡頭在錄音。

那天在基隆海邊午餐後，又驅車往基隆山上去喝茶。那是一座面海的山，我們到的地方叫「九份」，侯孝賢的《悲情城市》即在此拍攝。晚飯在山上，周渝講過這樣一段，監聽的特務聽久了，有一天見到周渝母親

時，悄悄遞話：告訴你們家周先生，別再罵小蔣先生了（指蔣經國），尤
其不要在電話裡罵。蔣經國當時是臺灣情治系統的頭子，那天車過基隆的
某海灣，我還瞥見他那狀若和藹的露天雕像。在臺灣地區，蔣經國現在是
中華民國歷任總統中民意指數最高的一位。但，我本人對任何權力者都沒
有興趣；因此，看過太多類似雕像的我，就把眼睛移開去看海了。

　　周德偉是財政部的關務署長，臺北情治系統自然不會輕易把他怎樣。
對他的監視，只是一種態度，或者，一種威懾。周是一個自由主義者，蔣
介石本人在理念上極為反感自由主義。還是一九四三年，蔣在《中國之命
運》中批評：「五四之後，自由主義和共產主義的思想，流行國內」，蔣
認為這兩種主義的流行是帝國主義「文化侵略最大的危機，和民族精神最
大的隱患。」[1]一九四九年國民黨海峽敗退，共產主義在大陸，自由主義
就在臺灣了。因此，當時蔣氏系統的白色恐怖，針對的對象之一就是自由
主義。何況，周德偉的自由主義是古典一路，力反一切集體主義性質的計
劃經濟。由於計劃經濟其實是政府經濟，由政府主導，它意味著政府權力
的擴大（在這個意義上，可以說政府本身幾乎都有計劃經濟的本能，蔣氏
的國民政府也不例外）；這樣，周德偉的自由主義沙龍，自然不為國民黨
情治系統所容。反過來，周德偉對國民黨尤其蔣氏父子，亦情感極惡。即
使今天，我從周渝身上，亦能感受到他對國民黨的反感。這是積怨了，它
來自他父親，也來自由此導致的他自己的童年。

　　註定了的紫藤廬的歷史。那時的紫藤廬還不叫紫藤廬，周德偉把自
己的住所命為「尊德性齋」，這是他作為自由主義者尊傳統的一面。從一
九五〇年代的自由主義沙龍，到了一九六〇和一九七〇年代時，臺灣民主
運動出現，它又發變為島上黨外運動的聚會場所。像今天台島的政治人物
陳文茜等，當年就經常出入此地。待至一九八一年，時周德偉已定居美國
若干年，由其子周渝將此宅辟為茶館，並命之為「紫藤廬」，而後它便脫
離政治向藝文場所轉化，逐漸成了今天這樣一個說茶論道的地方。回顧紫
藤廬的歷史，周渝認為「左派、自由主義和傳統」是支撐紫藤廬的「三隻
腳」。歷經自由主義沙龍和左派運動，而今的紫藤廬，更自覺往傳統的
「文化道場」方向轉型。我在臺北恰逢五四九十周年，紫藤廬圍繞五四有

---

[1]　《總統蔣公思想言論總集卷四・中國之命運》第四五—四六頁，中國國民黨中央委員會黨史
　　委員會恭印。

一個系列性的講座，其中五月二三日晚「紫藤廬的人文傳統以及對五四運動的反思」，主講者正是廬主自己。對五四反傳統的反思，是我自己亦感興趣的題目，很想身與。但遺憾的是，這一天，我已經人在大陸了。

隱於胡適《從〈到奴役之路〉說起》之後

　　一九五四年三月五日，胡適在《自由中國》雜誌社作過一個有關哈耶克《到奴役之路》的講演。讀過這篇文字的人，不免會好奇，隱藏在胡適這篇文字之後的人是誰。

　　胡適在講演中說：「我今天帶來了一點材料，就是兩年前，我在外國時，有一位朋友寫給我一封討論這些問題的長信（這位朋友是公務員；為了不願意替他闖禍，所以把他信上的名字挖掉了）。」[1]如果注意全篇，胡適的講話，與其是圍繞哈耶克的《到奴役之路》展開，毋寧說是圍繞這位公務員的長信而展開。接下來，胡適大段徵引了那封信的內容，然後從這裡生髮開去，以至篇終。因此，這位埋名隱姓的人乃是胡適這篇講話中的一個內在的主角，那麼，他是誰呢。

　　迷的解開是五四那天中午。在南港中央研究院胡適紀念館內的一間小屋午飯時，現任館長潘光哲博士告訴我，那個人就是周德偉。那時我正在向座中的林毓生先生請教周德偉的有關情況，因為林先生雖然與周德偉隔輩，但都是哈耶克的中國弟子。林在成為哈耶克弟子前，是殷海光的學生，殷海光在年齡上是周德偉的後輩。是周向殷推薦了哈氏的《到奴役之路》，接著才有了殷海光的翻譯，又有了胡適這次的講演。這樣，胡適在他的講演中隱形地提到周德偉就不奇怪了。當然，另一更重要的原因則是一九五〇年代初，周德偉在自己家中舉辦過包括殷海光等人參與的自由主義沙龍，曾受到國民黨情治系統的監視。此刻，剛從國外回來的胡適，主觀上不想給周德偉添麻煩。

　　周德偉一九一九—一九二〇年間考進北大，廣義上他也是胡適的弟子。一九五〇年代初他和胡適在臺灣會面時，周說：「胡先生恐怕不認識我這一老北大學生了」，胡適則用外交辭令回答：「大名鼎鼎的周德偉先生豈有不認識之理」。周德偉和胡適在臺灣有過一定的交往，這兩位雖然

[1]　歐陽哲生編《胡適文集》卷十二第八三二頁，北京大學出版社，一九九八。

師生，又同為自由主義，但其思想路徑，還是有一定的差異。胡適的思想主要來自密爾、杜威的新自由主義，這已經內在地含有轉向社會主義的可能。周德偉自一九三三年問學哈耶克，因而純然是古典自由主義一路，終身與計劃經濟為敵。周德偉留學時期，正是國內知識界大幅左轉時期，且不說魯迅等知識左翼已經毫無保留地倒向俄蘇式社會主義，就是自由主義亦為俄蘇所吸引，更傾倒於拉斯基的費邊社會主義。人在海外的周德偉非常關心當時的國內輿論，「發現許多有名的學人也主張狄克推多（即「專政」：筆者注），心中感覺悲哀，同時也發現極少數人如顧孟餘、胡適之先生等，沒有從民主政治的陣線上退卻下來，聊感欣慰。」[2]

其實，胡適在那個時代，從經濟制度的角度，也是內傾俄蘇的。至少他曾經就蘇俄對私有制的摧毀發表過不反對的意見，甚至是某種程度的辯護。這一點，胡適在這次講演中，自己也作了「懺悔」。他的懺悔，正在大段徵引周德偉的文字之後。這些文字是周德偉對當時國民政府內傾向計劃經濟的知識高官的批評。從歐洲回國之後，周德偉發現，政府「高層執政人員大談其統制經濟、計劃經濟」，[3]思想上受到蘇俄那一套的嚴重污染，深以為憂。他的方式是孤軍奮鬥，在湖南大學期間，他和同仁辦了一本半月刊《中國之路》，但在同事中甚少獲得同情。相反，「在同一院內法律系政治系的教授，抱持與我相反的見解，嘲笑我，譏我落伍。」[4]這庶幾就是狂瀾一般知識界集體左轉的三〇年代，古典自由主義在中國的命運。

然而，以胡適聲稱和代表的「新自由主義」，恰恰是古典自由主義的歧路。那個「新」，正在於使自由主義從古典的「個人本位」走向「社會本位」。這一趨勢未始沒有它的歷史合理性，但它一旦過「度」，一旦把這個「新」落實到產權制度上；那麼，所謂「社會本位」，實際上就是由權力一手掌控的「國家本位」或「政府本位」了。因此，直到一九五〇年代，周德偉在給胡適的信中，依然對當年國民政府和相關知識人的作為耿耿於懷：「從前持這種主張最力的，莫過於翁文灝和錢昌照；他們所辦的

---

[2]　《我與胡適之先生》，周德偉《自由哲學與中國聖學》第二七五頁，中國社會科學出版社，二〇〇四
[3]　同上書第二七六頁。
[4]　同上書第二七五頁。

資源委員會，在過去二十年之中，把持了中國的工業、礦業，對於私有企業（大都是民國初年所創辦的私有企業）蠶食鯨吞，或被其窒息而死。他們兩位（翁文灝、錢昌照）終於靠攏，反美而羨慕蘇俄，也許與他們的思想是有關係的。」[5]

　　胡適在《自由中國》的這次講演中，照章宣讀了包括上面這段引文在內的周信的主要內容，他其實是有針對性的。國民黨敗退臺灣之後，國民政府的經濟政策依然襲有大陸的習慣，所以，胡適在講演中指出：「現在的臺灣經濟，大部分都是國營的經濟，從理論與事實上來說，像海耶克這種理論，可以說是很不中聽的。」[6]哈耶克的經濟理論，並不適合國民黨初到臺灣的威權體制。權力按其本性，對社會的控制，總是範圍越大越好、程度越深越好，無論政治、經濟、抑或文化。然而，這樣的控制直接遏制的就是自由。所以哈耶克用一句話指出了這種控制的必然結果：到奴役之路。周德偉一九四七年便獲得此書，非常喜歡，很想把它譯為中文，但最後的譯事卻是若干年後由殷海光完成的，這就讓胡適通過殷譯瞭解了哈耶克。當胡適完成了對哈耶克的認同之後，是否可以這樣說，這位中國自由主義的標誌人物，才終於完成了他自一九四〇年代開始的轉型，即從年輕時開始的「新自由主義」轉型為「古典自由主義」。這是胡適在自由主義內部自左而右的一次蛻變，周德偉在其中起到了一定的推手作用。

　　有意思的是，胡適的講演在《自由中國》雜誌發表後，有學者寫信給胡適，為計劃經濟辯護。事後，周德偉拜訪胡適，胡適曾拿出這封信，欲請周代為回答。周未應承，同時亦建議胡適以不答了之，畢竟經濟學不是胡適的專業，胡適接受了這個建議。在交談中，周德偉就來信中的問題，面陳胡適，再次強調：「私有財產，乃人民保障自由的最大武器，如果沒有財產，生產工具被政府集中所有，肚皮給政府控制了，將無任何自由可言。」[7]對於計劃經濟，周德偉的解釋是：「乃指全國的資源包括人力、物力、財力均置於一個中樞機關控制之下，一切生產分配及消費均由中樞

[5] 轉引胡適《從〈到奴役之路〉說起》，歐陽哲生編《胡適文集》卷十二第八三三頁，北京大學出版社，一九九八。

[6] 胡適《從〈到奴役之路〉說起》，歐陽哲生編《胡適文集》卷十二第八三二頁，北京大學出版社，一九九八。

[7] 《我與胡適之先生》，周德偉《自由哲學與中國聖學》第二八八頁，中國社會科學出版社，二〇〇四

機關控制。個人無任何自由可言，市場機能從根被摧毀……，人民一舉一動必須受中樞機關的安排，人民只是被鞭笞、被飼養。」[8]這樣的表達在今天已為常識，可是推前到一九五〇年代，即使臺灣，亦為金石之聲。

　　上個世紀的中國，在自由主義的譜系上，新自由主義多，但甚少古典自由主義。周德偉雖然是胡適的學生，但即使是在以胡適為代表的自由主義中，亦為珍稀。這樣一個從未被蘇俄迷惑過的知識人，二十世紀少到只能掰開指頭數。可是數來數去，又能數出幾個個呢。二十世紀影響最大的兩個知識份子，魯迅的一面倒自不必提，胡適亦眩暈於一時。作為後人，我們固可以抱歷史之同情，說是時代侷限。但卻有人能超越胡魯未曾超越的侷限。超越那個侷限就是超越那個時代。可惜，這樣的人往往不被時代理解，反而一生孤寂。周德偉庶幾就是這樣一個人，他未必不是鬱鬱而終的。就他對那個時代和那個時代的知識人的普遍超越而言，他生前和身後的蕭條，正如林毓生先生五四那天中午認真告訴我的那樣：是時代不配合他。

8　同上書二八八頁。

「自由立茲」

英語Liberty譯為自由，Liberalism譯為自由主義，世所接受。嚴復一生翻譯嚴謹，自稱「一名之立，旬月踟躕」。他在譯密爾的《論自由》時，是柳宗元的一句詩讓嚴復拍板：「欲採蘋花不自由」，所謂自由，正此義也（Liberty）。

一九〇二年出生的周德偉是哈耶克在中國的首席弟子，還是在湖南讀中學時，經由一位清華留美老師的指導，就系統閱讀了嚴復的翻譯原著，因此，晚年周德偉不忘將嚴復尊為影響自己的第二人（第一是章士釗，第三是胡適）。嚴、周之間年齡相隔半世紀，但卻可以拉出一條特別的自由主義弧線：即二人一生都服膺自由主義，二人一生都是中國少有的古典自由主義者；而且二人一生都珍重古老的傳統文化，二人又都嘗試從自由主義的角度，致力於中西文化的會通。當然，嚴復是這項工作的始作俑，可是這工作屆至五四便發生斷裂。以《新青年》為代表的五四新文化是排斥傳統舊文化的，後者是它全力否定的對象。《新青年》固然影響了一代人，但，當時身為北大學生的周德偉，卻是一個例外。例外在於，他對反傳統的《新青年》不感興趣，而這正是因為他預先受了嚴復的影響。

周德偉自臺灣退休後，著手翻譯業師哈耶克的《自由秩序原理》。不過這書名是大陸的翻譯，在此之前，周德偉已先行將它譯為《自由的憲章》。「憲章」一詞來自古老的《中庸》：「仲尼祖述堯舜，憲章文武」。周德偉翻譯此書不稱「譯」而稱「達旨」，這是效仿當年嚴復翻譯《天演論》的作法，因為嚴氏是用文言重寫了赫胥黎的《進化與倫理》。周德偉的翻譯，其實也是重寫了哈耶克。

《自由的憲章》是自由主義的經典，只是當世人通譯Liberalism為自由主義時，周德偉在本書的翻譯中不納此譯並持異義。他不贊成以「主義」定位自由，因為「凡主義乃系一派或一家之主張，必有所偏重，如唯物主義、唯心主義，唯理主義，全體主義，極權主義，絕對主義，相對主義，國家主義，民族主義，雖其起也，有其時代背景，但皆為一偏之主

義，要不能為學理上及政理上根本大法」。能成為這個根本大法的惟有自由：「自由乃一切價值之園地，及一切文明生長之創造力」，人類「無時無地，均不可缺此創造力」。[1]故爾，自由非「一偏之主義」所能名，必須另譯。

何以另譯，和當年嚴復「旬月躊躇」一樣，周德偉「繞室彷徨，苦思有得」，最終是在傳統儒家中找到了對譯資源。周德偉獨闢蹊徑，把Liberalism譯為「自由立茲」。「立茲」不是後綴「-ism」的音譯，或者，它是音譯表像下的意譯。孔子曰「文王既沒，文不在茲乎」，又曰「己欲立而立人」。（同上）前者表示孔子在文王死後，以道統自任（所謂「文」之道，就在我這裡），後者則表示立者自我獨立也。因此，「立茲」是周氏對孔子上述二句的抽象並合成，用以表明「自由無時無地不存在，亦無人可以缺少者也。」

「自由立茲」，一個新穎的翻譯，音意合一，精彩有加。但，慣性的力量是強大的，它註定無以取代人們業已用慣了的「自由主義」。不過，從這樣一個翻譯小故事中，可以看到，從嚴復到周德偉，這一中國自由主義的古典脈絡，在文化態度上，既吸納西方，又不拒斥傳統；而且他們很自覺地從傳統中找尋和自由主義可以調適的資源。遺憾在於，一百多年來的近代史，開的是好頭，走的是歪路。嚴復的道統被新文化打斷，而後一路傾斜、每況愈下。就一個區區不喜歡《新青年》的周德偉，是無力挽狂瀾於既倒的。

---

[1] 周德偉《寫在自由的憲章的前面》，海耶克《自由的憲章》第七—八頁，中華書局，民七十年（一九八一）三版。

儒家、自由主義與知識份子

　　二〇一一年五月下旬，臺北紫藤廬舉辦已故周德偉教授自傳出版研討會，該活動命名為「儒家思想、自由主義精神與知識份子的實踐」。儒家、自由主義與知識份子這三項冠名都與傳主有關。還是周德偉發蒙之初，其父請塾師授業時，「先從論語開始」，「俾高尚其志趣，余欲此兒終身為儒生」。[1]為父一言便形塑了周德偉的一生。讀遠流出版的周氏回憶錄（《落筆驚風雨──我的一生與國民黨的點滴》），終其一生，周德偉都是以一個儒家士君子的形象出現在我們面前。自一九三三年留學英倫，他的老師便是二十世紀新古典自由主義的代表人物哈耶克。受哈氏親炙，周德偉不僅是中國哈氏及門三弟子中的第一個，而且也是自覺從學理角度反對俄式極權主義及其在中國影響的第一人。

　　當周德偉一九三七年從德國歸來之後，擔任當時湖南大學經濟學教授和系主任，教學同時，即著力辦一本專務弘揚古典自由主義的雜誌《中國之路》，這是知識份子踐履的初始。據周自己所言：該雜誌「第一篇為《法治之路》，主旨在反對獨裁政制，師英人休謨、析爾克、白芝浩等之說，重法治下之個人自由。第二篇為《自由之路》，本古典學派亞丹斯密及近人米塞斯及海耶克之說，力主自由企業發揮個人之創造力。第三篇為《節約與抗戰》，……反對計劃經濟，謂政府之計畫將阻滯個人之創發，並反凱恩斯之膨脹政策及政府支持之完全就業政策。」[2]這些言論尤其是第三篇，即使今天亦未必獲得知識界的認同（君不見政府干預的凱恩斯主義正在全球範圍內複潮），更遑論當時。那是一種孤立的反潮流的知識份子勇氣。

　　儒家、自由主義與知識份子，三者結合得如此之好，讓人欣羨。然而，周德偉後來進入政府，一直做到關稅署長，這是政府官僚而非知識份

---

[1] 周德偉《落筆驚風雨──我的一生與國民黨的點滴》第八十頁，遠流出版，二〇一一。

[2] 周德偉《落筆驚風雨──我的一生與國民黨的點滴》第四四七-四四八頁，遠流出版，二〇一一。

子了。儘管我充分理解周德偉的從政之志，這本是儒家「三不朽」中的「立功」，排序上它還在「立言」之前。但，應該指出，周本人至今聲名未彰，是一個幾乎被歷史沉埋了的人物，這與他最後脫離學院進入政府有關。雖然這是一種無可厚非的自由選擇，但，如果以殷海光作比較，殷在今天臺灣的地位，顯然與殷系弟子的傳揚有很大關係，他們早已成為臺灣學術界的重鎮。然而，在二十世紀自由主義的思想譜系上，周德偉無疑是比殷更重要的一個人物。只是周氏無後（我指的是學術傳承上的後人），他沒有顯赫的弟子來光大他的學術與思想。因此，我以為，周德偉如果一直紮根學界，他身後也許未必蕭條如此，而且他自身的學術業績和思想也一定會比今天更大、更深入。

如果我不把周德偉始終當一個知識份子看，那麼，毫無疑問，儒家與自由主義這兩者的交融，在周的一生中，煥發出特殊的輝光。當我應邀為周的自傳寫序時，頭腦中很自然地就跳出來這個題目「一個儒家自由主義者」。只是，當我得知此次紫藤廬的活動是圍繞儒家思想和自由主義精神展開時，我有些語詞上的不同看法（語詞即內容）。儘管當時研討會上的發言已經提及，這裡不妨再度。根據我讀傳的感覺，周德偉教授受其浸染的與其是自由主義精神，毋寧是傳統的儒家精神。在這種精神支配下，周德偉作為一個亦學亦政的人物，無論政學兩途，推行的都是自由主義的思想而非儒家思想。

精神與思想，這兩者有著明顯的不同。精神是意志形態的，正如思想是知識形態的。記得我當時把精神解釋為心理上的一種意志力量以及由此外化而出的人格狀態。儒家的士君子，就是一種意志和人格。周德偉不但自傳中不止一次推崇士君子這個詞，我在他身上，特別是他當年對國民政府管制經濟的反對，在那個左翼氾濫的時代，頗讓人感受到一種「雖千萬人吾往矣」的氣魄。這就是儒家精神力量的作用。周自己說：「德偉明知其不可，含默不言有違君子立身行己之道」。[3] 儒家最得力也最精彩之處，就是成就一種精神人格，並踐履在自己的生命言動中。周的一生，我們不難看見士君子精神在其中的貫穿。

3　《周德偉社會政治哲學論著》第八頁，商務印書館總經銷，民五十七年（一九六八）。

　　至於自由主義，我個人傾向於認為，它是一種思想而非精神。哈耶克撰就的《自由的憲章》就展現了自由主義嚴整的思想體系，但它卻無以亦不必作為一種精神而存在。精神是一種高度，但，自由主義的精義在於嚴復所謂的「群己之權界」。它不追求精神的高標，卻看守著人與人不相犯的底線。比如，一個人關起門來看黃碟，儒家看來不慎獨，可是自由主義卻寬容這種被儒家視為不道德的權利，因為他沒有侵害他人。在自由主義那裡，你既可以追求無限的精神，也可以在自我的世界中沉淪，並且兩者都不能強制對方。這就最大限度地保證了社會的多元。然而我們知道，多元往往是可以藏汙納垢的。當自由主義可以容忍許多人性的缺點時，你說自由主義精神是一種什麼精神。殊不知，自由主義可以包容一切價值導向（只要不是反人類），然而它自己卻沒有特殊的精神嚮導。

　　儒家精神、自由主義思想，構成了周德偉生命傳奇中的經緯，而且這兩個維度的構合，亦極具現實意義。就二十世紀而言，自由主義從思想到制度，幾乎交了一張白卷，至少它的制度化過程，依然梗阻到今天。這正需要我們像當年周德偉一樣，知其不可而為之。以儒家士君子的精神，去追求、去擔當、去奮爭而不已。

儒學與自由主義的中道

　　就「儒家、自由主義與知識份子」一文而言，筆者強調儒家「精神」與自由主義「思想」，編輯朋友表示不同意見，認為「儒家當然也有思想，正如自由主義也有精神」；而且「儒家的思想未必不及儒家的精神精彩」。我認同這樣的看法。但，落實到周德偉，如果可以用一句話概括，他這一生不妨就是以儒家精神踐履自由主義思想。這位北大出身又追隨哈耶克的學人，不是像他當年師輩那樣，在中西文化之間搞二元對立；相反，他是二者融合，因而儒家色彩與自由主義色彩在他身上彼此輝映。何況漸入老境的周德偉，有一個工作重心的轉變，即在翻譯和梳理哈耶克的同時，注重從傳統文化中挖掘並闡釋與西方自由主義相通的思想資源。這是對傳統思想，更確切地說，是對儒家思想的現代鉤玄，很精彩。

　　比如，周德偉翻譯哈耶克的《自由的憲章》（大陸譯名為《自由秩序原理》），不時以注釋方式參與他對傳統文化的解讀。這裡不妨以哈著第十一章《法治之起源》的注釋為例，周德偉以強大的篇幅一邊糾偏哈耶克對中國古典法治的誤讀，一邊將儒家的禮治與英倫的習慣法作比較，指出：「所謂禮者即由風俗習慣傳統及人民接受之道德價值而成，亦即人民共同生活之規律雖無法律之拘束力，但其普及於民間較之成文之法律不知高出若干倍，且惟其無拘束力，故能適時生長演變，以現代術語表示之，近於英國之判例法。」[1]不要小看儒家的禮治作用，在周德偉看來：「中國帝王之權力以西方術語表示之，有神聖之權利世襲帝位，但其為至高無上之權力，則只及於臣僚，至於管轄人民之權力，則遠不如傳統風俗習慣及孔子。」[2]古代社會，天高皇帝遠，政權不下縣，民眾和政府打交道的大致就是兩件事，訴訟與納稅。除此而外，他們及他們的生活，更多需要面對的，倒是以士紳為主導的地方治理。士紳讀經書出身，其地方治理，

---

[1] 周德偉譯《自由的憲章》第二六六頁（第十一章附注一），中華書局，民七十年（一九八一）三版。
[2] 同上第二六七頁。

當然離不開浸染過他們的那些儒家禮儀。受其影響，傳統中國人，幾乎身上都有儒文化的細胞。一代代傳習，國人在為人處世、安身立命甚至舉手投足上，是受皇家政治影響大，還是儒家倫常影響大，不言而喻。

　　以上周德偉不過要表達一個意思：「中國原為自由之國」。雖然皇權政治是專制的，但周認為「中國之所謂帝王專制，不過帝王對其所管轄之臣僚專制而已」，[3]民眾並沒有過多受其荼毒。所謂「日出而作，日入而息，鑿井而飲，耕田而食，帝力於我何有哉。」這個帝力就是國家政治權力，這個自由就是農業文明時代民眾日常生活的個人自由。但，問題在於，傳統社會中的自由缺乏保障，尤其是制度保障。按照現代憲政原理，保障自由即法治。然而，哈耶克被誤導而欣賞的中國法制，卻是管子的「生法者，君也，守法者，臣也，法於法者，民也」。[4]這是法家性質的法，是為權力造法而非為權利造法，也正是在這個層面上，自由或權利極易為皇權所吞噬。有見於此，周德偉專文論述《論中國歷史上何以無保障人權的制度》，「何以」不論，但周清楚地指出了一個事實：「中國兩千多年的政治文化始終未發展限制帝王權力保障個人自由的制度。」[5]

　　近有學人討論儒家憲政主義，並形成兩相對立之勢。如果僅從學術角度，儒家不妨可以有憲政。憲政的要義，橫向分權，縱向自治。觀察中國傳統社會，秦漢以還，政權在皇帝那裡，治權卻在士大夫那裡。國體上是皇家專制，政體上卻是皇帝與士大夫共治。看起來是士大夫替皇家治理天下，但客觀上也形成了一種分權效應；何況士大夫總是試圖以自己的道統制約皇家的政統。另外，士大夫在朝為官，在野為紳，由於皇家權力到縣為止，大面積的鄉村基本上是士紳主導下的地方自治。正是這樣一種格局，個人自由得以存在。如果我們不妨將此以憲政視之，但也須指出，這無疑只是憲政的古典形態，與現代形態有很大距離；何況正如周德偉指出，在皇權限制上它還缺乏制度化。

　　晚年周德偉熱衷闡發儒家思想，這是對自由主義作中國古典闡釋，我個人很欣賞。其實，無論自由主義的經濟思想，還是憲政、法治、民主等思想，多少可以在原始儒家那裡找到對應點。從思想史的角度讓中西文化

3　同上第二六六頁。

4　轉引同上第二六五頁。

5　周德偉《自由哲學與中國聖學》第一五二頁，中國社會科學出版社，二○○四。

相互發明，同時重新解讀被五四新文化妖魔化了的儒學，是學術上一件有意義的事。周德偉當年這樣做了，我們今天也有必要接著做。只是，學術是學術；在現實的和實踐的層面，如果有學者推舉儒家憲政，是為了在今天踐履，並稱之為「托古改制」，而且還非如此不可。這就會出問題，當然問題更在於它能否行得通。應該看到，儒家的憲政內容在現代自由主義那裡不但獲得了體系化的闡釋，而且更充分地制度化了（這是儒家無能做到的）。所以，當年清末立憲，身為士君子的梁啟超就不像他老師康有為那樣「托古改制」，而是眼睛盯住英倫，在制度上走「托西改制」的路。畢竟皇權政治兩千多年了，儒家靠自己最終也沒有把它送進憲政的籠子裡，但英倫卻第一個做到了。這就是托西改制高明於托古改制的地方，也是梁啟超高明於康有為的地方。

　　學習周德偉，對傳統的儒家思想既抱以相當的歷史敬意，又清楚地看出其短長。他留給我們的啟示是，既不反傳統，也不唯傳統。這其實是自由主義的中道，所謂執兩用中。假如可以換作我個人的語言，便是幾年前我提出過的一個看法：「中學為私，西學為公」。中學即儒學，它有它的邊際，不妨讓它更多復興在私人領域、社會日常生活領域或倫理領域，當然更需要用它來養成一種稀缺的精神人格，即周德偉那樣的自由主義士君子。轉至公共領域，則以西學為主導，此即英美憲政之學，讓它來更新我們的制度，有效地形成對公權的限制，用以保障我們每個人的自由。

一個儒家自由主義者（一）

　　周德偉這個名字，我接觸很晚；但一經接觸卻深抱敬意。這是一位逝去的儒家自由主義者，應該是朱學勤先生較早在文章中涉及了他；但就朱文言，真正吸引人的不是周本人，而是他那幅六十初度時的自撰對聯「豈有文章覺天下，忍將功業苦蒼生」。對聯讓我沉吟不已，人卻未曾多加留意。後來有當時在廈門大學讀研的林建剛君，傳我一文，是他撰寫的二十世紀思想傳播史之一：哈耶克在中國的傳播歷程。這是一篇功夫文字，第一個提到的中國學人就是周德偉。初讀時漫不經心；但，很快眼睛為之一亮，這位五四時代的青年，卻不喜歡《新青年》。一個人的眼睛總是看到自己想看到的東西。就我本人而言，我也屬於反感《新青年》以及新文化運動的一個，而且正在做這方面的事。如果我眼前出現一個五四時就免疫於《新青年》的學生，而且還是北大的，教我如何放過他。巧合的是，二〇〇九年五月，有過一次臺灣行。在台大附近的新生南路三段十六巷一號的紫藤廬茶舍，我拜訪了周德偉先生的故居，並見到了他的兒子周渝。蒙渝兄送我三本周德偉的書，隨即又見到一本厚厚的未經整理的手稿，字跡潦草難辨，那是周老先生晚年在美國撰寫的自傳。序言寫於一九七八年，也就是說，它沉埋在書篋裡已經三十來年了。我即建議渝兄整理出版，儘管知道那很煩難（當時他面有難色）。時過一年有半，二〇一〇年十二月下旬，接到臺北郵來的快件，裡面正是剛整理出來準備付梓的周氏自傳《我的一生與國民黨的點滴》。從家世寫起，一直到西安事變，這當然只是傳記的一半。於是，連續若干天，除了上課，就是讀傳。

　　我們現在知道的周德偉（一九〇二－一九八六），只是這樣幾個基本情況：湘人，一九二〇年代在北大讀書，一九三〇年代留學於英國倫敦大學經濟政治學院，師從哈耶克。一九三七年回國後在湖南大學經濟系任教授若干年，一九四二又轉入中央大學。其後進入政府，長期擔任國民政府的關務署長。後半生在臺北度過，關注思想文化問題。晚年至逝世，僑居美國洛杉磯。這樣的線條當然很粗，他的自傳無疑可以豐富我們對這樣一

個亦學亦政人物的理解。儘管自傳本身偏重於「政」，但，周德偉是典型地學以致政。觀其政不可不觀其學，觀其學則脈搏有二：一為孔儒之學，二為哈耶克式的自由主義經濟學和政治學。於儒學和自由主義兩者間作交互闡釋，是周德偉晚年的學業；而以儒家治天下的抱負兼以自由主義的知識運作於職守，則是周德偉一生的「政業」。兩者結合，不難凸顯周德偉這樣一種中西兩致的「儒家自由主義」的形象。對此，《紫藤廬及其他》的作者陳明先生有過一種描述：「周德偉的意義就在這裡，作為自由主義者，他溶匯進了傳統文化；作為儒生，他接引進了自由主義思想。」

　　還是在蒙學時代，周德偉從其家傳，就很好地接受了儒學的薰陶，打下了儒生的底子。該自傳從周族先世寫起，指出湖南周氏家族不下數十，大都尊宋代周敦頤為始祖。自己家的先祖通叟公去世遺囑即為：「余本北宋周濂溪之嫡裔也」。而後敘及自己的先君及先長兄，蓋在梳理周氏一脈耕讀傳家的士紳傳統。這裡必要敘錄周德偉的父親對他的期許與栽培，這關係周德偉的一生：「七歲中，鄉里共迎塾師，父聞余將就私塾，乃急歸，送餘入學。繳學費外，拜師之日，須另送紅包贄敬。鄉里贄敬極微，自二百錢至五六百錢不等。父曰：今日小兒開蒙，發軔之初，此大事，餘所重視，望先生善教之。又曰：小兒已識得數百字，望勿從一般世俗書籍開始。……又曰：先從論語開始如何？俾高尚其志趣，余欲此兒終身為儒生也。」[1]讀傳至此，不禁想起二○○九年拜訪紫藤廬時所見到的周德偉先生的大幅照片，它懸掛在茶舍進門的右壁。據渝兄告知，那是周德偉六十周歲的生日照，背景是上述自撰的聯句，傳主著一襲長衫恬立於聯句之前，笑容敷面，淳然一儒者。這是一幀內斂著傳統文化意味的寫照，無論人，還是後面的對聯。然而，一九六○年代的大陸中國，具有這種文化意趣的照片包括那襲長衫，想來早已杳如黃鶴。

　　不妨順著這一線索往下追，「我從六歲開蒙到十三歲的七年中，完全受的是舊式家塾教育」，非經即史，兼及子集，是儒家文化形塑了少年周德偉。有了這樣一個初步，一九一六年六月，父親帶著他去報考長沙府中學。時周德偉尚不滿十四歲，放榜時名列第二，入學後被編入德文班（英文乃以後自修）。一次，也是湖南人的章士釗應邀到校講演，內容是社會

---

[1]　周德偉《落筆驚風雨──我的一生與國民黨的點滴》第八十頁，遠流出版，二○一一。

調和論。周德偉第一次聽講演，聽得眉飛色舞。由於他是低年級，坐在第一排，他的神情引起了校長注意，後來校長把他叫到校長室，問他能否聽懂。周德偉滔滔不絕把講演大致複述，校長很高興，便叫校工去圖書室取來章士釗主編的全套《甲寅》給他看。這又是一次開蒙，從儒家教育中得到了治國平天下觀念的周德偉，又從《甲寅》上初步獲得了西方有關自由憲政的知識。一九六三年在紀念胡適的文章《我與胡適之先生》中，周德偉自陳：「自讀了《甲寅》之後，我得了人民保障自身權利的觀念及白芝浩、戴雪著的制度及憲法上的主張，又得了人民授權政府的觀念及保障人民的出庭狀的辦法。」[2]此刻，周德偉才是一個十幾歲的中學生，中西兩種文化不但在他的身上不打架，而且正是這兩種文化的初步「調和」決定了周德偉後來的一生（章講演時的「社會調和」周德偉認為叫「協和」更合適）。可以看到，周氏其人一輩子的政業都出自儒家治國平天下的抱負，此一抱負不但賴以他所追隨的哈耶克自由憲政之學說，而且周氏其人努力將它落實於自己的政業中。但，身為國民黨員，周面對的始終是一個威權主義的黨國體制；另外，周身屬當年汪精衛、顧孟龍一系的國民黨改組派，因而與蔣介石甚對立。這樣的環境與際遇使周的抱負根本無從兌現。但，作為一個被歷史陳埋了的人物，今天看來，至少在學術或思想的角度上，讓我們看到了傳統儒家與現代自由主義「調和」或「協和」的可能。

　　一九二〇年周德偉考上北大預科，進入北大前，據其自述，這樣三個人對他深有影響，他們第次是章士釗、嚴復和胡適。前兩位在西方法政學和社會學等學科上各有造詣，但他們向不反傳統，文章幾乎都是由文言構成。胡適比較複雜，新文化運動中有反傳統的一面，因其推廣白話文；但亦有不失傳統的一面。比如進入北大後，周德偉曾請胡適開列一份應讀書單，胡適從先秦諸子開始，一直開到滿清的王念孫、王引之。另外，胡適影響周德偉，也是他的那部哲學史大綱。一九一九年夏，周德偉的父親就胡著這樣指點他：「著者信當代英才，以西學方法整理國故」，並謂：「學術信無國界也，餘獨不解西方學人之持論……，多與中國儒學通，今人之持論有時反不及古人。」[3]此番言論，莫非是對當時流行的新文化運

2　《自由哲學與中國聖學》第二六七頁，中國社會科學出版社，二〇〇四。
3　周德偉《落筆驚風雨——我的一生與國民黨的點滴》第一二一頁，遠流出版，二〇一一。

動而發？自周德偉發蒙至考入北大，他的身上從來沒有被種下過反傳統的種子；相反，影響他的，基本上都是致力於中西學術打通的人。這就不難理解後來五、六十年代周德偉論述哈耶克時，經常援引傳統儒學以與哈氏交互闡釋，這樣的題目就顯示了作者的態度：《西方的自由哲學與中國的聖學》《西方的法治思想與中國的儒學》。不獨如此，有了傳統儒學的墊底——這正是新文化運動試圖推翻的對象——使他能夠在他還是做學生的時代，便有能力抵禦當時風行的俄化西學。

　　受新文化運動裏挾，周德偉初進北大，正是那些要求進步的北大學子集體左轉的時代。周德偉開列了一份當時北大馬克思研究會的名單，「會員有鄧康（即鄧中夏，民國十五年曾領導廣東的省港罷工運動）、羅章龍、劉仁靜、李國暄、范鴻秚、張國燾、李梅羹、鐘繼璜、金家風及金妻毛女士。范鴻秚於民國十五年被張作霖絞殺，鐘繼璜病死，金家風後來加入國民黨，民國三十年加入汪偽政府，做了中委，其餘的人都做了共產黨的中委。」[4]如果這份名單代表了五四那個時代青年潮流乃至主流的話，可以看到的是，周德偉恰恰是這個主流中的另類。自傳中，周德偉記載了當時他與湖南同鄉鄧中夏的一次衝突[5]：民國十年秋餘已升入預科二年級，鄧康、羅章龍等邀餘加入馬克思學說研究會，由李大釗教授主持，余思入會覘形勢亦未嘗不可。一日鄧康（中夏）來訪，請餘每週赴長辛店教課一次，月酬三十元，旅費亦由學會擔任。余曰「餘讀書之不暇，何有時間教書？」鄧曰「無階級意識乎？」餘受儒書及心理學之影響甚深，乃曰「餘隻知個人方有意識，階級乃一集體空名，不能衣，不能食，不能思考，何來意識？」鄧曰「你不相信唯物辯證法乎？」餘曰「辯證法之名稱甚古，黑格爾之辯證法亦從心性入手，馬克思以物易心，其中問題甚多……。」……鄧曰「既如此，你不夠格做馬克思學說研究會會員。」餘曰「既稱學會，應使人人有研究之自由，你輩為此固執，我願退會。」……鄧康大怒「你真不配做會員，請你退會。」餘曰「我已言明退會，何待你請。」如此舌戰，周德偉遂與該會分道揚鑣，失去了以後也做中委的機會，更走上了與之截然相反的道路。事後，有同學告訴周德偉：

4　《自由哲學與中國聖學》第二九一頁，中國社會科學出版社，二〇〇四。
5　以下該衝突可互參周德偉《落筆驚風雨》第一三四－一三五頁，周德偉《自由哲學與中國聖學》第二九一-二九二頁。

李大釗曾責鄧康「操之過急，致使本會喪失一英俊青年」。然而，當初湖南老鄉拉周入會，正是「會員當中有人看上了我這個窮苦學生，料想我的階級意識濃厚」。此時的周德偉，階級意識所以不進其腦，蓋在於他的腦子裡已經先行佔據了傳統的儒家意識。他拒絕去長辛店做工人運動並教書，是用孔子的話來抵擋：「君子務本，本立而道生。我就是本，沒有我自己，一切也沒有了。」所以「我不曉得什麼階級意識，只曉得我自己的意識。我只曉得要讀書，讀不好書對不起我的父母，發展不了我自己的抱負。」這段事蹟，除自傳外，《我與胡適之先生》亦有記錄，可以相互參看。

一九二三年，周德偉由預科遞入北大本科讀經濟。所以選擇經濟學，是因為北大教授陶孟和推薦他讀亞當斯密的《原富》（即《國富論》）。「讀完《原富》，使我大為吃驚，原來治國平天下之術，悉在於此。澈底懂得了衣食足禮儀興的道理，澈底地懂得了民富而後國富的道理，並引起了幼年所愛好的治國平天下之道。因此乃決定進經濟系。」時北大教授顧孟餘講授經濟學原理，「上第一堂課時，就問：你們為何要學經濟學？學生寂靜無聲。顧先生曰：經濟學不是教你們去發財的，不是教你們經營工商業或者從事銀行會計業務的，而是教你們如何經世濟民。習經濟須高瞻遠視，注意全盤人民各方面的經濟活動，加深瞭解，從而培養自己成為社會的領導人才。此一學科，需輔助的知識甚多，牽涉到社會學倫理學法學哲學史學等知識，缺一不可。你們無如此等志願，或無力奠立鞏固的基礎，改習他科還來得及。」[6]周德偉當然沒有改習他科，因為「此言正合我當時的抱負，亦符父親對我的期望。」入讀經濟系，乃為周德偉十年後負笈英倫、追隨哈耶克埋下了伏筆。

從發蒙到北大，回望周德偉的成長來路，可以清晰看見傳統儒文化對他的滋養。這種滋養並非學問，而是一種自稚童始就開始塑造的精神人格。儒家「立德立功立言」之三不朽，首在立德。周德偉移居臺灣時，把自己的寓所命之為「尊德性齋」，並且文章寫完後，亦慣於文末注明何年何月寫於尊德性齋。雖然，周德偉曾經把「德性」解釋為「理性」，這種理性顯然一種倫理理性而非認知理性，它是周在幼年時便經由其父一

6　周德偉《落筆驚風雨──我的一生與國民黨的點滴》第一三八頁，遠流出版，二〇一一。

手栽種。在儒家那裡，德是一種心性，從誠意正心修身始；也是一種擴展程序，到齊家治國平天下。周氏之父常以此為目標訓育其子，而周德偉也沒有讓父親失望：先立德，後立學，複以所學為立功立言之具。可以看到，從歐洲歸國後的周德偉，無論壯年從政（立功），還是晚年從學（立言），在知識上都不脫哈氏自由主義之框架；一如其一生，於心志上亦未脫儒家「修齊治平」之軌轍。

　　一九三三年七月，周德偉取得鐵道部的公費名額赴英國就讀倫敦大學經濟政治學院。一九三七年七月，抗戰爆發，因鐵道部要求返部服務，遂束裝回國。留學期間，英國三年，德國一年，學業上主要追隨哈耶克。在哈耶克的指導下，周德偉研讀英國經驗派的休謨與柏克，繼之以康德以後的德奧知識論。在經濟學上，研習新古典主義，包括維也納學派和北歐學派等。其時，哈耶克的經濟思想與流行的凱恩斯主義正相反對，後者因其強調政府對經濟的干預，從而成為哈耶克持續的批判對象。周德偉對此深為關注，且獲益甚多，他直陳：「餘此後一生與唯物論之異，反對一切全體主義，即形成於留學時期」。[7]這裡的「全體主義」就是「極權主義」，即指政府權力因掌控經濟從而掌控人類社會生活乃至日常生活的所有領域（此即「全體」）。可以說，年輕的周德偉因為遇上了哈耶克，使得他有幸成為中國自由主義中最早反對極權主義的一位。筆者不免孤陋，但就我目前閱讀，在一九三〇年代抗戰爆發前這個時間段，暫時還找不出第二位。相反，不但自由主義代表人物胡適此時尚未完全走出蘇俄集體經濟的迷思，至於中國知識界，更是在整體上傾向於拉斯基的費邊社會主義。

　　抗戰爆發後回國的周德偉，應湖南大學之邀，任經濟學教授兼系主任。他和他的朋友創辦了一份雜誌《中國之路》，傳播他在英倫習得的古典自由主義思想。然而，面臨那個時代整體向左轉的趨勢，周德偉的處境極為不利。《尊德性齋論著拾遺序》中，周德偉記錄了自己當年在湖大教書時發生的一幕：「余在倫敦既熟聞凱恩斯及奧國學派之爭議，斟酌實情，乃毅然採米塞斯及海耶克之論據，主張自由企業，反對當時流行之統制經濟，並駁斥唯物論及任何形態之計劃經濟，影響頗深，湖南大學經濟

---

[7]　周德偉《落筆驚風雨——我的一生與國民黨的點滴》第三五〇頁，遠流出版，二〇一一。

系學生，遂無左傾思想。」[8]但，當時華北淪陷，北方各大學學生多來湖大借讀，思想龐雜，很不喜歡周德偉的論調。不但散發傳單，以相詆毀；因其不為所動，更直接書信威脅，聲稱「將以手槍相餉」。周的同事從旁觀察，獲知學生主動者的名單，給了周德偉。周按圖索名，招十餘學生到辦公室，曰：「吾已知君等之所為，無論君等承認與否，吾已作此認定。今日之事，非君等以手槍擊餘，即君等退學。」（頁同前）並表示凡周某主講之地，不允許抱有特殊政治目的的黨徒大肆活動。那些左傾學生相顧失色，次日即全部退學。這件事周德偉沒有驚動學校當局，只在自己的辦公室以片刻談話擺平危機。

然而，這並非僅僅是學生問題，而是時代問題。周德偉的知識理路，照樣不得同事與社會之同情。古典自由主義既認為早已過時，周德偉也就被譏諷為保守落伍。迨至一九四〇年代初轉入中央大學，情況依舊，以致他無法在中大待下去。同樣，在國民參政會上，周德偉發現「高級層執政人員大談統制經濟、計劃經濟，在思想上確確實實受到了共產主義的玷污」，[9]他用他的方式反駁，並駁倒了只待大會形式通過的糧食公賣及限價方案。不但得罪了朋友，引起嚴重誤會，還獲得了狂妄不聽指揮的頭銜。以至於下屆參政會競選，二百多名參政員都獲得了候選人的資格，只有他一人因不受指揮而排除在外。在左翼潮流氾濫的那個時代，周德偉聲稱自己是「孤軍奮鬥」。

以後進入政府，周德偉所秉持的古典自由主義那一套依然不時碰壁。如果沒有經濟自由主義的自覺意識，任何一個政府（包括蔣氏國民政府）無不想擴張自己手中的權力，無論政治還是經濟。一九四六年抗戰勝利後，國民黨中央常會據某方決議，決定徵收財產稅及強制收購黃金美元，並限定物價。這個方案正是一九四八年夏上海推行金元案的預案。周德偉聞之驚駭，乃著文給財政部長俞鴻鈞力陳不可，否則會招致大亂。俞鴻鈞將周德偉召到辦公室，告訴他這是中常會決議，非照辦不可。周回答：「德偉明知其不可，含默不言有違君子立身行己之道，部長一意執行，政治經濟後果嚴重，部長當負其責。」[10]俞問其該當如何處理，周德偉建議

8　《周德偉社會政治哲學論著》第六頁，商務印書館總經銷，民五十七年（一九六八）。

9　《自由哲學與中國聖學》第二七六頁，中國社會科學出版社，二〇〇四。

10　《周德偉散文存稿》（自印本）第五二頁，三民書局經銷。

將他的文章簽報行政院長，邀請專家研究。俞照辦，因而這個後來擾動上海灘的金元案被擱置兩年之久。但，兩年後該方案還是由蔣經國掛帥在上海全力推行，它直接成為國民政府在大陸垮臺的最重要的經濟原因。時周德偉已奉命代表國民政府參加聯合國一個國際貿易代表團，赴歐美工作兩年。一九五四年，周德偉著文「發表十年來之金融外匯貿易政策，敘及此事時，俞鴻鈞先生尚健在，持文請益，相對噓唏。」[11]周德偉雖然官至關務署長，但在國民黨的軍政體系內，畢竟還只是一個經濟方面的技術官僚。他的平生志向在這個位子上無從實現，更何況他所秉持的哈耶克那一套，與他所處的時代潮流不合。即使哈耶克本人，在那個時代也是一個孤獨的反潮流者，因為他的時代還沒有到來。要等到一九七〇年代以後，哈氏的思想才大放異彩。

　　以上只是大致勾勒了周德偉一生的某些片段，它給我們疊加出一個儒家自由主義的形象。然而，這樣一個形象是失意的，無論從儒家這一面來說，還是從自由主義來說，都如此。儒家的「修治齊平」，周德偉充其量只能做到一半，齊平之願，只是願景。古典自由主義在二十世紀的精義，即是與極權主義抗衡。周德偉在留學時就有此自覺，無奈回國後幾乎流於單打獨鬥，結果不敵潮流，自己鎩羽而歸，落荒到東南沿海的一個小島上。還是一九四〇年代初，周德偉因執己見而屢屢受挫，「常稱述德詩人席勒之言曰，予乃未來世紀之公民，我之時代尚未來臨。」[12]

---

[11]　《周德偉社會政治哲學論著》第八頁，商務印書館總經銷，民五十七年（一九六八）。

[12]　《周德偉散文存稿》（自印本）第七頁，三民書局經銷。

一個儒家自由主義者（二）

　　《不讀〈新青年〉的周德偉》，是筆者寫周德偉的第一篇文字。他之不喜歡《新青年》，乃是我個人欣賞他的觸點。該文二〇〇九年在臺北《傳記文學》發表時，已逝的前主編成露茜女士在「編輯室手記」裡說：「提起『五四運動』就不得不講到《新青年》這本雜誌」，因此在接到文章時，「的確愣了一下：居然當時還有不讀《新青年》的『五四』人！」這「一愣」一「居然」，頗可玩味。一份雜誌讀與不讀本兩可，然而輪到《新青年》就「居然」起來，潛臺詞莫非是怎麼可以不讀。然而，這正可見周德偉在當時乃至今天的殊與異。「《新青年》給時代影響甚大，但我不大喜愛，我嫌《新青年》的文筆太潑辣……。」[1]讀過周氏自傳，可以發現，周德偉不愛《新青年》，委實還有他沒有說出的緣由。

　　以《新青年》為號召的五四新文化運動向被稱為二十世紀中國啟蒙運動，前不久一次會議後，我和一位稱讚啟蒙的朋友交流，言及我對這個運動的評價。在我看來，新文化運動在思想領域主要做了兩件事，一是要推翻最不壞的儒文化，一是引進了最壞的布爾什維克文化。這就是啟蒙，名副其實地啟入入蒙。傳統儒文化並非沒有問題，它可以經由我們棄取，但《新青年》的態度是連根拔去。比如，當時有人建議《新青年》張揚新文學，但不必破壞舊文學。《新青年》回答：「不塞不流，不止不行」。「舊文學，舊政治，舊倫理，本是一家眷屬，固不得去此而取彼」。因此，新文化對整個傳統文化的態度是「安得不取而代之耶」。[2]該回信的題目是「論《新青年》之主張」，作者署名為胡適之、陳獨秀。這種對傳統文化一鍋攪且欲整體排除的態度，對自小就接受儒家薰陶的周德偉來說委難接受。在那個風習已經形成的「只手打孔家店」（胡適）「少看或不看中國書」（魯迅）「把線裝書扔到茅廁裡去」（吳稚暉）的時代，青年周德偉有他自己的表現。一九三〇年春，為生計故，周在濟南的山東省立

---

[1]　周德偉《自由哲學與中國聖學》第二六九頁，中國社會科學出版社，二〇〇四。
[2]　《新青年》第五卷第四號第三三六頁，寧夏人民出版社，二〇一一。

高中謀得一教席，因對國文教材中那些充斥著新文化課文的不滿，第一次上課時，「余初語學生云：『中國文化流傳四千年豈無一物可取，豈無變遷之沿革。君等日常所用之語言文字、資生之工具以及流行之風俗習慣究為先民之遺跡，抑為君等一手一足之所能創造？凡個人之臨時杜撰能為社會一般所接受乎？』人之所以異於動物者，正固其不必一一從頭做起耳。如一一從頭做起，尚有文化進步之可言乎？」[3]於是周德偉的國文課偏以古籍為主，還特地給學生選上司馬遷的孔子世家且對孔子大加稱頌。可以看到，那時的周德偉在價值取向上與新文化甚為相左，而這一切卻得益於他在童年時所受到的嚴正的儒家教育。他之所以對《新青年》無存好感，蓋在於該雜誌對傳統文化那種整體性的否定態度。

　　這裡帶出一個堪有意味的對比，如果說《新青年》是從反傳統走上了蘇俄主義的道路；周德偉則從儒家出發，走向了自由主義。這個對比不妨是一個事實判斷，那麼，這裡是否會出現這樣一種價值糾結，即文化取向彼此相反的《新青年》和周德偉，到底誰是自由主義。所以會有這樣一個問題，原是今天的一些學者早已把北大視為中國自由主義的策源地，北大傳統也被視為自由主義傳統。然而，這裡的自由主義針對的顯然是以北大《新青年》團體為主要對象的知識群，它當然不包括周德偉這樣的學子（何況當時就年齡資歷言，周也不夠格）。問題是《新青年》與周德偉毋寧是排中的，如果《新青年》的價值取向可以視為自由主義，反對它的周德偉則不是。相反亦然，否則將會出現自由主義的淆亂。

　　也許對二十世紀的中國自由主義我們需要重新體認。本文既然認可周德偉的路徑（亦即從傳統孔學走向西學哈耶克）屬於自由主義，那麼，北大所謂的自由主義傳統就顯得非常可疑。金觀濤劉青峰先生近年出版的《觀念史研究》，其中一篇為《五四〈新青年〉知識群體為何放棄「自由主義」》。該文一開始就提出這個問題，可是，寫著寫著，到文章最後，卻產生了一個致命的懷疑：「是否可以說一九一九年以前這一知識群體是信奉自由主義？」[4]可是，我們知道，還是一九九八年北大百年慶典時，劉軍寧先生編了本《北大傳統與近代中國》，開篇是已故李慎之先生的序《弘揚北大的自由主義傳統》，緊接著劉軍寧先生的前言也是《北大傳統

3　周德偉《落筆驚風雨——我的一生與國民黨的點滴》第二九七頁，遠流出版，二〇一一。
4　金觀濤劉青峰著《觀念史研究》第四一八－四一九頁，法律出版社，二〇〇九。

與近現代自由主義》。但，即使我們今天要在北大尋找自由主義的傳統，無論如何也無法坐實到《新青年》的頭上，哪怕它有過介紹自由主義的文字。正如一個人不是看他說什麼而是看他做什麼；一份雜誌也不是看它介紹過什麼，而是看它自己的文化主張和表現。根據以上筆者提出的新文化運動所做過的兩件事，如果第一件以一種決絕的態度反傳統是非自由主義的話，第二件對俄式布爾什維克的引進，直接就是反自由主義。就二十世紀前五十年《新青年》和新文化對北大乃至整個社會持久而深遠的影響看，北大即或有傳統，也不是自由主義，而是激進主義；並且它的線條是從文化激進（反傳統）趨轉為政治激進（揚蘇俄）。

　　新文化運動從文學革命、文化革命始，終而推向政治革命，無疑《新青年》是其中的推手。針對革命，周德偉在其自傳第一章有過這樣的討論：「故予常感革命事業，只應革腐敗政府之命，不應革社會基礎之命，傳統文化之積累，豈能一朝盡革……。如必欲盡去舊有之傳統而後快，則真歷史文化發展之罪人也……。文化只有演變及進步，非革命可施之對象。」[5]問題在於，傳統文化被革去之後，出現了價值真空，這時並非自由主義取代了傳統文化及價值，甚至只要是真正的自由主義，必不會用推倒的方式取代傳統文化及價值。周德偉後來在論述哈耶克時，不止一次引用哈氏這樣一層意思，十分精彩：自由不僅是一種價值，而且是一切價值生長的園地。在這片園地裡，自然也有傳統文化生長的空間。那麼，如果不是自由主義成為北大那個時代的主流價值，又是什麼思潮將一代青年學生裹挾而去。自傳第十二章，周德偉痛陳：「五四運動後號稱覺醒時代，實則自陳獨秀吳虞吳稚暉倡為打到孔家店之說後，過去的文化遺產，已盡失其信用……，胡適之當時被崇為思想家，實則彼毫無獨立之思想，僅為乾嘉時代考證諸子之續。如此何能滿足知識青年一貫解釋事象之欲望，而青年心靈又如一張白紙，一無所有。如是四千年之文化遺產喪失無餘，如是唯物主義及歷史辯證法乘虛而入，掌握了青年之心靈。」[6]這裡，周德偉對胡適不免嚴苛。在《新青年》反傳統的陣營中，胡適算是有自由主義氣象的一位，畢竟他還主張文言白話可以討論。至於後來《新青年》鼓吹的蘇俄那一套，不僅與胡適無涉，胡適還參與了批評（可見當時「問

5　周德偉《落筆驚風雨——我的一生與國民黨的點滴》第七一－七二頁，遠流出版，二〇一一。
6　周德偉《落筆驚風雨——我的一生與國民黨的點滴》第二六六頁，遠流出版，二〇一一。

題與主義」的討論）。但，周德偉對胡適下筆往往毫不客氣。新文化後期蘇俄主義抬頭，在周看來「大抵由於胡適之、吳又陵等在北方摧毀舊思想後，自己在思想上又一無建樹，俄國革命成功後更刺激青年思想左傾，以致……」。[7]不過這一段文字周德偉聲稱是一九三〇年汪精衛在上海對他所言。

　　根據《新青年》的表現，不難形成這樣一個判斷，文化激進主義本身無以形成自由主義。然而，從周德偉的個案看，如果我們找不到一個激進主義的自由主義傳統，但卻能斷斷續續發現一個保守主義自由主義的傳統。這裡必得注意，周德偉不喜歡《新青年》是以嚴復和章士釗為參照的；因為周認為《新青年》的「分析及陳述不如《甲寅》及嚴氏譯述之精密而有系統」。[8]當年對周德偉形成影響的三個人第次是章、嚴、胡，胡暫且不論，章嚴二人，周德偉在自傳中時有提及。比如周在北大由預科升為本科，由於沒選胡適的課，所以說自己「不能冒稱為胡門弟子也」。他選了王世傑的比較憲法，但，「對我而言，斯課已不新奇，自清季維新運動以來，國內報章雜誌討論法律及憲法問題之文章不少，尤以甲寅為最有系統，我均嫻熟。」[9]後來在濟南教書時，其國文課除了古籍，「近人之文則取嚴譯天演論，章行嚴白芝浩內閣論，一明社會演化之理，一明憲政法制。」[10]應該說，以儒學立身的周德偉是通過章嚴二位走向西學乃至自由主義的；但可以看到，無論嚴復還是章士釗同時都是文化保守主義者。

　　當年周德偉在中學課堂上偷看章士釗的甲寅，被清華畢業復留美歸來的西洋史老師發現，認為甲寅大都是英國典籍中的片段介紹，不是整本成系統的著作，於是送他三本嚴復的譯述，要他按順序閱讀，不懂即問。這裡不在於章嚴二位把周領進了西學之門，而是從自由主義角度看，如果有一個傳統，嚴與章都是其中的重鎮。不用說，因為譯述密爾的《論自由》，嚴復當為中國自由主義之始。章士釗的甲寅先於《新青年》一年（創辦於一九一四年），從這兩本雜誌的作者構成來說，由於《新青年》的作者起初多來自甲寅，有人便認為甲寅是《新青年》的濫觴。但這裡忽

---

[7]　周德偉《落筆驚風雨——我的一生與國民黨的點滴》第一六〇－一六一頁，遠流出版，二〇一一。

[8]　周德偉《自由哲學與中國聖學》第二六九頁，中國社會科學出版社，二〇〇四。

[9]　周德偉《落筆驚風雨——我的一生與國民黨的點滴》第一五〇頁，遠流出版，二〇一一。

[10]　周德偉《落筆驚風雨——我的一生與國民黨的點滴》第三〇三頁，遠流出版，二〇一一。

略了一個根本的區別,即甲寅以英倫取向為主導,是一份自由主義性質的
政論雜誌,它尤其注重自由主義在國家政治法律上的建構。《新青年》不
然,它以法蘭西文化為主導,偏重於倫理、文學與文化,一開始就帶有排
斥傳統的激進主義色彩。因此,民初的章士釗是繼嚴復和梁啓超之後的一
位自由主義知識人(至於章人生後期的依附性轉變不在此論),他的政治
主張即是在北洋時代推進英倫式的政黨政治和內閣政治。

　　然而,在自由主義之外,觀其對傳統文化的態度,嚴章二位分明又
都是保守主義者。進而言,這裡的保守主義未必不是自由主義的變相。因
為保守相對激進而言,無激進即無保守。當激進主義整體上排斥自己的文
化傳統時,保守主義保持傳統存在的合理與必要,本身就帶有自由主義多
元的色彩。嚴章等人俱不排斥西學,惟其在西學中得自由主義之堂奧,故
不會返身與傳統過不去。新文化運動興起,嚴復的福建同鄉林琴南和《新
青年》論戰,在嚴復看來大可不必,他的意思,新文化不過「如春鳥歌
蟲,聽其自鳴自止可耳」。章士釗是位調和論者,不獨在政治上主張黨派
調和,文化上亦主張調和中西。這兩位在介紹西學時有一個共同的特點,
即用文言表達(這一點對周德偉影響極大,乃至自己的人生晚年,其行文
仍不脫文言色彩)。巧合的是,影響周德偉的第三人胡適,從語言角度比
較過章士釗與嚴復,說「他的文章與嚴復最接近;但他自己能譯西洋政論
家法理學家的書,故不須模仿嚴復。嚴復還是用古文譯書,章士釗就有點
傾向『歐化』的古文了。」[11]從傳播角度,用白話翻譯西學,自然受眾更
多。但語言是文化的命脈,用古文介紹和翻譯西方自由主義,於此可見章
嚴二位的文化心志。

　　以上曾言北大傳統不是自由主義,或曰,自由主義傳統即使訴諸北
大,也不能把《新青年》看成自由主義。但,假如中國自由主義可以構成
一傳統,比如它從嚴復、梁啓超、章士釗、(半個)胡適到後來的周德
偉,倒也與北大不無關係。不用說,北大校長蔡元培主持校政時的相容並
包是自由主義的。即就本文所涉,嚴復是北大第一任校長,章士釗和胡
適同一年進入北大(一九一七年),周德偉又是北大的學生(這裡只有梁
啓超與北大無緣,周德偉的看法是胡適不喜梁啓超)。這裡,必得判明胡

---

[11]　胡適《五十年來中國之文學》,歐陽哲生編《胡適文集》卷三第二三四頁,北京大學出版
　　社,一九九八。

適的身分，所以說「半個胡適」，是指胡適當時只有文化激進沒有政治激進，另外即使在文化激進中，胡適尚能持一種寬容的態度接納新舊討論。因此在那個以《新青年》為中心的激進主義知識群中，胡適畢竟還表現出半個自由主義者（其另面就是半個激進主義者）的形象。

如此拉出一條自由主義的人物譜系，我們看到，自由主義是否與北大有關倒不重要；重要的是，它和文化保守主義的關係。嚴復梁啟超時代的自由主義與保守主義關係不大，那時文化激進主義尚未出現，因而也無所謂文化保守不保守。但新文化發生後，自由主義在激進主義和保守主義之間，對我們後人來說，便產生一個認知歸屬的問題。過往我們往往把自由主義與五四新文化視為一體（因為自由主義本身就是一種新文化），但，錯了。激進主義的五四新文化非但產生不了自由主義，甚至還會葬送它。相反，早已被歷史陳跡化了的文化保守主義，在那裡，我們卻看到了自由主義的身影。

保守主義自由主義，這是我讀周德偉後對中國自由主義產生的一種體認。這種自由主義落實到傳統那裡，指的就是儒家。不獨周德偉是一個儒家自由主義者，其實從嚴復開始，一路下來，即使是新文化時期的半個胡適，都是深受儒文化影響的士君子。即以胡適論，五四過去沒幾年，傅斯年（孟真）就對胡適說：「我們思想新，信仰新；我們在思想方面完全是西洋化了；但在安身立命之處，我們仍舊是傳統的中國人。」胡適認為「孟真此論甚中肯。」[12]如果思想西洋化可以是指自由主義化；能讓胡適安身立命的那個傳統，若非儒文化，還能是什麼。周德偉雖然有時瞧不上胡適，也並非沒有理由，但我還是要為胡適說幾句公道話。除了新文化那一時期外，就其一生來看，胡適庶幾就是英美自由主義和傳統儒文化協和而出的一個風範。這是一種什麼形態的協和，我以為胡適去世後蔣介石送上的挽聯就很精準：「新文化中舊道德的楷模，舊倫理中新思想的師表」。不知該聯是否出自蔣氏自己；如果蓋棺論定，真的，很難有其他內容比這幅對聯更適合胡適的了。

新文化／舊道德，或，舊倫理／新思想：這新舊關係在《新青年》那裡是二元對立；但在保守主義自由主義那裡，卻是二元協和，甚至很圓

---

[12] 曹伯言整理《胡適日記全編》卷五第四〇四頁，安徽教育出版社，二〇〇一。

融。如果不必用楷模、師表之類的高詞，周德偉本人不也是一個新文化中舊道德的標本。讀其自傳，可以發現，周氏其人不但是一個純粹的哈耶克式的自由主義者，同時也是一個很純粹的恪守舊道德的儒生。第十七章是記述他自己在英倫的留學生活，有一節概述頗能說明問題：「余自入研究所後，選擇海耶克為指導教授，對彼所主持之討論班從未間斷參加，仍每二星期訪羅賓士一次，報告學業。對負盛名之拉斯基及希克斯等名人在課業外，各僅會談一次。留英三年從未涉足舞場及電影院。」這是海外留學式的「三年不窺園」。所以，周接著說「不解音樂及西方美術，⋯⋯實為餘之大缺陷，註定餘之舊式儒者生活。」[13]然周德偉的儒生形象非僅表現在「舊」的生活方式上，他的道德奉持毋寧也是「舊」的。周傳中有他讀北大休學一年回家親侍父疾的記錄，父親去世後，因養家之需，遂澈底放棄北大學業，致使未能獲得北大文憑。晚年寫傳時，周德偉談及這些，言「此雖細故，願述於此，俾後輩知余之一輩如何奉養長輩也。現在兒女均在美國，美國制度，養老由政府擔任，就業人員均只自顧其小家庭。餘之兒女雖未染此惡習，但中國文化傳統亦不可不令彼等知之。」[14]

於此可見，周德偉在政治上是一個自由主義者，經濟上是一個市場主義者，文化上卻是一個保守主義者。前兩者間無隔閡，當不奇怪；可怪在於，兩千多年前的傳統儒家又如何與現代自由主義走到一起。隔閡未必沒有，但也未必不可打通。先秦儒家本身就是一開放的系統，比如佛教乃漢代西域外來，雖然唐儒辟佛（韓愈），但宋儒卻援佛入儒轉而成就理學（朱熹）。同樣，後來的儒學也沒有抵抗西方基督教的記錄，因此，它並不會與從宗教寬容中走出的西方自由主義天然抵觸。周德偉晚年有一項工作很有意義，即著力於自由主義和傳統儒學這兩種文化的內在溝通，使其彼此發明（周自己的語言是「互相驗證」）。在他看來，儒學中亦有今天自由主義所尚崇的多元成分，如《中庸》的「萬物並育而不相害，道並行而不相悖」。另外，借助哈耶克的表述：「給予一人之自由，必須平等的，無條件的給予人人，否則為特權」，[15]據此，周德偉則以孔子的「己欲立而立人，己欲達而達人」相對應。此即自己要想有所建立，必得讓人

---

[13] 周德偉《落筆驚風雨──我的一生與國民黨的點滴》第三四九頁，遠流出版，二〇一一。
[14] 周德偉《落筆驚風雨──我的一生與國民黨的點滴》第一七八頁，遠流出版，二〇一一。
[15] 轉引《周德偉論哈耶克》第一〇三頁，北京大學出版社，二〇〇五。

人都能有所建立。「如堅持並推行一己的價值叢，排斥其他價值叢，則被排斥者，感到精神壓迫，失去自由，乃起反抗。同時汩沒人之靈明，更使文化單調而衰落，以致死亡。」（同前）當然，更重要的，周德偉師從哈耶克，哈氏雖是德語學人，但承襲並推重的是休謨那一路英倫三島的自由主義經驗傳統，強調社會生長的自生自發秩序。不但這種秩序本身就表現為一種自由秩序，而且也只有在這樣的秩序中，自由才能發揮其生命而不致被摧毀。對重經驗重傳統的英倫自由主義，周德偉食髓知味。如果說自小儒文化的浸淫，使他親和傳統；後來的英倫自由主義，則使他更深入地體味到傳統的價值。因此，周德偉認為：「成功的自由社會在一甚大的範圍內，乃接受傳統、尊重傳統並導傳統於發展之途的社會。」[16]

　　一個儒家自由主義者。周德偉的精彩在於，他在他自己的身上，很好地完成了儒家與自由主義的對接。如果這是一個個案，它讓我感到，現代與傳統，其實可以互相支持；而且自由主義在本土生長，委實也離不開傳統的支撐。自由主義在西方既是一種政治哲學（如洛克的《政府論》），也是一種倫理哲學（如密爾的《論自由》，其倫理性由嚴復翻譯的書名則更清楚「群己權界論」）。如果人與政府的關係歸根到底也是一種倫理關係的話，傳統儒學的價值馬上彰顯，畢竟倫理本身就是儒學的用力，而且越往後越內化為德性之學。固然，倫者，關係也，在各種關係中，自由主義和儒文化各執之「理」可能有所偏差，比如自由主義注重各種關係中的個體，強調權利本位；儒學更關注各種個體所構成的關係本身，強調義務本位。但，除了儒文化在義務之外並非天然排斥個體及權利，而且權利與義務這兩者同樣也並非天然對立。在彼此協和的意義上，權利與義務乃一枚分幣之兩面。權利如果是自由主義的標舉，義務則可以讓儒文化成為其支撐。沒有權利的義務（這往往是傳統社會的缺陷）和不講義務的權利（這經常是現代社會的毛病）同樣可怕。就後者言，缺乏義務和責任的權利極易導致權利的放縱，當它一旦不顧及群己之界而傷及他人時，這個社會肯定是霍布斯所謂人與人處於戰爭狀態的社會，個人自由當不復存在。因此，包括政治哲學在內的倫理哲學上的自由主義無以離開個體道德的支撐。

<hr/>

[16]　《周德偉論哈耶克》第一二六頁，北京大學出版社，二〇〇五。

「蔣先生愛國，汪先生愛民」

　　一九三七年夏，周德偉因故放棄博士學位，從德意志負笈歸國。此刻正逢蔣介石、汪精衛邀請全國各界名流上廬山會商國是。周德偉出國前是汪精衛改組派舊部，雖未蒙召，乃自費赴廬，欲一見汪本人。在廬山，周先後見汪兩次，其談話俱圍繞抗戰而展開。周氏自傳最後部分記錄了談話的主要內容，不僅具有史料價值，從中亦見汪氏其人之性情。該書在大陸無緣出版，我這裡權且充當文抄公（我抄錄的是未出版前的列印本，故無注），以作周氏系列之結。

　　　　余與汪先生曰：「公當政時，簽訂數次停戰協定，共產黨及左傾分子大事雌黃，公譽望不免受損，士君子之政治資本為輿論之同情，今戰不由公，和亦不由公，公何不稍出緘默，蔣先生既負行政及軍事全責，當儘量任蔣先生發言，社會群眾當必逐漸明瞭真相，公之輿望可複。」

　　　　汪答曰：「余早知左派罵余為漢奸，余祖宗墳墓均在中國，且追隨孫先生多年為黨效死命，何致出賣國家民族利益。」汪先生並曆舉自廿一年淞滬戰爭，北方各次戰爭及盧溝橋事變以來，國軍損失之數字，如數家珍，並曰：

　　　　「日軍實力及裝備均遠優於國軍，故國軍每戰即敗，國際聯盟及英美各國只作壁上觀，且日本每遇我國輿論及政府強硬一次，即大舉進攻，我軍防禦無力，更談不到反攻。左傾分子，高唱抗戰，實欲師列寧故智，以德軍之力量消滅沙皇之俄軍，然後奪取政權。共產黨亦欲假日本軍隊之手，消滅國軍，然後奪取政權，再圖後計。

　　　　夫我國民情激昂，可為協助政府對日交涉之資，餘今為政治會議主席，如高唱抗戰，日本必立即進攻，我軍又無力抵抗，此一情形如續行發展，中國其將亡國，國民黨之政權必迅即為共產黨取

代。故共產黨之為禍,更甚於日本。余不忍孫先生之事業毀於一旦,故余寧跳火坑以救國。

盱衡國際形勢,英美各強國,終不能讓日本征服中國,獨霸遠東。時乎時乎,會當有變!吾人甯不可忍短時之辱,以待世界局勢之變化。今日當先清內,然後可以攘外。衡之史實,昔劉備百敗,猶能三分社稷,宋偏安百餘年尚有理學文學之盛。今日國際形勢,數年後當有大變,此即吾人反攻之時也。夫不能忍短時之困辱,而使全國糜爛,將來復興無資,則真為主政者之大罪。此盧山會議所由召開也。

且蘇聯陳兵百余萬於西北利亞,正為日本之威脅,吾人不能料日本絕無明智之士,怵及此一威脅,吾人仍可據外交途徑緩和日本之進攻。然後修明內政,全力清內,以待時機。故余不懼一時悠悠之口,為國家作長遠打算,未審君意如何。」

披肝瀝膽,此之謂也。

以上材料可見蔣汪有一點相同,即反共,都主張攘外必先安內。但蔣汪亦有不同,這不同來自抗戰後民間的一則評價,可堪品味。

二〇一一年五月,我在臺北,一次與周德偉先生的么公子周渝聊天,渝兄說,他父親抗戰勝利後到上海,那是汪精衛的地盤。一次理髮時與理髮師聊天,隨口問及理髮師對蔣介石和汪精衛兩人的評價。這位淪陷區的理髮師說了十個字:「蔣先生愛國,汪先生愛民」。類似評價,我以前也聽朋友說過。朋友父親是當年國民黨的軍官,抗戰後收復失地時,也聽到淪陷區對汪的好評,因為他的政府畢竟使當地人一定程度上免受了日本人的破壞和擾亂。所謂「保境安民」。

一九四四年十一月十日,汪精衛死。消息傳到美國,從駐美大使卸任的胡適在日記中對汪作了這樣的評價:「精衛一生吃虧在他以『烈士』出身,故終身不免有『烈士』的complex(情結)。他總覺得,『我性命尚不顧,你們還不能相信我嗎?』性命不顧是一件事;所主張的是與非,是另外一件事。此如酷吏自誇不要錢,就不會做錯事,不知不要錢與做錯事是兩件不相干的事呵!」汪精衛不是酷吏,胡適這裡倒是酷評(當然前半節還是公允的)。抗戰初始,胡適有言:「苦撐待變」,其主張與汪同。

今日何必輕否。與胡適不同，汪死後，陳寅恪曾為此賦詩，這是後四句：
「千秋讀史心難問，一局收枰勝屬誰。世變無窮東海涸，冤禽公案總傳
疑。」在陳的眼裡，汪是一個「冤禽」。

附錄

憲政與民主的政治秩序

引言:「制約權力」「保障權利」是民主還是憲政

　　二〇一二年五月十四日,《人民日報》發表談政治改革的文章,題為《政治體制改革穩步推進》。文章開頭聲稱:「積極穩妥推進政治體制改革,發展社會主義民主政治」。繼而文章又很具體地「勾勒出政治體制改革的總體脈絡」,即「制約權力」「保障權利」,並將這兩者稱為「民主政治的一體兩面」。寬泛地說,如此表述沒有問題。自五四以來,民主成為二十世紀中國最重要的政治關鍵字,以至於我們在政治改革上的所有努力,都可以把它視為對民主政治的推進。

　　但,如果我們可以更具體和更準確地劃分,充分體現現代政治文明的「制約權力」和「保障權利」,應當屬於憲政範疇而非民主範疇,儘管憲政與民主有著較為密切的聯繫。在國家政治秩序的構成上,民主與憲政有著不同分工與功能。民主要解決的是權力來源於誰,憲政處理的則是權力如何分配以及是否受到制約。民主制以前的國家,無論中西,基本是君主形態的。於是,君主和民主便構成政治學上的一個對應。君主在民主看來所以不合理,蓋在於「主權在民」的理念早已深入人心,業已成為政權合法性的唯一來源。憲政即憲法政治,即國家政治權力必須受到憲法和法律的限制。此一概念對應的是專制,因為專制制度的權力不受憲法和法律的制約。後者一則可以沒有憲法,二即使有憲法也只是掛在牆上。還是一百多年以前的清末立憲,梁啟超就把民主與憲政的異同,解釋得十分清楚。在他看來,民主是一個「國體」概念,憲政則是「政體」概念。他一生的努力和今天一樣,便是要把滿清中國從專制政體變成立憲政體。

　　如果憲政的一體兩面是制約權力和保障權利;那麼,民主政治的第一位工作是什麼,選票。現代國家,民主和選票難以扯離,民主最典型的表徵即大選,當然也包括大選之後民眾對公共事務的參與。但從這一維度看,我們其實無法看到民主可以對權力形成限制從而對權利形成保障。畢

竟作為政治學的一個概念，在選票和公共參與之外，我們已經無法讓民主
承擔更多；否則政治學只要一個民主概念就夠了。非但如此，民主還有一
個致命的隱患：既然民主的權力是我們自己選出來的，還要限制它幹什
麼，這豈不是自己限制自己。對此，哈耶克在《自由秩序原理》中有過一
段精彩的表述：「既然所有的權力最終已被置於人民之手，故一切用來制
止濫用這種權力的保障措施，也就變得不再必要了。當時還有些人認為，
民主的實現，會自動阻斷對權力的專斷使用。然而，事實很快就證明：經
選舉產生的人民代表，熱情期望的乃是行政機構能夠澈底地服務於他們的
目標，而不太關注應當如何保護個人以對抗行政機構的權力的問題。」[1]

　　哈耶克的意思很明顯，即民主的權力同樣可以侵犯個人權利。比如民
主性質的少數服從多數，某種場合下，必然構成對少數的侵犯。要解決個
人權利免於侵犯的問題，無法訴諸民主，只能訴諸憲政；因為憲政的職能
便是對一切權力包括民主權力的限制。以上哈耶克正是在談法治的語境中
作出如此表述的。在這裡，法治與憲政語義相同，都是憲法政治的略稱。
憲政，只有憲政才能對權力形成有效地限制，並且這種限制即是對權利的
保障。如果我們可以看看美國憲法的構成，這一點將會更清楚。美國憲法
兩個板塊，前一板塊是「權力的分配」，它同時便是對權力的限制，以防
權力集中。這裡不妨以第二條為例，它是對以總統為首的行政系統的授
權，該條從第一款到第四款，非常具體地明確了總統行政權的範圍，此一
範圍同時也是總統權力的鐵門限，它不能將權力延伸到下一條的司法領域
中去。美國憲法的第二板塊是「憲法修正案」，它的性質便是「權利的保
障」。其第一條表述得非常清楚，國會不得立法干涉民眾的宗教、言論、
集會等自由，這是憲法對議會立法權的限制。畢竟沒有對權力的限制便沒
有對權利的保障，然而這二位一體的工作，都體現在美國的憲政結構中而
非民主選舉中；而且它所限制的權力恰恰是民主的權力。

　　中國政治改革，是要建構一種良性的政治秩序，它同時包括民主和憲
政兩個方面。如果限制權力和保障權利屬於憲政，那麼從各級地方政府
到中央政府的逐層選舉，方才屬於民主。但這兩者放在今天，筆者以為，
政治改革的憲政方面比民主方面更重要。因此，構建法治國或憲政國的

---

[1]　哈耶克《自由秩序原理》（上）第二四七頁，三聯書店，一九九七。

努力,亦即讓憲法從牆上走到地上,無疑應當成為中國政治改革的重中之重。

憲政優先民主——英倫個案

視憲政為中國政治體制改革的重中之重,蓋在於就民主與憲政而言——這是現代政治秩序的兩個基本維度——它們的價值排序是憲政優先而民主次之。因為在現代政治的演進過程中,英美國家轉型成功的經驗是憲政優先民主。顯然,這裡的優先需要闡釋。闡釋的維度有二,歷史的和邏輯的。這裡不妨擱置邏輯,先行從歷史事實的層面看憲政如何優先民主。

世界上第一個憲政國家是英倫,今天它同樣也是一個民主國家。但它在憲政民主之前,從國體角度,是一個君主國家,從政體角度,是一個專制國家。因此,君主專制表徵了這個國家政治權力的來源和屬性。它的典型性在於,不獨英倫,除了像美國那樣的新建國家外,這個地球上文明成熟的古老國家,無論中西,按其傳統,大多數在國體與政體上都是英倫式的君主專制。歐洲的法蘭西、西班牙、俄羅斯等國如此,東方的土耳其、日本和中國亦如此。如果我們把憲政民主視為政治現代化的基本目標,那麼,英倫由君主專制轉型為憲政民主,它的經驗對其他有待類似轉型的國家,就有了示範性。

概而言,英倫的政治現代化,是從憲政開始而非從民主開始,它所走的道路是憲政優先並以憲政帶動民主。憲政相對於專制而言,正如民主相對君主而言。以後視眼光看,數百年來英吉利人的政治用力主要著眼於改變專制而非去掉君主。直到今天,英倫在憲政化之後也已經完全民主化,但還頂戴著君主制的名頭,直到今天還看不出要把這個名頭革去的跡象。

從政治學的角度不難對英倫現象作出闡釋。人類社會總是需要權力,哪怕權力本身即惡。但,能夠被限制的權力就是最不壞的權力,至於這個權力是君主還是民主反在其次。君主的權力不加限制是為暴君,民主的權力不加限制是為暴民。如果一個有著古老的君主傳統的民族,它不能通過憲政方式限制君權;可以想見,即使通過暴力革命推翻君主專制,它迎來的同樣是無法限制的權力和權力專制,儘管可以頂戴民主的名頭。在某種意義上可以說,限制民主的權力未必不比限制君主的權力更難。畢竟對君

主權力的限制是對「他者」的限制；限制民主的權力，由於該權力來自民眾本身，因而是對自我的限制。從無法讓人樂觀的人性角度看，任何性質的限制無不是限他易而自限難。成功的例子不是沒有，比如來自英格蘭清教傳統的美利堅，但，反面的例子要遠多於正面。世界上被視為極權體制的國家，無論左右，如義大利、德意志、蘇維埃，無論其真假，它們都有一個民主的名頭，或它們的權力都是以民主而發動；但它們的專制遠非古老的君主專制所能望塵，憲政在那裡完全沒有生長的可能。

從憲政開始，古老的英吉利人並非有先見之明，但回溯遙遠的十二、三世紀，那些精英貴族面對君臨他們的王權，不是以推翻為鵠的，而是以限制為訴求。也就是說他們並不鼓動民眾造反，更不搞皇帝輪流做，今年到我家。相反，中國人的「王侯將相，寧有種乎」到了英倫，英吉利人似乎更願意有一個王室存在，盡可能不將它革來革去。因此，正如中國歷史因造反不斷而朝代不斷更迭，英吉利人持續做的一件事不是改朝換代，而是把力量全副用在對君權的限制上。這種法律上的限制，用政治學的語言表述，就是憲政。

英倫憲政以一二一五年的《大憲章》為標誌，它是當時二十五位貴族和無地王約翰所簽訂的一份政治文件。該文件對王室的君權做出了多方面的限制。這裡不妨看看《英語民族史》的作者、英國前首相邱吉爾對大憲章的評價：「為了反對國王的武斷專制，他們（指貴族）不主張舉行封建割據的無政府叛亂，而是建議確立一種實行限制與平衡的制度，這種制度將賦予國王必要的權力，但又能防止暴君和笨蛋濫用職權。一二一五年，貴族的領袖在朦朧的環境中摸索著一條基本原則。從此，政權必須高於某個人的獨裁統治，習慣和法律的地位必須在國王之上。」[2]但，邱吉爾也清楚指出：「在大憲章中沒有提及議會」，「它對民主原則和民權未作詳細論述」。[3]限制君權即保障人權，當大憲章對自由民的相關權利包括人身權利和財產權利進行保障時，這樣的保障屬於憲政性質而非民主性質，因為當時的自由民並不擁有對國事的發言權。

這就是英倫憲政的發生，它後來形成了一個傳統。光大這個傳統的典範就是一六八八年的「光榮革命」。雖然幾百年來王權與憲政之間齟齬不

---

[2]　邱吉爾《英語民族史》第一卷第一七三頁，南方出版社，二○○四。
[3]　同上書，第一七四－一七五頁。

斷,但整個英倫始終是在憲政的路子上推進,除了一六四〇年克倫威爾的清教革命。這次革命倒是帶有民主或共和的性質,但傳統的英格蘭憲政幾乎無法限制革命獲勝後的權力。其結果,革命的專制反而超過查理一世的君主專制。因此,克倫威爾死後英倫選擇了王政復辟,後來因宗教原因而發生光榮革命,老謀深算的貴族汲取清教革命的教訓,它不是以民主為旗訴諸民眾、呼喚民眾,而是不驚動社會,以政變形式完成了一次限制王權但又不推翻王權的交易。這個交易便是貴族向威廉三世提出一份「權利法案」,威廉只有接受,方才可以登基。該法案對王權的限制是:國王不得干涉法律,沒有議會同意國王不得徵稅,國王必須定期召開議會,人民有擁有武器以自衛的權利,人民有選舉議會議員的權利等。至此,英吉利民族在王權政治與貴族政治的長期博弈中,終於從君主專制轉向君主立憲。

觀察英倫政治現代化,它是憲政先發而民主後發,不但以憲政帶動民主,而且是在憲政穩定之後,才積極推進民主。英倫民主的彰顯是在十九世紀,邱吉爾把這一世紀稱為「民主的時代」可謂恰如其分。這一百年間,英吉利人的民主作業主要表現在選舉制度的改革上。以一八三二年議會改革為標誌,更兼後來一八六七年和一八八四年的議會改革,選民在財產資格上的限制不斷降低,選民隊伍日趨擴大,民眾政治地位不斷抬升。待至下一世紀的一九一八年,以英國婦女獲得選舉權為標誌,英倫方才在民主道路上實現了全民普選。近千年之久的傳統貴族政治終於被成人權利的民選政治所取代。這是英倫繼一六八八年憲政告成之後的民主告成。至此,憲政與民主終於在這個民族合成了二位一體。

憲政優先民主,這是政治現代化的英倫個案,其中的道理容以後的篇幅再作闡釋。這裡要指出的是,針對憲政優先民主的觀點,有讀者認為兩者不可分割,其持論是沒有脫離憲政的民主,也沒有脫離民主的憲政。這樣的看法未必符合實際。一九九七年以前的香港是英國殖民地,那時港人並沒有民主方面的政治權利,但比政治權利更重要的人身權利和財產權利等都能得到英倫法律的保障,這就是沒有民主的憲政。相反,西元前古希臘雅典的一個多數決就可以置蘇格拉底於死地,這就是沒有憲政的民主。作為政治架構的兩個方面,憲政與民主最終勢必走到一起,合二為一,這沒問題。問題是專制體制下的憲政與民主如果雙重缺失,但又不可能畢其功於一役,這時,就有可能發生二者孰為優先的路徑選擇。可以看到,英

倫的選擇委實是一種最明智的選擇，它給世界上其他國家的政治轉型，提供了一種可以借鑒的範式。

憲政與民主的政治權重——美利堅經驗

　　憲政優先民主，在政治現代化的推進中，不獨有英國經驗，還有與英國國體完全不同的美國經驗。如果說十八、十九世紀英國人殖民到哪便把法治帶到哪裡，幾乎這個世界上的每一塊殖民地都不例外；那麼，二十世紀以來，美國人向世界傾銷的卻是民主。其實，美國就其自身，不但和英國一樣，憲政領跑民主；而且即使在今天的國家政治秩序中，也是憲政比民主權重更大。

　　一九九〇年代大陸翻譯出版的美國《民治政府》在「立憲政府」的標題下，這樣表述美國政治秩序中的民主與憲政：「我國的政體不僅是民主政體，也是立憲政體。兩者有聯繫，也有區別。民主制關係到權力怎樣獲得和保持。立憲制關係到權力怎樣授予、分散和限制。一種政體可能是立憲的，但不是民主的，如十七世紀的英國；也可能是民主的，但不是立憲的，如伯裡克利時期的雅典。在按照協議進行工作的意義上，一切政府都有憲法。但立憲政府這個詞現在有更確切的含義：這種政府對統治者的權力實施明確公認和長期適用的限制。」[4]

　　美國建國自一開始就是民治政府，但更是立憲政府。所以這樣說，蓋在建國之初的民治程度遠不如其憲政程度。畢竟那個時代，國家政治問題是少數精英的作業，普通民眾不但未多介入，占人口比例甚大的婦女和黑人還沒有選票權。一八八七年出席制憲會議的代表，其身分大都是商人、律師、銀行家、莊園主，屬社會上層。美國建國包括如何建國，是他們的事，不是一般民眾的事。換言之，美國建國如果是一個歷史事件，它是立憲建國而非民主建國。至於如何建構一個新國家，不同的州代表有截然不同的方案，比如漢密爾頓的國體方案居然是反民主的，它試圖建立一個君主立憲的國家。此方案被否決，美利堅不需要一個世襲的君主。不過儘管國體問題有分歧，如何共和更是充滿歧義；但，有一點是共同的，即代表

4　詹姆斯・M・伯恩斯等《民治政府》第二十九頁，中國社會科學出版社，一九九六。

們基本上都是立憲主義者。他們對權力限制的關注遠遠超過民主的多數主義。甚至正是出於對多數的擔憂，在權力架構的設計上，制憲者主要不是注重權力運作的效率，而是寧肯低效率，也要把重點鎖定在權力之間相互約束的制衡上。

英倫是憲政母國，但後起的美國對權力的限制顯然更甚於母國。民主的要義是選舉，但，無論當時參眾兩院還是總統副總統的選舉，因財產權的限制，都是也只能是不充分的民選，甚至延續至今的選舉人制度當初就是為了把民眾排除在外。能夠充分體現美國政治的，卻是對選舉之後政府治權進行切割的憲政。在美國開國元勳看來，無論什麼權力，包括民主權力，如果把立法、行政和司法都集中在一個對象手裡，那就是名副其實的暴政。因此，傑佛遜明確指出「就權力問題而言，希望不要再讓我們聽見所謂的對人的信任的言論，而是用憲法的種種限制措施去約束被授權之人，防止他們給我們帶來傷害。」[5]因此，當英倫憲政並未明顯表現出三權分立時，美式憲政卻取法孟德斯鳩，將治權一分為三，讓立法、行政和司法各自獨立。帶來的制衡後果直接是，英倫的內閣首相無以否定議會的法案；但美國總統卻可以行使他作為總統的否決權。以權力制約權力，這是美國憲政分權的初衷，也是美國政治最典型的特點，它表明了制憲者對權力尤其是多數權力的基本不信任。

如果民主的原則是「主權在民」，憲政的原則就是「法治」（law of rule）。主權一經票決便是國家最高權力，但比最高權力更高的是法。法至上而非權至上，因此美國的政治架構，其實是憲政高於民主。憲法政治既可以針對君主，如英倫；也可以針對民主，如美國。它幾乎是不問青紅皂白，只要是權力，就假設它必然作惡，因而必須予以限制。因此，在美國，經常有一些共和主義者批評憲法，指責它不民主，反多數主義，反大眾意志，制憲者精心設計的那套制度，其實是為了保護自己的財產。這種指責未必沒有道理，至少它反映了民主與憲政兩者之間的內在緊張。

在不受限制的權力面前，君主很容易成為暴君；同樣，只要權力不受限制，民眾更容易成為暴民。人性如此，權力本性如此，這就不難理解美國開國元勳為何將憲政置於比民主更重要的地位，並且讓憲政在政治生

---

[5]　轉引哈耶克《自由秩序原理》（上）第三一一頁，三聯書店，一九九七。

活中發揮比民主更重要的作用。可以說，這是美國的制度創新，英國的大法官沒有權力否定議會的法案，但在美國，最高法院卻可以宣佈兩院通過並且已經總統簽署的法律為違憲。這種司法審查制度是美國人的獨創。須知，無論兩院還是總統，都是經由民眾票選；但最高法院的大法官們卻不是選出來的，他們坐上這個位子（並且可以終身坐下去）與選票無關。如果非民主的大法官們可以否決民選的議會和總統，但後兩者卻無以倒過來否決前者；那麼，美國政治中憲政與民主的關係以及它們的各自權重，便可以看得一清二楚。

對權力限制的依憑是憲法，但解釋憲法的卻是法官。一九〇七年美國最高法首席大法官休斯說：「我們都生活在憲法之下；但憲法是什麼，還得法官說了算。」[6]法官的存在及其作為便是憲政活生生的體現。用法官來限制議會和總統，是因為法官的權力屬於消極權力，它沒有事權，因而不會對個人權利造成傷害。相反，議會和總統的權力是積極權力，它們總是以代表大多數的面目出現，於是由它們提出的議案或推出政策便有侵害少數權利的可能。因此，議會和總統固然握有立法和做事的權力，這是必要的；但法官的權力卻是用來對它們進行審查並限制，這無疑也是必要的。正如以色列一位最高法院院長說過：「過去，人們相信，依靠多數人的自律自製，就足以保證基本價值得到尊重。然而，在納粹統治以後，人們得到的經驗教訓是，對於多數人的權力，必須要有嚴格而正式的限制。『不做』的概念需要嚴格明確的表達，那就是『不許做』。」這個對立法權和行政權說不許做的權力便是憲法的權力，它經由法院運作，即表現為憲政。

憲政高於民主，其最新個例可能是二〇〇〇年美國的世紀大選。布希和戈爾競選新一屆的美國總統，由於佛羅里達州的選票出現一些技術問題，該州法院要求用人工方式重新計票。但最高法院判佛州法院此舉違憲，因而對戈爾有利的局面出現倒轉，布希得以連任。這是美國歷史上第一次出現的情況，不是由民眾決定總統，而是由司法決定總統是誰。退一步，即使選票出現問題，該問題也可以交由國會解決，畢竟國會也是民選機構，而最高法與民選不沾邊（當然，根據美憲，如無人獲得過半數選

---

[6]　轉引安東尼·路易斯《言論的邊界》第二頁，法律出版社，二〇一〇。

票,由眾議院對候選人進行投票選舉)。所以,當即就有輿論反對,說最高法此舉侵犯民主,是法官用自己的政治意志取代人民的政治意志。這裡不對該事件作價值評價,但事件本身可以看出,在美國,像選舉這樣的政治問題都可以法律化,但法律問題卻無以政治化。這本身又進一步昭示了民主與憲政在國家政治秩序中的各自權重。

「民主與憲政並不是不能分離的夥伴」——法蘭西教訓

　　《民主新論》的作者、美國學者薩托利在談民主與憲政的關係時曾提出這樣一個問題:「民主國家必然是自由的憲政國家嗎?」他自己提供的答案是,儘管近現代以來的歷史告訴我們這兩者經常結合在一起,但「民主與憲政並不是不能分離的夥伴」。[7]如果說這兩者的結合可以為英美兩國的歷史所證明;那麼,它們之間的分離,甚至說悖反,援例不妨就是法國大革命。

　　一六八八年的「光榮革命」,英倫由君主專制轉型為君主立憲。一百年後,以一七八七年費城制憲為標誌,美利堅由此走上共和立憲或民主立憲的建國道路。這兩個國家,國體不一,一君主,一民主;但政體相同,都是以憲政制度制約代表國家主權的君主或民主。和英美相比,法國是一個政治現代性後發之國家,後發的優勢在於它可以鑒取前人的憲政成例。一七八九年的法國革命在時間上緊隨美國建國,但是在選擇對象上它卻有英倫和北美兩個樣板可供參照。從國體角度,法蘭西和海峽對岸的英倫性質相近,都是傳統的君主制國家。英倫的經驗可以較方便地為法國所援引。但法國寧可效法大西洋彼岸的北美,這一則因為英法兩國長期交惡,另外在北美獨立過程中,法國是站在北美一邊,從人力物力上支持它從英倫統治中獨立出來。因此,美國樣板吸引了法國,它走上了一條類似美國革命的道路。

　　相對於英倫的光榮革命,美國革命(如果可以這麼稱呼的話)是國體革命,它一改英倫君主制為民主制。這很符合北美一百多年來的殖民歷史,因為這塊新殖民地本來就沒有君主,它沒有必要在建國時製造一個出

7　薩托利《民主新論》第一九七頁,東方出版社,一九九三。

來。但，北美在政體上依然沿襲的是英倫憲政那一套，這是這兩個國家迄今為止的最一致之處，也是這個世界上現代性轉型最為成功的政治標誌。英美兩國的政治實踐告訴我們，一個國家，政體比國體更重要，此即對權力限制的憲政比追溯權力來源的君主或民主更重要。如果說這份經驗來自英美那些清教徒傑出的政治認知；那麼，政治上後起的法國既然在國體上同與英倫，英倫就是它的一個正面指引，即在國體不變的格局下進行政體改革，從而由君主專制走向君主立憲。但法國取法的是與自己國體截然不同的北美，它進行的是國體革命，即革君主國體為民主國體或共和國體。最後，國體革命成功了，沒有成功的是，國體革命遮蔽了更為重要的政體革命。因為革命本身的暴力以及由此形成的政治權力，已經是沒有任何力量可以制約的了。它不但使憲政難以施展身手，而且以往在君主體制下逐步形成的憲政傳統也被這種暴力毀於一旦。於是乎，法國經由法國大革命，以共和成立為標誌，一個君主專制的國家蛻變為一個民主專制的國家。

民主的專制這個詞對今人來說相對陌生，甚至質疑；但在百十年前的清末，梁啟超在與君主立憲對舉的意義上多次使用過這一概念。如果憲政即表現為對權力的制約，那麼君主權力不受制約即君主專制，同理，民主權力不受制約則為民主專制。民主專制的前導是暴力革命，因為除了美國那樣的殖民地，這個世界上古老的文明國家基本上都是君主形態的，因而也是專制形態的。於是政治革命就有兩種，一種是革君主，一種是革專制。英倫革命是革專制而不革君主，此正如法國革命革君主卻未曾革專制。當然理論上可以同時推進這兩種革命，只是世界上幾乎找不到成功的先例，尤其對那些古老的文明國家而言。其中道理不難索引，以民主取代君主，這是對君主的索命行為，君主勢必不讓，於是雙方必然訴諸暴力。但一種暴力如果能夠戰勝君主專制的暴力，那麼對制約權力的憲政而言，這種新的更大的暴力，它實在已經無能為力了。

縱觀法國大革命，一七八九－一七九九，十來年間，它所經歷的過程大致可以表述為這樣幾個段落：君主專制→君主立憲→民主共和→軍事獨裁。一七八九年以攻佔巴士底獄為標誌，法國大革命開始。到一七九一年九月法國憲法出臺，國家局面基本上由君主立憲派主持，其推出的憲法在表述「國家權力」的第三篇中，明確宣示政府是君主制，國家行政權力委

託給國王。這無疑是一份君主立憲性質的憲法，但情況到了第二年即出現劇烈轉折。一七九二年八月，巴黎爆發起義，民眾衝進王宮，囚禁法王路易十六，法國君主體制即告結束。九月，法國新國民公會通過了成立共和國的決定（史稱「法蘭西第一共和國」）。一七九三年，由雅各賓派主持的新憲法出臺，開宗明義地表明法蘭西國體為統一而不可分的共和國。也就是在這一年，路易十六被推上斷頭臺，以此為發端，法蘭西進入了一個以殺人取勝的政治恐怖時代，它給我們昭示的正是權力不受制約的專制恐怖，只是這個專制不是路易十六的君主專制，而是以羅伯斯庇爾為代表的寡頭式的民主專制了。

法國大革命的高潮，從一七九三年初始，終於一七九四年七月的羅伯斯庇爾之死。這段時間史稱「雅各賓專政」。不到兩年時間，巴黎最忙碌的應該就是那架斷頭臺了。開始，法國共和的局面由溫和性質的吉倫特派所掌控，他們不贊成處死路易十六。但激進的雅各賓派不但先後把路易十六夫婦送上斷頭臺，而且也把吉倫特派的領袖如羅蘭夫人等送上斷頭臺。非僅如此，羅伯斯庇爾又先後把雅各賓內部的溫和右派如丹東和更激進的左派如埃貝爾送上斷頭臺，最後躺在斷頭臺上引頸就戮的就是羅伯斯庇爾自己了。以恐怖結束恐怖，羅氏死後，別人為他擬寫了這樣一則墓誌銘：我，羅伯斯庇爾，長眠於此。過往的行人啊，不要為我哀傷，如果我活著，你們誰也活不了！這應該是恐怖的雅各賓專政最形象的告白了。

專政之下無憲政。寡頭性質的雅各賓統治是由巴黎民眾選舉出來的，這樣一個民主性質的權力體制，卻沒有任何法治可言。憲政的支柱即法治，革命又是最排斥法治的東西。被雅各賓送上斷頭臺的死刑犯，不是叛國者，就是反革命。他們雖然也經過革命法庭的審判，但沒有被告律師和被告申辯權的法庭還可以叫法庭嗎。革命法庭省略了幾乎所有必要的法律程序，它只是一個宣告對方罪行的場所。一七九二年十二月三日，為了處死路易十六，羅伯斯庇爾在國民公會上這樣對民眾演講：「路易十六曾經是國王，而共和國也建立了。此一事實，解決了問題。路易是被他本身的罪行推翻，他密謀對共和國不利，如果他不被定罪，共和國就永不會被釋放。主張審訊路易十六的人，是在質疑革命。如果他受審，就有可能開釋，他就有可能無辜。但如果他無辜，革命又是什麼呢？如果他無辜，我

們豈不都犯了誹謗？路易必須死，因為共和國要生。」[8]由此可見，路易之死，死於民眾專政而非死於法律。然而，不經正當法律程序的死亡，不僅沒有任何公正可言，它同時也昭示著憲政的死亡。

回觀法國大革命，對於我們今天一味信奉沒有民主就沒有憲政的人來說，不難看到薩托利所說的民主與憲政的分離。畢竟這是兩個不同的政治秩序的範疇，它們並非天然的二位一體，而是各自承載著不同的功能。當民主必須經由暴力革命來完成，不僅可以導致它與憲政脫節，而且還必然導致寡頭性質的獨裁。羅伯斯庇爾是一種獨裁，他死後經由軟弱的督政府的過度，幾年後政權即為另一位軍事獨裁者拿破崙所攫取。更為反諷的是，拿破崙一八〇四年乾脆廢共和而稱帝，法蘭西第一共和變成了法蘭西第一帝國。這是一個政體不變的國體循環，流了那麼多的血，只是換了一個君王而已。一場血淋淋的共和，不但憲政倒在血泊之中，民主自身亦被長期阻斷。因此，在政治現代化的世界進程中，與首重憲政的英美相比，首推民主的法蘭西給後人提供的幾乎就是一個負面樣板。

激進主義民主Ｖ保守主義憲政——清末的博弈

世界現代化包括政治現代化是一個自西而東的過程。西方現代化第一批成熟的國家無疑是英、美、法，它足以為後來的東方國家所法效。但從憲政與民主的分野來看，英美法並非一個體系，如以國體為例，美利堅和法蘭西都是共和制，屬於民主國家。但從政體角度看，英美又是一體，俱以憲政優先民主。東方作為現代化追趕型國家，對英美法走過的道路，便有一個參照和選擇的問題。

落實到二十世紀初的中國，正是清王朝末期。這是一個衰朽的王朝，面對它，有兩支政治力量在交鋒。一支是以梁啟超為代表的保守主義改良派，一支是以孫中山為領袖的激進主義革命派，它們之間因政治理念不同，幾乎勢不兩立。

就其政治理念，這兩派擁有不同的西方資源。孫中山及其同盟會，取法對象是美利堅和法蘭西，他們看重的是美國和法國國體意義上的共和革

---

[8]　羅伯斯庇爾《路易必須死，因為共和國必須生》，轉引維琪百科「羅伯斯庇爾」條。

命，試圖建構一個民主國家。一九○五年創刊號的《民報》，有四幅開卷圖畫，除首尾兩幅為黃帝和墨子外，第二幅是「世界第一民權主義大家盧梭」，第三幅是「世界第一共和國建設者華盛頓」。第二號卷首的圖畫則是「法蘭西第一次大革命之真景」，內容描繪的是一七八九年巴黎民眾攻佔巴士底獄的情形。孫中山的「三民主義」，民族、民權、民生，其中民權即民主。在《民報》發刊詞上，孫中山這樣解釋民權：「洎自帝其國，威行專制，在下者不堪其苦，則民權主義起」。[9]由此可見，孫中山革命派的路徑取向主要是法國大革命，像法國人民推翻路易十六一樣推翻滿清統治，非如此不得實現共和民主。需要指出的是，美國在孫氏革命派那裡，其取法不是立憲意義上的美國，而是共和意義上的美國。立憲對於革命派來說，排序在民主之後。他們反對當時正在進行的清末立憲，而是主張革命後的民主立憲或共和立憲。《民報》第二號有署名「寄生」的文章，題目是《論支那立憲必先以革命》，其中的政治邏輯即民主優先憲政。

當時正在進行的清末立憲，其代表人物為梁啟超（包括他的老師康有為）。康梁的思想資源不是法美，而是英倫。一九○二年梁啟超在其《政治學學理摭言》中明言：「憲政之母，厥惟英國」。[10]當年英倫立憲，始終是在王室的框架下展開。一六四○年英倫清教革命，中經克倫威爾的共和之亂，給幾十年後的光榮革命以足夠的教訓。它以限制王權而非消滅王權為旨歸，最終完成了幾百年來從君主專制到君主立憲的轉型。清末立憲派走的就是英倫道路，他們不是要推翻清王室，而是逼著它往英倫立憲的方向上走，最終虛化它。所以，相對於孫氏革命派的激進主義，康梁的政體改良顯然屬於政治保守主義。梁啟超辛亥後自謂作為政論家，恪守的一個原則是：只問政體，不問國體。國體有二，一君主一民主，問題是從君主到民主，勢必經歷槍炮革命，而且會引發長期的政局動盪，法國大革命即如是。政體亦有其二，一專制一立憲，從專制到立憲，因其國體維持不變，有可能避免大規模的暴力與流血，如英倫光榮革命。梁啟超認為，兩種國體都可以立憲，但看現下的國體是什麼。如果現在的國體是君主制，那就盡可能走君憲道路，不必刻意鼓吹革命，像法國大革命造成的社會動

9　孫文《發刊詞》，《民報》合訂本第一冊（一－七號）第一號第一頁，科學出版社，一九五七。

10　梁啟超《飲冰室合集》（二）《飲冰室文集之十》第六二頁，中華書局，一九八九。

盪，不但讓立憲艱難，反而會形成新的專制。因此，面對清末專制，康梁的路徑選擇，不是法式民主，而是英式立憲。但這並非立憲派就不要民主，一九○二年，當梁啟超還傾向於革命時，其師康有為寫信給弟子「答南北美洲諸華商論中國只可行立憲不可行革命書」，內中這樣指出：「蓋今日……由君主而至民主，正當過渡之世，……萬無一躍超飛之理。凡君主專制、立憲、民主三法，必當一一循序行之，若紊其序則必大亂。」[11]因此，康梁解決專制的政治排序是先立憲後民主，這是典型的英倫道路。

中國二十世紀的開頭正值清王朝的末期，滿清這最後十二年（一九○○－一九一一）可謂中國政治現代化的起點。根據以上，可以看到，正是在起點上同時延伸出兩條道路，英倫路線的君憲和法蘭西的共和。儘管兩條道路各有其合理性，但走上其中任何一條，都會形成不同的歷史格局。一九一一年，辛亥槍響，共和宣告成功，君憲落下帷幕。清代王權政治變換為中華民國的民權政治，中國自此號稱亞洲第一個共和國。但，一百年下來，本土憲政成績如何，從歷史到現實，想必大家有目共睹。今天，我們作為後人，實應從理性角度重新評估二十世紀初的那段歷史。

面對清末專制，民主是解藥，抑或憲政是解藥，這是清末立憲派和革命派爭執的焦點。這裡，民主解決即革命解決，故辛亥革命一直被我們的政治主流稱為「舊民主主義革命」（以區別於後來的新民主主義革命）。在孫中山看來，專制屬而民權起，因此只有靠民主才能終結專制（但，孫中山三民主義乃民族主義當頭，所以梁啟超指出同盟會的革命其實是帶有復仇主義色彩的種族革命）。只是這裡有一個問題革命派未曾考量，如果民主本身表現為革命，它固然可以推翻專制，但，隨之而來，是不是會形成自己的專制，即「民主的專制」或「共和的專制」？

這其實不是一個問題，而是一種現象。該現象從法國大革命開始，分明形成一種規律，革命在取締以往的專制後，更誕生了由它自己所形成的專制。法國革命，從革命前路易十六的專制到革命後羅伯斯庇爾的專制，然後又延伸到拿破崙的專制，幾十年間，無有已時。然而，歷史不獨法蘭西，後來踵繼法國大革命而起的俄國十月革命，更是一個典型的例子。不幸這樣的例子幾乎版本不變地又延伸到中國。即以辛亥論，共和之後，取

[11] 湯志鈞編《康有為政論集》（上）第四七六頁，中華書局，一九八一。

代清末君主專制的就是袁世凱的共和專制。然而，二十世紀的專制並非到袁為止，從袁後的北洋專制到國民黨專制，爾後又是毛澤東時代的專制，一路延伸，我們委實不難看到：政權越往後，專制程度越甚；而且其專制程度又正與當初民主革命的烈度成正比。因此，這不妨是一種獨特的歷史經驗，從法蘭西到俄羅斯到中國，民主革命的路徑，從來就沒有解決過專制問題。其所以如此，就在於革命本身就是最專制的東西。

這時，回過頭來看被歷史淘汰了的梁啟超，便不難發現我們的歷史在哪兒出了問題。問題就在這百年政治現代化的起點上。和同盟會不同，梁啟超是用憲政消解專制。專制如果是指一種權力既不分權，又凌駕法律之上；那麼，清末憲政恰恰是設議會以分解君權，並將其置於憲法內而加以制約。梁啟超把同盟會推翻滿清統治的革命稱之為種族革命，把立憲派的政治主張並舉措稱之為政治革命。他認為：「政治革命者革專制而成立憲之謂也。無論為君主立憲，為共和立憲，皆謂之政治革命。苟不能得立憲，無論其朝廷及政府之基礎生若何變動，而或因仍君主專制，或變為共和專制，皆不得謂之政治革命。」[12]這是梁啟超《申論種族革命與政治革命之得失》中的表述，他其實在辛亥前就預見到同盟會的民主革命，註定形成革命後的民主的專制；並且這種專制給立憲帶來更大的難度。

人們都說歷史不能假設，就歷史事實而言，固然如此。但歷史在當初卻不止一種可能，它並非必然走不通。因而就歷史研究而言，我們確實無以回避對歷史另一種可能的探究，哪怕它並未變成現實。一百年前的中國大地，儼然成了英倫道路和法蘭西道路的試驗場。雖然，激進主義民主在這場博弈中取勝於保守主義的憲政，但回望歷史，分明是英倫經驗更切合中國古老的現實。因為這兩個國家都擁有漫長的君主傳統，美國的新共和並不驟然切合傳統君主制的中國。相反，同樣擁有君主傳統的法蘭西因效響美利堅，政局板蕩，長達八十餘年。它本應該成為中國取法西方的反面之例，正如英倫經驗對清末中國才具有正面性。但，歷史是人的作業，當年我們的選擇正好相反。辛亥學了法蘭西，後來我們又學了效法法蘭西的俄羅斯。民主革命從舊到新，一仍其貫，終於寫就了我們大家都看到了的二十世紀專制遞進史。

---

[12] 梁啟超《飲冰室合集》（二）《飲冰室文集之十九》第四頁，中華書局，一九八九。

當民主拒斥憲政——民初歧途

　　二十世紀初是中國政治現代化的開端，它一開始就形成了兩種政治學的對峙：清末梁啟超的「立憲政治學」和孫中山三民主義的「民主政治學」。一九一二年，共和成立，民主勝出；然而沒過幾年，陳獨秀在《新青年》第一卷六期發文《吾人最後之覺悟》，指出：「三年以來，吾人於共和國體之下，備受專制政治之痛苦。」[13]請問這是什麼專制？此時滿清既已推倒，那麼民國框架下的專制，如果用梁啟超的語言即「共和的專制」或「民主的專制」。面對這一新的專制，以《新青年》為發端的新文化運動，它所標舉的政治學或政治文化是什麼。

　　顯然，《新青年》的政治學也是民主政治學。「德先生」和「賽先生」是它突出的兩面旗幟，它已經引領我們走過一個世紀。《新青年》的德莫克拉西上承孫中山，下啟毛澤東，由此構成二十世紀中國民主主義革命的長卷。當然，按毛的劃分，以辛亥革命為標誌的孫中山屬於舊民主主義，以一九一九年五四發端而止於一九四九年中共建政的民主主義則為新民主主義。可以說，是《新青年》雜誌在新文化運動中孵化出了這個「新」民主主義政治學。從觀念史的角度，它支配了一九二〇年代以來的中國歷史，以迄於今。

　　考量《新青年》的民主政治學，以一九一九年為界，可以勾勒出兩個階段。前期雜誌的民主是法蘭西式的民主，如聲張法國大革命那樣的大規模的國民運動；後期的民主則直接轉向蘇俄布爾什維克，如鼓吹無產階級的民主。就前期看，《新青年》和當年《民報》一樣，自創刊其價值定位就是法蘭西。這裡有一個細節，《新青年》第一期，雜誌封面上方的外文刊名不是用英文而是用法文，此一情形一直沿襲到蘇俄轉向後的一九一九年。另外，陳獨秀和孫中山一樣，都把民主與專制視為一對範疇，認為解決專制靠民主。前此所引孫中山在《民報》上的發刊詞：「洎自帝其國，威行專制，在下者不堪其苦，則民權主義起」。後來陳獨秀一九一九年在《實行民治的基礎》中亦指出：「原來『民治主義』（Democracy）歐洲

---

[13] 《陳獨秀文章選編》（上）第一〇六頁，三聯書店，一九八四。

古代單是用做自由民……參與政治的意思，和『專制政治』（autocracy）相反。」[14]如果從《民報》到《新青年》，從舊民主主義到新民主主義，由此構成二十世紀前五十年的歷史；那麼，這段歷史（尤其是它的觀念形態）到今天也沒有畫上句號。至少我們今天，從知識界到大眾，一個政治學方面的基本共識，依然是《新青年》式的用民主反專制。

因此，在由《新青年》所形成的政治力量那裡，民主政治學興，立憲政治學替。然而，在梁氏政治理論中，君主和民主無不有專制的可能，如果它的政治權力既不分解又不受法律制約的話。甚至，某種意義上，由民主革命獲致的專制比君主專制更可怕。這是日本學者佐藤慎一在其《近代中國的知識份子與文明》中，就梁啟超對未來民主專制的擔心而作出的剖析，很切合梁的意思：「民主專制比君主專制更加危險。因為在民主專制下，由政治家煽動操縱的民眾肆意地用暴力破壞既存的社會秩序而創造出無秩序狀態，而且可以以民意為名使其正當化。」[15]所以，當年梁啟超力反共和而堅執君憲。不幸共和之後，梁的預言一概兌現。面對舊民主主義所形成的北洋專制，《新青年》無知反思，繼續走拒斥憲政的新民主主義道路。可以想見，歷史的結果只能是一個更新的專制正在歷史的那一頭等著它，只要它能成功。

說《新青年》政治學反憲政，這裡有它自己的表白。從清末到民初，君主立憲劃上了歷史的句號，但進入民初的清末立憲派依然從事立憲之業而不輟，此之謂共和立憲。不過，共和立憲，步履維艱，因為它面對的是比清末君主更為強勢的北洋軍人政權。在袁世凱強行解散國會之前，國會中的國民黨和進步黨不但和袁鬥，彼此之間因其歷史宿怨和理念，也惡鬥不已。本來，現代議會政治就是政黨政治，它既有憲政因素，又有民主因素；只不過兩黨鬥毆，在任何一個國家政治轉型之初，在所難免。但，新文化中人厭惡於此，決意棄絕。一九一九年，陳獨秀在《每週評論》第二十五號發表《立憲政治與政黨》，對立憲政治進行了告別式的否定：「立憲政治在十九世紀總算是個頂時髦的名詞，在二十世紀的人看來，這種敷衍不澈底的政制無論在君主國民主國，都不能夠將人民的信仰、集會、言論出版三大自由權完全保住，不過做了一班政客先生們爭奪政權的武器。

---

[14] 《陳獨秀文章選編》（上）第四二九頁，三聯書店，一九八四。

[15] 佐藤慎一《近代中國的知識份子與文明》第二四六－二四七頁，江蘇人民出版社，二〇〇六。

現在人人都要覺悟起來，立憲政治和政黨，馬上都要成為歷史上過去的名詞了，我們從此不要迷信他罷。什麼是政治，大家吃飯要緊。」[16]陳獨秀這裡的吃飯政治，不是民生政治，而是民主政治。但，他的民主政治是以拒斥立憲政治為前提。因為立憲政治連同它內含著的甚至帶有民主成分的政黨政治，在新文化那裡，已經成了十九世紀的遺棄物。

不妨剖析一下由《新青年》政治文化所伸張的民主到底是什麼民主。

一，民主成為權力。《新青年》在反對政黨政治的同時，鼓吹國民運動性質的國民政治。政黨政治是議會框架下的代表政治，屬於間接民主。相比之下，全民介入的政治則屬於直接民主。《新青年》痛感北洋政治被玩弄於政黨和政客之間，與民眾無干，不能反映「國民總意」；故希望發動國民運動，將民眾全體納入政治，亦即讓全體民眾直接行使政治權力。這是一九一九年十二月出版的《〈新青年〉宣言》（陳獨秀）：「我們雖不迷信政治萬能，但承認政治是一種重要的公共生活。而且相信真的民主政治，必會把政權分配到人民全體……」[17]不是由選舉出的代表行使政權，而是逕自把政權分配給民眾，於是，選舉民主如果只是體現為民眾的政治權利，那麼，直接行使政權則使民主成為民眾的政治權力。然而，現代社會，民主對民眾來說是權利而不能是權力，這是直接民主向間接民主的進化，否則難以避免當年城邦民主致死蘇格拉底的暴政。另外，現代社會，全民行使權力既不可能（民眾不是鐵板一塊），而且必然導致權力的亂局。其結果，不是無政府，就是亂局之後由政治強勢假借民意所形成的更專制的政府。

二，民主無顧法律。一九一九年五四運動長期被視為愛國主義民主運動，這場運動的焦點便是火燒趙家樓。一九二〇年四月二十一日，陳獨秀在上海中國公學作「五四運動的精神是什麼」的講演。其中第一點即稱五四是人民的「直接行動」：「直接行動就是人民對於社會國家的黑暗，由人民直接行動，加以制裁，不訴諸法律，不利用特殊勢力，不依賴代表。」[18]且不說火燒趙家樓直接就是刑事；這個世界上無論是誰，如果他的行動可以無視法律，那他就可以無惡不作。這裡潛伏著一個可怕的邏

16 《陳獨秀文章選編》（上）第四二二頁，三聯書店，一九八四。
17 《陳獨秀文章選編》（上）第四二八頁，三聯書店，一九八四。
18 《陳獨秀文章選編》（上）第五一八頁，三聯書店，一九八四。

輯，如上，當民主已經成為民眾的權力，這種權力又可以不受法律限制；那麼，這樣的民主，按照梁啟超的理論，只能是專制形態的民主。《新青年》既伸張革命運動式的直接民主，又排斥包括法律在內的憲政，這樣的政治力量一旦形成它的統治，整個社會難免陷入法治淪喪的浩劫。

三，民主向極權延伸。陳獨秀在以上《實行民治的基礎》中認為，近代以來，「民治主義的意思也就日漸擴張」，具而言，「無論政治、社會、道德、經濟、文學、思想，凡是反對專制的、特權的，遍及人間一切生活，幾乎沒有一處不豎起民治主義的旗幟。」[19]這看起來是民主的普及，其實是民主的無度擴張。即以最後的思想而論，它要的是自由，與民主無關；何況前面的文學、經濟、道德等無不如是。尤其是其中的經濟民主，要害在於剷除私有制。這是《新青年》效法布爾什維克，一再鼓吹的社會革命的重點，並將之稱為吃飯要緊的「生計的民治主義」。這裡必要呈現《新青年》的政治邏輯，當民主表現為一種權力，它同時又不受法律制約，並且以取消產權私有為旨歸，從而將所有社會資源都控制在自己之手，最後還要將這種權力延伸到人類社會和社會生活的所有領域。請問，從政治學的角度，這是什麼民主，我們只能說這是極權主義的民主。極權主義是「全權主義（Totalitarianism）」的意譯，它是專制主義的極致形態，意指國家政治權力對社會和個人的全方位的控制。

以上就是《新青年》政治文化中的民主。以五四為標誌，它啟動了長達三十年之久的新民主主義革命。三十年後的一九四九，《新青年》的政治主張在中國大陸得以兌現。

人權的憲政與主權的民主：政治秩序之構成

以上篇幅由英、美、法而至於中國二十世紀的清末和民初，對民主與憲政的現代歷程作了一個跳躍性的史的梳理，以下轉從論的層面，根據政治學的知識邏輯，嘗試建構筆者所認可的由憲政與民主所形成的政治秩序。

憲政與民主的有機結合，是政治現代化完型的標誌。然而，在兩者俱缺的歷史語境中，如何走通現代化的道路，是對人類政治智慧的考量。

---

[19] 《陳獨秀文章選編》（上）第四二九頁，三聯書店，一九八四。

可以看到，英吉利用憲政革命的方式，正如法蘭西用民主革命的方式，各自交出了由傳統向現代轉型的政治答卷，由此也開啟了世界性的政治現代化的兩種轉型模式。從歷史後視角度看，帶有激進主義色彩的法蘭西模式在風頭上遠遠蓋過了保守主義性質的英吉利，尤其法國啟蒙運動推出自由平等博愛的政治理念，更是對政治後進國家中的知識份子產生了巨大的道德激勵。不難看到，在政治現代化自西而東的過程中，兩個西歐以東的大國，不獨俄羅斯一九一七年十月革命在精神血脈上是當年法國大革命的踵繼；中國二十世紀前五十年的兩次革命：舊民主主義革命和新民主主義革命，亦自覺以法蘭西為其楷模。尤其新民主主義革命，始而效法法蘭西，繼而效法俄羅斯；結果和俄羅斯一樣，最終形成了世界歷史上前所未有的新格局：政治全權主義（亦即極權主義）的興起。

如果我們可以對英法兩國政治現代化的歷史作一抽象，正如十九世紀英國學者湯瑪斯·梅因所說：「在現代，一個國家（法國）的歷史乃是民主的歷史，而非自由的歷史；而另一個國家（英國）的歷史卻是自由的歷史，而非民主的歷史。」[20]自由與民主，在政治訴求上，既有聯繫又有分殊，無疑兩者都具有正當性，只是彼此之間存在一個價值優先或側重的問題。面對傳統專制尤其是現代極權專制，政治現代化的訴求，是自由優先，還是民主優先，可以走出如英倫或法蘭西兩種不同的道路。另外，在現代國家完成其建構之後，如當年北美建國伊始，是側重自由，還是側重民主，又直接關乎人權與主權在國家政治格局中的位置。

英倫有悠久的自由傳統，所以憲政革命發生於彼島，殊未為奇。自由與權利互文，它是指權利不受強制的狀態。當一個人的權利（比如言論的權利、遷徙的權利、信仰的權利等）可以正常兌現，即可以說這個人是自由的。因此，自由與權利的關係是體用關係，權利為體，自由為用。當然在我們的日常語用中，這兩個詞已經混而為一，交替不分了。但，就個人而言，無論權利，還是自由，都像蘆葦那樣脆弱，尤其當它面對權力時。正是在個人權利與國家權力的懸殊比對中，憲政發揮了它的政治作用。在傳統專制面前，權利需要推出一種能夠制約君權的制度，以保障國民的個權，這就是英倫的憲政革命。同樣，即使是非君權的權力，也需要用憲政

---

[20] 轉引哈耶克《自由秩序原理》（上）第三三三頁注釋【一】，三聯書店，一九九七。

的方式加以約束,否則它勢必走向專制。這就是北美建國之始,開國先賢的用力。所謂憲政即憲法政治,它的功能就是以上《人民日報》提出的八個字「制約權力」和「保障權利」。因為侵犯權利的,可以是權利,但更可以是權力。權利互侵,還可以訴諸權力。設若權力侵犯權利,權利的憑靠是什麼,無他,只有法治或憲政。當年《新青年》雖然反憲政,陳獨秀在《憲法與孔教》中還是對它作出了一個正確的表述:「蓋憲法者,全國人民權利之保證書也」。[21]作為人權保證書的憲法,我們可以直接說,憲政就是人權。

與憲政是人權相對應,民主則是主權。現代國家的政權合法性不在天而在民,因此主權在民便成了民主的經典表述。需要指出的是,主權是國家最高統治權力,但並非由民眾直接行使,而是民眾選舉政府,由它行使主權。因此,政治一詞,乃是「政權在民,治權在府」。政權在民,指的是民眾對於政府的選舉的權利,治權在府則指政府經由民選後進行統治的權力。現代民主,同時包括了權利和權力兩個層面,以下不妨分而述之。

就民主作為一種權利而言,需要區分權利或自由的兩種類型。一個人在私人生活中形成的權利屬於個人權利(或個人自由);但他在公共生活中獲得的權利則稱政治權利(或政治自由)。個人權利通常指人身、財產、信仰之類的權利,政治權利主要指選舉與被選舉的權利等。廣義上,兩種權利都是人權,但習慣上我們將人權鎖定在前者的個人權利上,後者作為公民政治權利則不妨稱為民權或公民權。這兩種權利(自由),在價值排序上前者優先。當年英倫憲政革命,訴求就是君權不得侵犯民眾個人的各種權利,至於民眾的政治權利如選舉則不妨滯後。同樣的例子是一九九七以前英殖民地的香港,港民們始終沒有選舉港督的權利,但他們的個權卻可以得到法治的充分保障。對任何一個人而言,假如他兩種權利都沒有,他首先需要的是什麼;抑或兩種權利他都有,哪一種對他更重要。答案顯然是前者,亦即包括財產權在內的個人權利而非政治權利在權利的譜系中位置靠前(財產和選票,孰輕孰重,一目了然)。何況政治權利只是個人權利的延伸,最終也是要它來保護每一個人的個權。因此,優先於政治權利的個人權利有多重要,制度性地保障個權的法治就有多重要。一個

---

21 《陳獨秀文章選編》(上)第一四五頁,三聯書店,一九八四。

美國人可以對政治不感興趣並放棄他的選票，但他一天都離不開保障他個人權利的前十條憲法修正案。這從一個側面可以說明，現代文明的政治結構，何以憲政的權重大於民主的權重。

民主是一個過程，始而是民眾選舉的權利，終而是民選政府行使統治的權力。在憲政視野內，任何權力都必須受到憲法和法律的有效制約，君主的權力如此，民主的權力同樣如此，甚至更需要如此。英倫憲政革命有效地限制了君主的權力，直至完全虛化。但法蘭西的民主革命，卻幾乎沒有這方面的限權意識。這不僅在於法蘭西革命的精神領袖盧梭在《社會契約論》中雖然強調主權在民，但全書同樣反復強調的是，交出自己一切權利後的公民須要對主權作出幾乎是無條件的服從。至於比服從更重要的例如對主權的控制，全書鮮有論述。因此，它是一部民主的書，但不是一部憲政的書；非但如此，它幾乎可以視為有政治民主無個人自由的一個極權主義文本。表現在法國大革命中，服膺盧梭的羅伯斯比爾一旦權力在握，不是君主，卻顯得比君主更專制，也更暴力。

這是一個沉痛的教訓，由於現代民主國家多從古老的君主體制蛻變而來，這就存在一個限君主權力易而限民主權力難的認知坎陷。美國憲政學者斯科特·戈登在《控制國家》的導論中這樣批評孔多塞等與法國大革命同時的學者，說「在他們看來，控制國家的權力只有在君主體制中才是必要的。在一個『人民』已經接管政權的共和國中，這種約束不但不是必要的，而且確實是有害的。然而，波旁王朝滅亡以後法國的政治發展表明，宣佈國家是一個『共和國』，把它描述成獻身於『自由、平等、博愛』的理想以及慶祝『人民主權』並不足以保證政治權力就不會被濫用。」[22]戈登的表述所指，豈止法國大革命，它更像是針對後來的中蘇兩個極權主義國家。這裡可以延伸一下戈登，如果民主作為權力無法保證自身不會走向濫用，能控制權力的對象是且僅是法治或憲政；那麼，憲政與民主，誰更重要。

憲政是人權（自由），民主是主權。兩者的分殊，這裡借用西班牙學者奧爾特加·加塞特的論述，他在認定民主與自由是兩個不同的問題時，指出：「民主所回答的是這樣一個問題──『誰應當來行使公共權力？』

---

[22] 斯科特·戈登《控制國家──西方憲政的歷史》第八頁，江蘇人民出版社，二〇〇一。

它所給出的回答是──公共權力的行使，屬於全體公民。但是，這個問題並未論及何者應為公共權力的範圍。」確定公共權力的範圍屬於憲政，因此「從另一個角度言，自由主義所回答的則是另一個問題，──『不論是誰行使這種公共權力，這種權力的限度應當為何？』它所給出的回答是──『不論這種公共權力是由獨裁者行使，還是由人民行使，這種權力都不能是一種絕對的權力：個人擁有著高於並超越於國家干預的權利』。」[23]絕對的權力勢必導致極權主義。但極權主義君主制無以導致，民主制卻潛含著內在的可能。因此，最後一句的表述很精彩，即使在民主國家，如果國家干預是權力，高於並超越於這種干預的則是權利。這一表述涵化著可以通融的兩個方面，它們恰好因果為一種政治秩序：一、（所以）憲政重於民主，二、（蓋在於）人權高於主權。

伊索諾米：「政治秩序的最美妙絕倫的稱謂」

記得筆者在一次會議上曾做過這樣的表述：民主是古老的，憲政是現代的。現在看來，前一句沒問題，後一句問題大在。就前句，談及民主，人們都會想到遙遠的古希臘、想到雅典。現代民主相對於雅典民主儘管有了脫胎換骨的變化，如從直接民主到間接民主；但雅典民主是現代民主的濫觴，這是一個事實判斷。至於憲政，則是一個現代詞彙，據《牛津英語詞典》，立憲主義這個詞最早是在一八三二年才被使用。一些英語學者也認為憲法、立憲、憲政等是無法追溯到十七世紀英格蘭之前的政治現象。雖然一二一五年就有了英倫大憲章，但，它最終是在十七世紀光榮革命的時代才被確定下來。

憲政果然就是一個現代孤兒，即使可以延伸到中世紀，它是否還有更為久遠的資源？答案是肯定的，作出這種回答的是哈耶克，他在《自由秩序原理》第十一章「法治的淵源」裡，有相當精到的表述。

法治一詞同與憲政，憲法政治如果稱謂為憲政，的確比較現代；但如果稱謂為法治，它的源頭就可以追溯很遠。這個源頭，正是古希臘，也正是雅典。無論憲政或法治，它的功能就是保障個人權利或自由。因此，一

---

[23] 轉引哈耶克《自由秩序原理》（上）第三五二-三五三頁注釋【二】，三聯書店，一九九七。

個自由主義者邏輯上必然是一個憲政主義者，反之亦然。只是保障自由的憲政和彰顯主權的民主，固然同為古希臘政治秩序之二維，但雅典政治的民主維度就其對後來的影響而言，其光彩遠遠超過了它的法治維度，甚至對後者形成了遮蔽。不難看到，不少現代學人對雅典民主的關注遠遠超過對法治的關注，乃至由他們所形成的對雅典自由的誤讀，都深刻地影響了我們。以致長期以來我們眼中的雅典是民主的雅典、多數決的雅典，而非法治和自由的雅典。或者雅典自由在我們眼裡就是政治民主的積極自由，至於日常生活性質的個人自由，雅典人不懂，它是直到晚近以來現代的事。

哈耶克指出，這種對雅典政治的誤解，可以追溯到霍布斯、貢斯當和拉斯基。哈耶克說拉斯基到了一九三三年談論伯裡克利時期的雅典，還這樣認為：「在這樣一種有機的社會中，人們實際上並不知道個人自由的概念」。[24]轉就國內知識界，對古希臘的理解偏差應該是受十九世紀法國學者貢斯當的影響。《古代人的自由與現代人的自由之比較》是貢斯當極負盛名的講演，國內知識界對它很熟悉。該講演認為「古代人的自由在於以集體的方式直接行使完整主權的若干部分：諸如在廣場協商戰爭與和平問題，與外國政府締結聯盟，投票表決法律並作出判決，審查執政官的財務、法案及管理，宣召執政官出席人民的集會，對他們進行批評、譴責或豁免。」[25]所有這些自由（權利），都是公共領域中的政治自由（權利），它是古典民主最本真的表現。貢斯當這裡的古代人就是指包括雅典在內的古希臘各城邦，當然主要是指斯巴達這樣的城邦。但，古代人的自由是一種集體的自由，代價很大，它承認個人對社群權威的完全服從。這種服從便導致古代人幾乎沒有現代人所享有的個人自由：「所有私人行動都受到嚴厲的監視。個人相對於輿論、勞動、特別是宗教的獨立性未得到絲毫重視。我們今天視為彌足珍貴的個人選擇自己的宗教信仰的自由，在古代人看來簡直是犯罪與褻瀆。」[26]所以，貢斯當的結論是：古代人在公共事務中幾乎永遠是主權者，但在私人生活領域中卻是奴隸；因為他們缺少法律的保護。

---

[24] 哈耶克《自由秩序原理》（上）第三八〇頁注釋【十一】，三聯書店，一九九七。
[25] 貢斯當《古代人的自由與現代人的自由》第二十六頁，商務印書館，一九九九。
[26] 同上書，第二十七頁。

　　事實果真如此，或全然如此？固然雅典民主從梭倫開始到伯裡克利，前後不到兩百年，足以彪炳史冊。但，哈耶克認為以上的說法如果可以適用於古希臘城邦的某些時期，但卻不適用於巔峰時期的雅典。他引用了當時執政官伯裡克利的一段話：「我們於政制層面所享有的自由，亦擴展到了我們的日常生活層面，因此在我們的日常生活中，我們彼此不能以嫉妒的方式去監視對方，也不要對鄰里據其意願而做的事情表示憤怒。」[27]當雅典軍隊出征西西里時，軍中長官這樣激勵士兵：我們是在為這樣一個國家而戰，在這個國家中，大家有著「根據他們自己的意願進行生活的毫無拘束的裁量權」（引同前）。這樣的裁量權就是自由權，這樣的自由就是日常生活中的個人自由。雅典人不但擁有這樣的自由，而且還擁有對這種自由予以保護的法律。哈耶克甚至引用了當時古希臘一首慶賀僭主被刺的流行酒歌，不妨看它的第一節：「時乎時乎雅典之人皆和平／平等法律與自由永光臨／藝術與遠見之培育，均為希臘／人民勇敢堅定自由從無制壓／德業光輝，所作所為皆協乎自然之法。」[28]

　　按照洛克的觀點，自由與法律相依，哪裡沒有法律，哪裡就沒有自由。民主的雅典之外，是否還存在一個能保障自由的法律雅典，至少哈耶克在這裡下了一番爬羅剔抉的功夫。他揭示了英國十六世紀伊莉莎白時代借自於古希臘的一個術語：isonomy（伊索諾米），這個詞雖然不為現代英語所沿用，但當初英國人轉手從義大利引進古希臘的這個詞時，它的含義是指「法律平等適用於各種人等」。該詞最早出現於古希臘西元前五世紀，它所描述的是梭倫改革時的情形。梭倫的意義在於他確立了一個制度，即建立一套平等地適用於貴族和平民的法律。這樣，統治者對雅典的治理就不是憑靠針對當下情形所制定的公共政策，而是為全社會提供了某種確定性的一般規則。「伊索諾米」對後世的影響在英倫得到了光大，這個詞在一七世紀有了較為普遍的使用，牛津英文詞典在這個詞目下，列出了一六五九年及一六八四年的使用例證。因此，「伊索諾米」從古老的雅典走來，經歷英倫十六、十七世紀的推普，「直至最後為『法律面前人人平等』（equality before the law）、『法律之治』（government of law）或

---

[27] 哈耶克《自由秩序原理》（上）第二〇六頁，三聯書店，一九九七。
[28] 周德偉譯哈耶克《自由的憲章》第十一章注十九，第二七五頁，臺灣銀行經濟研究室編印，中華民國七十年。

『法治』（rule of law）等術語取而代之。」[29]哈耶克通過他的努力，讓我們看到了法治從古希臘到現代發源成長、變化的草蛇灰線。

於是，雅典在我們面前，就不僅是「德謨克拉西」的雅典，同時也是「伊索諾米」的雅典。作為法律之治的伊索諾米，其實就是憲政的前身，是它在保障著伯裡克利所說的雅典人日常生活中的自由。這裡無法從史實角度詳考雅典人當時是否能夠充分地享有個人自由，換言之，貢斯當以上所揭示的個人自由的闕失，未必完全是對雅典的腹誹，否則我們何以解釋蘇格拉底之死。公允的說法似乎應當是這樣，作為現代政制的立憲，和民主一樣，同樣有它久遠的古典資源，儘管這一資源在它發生的時代未必能夠得到充分的兌現。這裡重要的是，它歷史地發生了。更重要的是，在它發生的那個時代，希臘先哲對「伊索諾米」的價值認同明顯地超過了德謨克拉西；甚至德謨克拉西的出現，倒是「伊索諾米」的邏輯延伸。這裡還是請看哈耶克：「更有進者，此一概念似比demokratia的概念更為古老，而且所有人平等參與政治的要求也似乎只是此一概念所產生的諸多結果中的一個結果而已。」[30]此即，古希臘的政治秩序，伊索諾米在時間上早於德謨克拉西，在價值上又重於德謨克拉西。

然而，當古希臘民主制確立之後，法律之前人人平等的觀念卻逐步遭到否棄。蘇格拉底之死恰恰是缺乏法律制約的一次民主作業。如果民主可以解釋為人民統治，法治則是法律統治，那麼到底誰應該據於統治中心，兩者於此顯示出它們的不同。伯裡克利時代之後，柏拉圖刻意用「伊索諾米」來對照民主，而不是用它來證明民主的正當性。至亞里斯多德，儘管沒有使用「伊索諾米」一詞，但他在《政治學》中，強調的是：「較之公民的統治，法律統治更為確當」。[31]亞里斯多德譴責那種單純的民主政制，即「由人民統治而非法律統治」，「一切事務由多數表決而非由法律決定」。道理很顯然，「當政制並不操縱在法律之手時，就不可能存在什麼自由狀態」（引同前）。因此，在民主制度中，法律應當成為主宰者。這就是西元前四世紀末期，希臘先哲們的認知。

伊索諾米v‧德謨克拉西，正是在構成政治秩序的兩個基本維度上，

---

[29] 哈耶克《自由秩序原理》（上）第二〇六頁，三聯書店，一九九七。

[30] 哈耶克《自由秩序原理》（上）第二〇七頁，三聯書店，一九九七。

[31] 轉引哈耶克《自由秩序原理》（上）第二〇七頁，三聯書店，一九九七。

我們終於可以形成同樣適合於我們今天的結論：哈耶克引用古希臘歷史學家希羅多德說：「即使在Herodotus看來，也仍然是isonomy，而不是『民主』（democracy）才是『政治秩序的最美妙絕倫的稱謂』。」[32]

人民主權和民主的專制可能

民主最簡單的釋義就是「人民主權」。人民主權在古希臘伯里克利時代是人民直接行使主權，但這種直接民主在現代生活中行不通，因而人民主權便邏輯地轉化為「主權在民」。它重在表明主權的來源而非主權的行使，亦即可以行使主權的政府其權力必須來自民眾。「主權在民」與前此「主權在君」相對應，歐洲中世紀君權的合法性來自上帝，所謂「君權神授」。但十四世紀神聖羅馬帝國時期的政治學家馬西利烏斯，在當時世俗君主和羅馬教廷的抗爭中，就以「一切權力來自人民」對抗羅馬教皇的「一切權力來自上帝」。[33]待至現代，經由盧梭等人的闡發和美利堅的實踐，這一理論已經成為國家政權合法性的唯一來源。

民主無論是「人民主權」還是「主權在民」，其主權所指，蓋為國家統轄範圍內的最高治權。然而，主權理論，從十六世紀的博丹、霍布斯到十八世紀的盧梭，無不強調主權至上，不受限制。這一理論落實到君主社會，君主作為主權者，他的權力如果至上而不受限制，從憲政角度視之，就是君主專制。同樣，民主社會，統治國家的權力直接掌控在民眾之手，如果它也是至上而不受限制，它就是民主專制，而且是直接民主的專制。即使間接形態的代議制民主，治權的行使不是直接由民眾，而是由民眾推舉出的代表，只要奉持主權至上而不受限制，也必然導致專制，即選舉出來的專制。

人們──至少是國人，特別是今人──普遍存在一個誤區：只要推翻君主專制，就必然迎來民主並告別專制。揆諸百年歷史，孫中山舊民主主義革命如此，《新青年》新民主主義革命亦如此。民主已經主權在民而不在君，怎麼可能專制呢。專制與民主無關，這種認知是把眼光盯在「權力者」身上，而不是盯在「權力」上。權力只有掌握在一個人手裡才是專

---

[32] 哈耶克《自由秩序原理》（上）第二〇七頁，三聯書店，一九九七。
[33] 薩托利《民主新論》第三十二頁，東方出版社，一九九三。

制，如果掌握在全體或多數手裡，即沒有專制的可能。然而這樣的專制論看起來很流行，但在政治學上卻說不通。

這是亞里斯多德在《政治學》中的論述：「最高治權的執行者則可以是一人，也可以是少數人，又可以是多數人。」「……以一人為統治者，凡能照顧全邦人民利益的，通常就稱為『王制』（君主政體）。凡政體的以少數人，雖不止一人而又不是多數人，為統治者，則稱『貴族』（賢能）政體……，以群眾為統治者而能照顧到全邦人民公益的，人們稱它為『共和政體』。」[34]但這三種政體都可以走向各自的反面，亞里斯多德將其稱為「變態政體」。所謂變態，即君主制變成僭主制，貴族制變成寡頭制，民主制變成暴民制。在亞氏看來，「這類變態政體都是專制的（他們以主人管理其奴僕那種方式施行統治）」。[35]由此可見，當民主政治變成暴民政治時，這種體制就是民主專制，它完全可能比君主專制更可怕（一人為惡孰與一眾為惡）。

無論君主民主，只要是權力，都有專制的可能。十八世紀英國休謨說：「在每個政府中，自由都必須作出重大犧牲，然而那限制自由的權威絕不能，而且或許也絕不應在任何體制中成為全面專制，不受控制。」[36]不受控制，勢必轉為全面專制。因此，專制主要不在於掌握治權的人有多少，而在於權力本身是否受到法律的控制或限制。一個人完全可以不專制，如君主可以立憲；多數人完全可以走向專制，假如他們藐視法律。至於認為通過民主革命推翻君權，讓權力掌握在民眾手裡，就一勞永逸地解決了專制，這是一種民主幼稚病。休謨生活在君主體制中，他在一篇談英國是選擇君主制還是共和制的論文中這樣說：「假若任何個人竟能獲得足夠的權力來粉碎我們現有的體制並建立一種新的政體，他實際上已是一個專制君主了。我們已經有過這種前車之鑒。」[37]這「鑒」指的就是一六四〇年的英國革命。克倫威爾有能力推翻並處死查理一世，變君主制為共和制，但他本人就是共和制的專制君主。所以，克倫威爾死後，英倫吸取教訓，又復辟為君主制。但英國革命的例子並不鮮見，比如後來的法國革

---

[34] 亞里斯多德《政治學》第一三三頁，商務印書館，一九九七。
[35] 同上書，第一三二頁。
[36] 休謨《休謨政治論文選》第二十六頁，商務印書館，二〇一〇。
[37] 休謨《休謨政治論文選》第三十六頁，商務印書館，二〇一〇。

命、俄國十月革命、中國兩次民主主義革命等。它們（連同前此的英國革命）有一個共同點，都沒有能夠通過民主革命解決專制；正如解決專制的倒是英國革命之後的「光榮革命」，它乃是憲政性質的一次革命。

憲政就是用憲法和法律制約權力，不管是君主權力，還是民主權力，都是憲政的制約對象。但，民主既然是人民主權，主權又是最高治權，已經沒有權力在最高之上，何況權力又來自人民，那麼，人民為什麼要限制自己。這是君主制國家轉為民主制的憲政難點。十九世紀八〇年代，英國已經基本完成憲政框架下的民主轉型，不但主權集中在議會，議會也是由民選構成。當時內閣中的財政大臣張伯倫在一次俱樂部講演中這樣表達了他的意思：「當政府僅由皇權來代表並僅為一特定階級的觀點所支配時，在我看來，珍視自由的人士的首要任務便是制約它的權力和限制它的經費。但是，所有上述情況都已改變了。現在政府成了對人們的需求和期望的有組織的表達，因此在這樣的境況下，我們毋需對政府再持什麼懷疑態度了。懷疑乃是舊時代的產物，是早已不復存在的境況的產物。現在，我們的責任就是要擴大政府的職能，並且發現以何種方式能使其作用得到有益的擴大。」[38]這段話意思很明確，一是政府既然不是君主而是民主，為什麼要制約它呢。另外，政府不但不要制約，還要讓它的職能即權力不斷擴大。

權力有擴張和強制的本能，它的本性就是拒絕一切限制；何況行使權力的人，其人性特徵和權力的性能又一模一樣，至少都有其幽暗的一面。因此，人類社會中，權力所在，危險所在，這是專制的危險。民主本身無法消除這一危險，甚至我們看到，不獨專制，二十世紀以來的政治極權主義，更與民主有撇不開的關係。一九五〇年代，以色列學者塔爾蒙以法國大革命為對象，討論了極權主義和民主之間的關係，其書名為《極權主義民主的起源》。法國大革命時間不長，其極權主義未得有效實踐。但踵繼法國大革命之後的那些民主革命，如蘇維埃等，幾乎都走向了極權。也就是說，古老的君主體制難以通向極權，不受制約的現代民主，極有滑向極權的可能。「一切權力屬於人民」，這是人民對主權的所有權；但當年列寧聲稱「一切權力歸於蘇維埃」（蘇維埃是俄語「代表會議」的意思），

---

[38] 轉引哈耶克《自由秩序原理》（上）第三五四—三五五頁注釋【七】，三聯書店，一九九七。

這是主權從所有權向行使權轉移。當一切權力從人民手中歸於一個行使對象，無論它是一個人、少數人，還是多數人，如果不受任何限制；那麼這種權力就是以上休謨所說的「全面專制」了。全面云云，指的是政治權力可以伸向社會生活的所有方面，不留一個死角，這就是政治全能主義的極權。納粹組織就是這樣一個選舉而出的獨裁極權。當時德國的政治體制是魏瑪共和，一九三〇年代納粹黨靠選票贏得了議會多數議席，從而成為國會中的最大黨。這樣就迫使總統興登堡任命希特勒為總理。興登堡死後，希特勒頒佈法令，集總統和總理為一身，終於掌握了「包括一切方面的整個國家權力」。這個權力既是獨裁的，又不受任何制約，於是它最終變成了「全面專制」的極權主義。

民主的專制可能，西方政治學自古而今，多有論述；但在中國，最早揭出這個問題的是清末梁啟超。他在反對孫中山的民主革命時，即用「民主的專制」來預指革命成功後的結局。不幸他的預指很快應驗，而且應驗了一個世紀。但後來《新青年》出力聲張民主，使民主成為二十世紀最吸引國人的一個詞；「民主的專制」不但不再為人所知，反而這個詞的再度出現，讓很多人感到不可思議。畢竟民主指涉人民，人民主權又充斥著道德上的正當性。它足以讓人忽略該詞隱含著的不受任何對象制約的語義（限制人民的權力在政治正確上意味著什麼）；所以一九六〇年代哈耶克引用過一位叫做沃爾海姆的學者對民主的表述：「現代民主概念是指一種統治機構不受任何限制的政府形式」，[39] 不知有幾人能從這短短的一句話中嗅出它的專制氣息。

民主何以不能號稱人民民主

中國民主，始終號稱人民民主。但，從語文的角度看，民主一詞的「民」就是人民，所謂「主」即主權，你可以說民主即人民主權，也可以說主權在民。換言之，民主亦可解作人民做主，亦即不再需要一個君主之類的統治者為民做主。因此，民主一詞，語滿義足，它可以偏正，如人民主權；也可以主謂，如人民做主。但，本土言及民主，卻形成了一種習慣

---

[39] 轉引《哈耶克文選》第三四〇頁注釋【一】，江蘇人民出版社，二〇〇七。

性的語用,即上述「人民民主」。殊不知民主之民,即為人民,何以人民之前,複加人民。人民民主等於是說「人民的人民主權」,或「人民的人民做主」,如此疊床架屋,豈止繁瑣,分明語病。

但,人民民主,從語法上說不通,從政治上卻能說得通,因為人民一詞在本土帶有強烈的政治性,基本就是一個政治概念。它不像英語中的「人民」(people)是一種泛指,其指涉所在,乃是包括所有人在內的全體民眾。然而,本土政治語境中的人民,是一種特指,它不是民眾全體,而是民眾中的一部分。這裡不妨抄錄《辭海》中的「人民」條:「在不同的國家和各個國家的不同的歷史時期,有著不同的內容。如中國抗日戰爭時期,一切抗日的階級、階層和社會集團,都屬於人民的範圍;在解放戰爭時期,一切反對美帝國主義和它的走狗即官僚資產階級、地主階級以及代表這些階級的國民黨反動派的階級、階層和社會集團,都屬於人民的範圍;在現階段,社會主義革命和建設時期,一切贊成、擁護和參加社會主義建設事業的階級、階層和社會集團,都屬於人民的範圍。」[40]這是一條政治化的「人民」定義,問題在於定義不「定」,它隨著歷史時期的不同,不斷變換著人民的內涵和外延。比如,抗戰時期的地主,只要你的態度是抗日,就屬於人民。可是抗日結束,你還是你,但你的身分變了,不再屬於人民,而是成了人民的敵人。同樣,一九五〇年代社會主義改造時期,民族工業資本家天然屬於人民的敵人,是剝削階級。但只要交出資產,接受社會主義改造,昨天你還是人民的敵人,今天就可以從敵人變身為人民了。

這就是人民這一概念「在不同的歷史時期,有著不同的內容」,它根據政治的需要,不斷地修改著自己。掌握著這修改權力的是政治統治者,它可以決定一個對象什麼時候可以是人民,什麼時候又不是。但無論人民的對象和邊界有何變化,有一點不變的是,這裡的人民不是全民,是全民中的部分。另一部分則和人民對立,是人民的敵人(比如文革中的黑五類「地富反壞右」)。長期以來,我們有「人民內部矛盾」和「敵我矛盾」的劃分,它其實就是對國民做一分為二或二元對立的劃分。由此可見,在本土,國民的構成就其政治性質而言是一加一,即人民加敵人。

---

[40] 《辭海》(上)第二八四頁,上海辭書出版社,一九七九。

　　這就不難理解民主一詞為何需要加上人民的定語。「民」在中國古代是和「君」或「官」構成對應的一個詞。後兩者屬於統治者，民則屬於被統治者。即使西方現代民主社會，民主的「民」儘管大選時握有投票權，以顯示人民主權；但在平時，民眾仍然屬於被統治者。那麼，人民民主的語義很清楚，在作為被統治的全體國民中，並非人人都能享受民主的權利。只有人民才擁有政治上的選舉權或被選舉權。至於人民的對立面敵人，那些地富反壞右，對不起，不但不享有此等權利，而且是被專政的對象。所以，人民民主，並不到此為止，因其敵人的存在，它又衍生出另一個詞：人民民主專政。

　　專政與專制，同為政治專權，儘管這兩個詞在發生意義上並非相同，但今天它們的語義已趨一致。專政的存在是因為敵人的存在。人民民主專政，是為無產階級專政。從《新青年》起，特別是五四之後，它所傳播的民主就是無產階級的民主。在它看來，前此的民主屬於資產階級，因此要進行無產階級民主革命，建立自己的民主，同時對作為剝削階級的地主資本家等，進行專政。這就是人民民主專政，它類同於當年梁啟超所謂的「民主的專制」。

　　這樣一種民主與專政的思維，幾乎流貫了一個世紀，也讓我們這個民族吃足了苦頭。那是一個階級鬥爭的時代，雖然同為國民，但人民是人民，敵人是敵人，他們之間的關係被定義為你死我活。當然，這都是文革以前的故事，在過去以文革為高峰的階級鬥爭時代，人民與敵人的界線如同紅與黑，十分清楚。好在歷史從文革到改革，改革以後，這一界線逐漸模糊。由於政治主流放棄了以階級鬥爭為綱，敵對鬥爭的思維慢慢喪失其市場。這固然是歷史的進步，但，還需要把它再推進一步。這種推進不妨從語詞開始。語詞即思維，一個人的語詞狀況就是他的思維狀況。人民這一語詞除非把它全民化，否則敵對思維的慣性就難以泯除。比如近年以來，維穩業已成為許多地方政府的要務，面對民眾的權利抗爭，一些官員往往認為這後面有敵對勢力的存在和操縱，這既是敵對鬥爭的思維習慣，更是一種嚴重的政治錯覺（當然也可以是進行打壓的政治藉口）。須知，一個政治文明的國家，肯定是一個全民國家，它不會預設國民中有敵人或敵對勢力的存在，敵人一詞也主要用於外侵。因此，政治文明國家中的民主，不是部分人的民主，而是全民性質的民主。只要是國民，無論他們持

有什麼樣的政治傾向、屬於任何一種階級，除年齡限制的條件外，人人都擁有選舉與被選舉的政治權利，並且這種權利受憲法保護。

把人民推廣為全民，這是人民概念的去政治化。在這個意義上，人民概念向公民靠攏。廣義的公民很簡單，它不分階級、性別、年齡、信仰和政治傾向，只要具備國籍即可。因此，在公民語境中，人人政治權利平等，沒有敵人可言，有的只是因觸犯法律而受其懲罰的罪犯。但罪犯不是敵人是刑事，當事人一旦刑滿，便重新回歸社會，成為公民，原有的公民權利一項都不會少。更重要的是，公民成為罪犯，由法律決定；人民成為敵人，由政治決定。然而，政治的本義是「治政」，即治理各種公共事務，它對事不對人，原本就沒有決定誰是人民誰是敵人的權力。當政治握有由它決定誰是或不是人民的權力時，任何一個人都沒有安全感，誰都可能隨時成為人民的敵人。因為法律是法治，政治是人治。當年史達林統治下的蘇聯，冤獄遍地；蓋在於史達林以他的個人意志可以指定他不喜歡的任何一個人為敵人，然後以人民的名義加以專政。

讓人民去政治化，就是讓人民公民化。事實上，我們正在這樣做，比如我們每個人的第二代身分證，其正面都印有一排字樣「公民身分證號碼」。公民身分證是通過全國人口普查而普遍發放的，這就意味著我們的國家已經逐步向全民國家轉型，即普查到的所有人口，都是公民，它不再有以前的人民和敵人之分（但願我們每一個人的觀念也不要再有人民與敵人之別）。人民一旦成為全民，它就是全民國家。全民國家，全民皆主。不能因為任何一個對象持政治反對意見，就逐出人民之列，視為敵人，並對其施以專政。因此，作為一種語病甚至是政治語病的「人民民主」，何妨去其人民，留其民主。民主就是民主，它沒有人民的定語，依然是人民主權和人民做主。不同的是，沒有「人民民主」的民主，同時也就沒有了人民的敵人。敵之不存，專政何為。故「人民民主專政」理當隨同「人民民主」一道，與時俱化……

以憲政制約民主，以憲政推進民主

構成一個良好的政治秩序固然離不開憲政和民主，並且儘管兩者比較，憲政可以譽為「政治秩序的最美妙絕倫的稱謂」，而民主如果離開憲

政制約，並非沒有走向專制的可能；但，必須看到，憲政也有它的短處，如美國憲法，本身就內含著遏制民主的一面，正如民主的正面意義如何評價亦不為過，最重要的一點，它可以通過定期選舉，和平而非暴力地更換民眾不喜歡的政府，更無論包括制定公共政策在內的各種公共事務，民眾可以普遍參與。憲政與民主各有短長，並存在著相互齟齬的一面，由此構成政治秩序中的一種內在的價值緊張。

如何處理兩者關係，它們應該是一種什麼樣的構成形態，這是政治秩序必要過問的問題。政治之「政」，是為事務，「治」則為治理。對公共事務的治理無以離開權力，但權力本身及其運作亦必須秩序化；因此任何一種政治秩序都是圍繞權力展開而形成的，它本身就表現為以權力為中心的結構形態。如果權力延伸的兩個維度：一，權力從何而來；二，權力如何運作；那麼，前者顯然與民主有關，後者即表現為憲政。主權在民的民主，重在解決權力的合法性；憲政作為對權力的配置與安排，重在顯示權力的合理性。

在實際政治運作中，憲政所以比民主更重要，不僅在於憲政之弊小於民主之弊，亦如憲政之長大於民主之長。更重要的是，民主主要是在政治權力更迭時發生作用，憲政的作用則發生在權力存續期間的整個日常運作。一個有機的政治秩序，權力來源只是它的一個維度；但權力資源經由憲政配置則呈現為一個多維空間，比如孟德斯鳩式的三權分立，即是憲政對權力分配的結構形態。因此，由憲政與民主構成的政治秩序，是包含民主在內的憲政秩序。它以憲政命名而非以民主命名，蓋在於憲政可以結構性地容納民主（正如它以前也可以結構性地容納君主），民主因其權力選擇的單一性卻無以容納對權力做憲法安排的憲政。

承認憲政是一個權力框架，民主只是其中負責其權力來源的一個維度和因素，這樣就擺正了它們兩者的關係，即民主必須接受憲政的制約。前些年網路上有相傳為小布希的一段講演：「人類千萬年的歷史，最為珍貴的不是令人炫目的科技，不是浩瀚的大師們的經典著作，不是政客們天花亂墜的演講，而是實現了對統治者的馴服，實現了把他們關在籠子裡的夢想。因為只有馴服了他們，把他們關起來，才不會害人。我現在就是站在籠子裡向你們講話。」哪怕這段話為假託，也很經典地顯示了憲政與民主的關係。身為民選總統的「我」，代表來自民主的權力，能夠把它關起

來的籠子,則是憲政和法治的一個隱喻。統治者,無論君主的,還是民主的,無不傾向於主權至上。十七世紀初,英王詹姆斯一世要親自審理一個案件,遭到當時大法官柯克勳爵的拒絕,當詹姆斯一世顯示出自己至上的君主權威時,柯克大法官說:國王在萬人之上,但在國王之上的還有上帝和法律。君主權力追求至上,民主權力也追求至上。人民主權就內含著主權至上的邏輯。但,這是權力自身的邏輯,不是限制權力的邏輯。在憲政框架裡,無論君主權力,還是民主權力,都無以至上,至上的只能是法律。任何性質的權力至上(如君主、民主、黨主等)都是人治,只有把它們裝在籠子裡的法律和法律至上才是法治,即法的統治。

這是政治秩序的展開,當人民出於安全的需要,願意組織政府,那麼,正如美國開國先賢傑伊所說:「一個政府無論在什麼時候組織和怎樣組織起來,人民為了授予它必要的權力,就必須把某些天賦權利轉讓給它。」[41]民主過程體現的其實就是民眾的轉讓,選票就是它的轉讓方式。但,真正給政府授權的其實不是民眾而是憲法,是憲法對民眾轉讓而來的權力進行分配,比如把立法權授予國會,正如把行政權授權總統,同時把司法權授予法院。假如總統越位,干涉司法,我們不能說民眾沒有授權,只能說憲法沒有授予它可以介入司法的權力。對權力而言,法無授權即禁止,可見即使主權在民,民也不是授權的主體。換言之,權力一旦形成,它服從的也不是民,而是憲法和法律。這一點很典型地體現在美國總統就職宣誓時的誓詞上(它來自美國憲法第二條第一款):「我謹莊嚴宣誓(或鄭重聲明),我一定忠實執行合眾國總統職務,竭盡全力,恪守、維護和捍衛合眾國憲法。」總統誓言恪守憲法,顯示的是國家主權對國家憲法的服從。

憲法從人民手中接過主權,與其說是對它進行「分配」,毋寧說是對它進行「限制」,這是二位一體的工作。主權一分為三,各有其空間和邊界,誰都不能越雷池一步。這是憲政對權力的嚴格管制,其出發點是保障民眾的個人自由。盧梭曾經這樣嘲笑英國,說:「英國人民自以為是自由的;他們是大錯特錯了。他們只有在選舉國會議員的期間,才是自由的;議員一旦選出之後,他們就是奴隸,他們就等於零了。」[42]盧梭其實並不

41　漢密爾頓、傑伊、麥迪森著《聯邦黨人文集》第七頁,商務印書館,二〇〇四。
42　盧梭《社會契約論》第一二一頁,商務印書館,二〇〇三。

瞭解英倫，他說這話時，英倫並沒有那麼普遍的選舉自由，但英國人的確享有相當廣泛的個人自由。這樣的自由，靠的是憲政而非民主。當我們說英國是一個老牌的自由國家時，它拜的是憲政之賜。但，如果不是針對英倫，盧梭的意思有其正確的一面。選舉的結束往往便是暴政的開始，如其對舉出的權力不進行憲法切割的話。麥迪森在他致紐約人民的信中轉引過傑佛遜的一段話：「政府的一切權力──立法、行政和司法，均歸於立法機關。把這些權力集中在同一些人的手中，正是專制政體的定義。這些權力將由許多人行使，而不是由一個人行使，情況也不會有所緩和。一百七十三個專制君主一定會像一個君主一樣暴虐無道。凡是對此有所懷疑的人，不妨看看威尼斯共和國的情況！即使他們是由我們選舉，也不會有什麼益處。」[43]沒有憲法分權，即使選舉的權力亦不免為權力的專制。能夠對專制進行有效控制的，唯有憲法。只是憲法是死的，寫在紙上的，它必須激活為憲政，才能成為專制的剋星。

以上所述，即問題的一半，以憲政制約民主；但，憲政的功能並非僅此，它還可以推進民主。如此表述看似矛盾，其實辯證。因為制約民主是就民主作為選舉後的「權力」而言，推進民主則是指它作為民眾擁有的選舉「權利」而言。兩者同為民主，但卻是民主的兩個方面。就美國憲法而言，選舉民主本來就被納入在憲法體系中，無論憲法第一條議員的選舉和第二條總統的選舉，憲法都作了具體詳實的規定。但，憲法第二條中對總統的選舉不是由民眾直接選舉，而是各州先行選舉選舉人，然後根據他們的選票決定總統。應該說，選舉人制度是當時憲法對民眾和多數民主的不信任，因為當時若干州的選舉人不是由民眾舉出，而是由州議會決定。民眾無法參與總統選舉，因此，選舉人制度可以說是反民主的。它迄今維持不變，已飽受詬病。但，逆挽的是，隨著時間的推進，憲法修正案不斷用修憲的方式彌補了憲法第二條的缺陷。選舉人制度固然沒變，其技術弊端亦無從改變；但民眾卻廣泛地獲得了選舉選舉人的資格。

美國建國之初，選舉不是全民的事，而是少數白人精英的事。他們有理性、有財產，因而有責任。無財產的白人、婦女、白人以外的非洲裔黑人和作為原住民的印第安人都沒有選舉權利，其中黑人在美國南方的身分

---

[43] 漢密爾頓、傑伊、麥迪森著《聯邦黨人文集》第二五四頁，商務印書館，二〇〇四。

還是奴隸。但，南北戰爭後，美國正是通過憲法修正案讓選舉民主有序擴展，以至形成今天的普選。這裡不妨具體看看美國建國以來憲政對民主推進的一份時間表：

一、一八七○年批准生效的修正案第十五條第一款：「合眾國或任何一州不得因種族、膚色或以前的奴隸身分而否認或剝奪合眾國公民的選舉權。」這是有色人種和白人同享政治民主。

二、一九二○年批准生效的修正案第十九條：「合眾國或任何一州不得因性別而否認或剝奪合眾國公民的選舉權。」這是女性和男性同享政治民主。

三、一九六四年批准生效的修正案第二十四條：「合眾國或任何一州不得以未交納人頭稅或其他稅款為理由，否認或剝奪合眾國公民……的選舉權。」這是不同身分的人同享政治民主。

四、一九七一年批准生效的修正案第二十六條：「合眾國或任何一州不得因年齡而否認或剝奪已滿十八歲或十八歲以上合眾國公民的選舉權。」由此可見，民主是一個擴展程序。在憲法修正案的推動下，除年齡因素外，美國業已實現了不分人種、性別、身分和宗教信仰的普選民主。

在憲政框架下推進民主，正如在憲政框架下制約民主；憲政不斷擴大民主的權利，同時又制約著民主的權力。它既兌現了公民的政治平等，又不讓政府的權力恣意任行。這就是憲政與民主的關係，由此構成的政治秩序可以名之為「立憲民主制」。正如美國憲政學者斯科特‧戈登所言：「立憲民主制，即大眾享有對國家事務的政治參與權利，同時國家的權力又受到有效制約的政治體系。」[44]

結語：政治改革的憲政頂層與民主底層

以上文字從史、論兩面表述憲政與民主的關係並延伸為一個優良的政治秩序的探討，到此暫告一個段落。文章結束之際，不妨回到現實，就今天的政治體制改革發表一點思路性的看法，以與開頭呼應，亦作本文之結。

---

[44] 斯科特‧戈登《控制國家──西方憲政的歷史》第一一六頁，江蘇人民出版社，二○○一。

改革三十多年，始終以經濟改革為主導，因此，改革的升級版必然是政治改革，否則改革必然走進死胡同。如果朝野對此有共識，那麼，就需要探求政治改革的路徑取向。前段時間，有學人強調政治改革必須注重「頂層設計」，於是又看到另一學人認為政改的根基在社會，因而反向強調「基層設計」或「底層設計」。一個概念，其內涵總是因人而異。如果筆者願意接受這兩個詞，那麼，我個人則傾向於「頂層設計」從憲政開始，正如「基層設計」可以從民主開始。這不妨就是當前中國政治改革可以同時並舉的兩個基本路徑。

顯然，政改的首要任務是憲政。作為憲法政治，是一種規範形態的政治，必要通過憲法和憲法下的法律對政治權力形成有效的制約。有此制約即立憲政體，無此制約則專制政體。如前述，這樣的觀點和劃分來自清末梁啟超。他的政治參考對象是世界上最早的憲政國家英倫。從《大憲章》問世的一二一五年，英倫就致力於君主專制向君主立憲的轉型，直至一六八九的「光榮革命」方告成功。世界上第二個立憲政體是美國，從一七八七年費城會議開始，它的制憲過程就是建國過程。憲法落成之後，由北美十三州多數州通過，一個聯邦國家就此誕生。從英美憲政過程看，它們有一個共同經驗，即憲政運作必須從頂層開始（也只能從頂層開始）。英倫憲政對權力的制約，首先就是針對君權。美國憲法中對權力劃分與限制的二位一體，也是針對中央政府，比如它就沒有涉及州權。

因此，我們今天憲改的路徑取向，也應當自頂層始，讓它自上而下，一貫到底。前段時間，本文開頭所引《人民日報》給我們「勾勒出政治體制改革的總體脈絡」，即「制約權力」「保障權利」，這本是憲政改革的最清晰也最簡約的表述。制約權力本身就是保障權利，因為權力會習慣性地侵權。但制約權力有自下而上和自上而下兩種路徑，很顯然，自上而下比自下而上在推進上更有成效。如果不是聯邦制，國家權力系統本身是自上而下的，因此下層權力總是盯著上層權力。未有上層權力不加限制卻要求下層權力接受法的制約而能起到作用，這裡更需要的倒是上層權力為下層權力作出接受法治的表率。當年清末立憲，其政體建構的路線圖也是從中央到地方，而且重心放在中央上。比如開議會、立憲法是清末憲政兩大重頭，它們都是在中央層面展開。如果憲法設計是一個國家的頂層設計，那麼憲政落實也自當從頂層開始。畢竟權力制約的頂層效應會產生向下的

慣性，於是憲政推進可以如水就下，順勢而為。今天在民眾中呼聲甚高的官員財產公開，當屬制約權力的憲政範疇，它如果可以從頂層做起，下層便不復存在阻力。

政改的第二個任務是民主，民主在政治秩序中的分工不在制約權力而在選舉權力，包括民眾參與各種公共事務。從權力來源的角度看，當年梁啟超認為世界上有兩種國家，一是君主之國，一是民主之國。君主之國「君權神授」，但這種權力來源理論早已被現代的「人民主權」所取代。於是選舉便成了民主制度最直接的表徵。民主的要義是自治，它不需要君主替天行道、統治人民，而是人民以直接民主或間接民主的方式，自己管理自己。和憲政相比，英美兩國都是較為晚近的民主國家，一個是在君主框架下逐步推進民主，一個是在共和體制下讓民主逐步兌現。因而這兩個國家中的民主都不是一步到位，而是一個逐級推進和有序擴展的過程。

今天的民主體制改革，勢將表現為一個歷史的較長時段，可以穩步推進，但不宜搞民主大躍進。而且民主的路徑取向應當與憲政相反，它不是從上而下，而是從下而上。對於一個民主經驗缺乏的國家，一下子在國家政治層面上搞普遍民主不但不切實際，而且容易致亂；畢竟人人都想攫取權力，因而極易為野心家所利用。就此，胡適當年把民主政治表述為「幼稚園政治」，可以理解為民主的實踐不妨從底層開始，從幼稚園水準開始。這樣可以大面積地積累民主經驗，逐步讓民主成熟並往上抬升。如果民主是人民的自治形態，它也是從人們就近的生活層面開始。如果民主沒有經過民眾就近生活的小範圍的訓練，很難相信它一下子就可以在國家層面上大範圍地鋪展並獲得成功。何況權力是一座金字塔，它的改變也需要從基層開始，拾級而上。這是一種階梯式的推進，不可躐等。如果一開始就自上而下，那麼整個權力系統很容易處於飄搖與動盪之中，這並不利於非民主社會權力自身的良性更替，更不利於社會與民眾。

因此，民主從底層開始，從農村講即是從村鄉鎮開始，從城市講亦即從社區和街道開始。這兩者並非沒有開始過，但一定要讓權力的定期選舉在這個層面上制度化，以免讓官員搞一次曇花一現的選舉只是為了自己的政績。如果基層選舉經過了若干回合，在程序和技術上都獲得了一些經驗，這時才可以考慮進一步抬升。當然，這一點需要強調，抬升固是不急之務，但卻不能讓它成為停滯的藉口。

　　如題，政治改革的憲政頂層與民主底層，同時切入政治秩序的兩個維度，它們從上下兩個不同方向分別改變權力的來源與性質。這裡，所以把憲政視為首要而民主次之，如前所述，因為在現代政治的演進過程中，成功的經驗總是憲政優先於民主。這裡的優先在實踐上可以表現為憲政的力度可以大一些，相應地，民主的步幅則不妨小一些、穩一些。它們相向而行，彼此呼應。待至它們兩兩相交那一天，那就是政治秩序打通了自己的任督二脈。

清末正派，五四歧出
──二十世紀初的「新傳統主義」與「反傳統主義」

現代：一個錯位的起點

　　二〇一五年是五四新文化運動一〇〇周年誕辰。一九一五年九月十五日，《新青年》創刊（該雜誌先期名為《青年雜誌》），五四新文化由此啟幕。這個影響了中國一百年的文化運動，被主流意識形態視為中國現代的開端。中國現代史、現代思想史、文化史、文學史的書寫無不以五四為起點，但，這未必不是一種歷史偏差。

　　如果通貫二十世紀一百年，可以看到，辛亥革命前的清末十二年，實為我族華夏現代之始，但，這一時段習慣上被視為近代。這一時代思想文化學術上的傑出人物，如嚴復、梁啟超、王國維等，大體被視為近代人物而非現代人物；正如五四新文化三傑：陳獨秀、胡適和魯迅，他們才是現代知識份子（而且是第一代），由他們所代表的思想文化亦即五四新文化才是一種文化現代性。

　　近代與現代，非止時間之差，而是價值之異。近代，往往被視為傳統到現代的過渡，現代則是其過渡的完成。美國華人學者張灝有一書名為《梁啟超與中國思想的過渡》，梁啟超時代為什麼是中國思想的過渡，它要過渡到哪裡去。清末十二年，梁啟超有效地主導了當時的思想輿論，是那個時代影響最大因而也是最重要的思想家。他的政治思想是立憲，文化思想是新民。立憲乃終結皇權專制，新民則培育公民精神。這分別體現了那個時代的政治現代性和文化現代性。如果這樣一個組合尚不足以稱現代，那麼，現代到底又是什麼。尤其是，梁啟超不但從政治文化兩面給這個民族輸入新價值，卻又立足傳統而不拋棄之。因此，由他所代表的清末十二年豈止二十世紀現代之始，且是正派。但，按照二十世紀的觀念習慣，是梁啟超以後的時代，即五四新文化才最終完成了從傳統到現代的轉型。它終結了傳統，開啟了一個嶄新的現代。因此，新，不但形成我們對

五四新文化的事實判斷，同時也是肯定意義上的價值判斷。其價值就在於它徹底反傳統，超越了所謂近代對傳統持守的侷限，因而革命性地過渡到現代。從二十世紀進步主義意識形態來看，近代與現代之別（同時也是新舊之別），大率如此。

時代的劃分，政治從來就是一個重要的維度。以五四為現代起點，本身便是政治劃分的結果，因為它引發了新民主主義革命。一部現代史在主流意識形態那裡，就是新民主主義的革命史。由於孫中山的辛亥革命被視為舊民主主義革命，故爾被劃入近代範疇。顯然這是勝利者的歷史劃分。如果從國民黨的角度，現代的出現便是中華民國的誕生。只是政治如果不失為一種劃分尺度，它不應該僅僅被簡化為勝利者的尺度。如果可以超越黨派政治，並著眼於傳統政治和現代政治的分野，那麼，中國現代政治史的書寫，應該以一九○一年梁啟超發表《立憲法議》為發端，因為它引發了其後清末十二年的立憲運動。這不啻是中國政治現代化的先聲。

這裡簡要說明兩點：一，中國政治現代化的開始所以起點於二十世紀初的清末立憲而非十九世紀末的戊戌維新，蓋在於後者更多表現為傳統性質的變法，它沒有觸動皇權根本，其主張事項帶有明顯的行政改革意味而非政治改革。它遠不若後來的清末立憲，極為內在地觸動了皇權制度根本。雖不推翻皇室，但以憲政框架制約並虛化之，使傳統的君主專制轉化為現代政治文明性質的君主立憲。故清末十二年的憲政運動，正是一六八八年英倫「光榮革命」的翻版（雖然功虧一簣），它不獨是二十世紀的開端，也是中國現代史和現代政治的開端。二，與梁啟超清末立憲派同時的孫中山革命派，以共和為目標，試圖以暴力革命的方式終結皇權，用民主取代君主。無疑這也是一種政治現代性。不同在於，立憲派以英倫現代性為前瞻，革命派踵繼的則是法國大革命。這是歐西兩種不同版本的現代性在清末競演。只是筆者看來，相對於改良性質的英倫版，法國版的暴力激進是當時政治主流的歧出。雖然因為擦槍走火獲得了成功，但實際上延宕了專制問題的制度解決（以後的歷史不是君主框架下的專制，而是共和框架下的專制），並且給後來的政局帶來了清末所未有的混亂。由於本文並非完全的政治論，此一問題姑且點到，不再展開。

從政治現代性到文化現代性。清末十二年和五四新文化，不是從近代到現代，而是第次出現的兩種不同的現代（性）。一九○二年，人在日

本的梁啟超創辦《新民叢報》，至一九〇七年因火而停。這是那個時代影響最大的一份雜誌（包括梁啟超前此創辦的《清議報》〈一八九八－一九〇一〉）。如果說一九一五年創辦的《新青年》如何影響了時人及後來人，《新民叢報》則同比程度影響了它那個時代的讀者及後人；而且《新青年》的作者群，因為年齡的落差，他們都是讀著《新民叢報》的文字成長的（包括胡適和魯迅）。當然，清末十二年，影響他們的文字不獨梁任公，甚至影響更大更深入的還有嚴復，尤其是他的《天演論》。

這樣兩份雜誌，代表了兩個時代。但，無論《新民叢報》還是《新青年》，都以「新」自命。一個是要新民，一個是要新青年。它們所謂的新，都是指與傳統不同的西方文化。傳播西方思想文化是這兩個雜誌的自覺的使命。其差異在於，相較於《新民叢報》全方位的紹介歐美，《新青年》則比較偏食。它前期較多偏重法國（因其對法國大革命的欣賞），正如後期偏斜蘇聯（因其對十月革命的認同）。當然，更重要的不同在於，它們對傳統及傳統文化的態度迥然有異。五四新文化的整體性反傳統已自不待言。但，清末十二年，無論嚴復梁啟超，他們對新舊文化的態度是會通中西、交互闡釋。他們從不因為傳統文化的舊而欲澈底否定，毋寧是希望通過西方文化的引進從而對其更新。

這就是二十世紀的前二十年，它不是從傳統到近代而現代，而是對傳統的態度不同呈現出性狀不同的兩種現代。因此，把五四新文化作為現代源起乃是時間的錯位，現代發生的時間表理應提前。就第一個十年而言，它所體現的現代性方案是推陳出新，從「陳」亦即傳統當中推出「新」來。第二個十年的現代性方案毋寧也是推陳出新。但，它的推，不是推出而是推倒，亦即推倒傳統，讓新橫空出世。然而，從傳統中出新，是人類文明的自然演化。離開傳統的新，是為無根，而且不可能。故，二十世紀前兩個十年，清末十二年為正派，五四新文化是歧出。

清末十二年的「新傳統主義」

「新傳統主義」是美國學者張灝在《梁啟超與中國思想的過渡》一書結語中提出的一個概念，用以指陳五四新文化運動中的另一股重要思潮，與五四反傳統思潮相對抗。「新傳統主義只指那樣一些人，他們基本上仍

認同傳統的價值觀，他們接受現代西方文明的某些成分，主要將它們作為促進和保存那些有價值的傳統價值觀的一種方法。」[1]在筆者看來，張灝先生的新傳統主義與其用來稱謂比如陳獨秀與之論戰的杜亞泉等文化保守派，還不若直接將其指陳清末十二年的嚴復梁啟超等。正如有人未必合適地將清末嚴梁等人稱為「文化保守主義」，但此處的保守主義顯然不及「新傳統主義」更合適、更準確。要其言，新傳統主義及其所指應當在時間上提前到清末，同理，文化保守主義發生的時間則應措後至五四。

　　保守主義是相對激進主義而出現的一種意識形態，它不是主動的而是被動的，不是先發的而是因應的。如果沒有法國大革命，就不會有伯克式的反激進的保守主義，故伯克經常被視為西方保守主義的鼻祖。同理，如果沒有五四新文化的全盤反傳統，就不會出現所謂的文化保守主義。落實到清末十二年，其時並沒有反傳統的力量出現。當然，清末並非沒有保守主義，但那是政治保守主義而非文化保守主義。政治保守主義是反對孫中山革命派的那些立憲改良的主張（如康梁），文化保守主義要遲至五四新文化出現方才出場。就清末那些全力紹介西方思想的嚴梁等人而言，他們對傳統的態度無一不是革新傳統而非拋棄傳統。可以說他們是新傳統主義（相對於當時保守的排外勢力而言），卻不宜指其為文化保守主義。當然，到了五四新文化，時移事易，嚴梁等人則由前此的新傳統主義轉化為文化保守主義，因為這時他們面對的已不是清末極端保守派，而是激進反傳統的現代派。從新傳統主義（革新傳統）到文化保守主義（持守傳統），學界習慣上指責他們早年進步，晚年趨於保守即落後，這顯然是不知之論。嚴梁等人在不同的時代，面對不同的對立面，自然表現出不同的因應，呈現為不同的側重。西學新進，面對傳統積弊和守舊阻力，不免大張鼓吹，故給人以新字當頭的印象。相反，五四新文化欲摧毀傳統而後快，他們以保守持正的聲音匡其時弊，故讓一味趨新之人覺其落伍。其實變化的未必是他們，而是時代。就其一貫而言，他們在文化上的基本價值取向未曾有根本性的變化；並且於前後兩種極端之間，始終體現的是中道。

　　新傳統主義的出現，是後發現代化民族對歐美現代化衝擊所形成的一種刺激反應。一八四〇年以後，一代代士大夫深感不引介西方文明不變革

---

[1]　張灝《梁啟超與中國思想的過渡》，第三〇六頁，江蘇人民出版社，一九九五。

自身傳統則無以應付三千年未有之變局。除極端守舊者外，士大夫階層基本上都意識到危機的進逼，都自覺主動地面向西方文明，務以引進為新，或科技或政治或文化。但，咸與維新，並非問題全部。這裡值得注意的，是其中兩種基本不同的主張。

　　一、中體西用。這是包括王韜、馮桂芬、沈壽康、張之洞等在內的許多人的文化主張，晚清很流行。一八九八年張之洞於《勸學篇·設學第三》規劃辦學要略：「一曰新、舊兼學。四書五經、中國史事、政書、地圖為舊學，西政、西藝、西史為新學。舊學為體，新學為用，不使偏廢。」[2]這便是後來廣為人所傳播的「中學為體，西學為用」（具體提出者是沈壽康，但張影響更大）在張看來，學與政的關係是「其表在政，其裡在學」[3]；學以致政，政教合一。由於張氏堅持「三綱為中國神聖相傳之至教，禮政之原本。」[4]故，中學為體，西學為用，便是以儒家綱常名教為治學和治政的根本，以西學補其不足。至於西學中的西政西藝，則見張之洞辦學的另一要略：「一曰政、藝兼學，學校地理、度支賦稅、武備律例、勸工通商，西政也；算繪礦醫、聲光化電，西藝也。」[5]大致我們今天所謂的自然科學，即張之眼中西藝也，西政則大體偏於相關的社會科學以及各種政府事務，而非指西方的政治制度。制度是自己的，學問是人家的。無論是西方的自然科學、社會科學還是其他，無不可以為我所用；但董仲舒以來的儒家綱常名教制度，則「道之大原出於天，天不變道亦不變」。這便是張之洞中體西用思想的基本內涵。

　　二、執西用中。這是嚴復在與他的門生通信中提出的觀點。其原文為：「士生蛻化時代，一切事殆莫不然，依乎天理，執西用中，無一定死法，止於至善而已。」[6]至於當時流行的中體西用，嚴復認為不通。一九〇二年他在「與《外交報》主人書」中即指出其不通之處：「體用者，即一物而言之也。有牛之體，則有負重之用；有馬之體，則有致遠之用。未聞以牛為體，以馬為用者也。……故中學有中學之體用，西學有西學之體

2　張之洞《勸學篇·設學第三》第七十六頁，廣西師範大學出版社，二〇〇八。
3　張之洞《勸學篇·序》第二頁，廣西師範大學出版社，二〇〇八。
4　張之洞《勸學篇·序》第二-三頁，廣西師範大學出版社，二〇〇八。
5　張之洞《勸學篇·設學第三》第七十六頁，廣西師範大學出版社，二〇〇八。
6　嚴復《嚴復集》第三冊，第六一五頁，中華書局，一九八六。

用。分之則並立，合之則兩亡。」[7]故爾，在比喻的意義上，嚴復認為：「使所取以輔者與所主者絕不同物，將無異取驥之四蹄，以附牛之項頸，從而責千里焉，固不可得，而田隴之功，又以廢也。」[8]對中體西用的解構，當然不是拋棄傳統。「然則今之教育，將盡去吾國之舊，以謀西人之新歟？曰：是又不然。英人摩利之言曰：『變法之難，在去其舊染矣，而能擇其所善者而存之。』」故，正確的方略是：「統新故而視其通，苞中外而計其全。」嚴復認為，只要於民力民智民德有所裨益（這是嚴復認為當時中國亟待解決的問題），「不暇問其中若西也，不必計其新若故也。」（引同前）

同樣作為新傳統主義，「執西用中」與「中體西用」的不同，不在於不引介西學，而是反對中學為體。如其上，在張之洞等人那裡，傳統政學互為表裡，它指的是漢儒董仲舒以來的綱常名教。一九〇六年清廷學部按照中體西用的原則頒定國家辦學宗旨，「忠君」具首。此即所有西學皆可以為忠君制度所用，惟忠君本身乃體用之體，不得動搖。然而，嚴復的執西用中動搖的恰恰是這個體。如果讀嚴復的《辟韓》，它所批判的正是韓愈的忠君思想。在嚴復眼裡，君是民用自己的賦稅養活的，如果它不能為民去除各種患害且自身成為患害，那就要從制度上廢君。這樣的思想是張之洞等不可想像的。所以，嚴復的新傳統主義，不但西藝西學西政，都可以執而為中所用；關鍵更在於對傳統進行制度更新。制度本身也是一個體用結構，一八九五年嚴復在《原強》一文中指出西洋所以強盛，「推求其故，蓋彼以自由為體，以民主為用。」[9]這樣一個體用結構，乃西洋之所有，中國之所無（民主）。故同樣可以按執西用中之原則，納於國中。可見「自由為體，民主為用」，所以不同於中學為體，西學為用，即它不是以「中學」即忠君那一套為體，而是以「中」為體，這個體就是所謂中國或中華民族之本身。此體非彼體，它要在突破以傳統政學為體且政教合一的藩籬，將自由民主制度作為更新傳統的根本。

嚴復式的新傳統主義，另一代表人物是梁啟超。一九〇八年戊戌變法期間，由梁啟超參與起草的「奏擬京師大學堂章程」，在言及中西文化時

---

[7]　嚴復《嚴復集》第三冊，第五五八－五五九頁，中華書局，一九八六。
[8]　嚴復《嚴復集》第三冊，第五六〇頁，中華書局，一九八六。
[9]　嚴復《嚴復集》第一冊上，第十一頁，中華書局，一九八六。

強調「中西並重，觀其會通，無得偏廢」。[10]這一思想我們可以從一九〇
二年梁啟超《新民說》第三節「釋新民之義」中看到更具體也更精彩的闡
發。它的精彩與其在於對西方的引進，不如說更在於強調對傳統的持守：
「新民云者，非欲吾民盡棄其舊以從人也。新之義有二，一曰淬厲其所本
有而新之，二曰採補其所本無而新之。」（本節下引俱出此，不另注）[11]
採補本無即援引西學，固然為新。但新的另一面相更值得我們注意，它不
是外來，而是舊有。淬厲固有而使其一新，這是一種積極的新傳統主義。
淬是鍛鍊，厲是砥礪，以這種方式使古老的傳統不斷更新。在這個意義
上，梁啟超甚至自稱守舊主義者：「吾所患不在守舊，而患無真能守舊
者。真能守舊者何，即吾所謂淬厲固有之謂也。」在強調守舊的意義後，
梁啟超縱論守舊與進取兩者間的關係：「世界上萬事之現象，不外兩大主
義，一曰保守，二曰進取。」「有人認為「兩者並起而相衝突」。但梁卻
主張「兩者並存而相調和」。這是新與舊的調和，中西文化的調和，也是
傳統與現代的調和。在此，梁啟超特別推崇歐西英倫的盎格魯撒克遜人，
認為他們是偉大的「善調和者」。他很形象地為他的調和論張目：進取與
保守，「譬之蹞步，以一足立，以一足行；譬之拾物，以一手握，以一手
取。」人之行走，設若去掉保守之一足，或沒有它的支撐，又何以進前。
相映成趣的是，前此嚴復在《主客平議》中也有過相同的論述：「非新無
以為進，非舊無以為守。且守且進，此其國之所以駿發而又治安也。」[12]
最後，梁啟超的結論是：「吾所謂新民者，必非如醉心西風者流，蔑棄吾
數千年之道德學術風俗，以求伍於他人。亦非如墨守故紙者流，謂僅抱此
數千年之道德學術風俗，遂足以立於大地也。」

　　清末十二年是二十世紀中國的黃金時代，擔綱這一時代的思想政治人
物，如嚴梁等，都是傳統的士君子。由於一九〇五年清廷宣佈廢除科舉，
年輕人紛紛出國留學，因而成就了從東洋和西洋回來的「第一代知識份
子」。相比而言，嚴梁等人可謂中國歷史上「最後一代士紳」。這樣一個
群體，精彩在於，自「舊」的一面言，他們的身分往往是雙重的，既是文

<hr/>

[10] 北京大學校史研究室編：《北京大學史料》第一卷，第八十二頁，北京大學出版社，一九九
三年。
[11] 梁啟超《飲冰室合集（六）・飲冰室專集之四》第五—七頁，中華書局，一九八九。
[12] 嚴復《嚴復集》第一冊上，第一一九頁，中華書局，一九八六。

化保守主義者,又是政治保守主義者。自「新」的一面言,他們對傳統的革新,俱是從制度層面入手,意欲借鑒西方的「自由為體,民主為用」,以改造傳統的儒家政治。嚴復是中國第一代自由主義者,他翻譯的現代自由主義經典《自由論》,於一九〇三年由商務印書館出版,這意味著中國自由主義時代的開啟。梁啟超是國中第一代憲政主義者,一九〇一年他的《立憲法議》發表,引發了數年後國內轟轟烈烈的憲政主義運動。任公本人始終是這一運動的輿論領袖。自由與憲政的關係,正如哈耶克所稱許的那樣:「剝離掉一切表層以後,自由主義就是憲政。」[13]以制度化的憲政保障個人自由並規範傳統的政治權力,是二十世紀中國自由主義或憲政主義第一波。嚴梁等人不但知識上傳播自由主義和憲政主義,他們以其自身的言動也很好地體現了自由主義的文化寬容包括政治寬容。如在新舊關係上,嚴復認為「惟新舊無得以相強,則自由精義之所存也。」[14]新舊相容而並非彼此強制,這才是自由主義的精髓。雖然他們生活在傳統政治占主導地位的時代,但他們在文化和政治上的努力,卻為二十世紀的歷史開了一個很端正的頭,這是一個自由主義的頭(或文化上的自由主義以及政治上的憲政主義)。如果以清末十二年比況後來的歷史,一個公道的評價應該是,由嚴梁等「最後一代士紳」所開風氣的時代,不但是二十世紀傳統中國的「現代之始」,也是二十世紀最好的時代。

五四新文化的「反傳統主義」

　　五四新文化發生在二十世紀第二個十年,它的時段大致為《新青年》發刊的一九一五年至五四運動發生的一九一九年乃至一九二〇年代初。時移世易,二十世紀第二個十年,國內風氣,為之一變。活躍在歷史舞臺上的,已經不復是嚴梁等「最後一代士紳」,他們已經成了前朝人物。取代他們的則是與科舉切割並有留洋背景的所謂現代知識人,如陳獨秀、胡適、魯迅等。他們不妨是二十世紀中國「第一代知識份子」。和上一代的傳統士紳不同,他們在政治和文化上(尤其後者)都具有濃厚的激進主義色彩。政治上他們無不認同業已發生了的辛亥革命。相對於清末立憲而

13 哈耶克《自由秩序原理》上,第二四三頁,三聯書店,一九九七。
14 嚴復《嚴復集》第一冊上,第一一九頁,中華書局,一九八六。

言，這本是二十世紀政治現代性的歧出。文化上，或由他們發動並代表的
五四新文化，和清末新傳統主義的最大的不同，就是激進地反傳統。故五
四新文化是一種反傳統主義的新文化。

顯然，文化上反傳統，而且是全盤否定式的整體性反傳統，也是一
種現代性。如果可以借用杜威的概念，這不妨是一種「極端的現代性」。
一九二六年十月，胡適在英國倫敦收到他的老師杜威一封信，信中有這樣
一段表述：「兩年前我在土耳其講演時，就注意到這兩個國家以及中國，
存在一些共同的傾向，例如，革命，民族主義，排外，害怕外來勢力的侵
略，極端的現代主義以及極端的中世紀主義等……」[15]杜威一九一九年來
過中國並達兩年之久，無疑他的觀察是準確的。革命，民族主義，排外和
反帝，正是五四以來國中普遍流行的社會症候，並吸附了眾多的青年。至
於「極端的現代主義」，杜威雖未作內涵上的闡釋，但用以指陳五四新文
化所表現出來的文化品格，不妨也是可以成立的。五四新文化的新，是澈
底斷絕傳統的新，因而是一種空前性質的全新。因此，由它構成的新與舊
二元對立、無以兩存的現代，便是一種極端的現代（這裡可以率先用魯迅
的話演示：「那就是將『宗教，家庭，財產，祖國，禮教……一切神聖不
可侵犯』的東西，都像糞一般拋掉，而一個簇新的，真正空前的社會制度
從地獄底裡湧現而出」[16]）。相對於前此從傳統中演化而出的現代，這種
現代便是一種極端的現代，並且是現代的歧出。

《新青年》開篇第一號有一題為「新舊問題」的文章（作者汪叔
潛），它奠定了這份雜誌乃至由此推廣開去的五四新文化的反傳統基調。
文章開篇即認為政治有新政治和舊政治，同樣學問有新學問和舊學問，道
德亦有新道德和舊道德，包括交際應酬有新儀式和舊儀式等。從國家到社
會，「無事無物不呈新舊之二象」。這本來是宇宙世界的常態，但作者奉
持的態度是「新舊二者，絕對不能相容」。在該文看來，「所謂新者無
他，即外來之西洋文化也；所謂舊者無他，即中國固有之文化也。」那
麼，「西洋文化和中國文化根本上是否可以相容？」這是該文自問，它的
回答是：「二者根本相違，絕無調和折衷之餘地」；而且「新舊之不能相
容，更甚於水火冰炭之不能相入也。」這樣的表述其實是五四新文化對清

---

[15] 《胡適日記全編》卷四，第三八五頁，安徽教育出版社，二〇〇一。
[16] 《魯迅全集》卷四，第四二六頁，人民文學出版社，一九八二。

末十二年的一個批判。當年嚴梁等人俱奉持中西文化調和論，但在該文，調和即折衷：「以為二者可以並行不悖。新者固在所取法，舊者亦未可偏廢」。針對嚴梁等這種本來是正確的文化主張，作者的態度毫不含糊：「吾惡夫作偽，吾惡夫盲從，吾尤惡夫折衷。」[17]

五四新文化一代是對清末上一代的反叛。以上這種二元對立式的絕對主義表述，並非個別，它是《新青年》的主導思維，甚至主導了那個時代。陳獨秀是《新青年》的創辦人和主辦人，在新舊問題上，他與上文不但同調，甚至語言都一樣。《新青年》創刊的頭條文章是陳獨秀自己的《敬告青年》，其中陳認為中國傳統固步自封，「舉凡殘民害理之妖言，率能征之故訓，而不可謂誣。謬種流傳，豈自今始！固有之倫理，法律，學術，禮俗，無一非封建制度之遺」。[18]從倫理到禮俗，這是一種整體性的反傳統。如果說以上梁啟超認為「所謂新民者，必非如醉心西風者流，蔑棄吾數千年之道德學術風俗，以求伍於他人」；那麼陳獨秀在《今日中國之政治問題》中恰恰認為「無論政治學術道德文章，西洋的法子和中國的法子，絕對是兩樣，斷斷不可調和遷就的。」「因為新舊兩種法子，好像水火冰炭，斷然不能相容。要想兩樣並行，必致弄得非牛非馬，一樣不成。」[19]這種整體性還表現在如果你反對傳統政治，那麼政治以外的傳統的一切，都得成為反對對象。在《吾人最後之覺悟》中，陳獨秀聲稱：「吾人果欲於政治上採用共和立憲制，複欲於倫理上保守綱常階級制，以收新舊調和之效，自家衝撞，此絕對不可能之事。」他的態度是，「絕對不可相容之物，存其一必廢其一。……焉有並行之餘地」。[20]如果說傳統倫理與政治尚有一定的聯繫，那麼文學呢。《新青年》的推論是，反對舊政治，必定反對舊文學。五四新文化最重要的標誌之一便是以白話文為寫作語體的新文學。胡適等人推廣白話文和新文學固然有其歷史功績，但他們對舊文學的態度卻是以進化論的理由視其為淘汰物。舊文學不但是淘汰的對象，更在於他們認為反對舊政治，不可能不同時反對舊文學。因為

---

17 本節引文俱出自《新舊問題》文，見《新青年》第一卷第一四—一六頁，寧夏人民出版社，二〇一一。

18 《新青年》第一卷第二頁，寧夏人民出版社，二〇一一。

19 《新青年》第五卷第二頁，寧夏人民出版社，二〇一一。

20 《新青年》第一卷第三三七頁，寧夏人民出版社，二〇一一。

「舊文學，舊政治，舊倫理，本是一家眷屬，固不得去此而取彼。」[21]這是由胡適和陳獨秀聯合署名的答讀者來信（《論〈新青年〉之主張》），只要視之為舊，一樣都不能保留，「須一律掃除」（此乃本文中的讀者來信之語）。這就是五四新文化反傳統的整體主義邏輯。

　　新舊不相容，現代與傳統不兩存，這種二元對立的思維，必然導致專制主義傾向的一元獨斷，它是反自由主義的。如果以上嚴復「惟新舊無得以相強，則自由精義之所存也」；那麼，當新以現代的名義對舊進行強制性的壓倒，自由主義將不復存在。《新青年》當時以反專制名世，殊不知它自己的文化表現就具有一種專制性，「新」的專制（儘管它尚未獲取權力）。傳統文化以孔門儒家為主體，五四新文化的反傳統其實就是反孔，比如四川吳虞在《新青年》發表反孔文章，被胡適稱讚為「只手打到孔家店的老英雄」。一九一六年，《新青年》第三號有陳獨秀的《憲法與孔教》，聲稱：為了「組織西洋式之新社會，以求適今世之生存」，不但需要輸入西學，而且「對於與此新社會新國家新信仰不可相容之孔教，不可不有澈底之覺悟，勇猛之決心；否則不塞不流，不止不行！」[22]另外，以上胡陳連署的答讀者來信，針對該讀者的看法，即提倡新文學不必破壞舊文學，兩者可以各行其道；胡陳回答是：「鄙意卻以為不塞不流，不止不行，猶之欲興學校，必廢科舉」[23]；此即推廣新文學就必須堵塞和禁止舊文學。「不塞不流，不止不行」，此語出自唐韓愈的《原道》。當時佛老流行，儒道不興。為了興儒辟佛，韓愈將儒佛視為勢不兩立，強調佛不堵塞則儒不得流通，佛不禁止則儒不得推行。這就是二元對立中的一元獨斷，它們的關係是你死我活。《新青年》在當時青年中的影響是巨大的，毛澤東即是終身受其影響的一位（而且青年毛澤東也在《新青年》上發表過文字）。一九四○年毛著《新民主主義論》，文章的立論、思維、語用乃至口吻都是典型的新青年式的。當年陳獨秀的不塞不流，不止不行，到了毛澤東那裡有了更進一步的發展。在毛看來，當時在新文化之外，還有帝國主義文化和半封建文化。就後者言，「凡屬主張尊孔讀經、提倡舊禮教舊思想、反對新思想新文化的人們，都是這類文化的代表。」它和帝國

---

[21] 《新青年》第五卷第三三六頁，寧夏人民出版社，二〇一一。

[22] 《新青年》第二卷第一四六頁，寧夏人民出版社，二〇一一。

[23] 《新青年》第五卷第三三六頁，寧夏人民出版社，二〇一一。

主義文化結成了反動同盟,「是應該被打到的東西」。如果「不把這樣東西打到,什麼新文化都是建立不起來的。不破不立,不塞不流,不止不行,它們之間的鬥爭是生死鬥爭。」[24]一九六〇年代,中國發生文化大革命,傳統文化受到摧毀性的衝擊。在文革「破四舊、立四新」即破除舊思想、舊文化、舊風俗、舊習慣的運動中,不破不立,不塞不流,不止不行,作為最響亮的口號到處流行(尤其是其中的不破不立)。從五四新文化到文革破四舊,前者從觀念上摧毀傳統文化,後者則以運動的方式將其實現。歷史就是這樣草蛇灰線,從文革那裡不難看到五四新文化的邏輯。

由二元對立到一元獨斷的絕對主義和全盤反傳統的整體主義,如果說這是《新青年》的文化邏輯;那麼,這一邏輯的觀念原點則是它所奉持的「進步論」。《新青年》開篇《敬告青年》第二部分的題目是「進步的而非保守的」:「人生如逆水行舟,不進則退,中國之恒言也。自宇宙之根本大法言之,森羅萬象,無日不在演進之途,萬無保守現狀之理。」如果比較以上梁啟超的「譬之蹞步,以一足立,以一足行」,進步與保守,乃相輔相成;但在《新青年》這裡,它們卻成了對立形態的非此即彼。所以,陳獨秀「吾寧忍過去國粹之消亡,而不忍現在及將來之民族,不適世界之生存而歸削滅也。」[25]進步論如此廣泛地影響了不止一代的中國知識人,五四人則是受其影響最大的一批。進步論本身不是來自五四,而是來自清末十二年。是嚴復翻譯赫胥黎的《天演論》傳播了達爾文的進化思想,正如他也翻譯了密爾的《論自由》。不幸在於,不是《論自由》而是《天演論》左右了當時的時代,五四知識人不但陷入進步焦慮,更患上了可怕的進步綜合症。新的一律好,舊的一律壞,為了進步而澈底排斥保守與傳統,直接導致五四新文化的偏至。這種反常識的偏至,常人都能看出,但五四人自己卻陷溺其中難以自知。胡適留學時有一則日記,頗能說明這一問題:時在美國的胡適「偶語韋女士吾國士夫不拒新思想,因舉《天演論》為證。達爾文《物種由來》之出世也,西方之守舊者爭駁擊之,歷半世紀而未衰。及其東來,乃風靡吾國,無有拒力。廿年來,『天擇』『競存』諸名詞乃成口頭禪語。女士曰:『此亦未必為中國士夫之長處。西方人士不肯人云亦云,而必經幾許試驗證據辯難,而後成為定論。

24 《毛澤東選集》第二卷,第六八八頁,人民出版社,一九六六。
25 《新青年》第一卷第二頁,寧夏人民出版社,二〇一一。

東方人士習於崇奉宗匠之言，苟其動聽，便成圭臬。西方之不輕受新思想也，未必是其短處；東方之輕受之也，未必是其長處也。』」[26]旁觀者清，韋女士所言非但正中肯綮；而且更像是對五四的一個預言。五四新文化除了反傳統，它的另一病象即是接引外來文化的「輕受之短」。

在此篇日記最後，胡適表達自己的感慨：「今之倡言『物競天擇』者，有幾人能真知進化論之科學的根據耶？」這其實也包括了胡適自己。達爾文的進化論並非進步論；然而五四新文化普遍把進化論化約為進步論，這是誤讀。進化是演化，它沒有目的和方向。進步不然，它是線性的，有著明確的方向和目標。在進步論看來，新的就是好的，它代表了未來的歷史方向。相反，舊的則必須淘汰（因為進步論的線性鏈條只有時間維度沒有空間維度，它不會給舊留下任何存在的餘地）。所以，五四新文化的反傳統必然是絕對主義和整體主義的。如其上，如果說絕對主義已然帶有專制色彩，整體主義則更蘊含著極權主義亦即全權主義的內傾。不但如此，《新青年》一味棄舊趨新，即使西方如英美已經是進步論意義上的舊。取代它們並對其選擇的則是由法國大革命而來的俄國革命，這才是五四新文化眼中的西方之最新。所謂「輕受之短」，即指此也。它在中國這「第一代知識份子」那裡表現得很普遍，陳獨秀、胡適和魯迅等無一豁免。由此可見，二十世紀第二個十年，五四新文化也就做了兩件事。第一件事是破，即從文化觀念上澈底反傳統（從創刊到一九一七至一九一九）；第二件事是立，乃從制度觀念上一味樹蘇俄（從一九一七／一九一九至一九二〇以後）。這不破不立兩件事，一前一後，構成了二十世紀第二個十年中五四新文化的歷史，並一直延續至今。

我們需要什麼樣的現代

今天，二十世紀一百年已然過去。決定一個世紀歷史的，往往在於它的開頭。二十世紀前二十年，作為中國現代之始，它其實給我們開了兩個頭。嚴梁等「末代之士」的第一個十年給二十世紀開了一個自由主義的頭，五四「第一代知識份子」的第二個十年，乃給這個世紀開了一個俄蘇

---

[26] 《胡適日記全編》卷二，第一二八頁，安徽教育出版社，二〇〇一

式社會主義的頭。後者如果是五四新文化的後期作為且是政治論，不妨擱下。那麼，前期它的文化表現非但不是自由主義的，而是反自由主義的；並且由於對傳統的整體性反對，使它在極權主義未入中土之前，自身已具備契合的可能。整體論的思維便是極權論的思維。極權主義的思維邏輯，在《新青年》的反傳統中已經潛形，它為以後的歷史埋下了伏筆。

清末正派，五四歧出。從新傳統主義到反傳統主義，後來歷史的發展，沿著五四的歧出一路下行。前此政治的歧出加上文化的歧出，國家任督二脈俱被打破。當然，五四以後包括五四在內的歷史，你可以說它是進步，也可以說它是以進步的名義倒退（這在於每個人奉持的歷史觀）。至於活躍在清末十二年間的「最後一代士紳」，自進入民國之後，逐漸被邊緣化，老的老、死的死。他們的主張，包括文化的和政治的，用一位臺灣學者的表述，俱成為一種「被放棄了的選擇」（黃克武），終至在中國現代史上銷聲匿跡。不但大陸這邊的主流現代史是從五四開始書寫；即便對面台島，一九九九年為紀念五四八十周年而推出的十卷本「現代中國自由主義資料選編」（編者云是為《現代中國自由主義史》作資料準備），居然也是從五四開始。它給人的錯覺是，現代中國的自由主義始於五四，始於五四新文化（嚴梁等二十世紀第一代自由主義完全拋棄在視野之外）。這就是五四新文化的影響。問題在於，如果五四新文化所處的北洋時代依然是一個自由的時代，但五四新文化本身卻不是自由主義的。自由即寬容，思想的寬容和文化的寬容是自由主義題中應有之義。但，身為新文化人物的胡適走出五四不久，很快就感受到那個時代的極端不寬容了。一九二五年胡適致信陳獨秀，內中感言：「這幾年以來，卻很不同了。不容忍的空氣充滿了國中。並不是舊勢力的不容忍，他們早已沒有摧殘異己的能力了。最不容忍的乃是一班自命為最新的人。」對此，胡適坦承自己「實在有點悲觀。我怕的是這種不容忍的風氣造成之後，這個社會將要變成一個更殘忍更慘酷的社會，我們愛自由爭自由的人怕沒有立足容身之地了。」[27]後來的歷史果然如此。

「舊者因多而廢噎，新者歧多而亡羊」[28]（張之洞《勸學·序》）。對二十世紀而言，前者沒有成為問題，問題出在後者。但，我們對後者的

---

[27] 《胡適來往書信選》上，第三六○頁，中華書局香港分局，一九八三。
[28] 張之洞《勸學篇·序》第二頁，廣西師範大學出版社，二〇〇八。

態度始終缺乏一個根本性的體認。幾十年來，每十年中的逢九之年，都是有關五四新文化的整周紀念。尤其是大陸知識界，率以弘揚為主，雅頌不絕；當然反思亦有，但鮮有批判。如果一九一五年是五四新文化創始之年，一九一九年為其高潮；那麼，一個世紀過去，從二〇一五始，至二〇一九止，由於這是五四新文化百年之誕，可以想見，新一輪的紀念陸續會在兩岸知識界鋪開。好在這些年來，在紀念五四新文化的同時，反思的聲音也不斷出現（儘管很邊緣）。以反思的眼光看五四新文化，以及以反思的眼光看受五四新文化影響的二十世紀，至少這種反傳統主義的現代，抑或極端的現代，應該成為我們今天反面的鏡鑒。現代是一個過程，其中內含著各種各樣的現代性。英倫光榮革命是一種現代性，美國以憲法立國的憲法修正案是一種現代性，法國大革命也是一種現代性，以此而下的俄國革命同樣是一種現代性，包括來自義大利的法西斯和德國的納粹等，無不屬於可以成為我們價值選擇的現代性。那麼，我們到底應當選擇一種什麼樣的現代性，不是五四新文化而是清末十二年，不獨在對傳統文化的態度上，而且在對外來文化的選擇上，後者都可以給我們以糾偏性的啟迪。

　　穿越五四，回望清末，接引傳統。自文革過後，傳統不再是一個整體性否定的對象。反過來，今天甚至有的學人主張「通三統」，或弘揚儒家憲政等，體制本身也在不斷強調來自儒家的德治。這是從政治層面讓儒家回歸。對此，需要注意的是，正如我們反對五四新文化對傳統的全面排斥，同樣也反對反過來對傳統的全面抱持。萬物無不負陰而抱陽，對西方文化有一個價值選擇的問題，對傳統本身亦當如是。因此，如何面對傳統，同樣是清末十二年，當時的兩種路徑，依然需要我們今天仔細斟酌。張之洞的「中學為體，西學西用」，是以儒家的綱常名教為體，這是儒家政治的制度核心，無法亦無能施之於二十世紀的今天。今天弘揚儒家憲政其實就是弘揚儒家政治，這是當年張之洞的老路。張之洞當年沒能走通，今天亦難。同樣，當年沒能走通而今天需要賡續的，恰恰是張之洞之外的嚴復梁啟超的道路。嚴梁等人會通中西，權衡新舊。文化上他們認可傳統，制度上他們試圖以英倫的自由與憲政更新傳統。這就是嚴復的「自由為體，民主為用」。所謂「新傳統主義」，要義正在於此。

　　秉承嚴梁思路，同時針對張之洞影響甚大的「中體西用」，筆者二〇〇七年曾借用張氏八字句表達過這樣一個看法：「中學為私，西學為

公」。[29]人的生活不是鐵板一塊,至少可以劃分為私人領域和公共領域。在私人領域亦即我們的日常生活中,不妨更多地保持傳統文化的某些內容,此即「中學為私」。至於在制度層面的公共領域,則主張取法英倫等現代政治文明,接續隔了一個世紀的嚴梁未竟之業,這就是「西學為公」。把張之洞的體用模式轉換為這裡的公私結構,是因為人的私人生活和公共生活是兩個空間,雖有聯繫,但不宜混淆。私人生活要自由,正如公共生活要民主。這正是嚴復「自由為體,民主為用」的含義。傳統社會雖有自由,但缺乏制度保障。保障個人自由的是憲政,因為它限制的是最容易侵犯個人自由的政治權力。梁啟超當年所以全力推進清末立憲,蓋在於自由優先即憲政優先。在憲政的框架下繼而推進民主,而非脫離憲政或憲政闕失的民主先行,這便是嚴梁等人清末時的政改路線圖。它對我們今天制度運作的公共領域依然極具范導意義。

以上文字探討二十世紀中國現代化的文明進程,它不是截斷歷史,從後來的五四新文化起論,而是往前推,勾陳被歷史遮蔽了的清末十二年,並將二十世紀作一整體觀。同時比較前後兩個十年的「新傳統主義」和「反傳統主義」,這樣的對比是意味深長的。一百年前,它們各自為二十世紀開了兩個不同的頭,從而影響了後來的歷史。刻下我們正處於二一世紀的前二十年,面對一百年前的兩種現代和後來彎曲的百年史,對我們來說,便存在著一種可以影響本世紀的選擇。現代,抑或現代的歧出,但願歷史讓我們變得更成熟些,以使我們今天的選擇可以不負二十一世紀。

注:「清末正派,五四歧出」係兩個時間概念。清末指二十世紀初至辛亥革命為止的第一個十年,五四指一九一五年《新青年》創刊至一九二〇年左右的第二個十年。另外,這裡的五四指的是「五四新文化」。作為一個時間借代,它與一九一九年發生於北京的「五四運動」沒有關聯,且後者亦不在本文論述之列。

---

[29] 邵建《中學為私・西學為公》,《南方都市報》二〇〇七年九月二十五日「個論」版。

史地傳記類　PC0758　讀歷史81

倒退的時代
——從梁啟超的憲政到《新青年》的民主

作　　者/邵　建
責任編輯/杜國維
圖文排版/楊家齊
封面設計/楊廣榕

發 行 人/宋政坤
法律顧問/毛國樑　律師
出版發行/秀威資訊科技股份有限公司
　　　　114台北市內湖區瑞光路76巷65號1樓
　　　　電話：+886-2-2796-3638　傳真：+886-2-2796-1377
　　　　http://www.showwe.com.tw
劃撥帳號/19563868　戶名：秀威資訊科技股份有限公司
　　　　讀者服務信箱：service@showwe.com.tw
展售門市/國家書店（松江門市）
　　　　104台北市中山區松江路209號1樓
　　　　電話：+886-2-2518-0207　傳真：+886-2-2518-0778
網路訂購/秀威網路書店：https://store.showwe.tw
　　　　國家網路書店：https://www.govbooks.com.tw

2018年11月　BOD一版
定價：550元
版權所有　翻印必究
本書如有缺頁、破損或裝訂錯誤，請寄回更換

國家圖書館出版品預行編目

倒退的時代：從梁啟超的憲政到《新青年》的民
主 / 邵建著. -- 一版. -- 臺北市：秀威資訊
科技, 2018.11
　　面；　　公分. -- (史地傳記類；PC0758)(讀歷
史；81)
　BOD版
　ISBN 978-986-326-605-1(平裝)

　1.民國史　2.文集

628.07　　　　　　　　　　　　107016356

讀 者 回 函 卡

感謝您購買本書，為提升服務品質，請填妥以下資料，將讀者回函卡直接寄回或傳真本公司，收到您的寶貴意見後，我們會收藏記錄及檢討，謝謝！如您需要了解本公司最新出版書目、購書優惠或企劃活動，歡迎您上網查詢或下載相關資料：http:// www.showwe.com.tw

您購買的書名：＿＿＿＿＿＿＿＿＿＿＿＿＿＿＿＿＿＿＿＿＿＿

出生日期：＿＿＿＿＿年＿＿＿＿＿月＿＿＿＿日

學歷：□高中 (含) 以下　　□大專　　□研究所 (含) 以上

職業：□製造業　□金融業　□資訊業　□軍警　□傳播業　□自由業
　　　□服務業　□公務員　□教職　　□學生　□家管　□其它＿＿＿

購書地點：□網路書店　□實體書店　□書展　□郵購　□贈閱　□其他

您從何得知本書的消息？

　□網路書店　□實體書店　□網路搜尋　□電子報　□書訊　□雜誌

　□傳播媒體　□親友推薦　□網站推薦　□部落格　□其他＿＿＿＿＿

您對本書的評價：(請填代號　1.非常滿意　2.滿意　3.尚可　4.再改進)

　封面設計＿＿＿　版面編排＿＿＿　內容＿＿＿　文／譯筆＿＿＿　價格＿＿＿

讀完書後您覺得：

　□很有收穫　□有收穫　□收穫不多　□沒收穫

對我們的建議：＿＿＿＿＿＿＿＿＿＿＿＿＿＿＿＿＿＿＿＿＿＿

＿＿＿＿＿＿＿＿＿＿＿＿＿＿＿＿＿＿＿＿＿＿＿＿＿＿＿＿＿＿

＿＿＿＿＿＿＿＿＿＿＿＿＿＿＿＿＿＿＿＿＿＿＿＿＿＿＿＿＿＿

＿＿＿＿＿＿＿＿＿＿＿＿＿＿＿＿＿＿＿＿＿＿＿＿＿＿＿＿＿＿

11466
台北市內湖區瑞光路 76 巷 65 號 1 樓

秀威資訊科技股份有限公司　　　收

BOD 數位出版事業部

....

（請沿線對折寄回，謝謝！）

姓　　名：＿＿＿＿＿＿＿＿＿　年齡：＿＿＿＿＿　性別：□女　□男

郵遞區號：□□□□□

地　　址：＿＿＿＿＿＿＿＿＿＿＿＿＿＿＿＿＿＿＿＿＿＿

聯絡電話：(日) ＿＿＿＿＿＿＿＿＿＿　(夜) ＿＿＿＿＿＿＿＿＿＿＿

E-mail：＿＿＿＿＿＿＿＿＿＿＿＿＿＿＿＿＿＿＿＿＿＿